智富密码：
知识产权运赢及货币化

Monetizing
    Intellectual
Properties

周延鹏　张淑贞　吴俊英　曾志伟　林家圣　徐历农　吴丰江　简安均｜著

知识产权出版社
全国百佳图书出版单位

图书在版编目（CIP）数据

智富密码：知识产权运赢及货币化/周延鹏等著 . —北京：知识产权出版社，2015.8
ISBN 978-7-5130-3709-9

Ⅰ.①智…　Ⅱ.①周…　Ⅲ.①知识产权—管理—研究—中国　Ⅳ.① D923.404

中国版本图书馆 CIP 数据核字（2015）第 184954 号

内容提要

本书不藏私揭开通过知识产权管理与运营赚钱的秘密，内容包括：专利资产"运营""运赢"与"运盈"、专利风险管理与专利布局、技术标准与专利池、商业秘密管理、品牌资产管理、知识产权与资本金融、知识产权与国际税务、知识产权与流程系统平台、知识产权与研发创新等，并且涵盖诸多新兴产业、新产品技术与新商业模式，例如，生物新药、医疗器械、农业科技、5G通信标准、无线电力传输、物联网、大数据、云端、绿色能源等。

本书是知识产权界企业、研究机构和个人管理与运营研究成果转化为智慧财产之"蓝宝书"。

责任编辑：唐学贵　彭喜英

智富密码：知识产权运赢及货币化
ZHIFU MIMA：ZHISHI CHANQUAN YUNYING JI HUOBIHUA

周延鹏　等著

出版发行：**知识产权出版社** 有限责任公司	网　　址：http：// www.ipph.cn
电　　话：010-82004826	http：// www.laichushu.com
社　　址：北京市海淀区马甸南村 1 号	邮　　编：100088
责编电话：010-82000860 转 8539	责编邮箱：pengxyjane@163.com
发行电话：010-82000860 转 8101 / 8029	发行传真：010-82000893 / 82003279
印　　刷：北京科信印刷有限公司	经　　销：各大网上书店、新华书店及相关专业书店
开　　本：720mm×960mm　1/16	印　　张：31.25
版　　次：2015 年 8 月第 1 版	印　　次：2015 年 8 月第 1 次印刷
字　　数：406 千字	定　　价：168.00 元

ISBN 978-7-5130-3709-9

京权图字：01-2015-5662

序 文

从费用到获利的翻转

知识产权跨国运营与货币化机制

　　笔者于 2003 年年底从富士康集团退下后，于 2004 年至 2008 年间在台湾政治大学智慧财产研究所及工业技术研究院从事教学与顾问工作时，即着手从跨领域学理、产业发展、企业运营及国际专业实务观点，构建异于各国法律与专利界的传统知识产权理论与实务，以期两岸各界得以真正认识并运营全球"知识产权经济体系及其作业机制"，主要包括：知识产权的文化与质量、知识产权的产业结构化、知识产权的信息网络化、知识产权的智慧资本化、知识产权的商品化及产业化、知识产权的营销及商业模式、知识产权营销触媒及平台，以及研发机构知识产权的经营、知识产权专业服务的经营，并分别于 2006 年及 2010 年将笔者 20 多年的产业经验与研究心得出版 3 本著作：《虎与狐的智慧力：智慧资源规划 9 把密钥》《一堂课 2000 亿：知识产权的战略与战术》《知识产权全球营销获利圣经》。

　　随着笔者于 2009 年参与台湾政治大学智慧财产研究所学生创

业并经营"整合专业顾问服务"，提供海内外各界创新、创业、投资、并购与商业模式顾问及其相关的跨国知识产权与国际商业法律服务。笔者也率领世博顾问公司和法律事务所同仁将所发展的"整合专业顾问服务"运营机制及执行各类新兴产业的跨国知识产权运营与货币化服务等专业技能与经验写成各类专文，自 2011 年起陆续发表于台湾《电子时报》《工商时报》及《经济日报》分享各界，以期能帮助两岸于知识产权业务不要继续"花错钱""走弯路""陷歧途"，始能自行"创模式""造条件""走出去"，进而得以改变目前两岸知识产权在国际市场输到底的惨状。

世博专业团队历经 4 年笔耕，积累 112 篇各类文章，翔实论述《智富密码：知识产权运赢及货币化》，主要内容包括：专利资产"运营""运赢"与"运盈"、专利风险管理、专利布局管理、技术标准与专利池、商业秘密管理、品牌资产管理、知识产权与资本金融、知识产权与国际税务、知识产权与流程系统平台、知识产权与研发创新，并且涵盖诸多新兴产业、新产品技术与新商业模式，例如，生物新药、医疗器械、农业生物技术、5G 通信标准、无线电力传输、物联网、大数据、云端、绿色能源等。而且，本书更是知识产权运营最后一公里——知识产权的货币化理论与实务的体系构建与实践。

《智富密码：知识产权运赢及货币化》借由前述各类新兴产业的创新、创业、投资并购及知识产权交易与诉讼活动，系统地从跨领域及专业知识与技能方面来介绍各产业发展所需要且可操作的产业技术专利调研、专利风险管控、知识产权布局、知识产权申请与组合、商业秘密管理及知识产权的运营与货币化等接地气之机制，而非不能操作的抽象论述。同时，笔者也借由本书呼吁各界不应仅斤斤计较并压低服务费而任用不合格又不专业劳动来产出"劣质、劣势、无市"之知识产权，而迫切需要认识及营造合格专业知识产权的运营环境、条件、机制与配套，始能使权利人于国际市场竞争可以"运赢"，于研发财务绩效可以"运盈"并赚取白花花的银子，而不会继续陷于不合格、不专业、不赚钱的"没有智慧"且"只是费用"之知识产权历史困境与窘况。

《智富密码：知识产权运赢及货币化》的问世，有赖于世博团队包括现任与前任同人：张淑贞、吴俊英、曾志伟、林家圣、徐历农、吴丰江、简安均、蔡佩纭、吴俊逸、陈冠宏、詹勋华、黄佩君、黄上上、林清伟、王妍，以及徐嘉男、游昕儒、朱家臻、张毓容、徐绍馨、杨牧民、卓立庭、陈郁婷、汪忠辉、陈柏伟、吴怡璟等无私贡献专业心智与假日时间，始克成册，特此衷心感谢与感激。同时，也要特别感谢台湾电子时报记者陈慧玲小姐、台湾工商时报记者杜蕙蓉小姐、台湾经济日报记者黄文奇先生与其报社同人的诸多协助与指教，还有世博公司黄上上律师夜以继日承担本书编辑工作，以及赛恩倍吉知识产权代理（深圳）公司总经理、专利代理人谢志为先生润饰本书简体字版，才能催生一篇篇文章并汇集成书付梓。

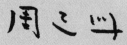

2015 年 3 月 28 日

周延鹏 律师／执行长

Y.P.Jou

世博科技顾问股份有限公司

世博国际商务法律事务所

　　毕业于辅仁大学法律学系法学组。曾创立并经营富士康科技集团中央法务处，任该集团法务长 18 年，主要负责国际商业法律、知识产权运营、投资并购上市。除为富士康科技集团构建坚实的知识产权布局与运营机制外，同时在通信、半导体、生物技术、医疗器械产业知识产权领域，几乎无役不与、无所不玩。

　　现为世博科技顾问股份有限公司执行长、台湾大学专利及技术移转权益委员会委员、成功大学生物医学工程学系教授级专家、台湾科技大学智慧财产学院专利研究所教授级专家、北京大学国际知识产权研究中心客座研究员，并曾任海尔集团首席法律暨知识产权顾问、财团法人工业技术研究院顾问、政治大学商学院智慧财产研究所副教授，擅长领域为知识产权运营与货币化、创新创业管理、跨国企业运营与法律事务等。

张淑贞 世博科技顾问股份有限公司 营运长／律师

毕业于政治大学商学院智慧财产研究所、台湾大学法律系，擅长领域为国际商业法律（投资、合资、并购、分割、重组、募资、风投、交易）、海外税务筹划、海外知识产权与产业调研分析、海外知识产权风险管控因应、海外知识产权布局组合、知识产权买卖、许可、技术转让与作价投资、知识产权货币化经营暨商业模式、商业秘密保护管理机制、新创企业与企业经营。

吴俊英 世博国际商务法律事务所 副总经理

　　美国杜兰大学法学博士、美国杜克大学法学硕士、美国纽约州律师，擅长领域为国际商业交易、风投私募基金、投资并购、技术知识产权交易、知识产权运营、知识产权诉讼管理。

曾志伟 世博科技顾问股份有限公司 副总经理

　　台湾"清华大学"工程与系统科学硕士，曾任职于工业技术研究院、中山科学研究院，擅长领域为平面显示、触控、半导体、微机电、纳米、生物辨识、无线通信、医疗器械（放射线相关医疗器械、生物芯片技术）等产业，以及知识产权管理流程与系统平台、产业化知识产权调查与分析、产品研发知识产权调研与部署、知识产权质量与价值分析与管理、知识产权维持评估管理、新产品技术知识产权监测、知识产权无效分析与主张、商业秘密管理与保护措施。

林家圣　世博科技顾问股份有限公司 副总经理

政治大学商学院智慧财产研究所硕士、台湾大学信息工程学士，专注云端运算、物联网、自动识别、搜索引擎、自然语言处理、医疗器械（非侵入式感测技术、微创手术）等产业技术领域，擅长知识产权管理流程表单、知识产权管理系统平台、产业化知识产权调查分析、专利风险调查管控因应、知识产权布局规划、知识产权质量价值分析、知识产权维持评估、侵权分析与回避设计、知识产权无效分析与主张。

徐历农　世博科技顾问股份有限公司 总监

政治大学商学院智慧财产研究所硕士、台湾大学信息管理学士，专注于无线通信、云计算、物联网与智能硬件等产业技术领域，擅长产业化知识产权调查分析、软件网络服务知识产权布局、专利风险调查分析与因应，具有云端大数据软件产品管理经验及5年以上技术标准核心专利（SEP）调查分析与布局经验。

吴丰江 世博科技顾问股份有限公司 经理

台湾大学医学院免疫学硕士、政治大学商学院科技管理与智慧财产研究所硕士，擅长领域为医疗器械、医药与农业生物技术之产业化专利调查与分析、专利调研与布局、专利质量与价值分析及管理、侵权分析与因应措施、专利维持评估管理、新产品技术知识产权监测、海外专利无效分析与主张。

简安均 世博科技顾问股份有限公司 经理

美国圣路易华盛顿大学分子细胞生物学博士、新加坡国立大学生物化学荣誉学士，擅长领域为基因定序技术、癌症检测生物标记、小分子药物、各类疫苗产品、益生菌菌株、蛋白质检测芯片、血糖检测仪器等领域，以及知识产权管理系统及平台、产业化知识产权调查与分析、产品研发知识产权调研与部署、新产品技术知识产权监测、知识产权无效分析与主张、侵权分析与回避设计。

目录 Contents

Part I 原理方法

Part Ⅱ　产业实务

Part Ⅰ

－原理方法－

第一章 专利资产运营、运赢与运盈

★★★专利资产运营的必要★★★

要钱、要命：知识产权"运赢"策略

周延鹏

· ·

从 1980 年至今，两岸官产学研界都是从"保护"观念来因应他人的知识产权风险，同时很浅层地处理自己的知识产权。总的来说，两岸在各国所申请的知识产权，几乎没有真正达到"保护自己"的市场与经济利益的目的，反倒是在"保护他人"的知识产权，持续被美欧日企业"要钱""要命"，并没有在创造知识产权后真正保护自己的市场与产业。亦即两岸企业一直在支付他人巨额许可费、损害赔偿及律师费，不然就是产品被禁止进口到某些国家或在其国家产销。

两岸各界迄今仍持续在发明、创新、创造，并在各国申请专利权、注册商标权及登记著作权。但是，除极少产业外（如生物技

术），各产业也大多没有因拥有各国专利而能对他人"要钱""要命"或者能"技术自主"、形成"竞争优势"，也没有因拥有各国商标而能以"自有品牌"拓展市场或者能"市场自主"，更没有因丰富的文化产品而能在华人市场发展成为有规模经济的文化创意产业。

何以两岸各界历经 30 多年的知识产权摸索、学习与发展，许多产业在国际竞争中迄今仍未能"技术自主""市场自主"，许多企业与科研机构仍未能因在美国申请许多专利而能向跨国企业"要钱""要命"？殊值省思其中问题所在，并试图变革创新。笔者约略总结其原因与建议如下。

1. 产业界非常熟悉土地、厂房、机器、设备、原料、零组件、产品等有形资产管理与运营，但很不清楚专利、商标、著作与商业秘密等无形资产的管理与运营（较局限于申请与数量），而且对于如何跨国"运赢"无形资产（知识产权）才能向他人"要钱""要命"，普遍没有相当靠谱的专业人才以及相关的知识、技能与经验能将知识产权融入有形资产或服务的运营，进而据以改变其组织定位、商业模式、运营机制及获利结构，尤其是知识密集与国际竞争的产业更应考虑纳入此类因素，例如，生物医药、医疗器械。

2. 官学研界非常熟悉知识产权法律规定并以此推动知识产权"业务"，但对于知识产权"业务"如何"运营"才会"赢"和"盈"则有待于提高认识和寻求方法。尤其是跨国性的知识产权运营机制与实务应如何构建、执行与发展少见于庙堂与学堂，难以满足产业竞争与发展的需求，例如，学研界长期所"知悉"与"推广"的知识产权，其实证与验证显有不足。

3. 企业产品能否于国际市场自主，须先要能技术自主，而技术能否自主，则又有赖于专利能否自主（技术含量高、专业质量优），尤其是优质与优势的美欧日等的专利。这从信息与通信产业（Information and Communication Technology，ICT）目前所面临的转型升级困境即知，其产业许多环节没有专利与技术的自主度，就没有市场自主度，而即将百花齐放的物联网（IOT）、大数据（Big Data）、机器人、医疗器械、远程医疗、5G 通信等新兴产业，即应引以为鉴，须发展核心技术、转化优质专利，才不致重蹈覆辙。

4. 技术自主，除需要前述优质与优势专利配套外，各界所发展的技术产品尚应于研发产销各阶段同时做好专利风险排查并导入管控机制，亦即外国所称的"运营自由"（Freedom to Operate，FTO），因为各界常认为自己有专利就表示不会涉及侵害他人专利的问题，事实上是两个不同层次的项目。而专利风险管控机制更须借助合格专业人士及美国专利侵权与无效诉讼经验及专业系统。

虽然两岸各界历经 30 多年的知识产权摸索、学习与发展，但许多产业在国际竞争中迄今仍未能"技术自主""市场自主"，许多企业与研究机构仍未能因在美国申请许多专利而向跨国企业"要钱""要命"。知识产权要"赢"与"盈"，除了需要各领域专业人才整合运用外，尚需要各类运营系统与工具的导入。

5. 知识产权要"赢"与"盈"，除了需要各领域专业人才整合运用外，尚需要各类营运系统与工具的导入，例如，技术资产营运系统（Technology Asset Operation System，TAOS）、品牌资产营运系统（Brand Asset Operation System，BAOS）、www.patentcloud.com、机密云（Vim Vault）。这些专业系统与工具将改变过去以法律保护为主的局限，而将知识产权与组织运营全流程有关的创新、研发、公开、检索、布局、组合、申请、维持、许可、买卖、诉讼、作价投资、融资担保、技术标准、技术平台、资产运营与货币化等运营纳入标准规范与专业作业。

6. 为使知识产权脱离对"数量"的迷恋，进而可以在美欧日等国家和地区予以货币化（Monetization）经营，知识产权的产生、维持、处分、消灭等各环节应衔接全球主要的创新链、投资链、并购链及产业链的发展脉络，才会产生知识经济的巨额财务绩效、市场竞争优势、科技声誉地位等效果。

研发财务绩效评价新指标：无形资产转化率与专利货币化率

周延鹏

产学研界研发财务绩效的评价指标与工具，关系着国家科技预算或企业研发费用的投入配置效率及其研发成果转化为无形资产与优质优势知识产权率及其投资报酬率、产品或服务市场占有率与毛利率竞争优势、有形商品与无形资产多元获利模式、国际市场运营自由（Freedom to Operate，FTO）等具体产业经济成效。

然而，长期以来各界习惯以国家科技预算带动企业相应投资率，以及产学研的研发成果商品化率及专利数量等指标来评价科技预算或研发费用的财务绩效，而未发展出更有用的研发财务绩效指标，作为研发预算的有效编制、配置、执行与成果之基础，导致科技预算或研发费用投入与产出的绩效评价流于表面形式或牵强附会，因而难以借助财务绩效指标驱动研发管理机制的构建及其效率与效益的评价。

各界长期援用的研发绩效指标所导致的谬误与结果，主要有：①企业是否投资于新产业、新产品或者增聘员工，大多与学研科技研发及其知识产权没有关系；②企业所产销商品大多与学研研发及其知识产权数量没有关系；③企业产品全球市场占有率与毛利率也没有因为申请许多国家专利、商标而使其全球市场占有率与毛利率提升；④各界所申请各国专利数量并没有给产业带来"防卫"与"攻击"专利的效用，也没有带来有形商品营收获利模式以外的许可费、损害赔偿、资本利得等无形资产多元获利模式，甚至企业每年至少还要支付新台币 1800 亿元的许可费、损害赔偿及律师费；⑤企业有形商品的毛利率与市场占有率每况愈下（例如，ICT 产业的"毛 3 到 4"，甚至经年亏损），实际上也没有因为申请专利而可以排除他人竞争并确保自己产品市场占有率与毛利率。

因此，各界需审慎考虑，变革目前仍习以为常的研发财务绩效指标，才能具体有效改变研发及其成果转化为商品与知识产权的运营效率与效益。总而言之，研发财务绩效新指标主要为：研发成果商品化率及其市场占有率与毛利率、研发成果转化无形资产率及专利资产货币化率。

首先，研发成果商品化率及其市场占有率与毛利率：就研发成果转化的知识产权，须评价该知识产权的商品化率，以及商品化后该知识产权与该商品之市场占有率与毛利率的关系与贡献度。此指标将可具体明确研发企划、研发执行、研发成果、知识产权、商品化、市场占有率、毛利率等不同阶段相互间的关系与贡献度，并可避免援用无关或者牵强附会的指标评价研发绩效，而规避了应正视各界需审慎考虑，变革目前仍习以为常的研发财务绩效指标，才能具体有效改变研发及其成果转化为商品与知识产权的运营效率与效益。研发财务绩效新指标，主要为：研发成果商品化率及其市场占有率与毛利率、研发成果转化无形资产率及专利资产货币化率。

的研发机制与财务绩效问题。

其次，研发成果转化无形资产率：就研发过程及其成果转化为无形资产率（Intangible Assets Ratio），主要是从会计评价研发投入所能转化的专利、商标、著作、专门技术（Know-how、Show-how），以及其他商业秘密的项目及其内容、数量、成本、费用及相应管理配套，并从各知识产权所要求的新颖性、创造性、价值等要件，评价研发投入所能转成为无形资产的比例。此指标将可具体管控没有意义甚至泛滥的研发投入与专利申请，并驱使前阶段的企划及研发应调研全球主要技术、专利、产业等发展现况，且可精准界定有机会有潜力的研发项目并预计产出，最后才能有结构地积累具体无形资产，以财务报表呈现价值，并用以具体支持组织无形资产价值与各项知识产权交易所需的价格基础。

再次，专利资产货币化率：就研发成果转化的无形资产，以与研发关系最密切的专利资产用于买卖让与、许可、技术转让、侵权诉讼、作价投资等模式所收入的价金、许可费、技术报酬、损害赔偿、资本利得等比例及其产出金额，以及从该收入金额计算研发成本费用投入的专利资产货币转化率（Patent Monetization Ratio）。此指标将可驱使各界用国际专业方法、系统与专业人士运营知识产权业务，产出优质与优势专利，并将专利带入国际市场交易，而舍弃使用不合格的方法、系统与人力产出大量没有经济实益的劣质与劣势之专利垃圾，同时可避免消耗各类资源于没用的专利业务上，而且也能从专利货币化要求来拉动（Pull）前端专利作业所应有的专业化与国际化，并避免以没有经济目的之专利申请作业来搁置或者推进（Push）后端专利资产运营作业。

最后，产学研各界若能借助前述研发成果商品化率及其市场占有率与毛利率、研发成果转化无形资产率及专利资产货币化率等3项研发财务绩效新指标，应可使许多产业转型与升级最关键的研发与知识产权运营机制及其财务绩效指标加速变革与创新。

知识产权经营绩效不彰的巨大代价

周延鹏

根据欧美日韩等国家近半个世纪知识产权的实践结果，"优质"与"优势"知识产权的经营绩效，从宏观层面而言，则为技术自主与市场自主；从微观层面而言，则为运营自由（Freedom to Operate）、优势竞争（Advantage Competition）与多元获利（Diversified Profits）。因此，欧美日韩等国家将无形的财产称为"知识产权"（Intellectual Property），应是名实相符。但，两岸30多年来知识产权的实践结果却是经营绩效不彰，许多产业在国际上的竞争则是技术不自主、市场不自主，许多企业处于运营受限、劣势竞争与单一微利。因此，台湾地区若将无形财产称为"智慧财产"，显为名实不符，因为较贴切的实际用语，应称为"没有智慧"的"费用"。此非笔者危言耸听，称为"没有智慧"是因为无形财产没有智慧含量，而称为"费用"是因为台湾地区公、私营组织近年来每年付出研发费用约为新台币（下同）5000亿元并在不同国家和地区申请相当数量的专利及商标后，台湾地区每年仍须支付给海外许可费与价金约1500亿元、海外赔偿费与律师费约300亿元、申请费约为200亿元等"费用"，而该等巨额费用支出在会计上仍系费用科目，并不能列为会计上的资产。据此，有关知识产权经营绩效的技术自主、市场自主、运营自由、优势竞争与多元获利等论述，实在不用再赘言。是故，两岸产官学研需要严肃面对知识产权经营绩效不彰的巨大代价与主要原因，而且更应务实地"对诊下药"，并避免务虚的"空言不为"，甚至各自"隔空抓药"。

◆◆◆ 知识产权经营绩效不彰的各方原因

知识产权经营绩效不彰的原因甚多，但总结笔者近30年在产业、学术、研究和政府各界的执业、参与和观察，兹归纳知识产权经营绩效不彰的原因有以下几方面。

1. 从政府方面而言，主要为从科技政策的制定、科技预算的配置、科技预算的执行、科技研发结果的知识产权转化到科技研发成果与知识产权的运营，其一致性、延续性、衍生性、纪律性及可操作性的知识产权战略与战术有待加强，而且仍停留在很抽象的"自主创新"与"自主知识产权"等目标口号上。

2. 从产业方面而言，主要为经营者的决心与投入不足、管理者不得其门而入知识产权运营实境、知识产权从业人员的深度广度与高度的主客观养成条件甚差、周边配套服务者的专业不足与功能狭隘、知识产权运营的方法工具与管理实务不发达、知识产权融入企业运营机能的全局流程与操作系统不足、知识产权的商业模式与营销欠缺、知识产权跨国侵权诉讼与许可管理能力不足、知识产权的跨国化运营能力不足。因此，导致大部分企业倾大部分资源在创造"劣质"与"劣势"而不会产生技术与市场效益的大量知识产权"证书"，以及需经常疲于奔命、穷于应付络绎不绝的侵权诉讼和许可费追索，无论来自竞争同业、产业上下游业者或者是被中性化的"非运营实体"（Non-practicing Entities，NPEs），甚至是"专利地痞"（Patent Troll）。

3. 从研究机构方面而言，除了具有上述存在于政府与产业方面的原因外，主要是多数与产业发展有关的科技研究没有联结产业发展脉络与需求、研究成果转化为优质与优势的知识产权不佳、知识产权支持新兴产业发展所需不足、知识产权的商品化与产业化运营机制不发达、科技研究所需运营机制配套的软实力不足、科技研究从过程到结果有关质量与价值的量化管理不足。

> 经营者和管理者对于知识产权的基本判断辨识能力难以内化和本能化，因而影响了其对知识产权的组织、人员和业务的经营管理观念及方法，而经营者和管理者也就难以指示具体要求及给予绩效评价，进而影响其组织知识产权业务经营的质量、价值和成本，当然也就难以感受到"智慧有价"与"智慧超值"的重要性。

4. 从学校教育方面而言，主要为多数与知识产权课程有关的师资较局限于"法律"与"理论"者、多数与知识产权有关的课程名称响亮但不具有可操作性、多数与知识产权有关的课程跨领域整合度不足、多数与知识产权有关的书籍和论文仅系先前文献的持续堆砌而实务论证不足以及适切的创新度不足、多数从科技法律研究所和智慧财产研究所毕业者基础知识训练不足。

5. 从职称用语方面而言，主要为专利代理人、专利师、专利工程师、商标代理人、商标师、法务经理、技术服务业者等习以为常的职称用语局限了知识产权从业人员的格局、使命与态度，更限制了知识产权业务范围与运营发展。

解决上述知识产权经营绩效不彰的问题，笔者从 2004 年以来就极尽可能从概念、方法、工具、步骤、商业模式阐述其中的几个关键议题供各界参酌实施，例如，知识产权的质量与文化、知识产权的战略与战术、知识产权的智慧资本化、知识产权的产业结构化、知识产权的信息网络化、研究机构的知识产权能量、知识产权的营销与商业模式等。笔者再从自己执业的实务经验，论述发展有用、有效的知识产权经营绩效评价指标可以驱使知识产权经营绩效的改善与变革。

◀◀◀ 有用有效绩效评价指标将驱使改善或变革知识产权的运营绩效

任何公、民营组织对于人力资源和有形财产的管理均有相当成熟又具体的绩效评价方法、程序及执行步骤，并可以根据评价结果给予各种相应程度的举措，例如，奖金、加薪、减薪、解聘，甚至改造组织、流程、人力结构及调整资源分配等。但是，官产学研各界对于知识产权业务及其绩效的评价观念和方法，仅以简单的数量为准，或不知所云，甚或束手无策。

导致这般境遇的原因，主要为知识产权"无形"本质，以及知识产权文化尚未形成和知识产权管理学的不发达使然。经营者和管理者对于知识产权的基本判断辨识能力难以内化和本能化，因而影响了其对知识产权的组织、人员和业务的经营管理观念及方法，而经营者和管理者也就难以指示具体要求及给予绩效评价，进而影响其组织知识产权业务经营的质量、价值和成本，当然也就难以感受到"智慧有价"与"智慧超值"的重要性。据此，构建知识产权业务绩效的评价方法显有迫切必要性，它不仅影响着资源分配效率问题，更影响着国家和产业的全球竞争力问题。

知识产权业务及其绩效的评价包罗万象，而且又须按各组织属性及产业特性有不同程度的考虑。因此，严格而言并没有所谓的"标准"可循，也不能"无感"抄袭所谓的"管理典范"，更忌讳按书本"照本宣科"。大致而言，知识产权业务及其绩效评价的主要项目有：①知识产权管理者的格局、布局及步调；②知识产权人员的性格、态度、专业、经验和执行力，以及相应的长期教育训练措施；③知识产权组织及业务的设计；④知识产权业务的流程、表单及系统；⑤知识产权业务信息网络化、设施及其安全措施；⑥知识产权业务相关的技术、市场及文献等数据库；⑦知识产权业务与研发、产销、财会、税务、人力资源等业务的联结和互动；⑧知识产权业务委托处理或经营的系统及流程等机制；⑨组织外部知识产权专家的配置和管理；⑩知识产权业务的跨国经营能力；⑪知识产权作业的生管、工管及品管配套；⑫知识产权质量、价值及价格的评价方法和规则；⑬知识产权商品化、产业化、技术标准、专利池、作价投资、许可、转让及诉讼的程度及经济效益；⑭产业与竞争者知识产权的搜集和分析；⑮对竞争者和非运营实体者知识产权的攻击、防御能力及管理成本、费用；⑯知识产权业务的费用及成本，以及其与成果绩效的关系；⑰知识产权经营商业模式及营销策略的创新；⑱知识产权法律风险的管理能力。这些绩效评价项目的构建与运营需要非常综合的专业管理和经验，组织才有机会借由知识产权产生相当的经济效益与无形声誉，而不是我们经常所听到的"知识产权决胜""法律决胜"等口号论点可据以操作及执行的。

知识产权运营费用面面观：
花大钱 vs. 花小钱

周延鹏

....

"智慧财产"四个字很容易让主管部门和企业经营者以为知识产权实质内容真的有"智慧"，并认为知识产权权利证书真的是"财产"，因而轻忽了许多金钱、人力及时间资源直接与间接投入创造和取得知识产权的各种费用与成本，究竟有无必要？有无管控方法？有无较佳方式？有无运营效益？有无绩效评价？殊值各界从"花大钱"与"花小钱"指标深入观察知识产权创造、维护、保护、管理及运营各环节的种种费用与绩效的关系，以及进而变革现有运营措施。

◀◀◀ 公私部门长期持续为知识产权花大钱

公私部门先投入研发费用后，才有研发成果，进而用以转化成为知识产权。台湾地区公私部门一年研发预算约计新台币 5000 亿元，这是知识产权创造的间接费用。知识产权的创造又须支付申请费与代理费用，台湾地区公私部门一年约支付新台币 200 亿元，这是知识产权的创造、维护及管理的直接费用。企业运营过程又须引进技术与品牌而支付许可费，台湾地区企业部门一年约支付新台币1500亿元，这是使用他人知识产权的营业费用（很显然，台湾地区并没有因研发预算投入与知识产权创造支出费用后而可以逐年减免许可费支付或者被告频率）。此外，台湾地区企业于国际拓展市场又常常面临竞争者和专利地痞（Patent Troll）的专利侵权诉讼威胁，并为专利侵权诉讼而支付的律师费及损害赔偿每年约为新台币300亿元，这是"保护他人"知识产权的管理费用。

相对的，台湾地区公私部门从自己创造的知识产权所产生的许可费、赔偿金、资本利得、价金等收入每年约为新台币30亿～50亿元（主要为许可费）。是故，从投入与产出比观之，台湾地区为知识产权各环节支出的结果是花大钱赚小钱；从知识产权文字观之，台湾地区所支付知识产权各环节费用几乎没有转化成"财产"，并可据以运营产生如同海外主要知识产权权利人般的可观无形财产收入。

◀◀◀ 花大钱处理知识产权业务的迷思

产官学研各界为知识产权各类直接与间接业务"花大钱消灾"而非"花小钱了事"的迷思，主要表现在以下六个方面。

1. 企业经年为出口产品到美国而被诉专利侵权，平均每件专利诉讼案件需支付美国律师费约为150万～1000万美元，而且大多数仍须为和解或判决再支付可观的许可费或赔偿金；事实上，企业可以于产品开发产销前支付新台币150万～1000万元寻求专业服务组织提供"专利风险排查"与"专利预警"，亦即由专业服务组织用智慧资源规划的方法按产业结构、产品技术结构及诉讼许可等信息排查及预警与产品开发产销存在关联与风险的第三者专利，进而采取各类具体措施，规避可事先预估的专利侵权诉讼。

2. 企业经年为多数的产品技术申请和维持大量的各国专利，平均而言，每件发明专利申请三个国家专利而需支付的申请费、代理费及历年维持费约为 2 万美元，但大多数专利是没有质量与价值的，其为此支付的费用不仅是浪费，而且也不能确保企业运营自由、优势竞争及多元获利，而其经年积累的申请费、代理费及维持费肯定是持续花大钱的；事实上，企业可以寻求专业服务组织以"圈地"方法，按产业结构、产品结构、技术结构及各国专利审查准则，以适当正确的文字直接就技术方案布局于产业关键位置的有关国家专利，而无须大量申请并维持许多没有质量价值的各国专利，如此专业作业的结果肯定是花小钱布局并运营产业关键位置的优质与优势专利，并可确保企业运营自由、优势竞争及多元获利。

3. 企业经年为专利许可而需花大钱支付许可费，每年约为 50 亿美元，而且几无技术自主与市场自主的空间与时间；事实上，企业除可用上述专利风险排查与专利预警方法解决专利许可问题外，尚可由专业服务组织提供"专利无效"与"回避设计"的服务，按各国无效或再审程序处理大多数质量不佳的专利或者探寻其他技术方案回避设计，而无须接受大多数第三者专利许可，这些专利无效与回避设计的费用支出，每年约为新台币 50 亿元。

4. 企业偶尔须用巨额价金直接购买或者间接购买公司股权，用以取得可以反诉制衡原告专利侵权诉讼的专利或者投资经营具有产业优势的公司，但经常花大钱后，却发现该专利质量或者价值不佳，不足以包覆被告或者竞争者产品或服务，或者因被投资公司专利布局与组合不佳，不足以参与市场竞争；事实上，企业可由专业服务组织按其专业的专利质量与价值评估方法以及产业结构关系，分析所欲购买的专利技术方案是否足以有效包覆竞争者产品和服务，以及据以影响产业链与供应链，尤其该专利技术方案是否在产业上不可或缺、不可替代及不可回避，而这些专

> 从投入与产出比观之，两岸为知识产权各环节支出的结果是花大钱赚小钱；从知识产权文字观之，所支付知识产权各环节费用几乎没有转化成"财产"，并可据以运营产生如同外国主要知识产权权利人般的可观无形财产收入。

业服务费的支出与购买专利或者购买公司股权巨额价金相较，仅是相当微小的费用支出而已。

5. 台湾地区有关部门为学研机构编列的科技预算，每年约为新台币 900 亿元，约为台湾地区 GDP 的 3%，但学研机构执行科技预算转化的专利不仅大多数没有质量与价值，而且也难以以学研机构的知识产权能量支持产业发展及国际竞争所需的优质与优势专利。事实上，有关部门可委托专业服务组织就产业发展信息、专利调研与专利数据库、科技成果转化知识产权及知识产权的运营暨营销提供各类有质量且合格的专业服务，而其中最关键的是为研发项目所做的专利调研及知识产权布局的前沿研究，此前沿研究预算每年约为新台币 20 亿 ~30 亿元，但可促使科技预算支出有关的科技政策制定、科技预算配置、科研活动执行、科技成果转化、知识产权运营等主要环节获得有效的专业支持和有方法的严格论证，因而确保科技预算支出的合理性及效益产出可预期。

6. 公私部门设置组织并雇用人力处理各类知识产权的业务，每年按不同组织规模而支付相当数额的薪资奖金等报酬，但经年来从台湾地区每年支付新台币 2000 亿元的知识产权代价结果观之，公私部门有必要如同其他业务的发展需求，寻求专业服务组织提供知识产权运营基础建设有关的专业服务，例如，与知识产权运营及组

织运营有关组织、人力、表单、流程、系统、方法、工具等导入及培训，此类费用支出应比目前各项薪资报酬及管理费支出数额低很多，而且又可确保具有国际专业水平及竞争力的知识产权运营设施与专业人才落实到位。

◀◀◀ 观念、方法及工具是改变知识产权运营绩效的关键

综上所述，产官学研各界是可以从过去花大钱的行为改变为花小钱的方法，据以处理知识产权的创造、维护、保护、管理及运营各环节长期不能突破的瓶颈。首先，官学研领导人和企业经营者要能用对观念、用对专业方法及有用工具，才有机会改变现有诸多不能产生效益的知识产权运营方式；其次，辨别长期以来诸多似是而非的知识产权观念及内涵的谬误，例如，以"防卫型"专利、"检索策略"与"技术功效"为基础的专利地图，专利"工程师"，专利申请说明书，内部专利申请审查委员会，保护知识产权，技术标准，专利池，专利推广，专利评价，知识产权管理等；再次，管控组织运营面与知识产权运营面各自与相互的流程关系，才有机会管控知识产权的侵权风险，并产出优质与优势的知识产权；然后，搭配相应商业模式设计及开放创新模式，才能使知识产权产出多元经济效益，以及驱使产学研及国内外企业相互间据以发展各类合纵连横策略与策略联盟模式，才有机会从诉讼争执迈向共同合作；最后，发展符合所属产业特有知识产权运营绩效评价指标、方法及工具，才能正向驱使研发项目、研发行为、成果转化、知识产权营销可以有效运作并产出巨大效益。

知识产权运营绩效不应以量取胜
别再花时间维护过时专利！

周延鹏　张淑贞

产学研各界十分热衷且积极累积其于主要国家之专利数量，但对于如何将知识产权作为获取商业价值目标并融入各类投资并购与国内外交易层面运营，显然不具备相应的专业及知识、技能、经验、方法与工具。

然而，以"专利数量"评估产学研各界知识产权管理或运营之绩效，单纯量的评价指标实际上并无任何实益，反而变相导致组织消耗大量人力与财力用于累积与维持专利证书寿命，甚至让"无用专利"持续苟延残喘。此种专利数量评价方式仅是追求华而不实的量化指标。因为专利数量一则无法得知专利与产业链、供应链与价值链之链接关系；二则不能得知专利于产品结构、技术结构、功能结构中的定位与地位；三则不能从中了解产业、产品、技术发展现况与脉络；四则无法协助经营层与管理层进行商业或运营决策；五则不能据以分析或评估组织于知识产权实施与交换之绩效；六则不能从中了解组织对其知识产权管理的专业能力；七则不能据以知悉专利质量与价值，且无法优化知识产权之管理与经营行为。

实际上，产学研各界可善用优质与优势知识产权作为规划商业模式与获取商业价值之极佳目标，并据以获取商品化、产业化的实施利益，以及借由许可、技术转移、买卖让与、作价投资、技术标准、专利池等获取各类交换利益。然而，若欲实现知识产权运营绩效，知识产权布局、申请、组合、维护、营销与运营等各项专业、方法与工具均须具备专业水平，而且知识产权管理运营所需的专业表单、流程、方法、系统与平台，亦需同步到位。目前两岸企业或学研机构在评估知识产权运营表现与绩效时，亟须尽快脱离"专利申请数量"及"专利领证数量"等极为没有意义的指标，才能进而以专业方法"优化"与"活化"知识产权。

⫷⫷ 考虑产品技术生命周期，构建专利维护评估方法工具

检视许多产学研组织管理与经营知识产权的模式，并没有专业特殊处，大多数知识产权部门仅是依发明人随机发明提案进行专利申请。然而由于不同组织所处产业结构、产业特性、商业模式、产品与技术生命周期皆有明显差异，各组织实应依据所处产业及其产品与技术生命周期与特性，制订相应知识产权管理与维护政策，并构建配套的作业方法、工具与机制。

尤其是专利权维护政策，首应优先探讨与检讨。因近年来 ICT 产业其产品、技术快速更替，诸多专利甚至于申请阶段或获证后，其所涵盖之产品与技术旋即进入成熟期甚至衰退期，市场产值急剧缩小甚至消失，然而因组织内部专利权维护管理未有明确准则与执行，导致无商业价值或者瑕疵专利仍苟延十数年之久，造成组织人力、财力与各类资源虚耗。因此，两岸企业与学研机构应加速构建专业的专利权维护评估方法、指标、表单、流程，并搭配系统化与

平台化管理，据以使知识产权管理与运营绩效可以合理化，并使成本最小化。

专利权维护评估指标设计可初步归纳以下方面：①知识产权布局形态评估：过去许多组织将生产制造相关制程（Process）与工具申请专利，然而许多制程与工具并无法由终端产品以还原工程获悉，大多此类型技术应改以专门技术或商业秘密形态予以管理及保护，而非一味申请专利；②专利部署国家区域评估：专利价值在于借由实施或交换获取各类商业利益，且因专利具有属地性，故产学研机构应依据产业聚落分布实况与专利涉及产品是否于特定国家或区域产销等因素，检讨与评估专利部署国家或区域的合理性；③产品技术生命周期评估：以个人计算机外接连接器为例，PCMCIA 组织于 2003 年制定了 Express Card 规格，该规格于 2004 年开始搭载于笔记本电脑上，然因 2011 年笔记本电脑朝向轻薄化发展，自此以后仅特殊规格的笔记本电脑搭载 Express Card，因此 Express Card 相关专利所涉及产品技术生命周期已步入衰退期，此时即应据以评估专利权持续维护之必要性；④产品技术研发阶段评估：此应结合组织内产品技术研发流程，从专利所涉及产品技术研发阶段进行评估，尤其涉及产品设计变更（Engineering Change Notice，ECN），倘若该产品有设计变更，原先申请或已取得之专利即应重新评估持续维护之必要性，抑或借由连续案与接续案等方式延续布局知识产权；⑤权利范围变动实时评估：于专利申请阶段，

长期以来，各界评估企业或学研机构在知识产权运营方面的表现与绩效，迄今仍以"专利申请数量"及"专利领证数量"为主要评价标准，鲜少以知识产权所创造或衍生之商业模式作为知识产权运营绩效之评价指标，更鲜少以前述知识产权商业模式所带来的各类现金或股份收益作为知识产权运营绩效之评价指标，而且也鲜少将前述收益与各界投入创新与研发总体支出及费用是否对等予以坦诚检讨并采取具体改善措施。这种只看专利数量却不看专利能创造多少价值的作法，显然是有问题的。

实时分析各专利申请权利范围与实际取得权利范围有何差异，并据以检讨此差异是否影响专利现在或未来产业或商业价值，而非一味花资源答辩并争取无意义的获证；⑥知识产权营销运营评估：从专利交换利益予以考虑，应实时反映规划或运用该专利进行专利侵权诉讼、许可、出售、作价投资、技术标准、专利池等；⑦财会税务规划与资助优惠评估：考虑结合组织运营实况与需求，借由专利进行财会税务规划，或用以于特定国家申请资助或优惠。

综上所述，各产学研组织理应时时按前述检视专利维护必要性，并依赖各项专业判断，于必要时即放弃维护部分专利权，而非执着"证书"不放，徒耗无谓资源。

◀◀◀ 构建专业知识产权管理系统，使效益最大化与成本最小化

此外，倘若要使知识产权管理与运营成本最小化，不仅需要推动前述专利维护政策、评估方法与指标，更须依据组织目标进一步构建相应专业流程与表单，并构建组织所需的专业技术资产营运系统（Technology Asset Operation System，TAOS）及品牌资产营运系统（Brand Asset Operation System，BAOS），链接组织产品企划、研发、制造、销售等各项机能，与产业、市场、产值等动态信息充分结合，使组织内部各单位信息"同步"于内外且"并行"运作。

举例来说，若企业产品产销国家或区域发生变化或产品生命周期进入衰退期，产品企划或销售部门可通过系统实时反馈给知识产权部门，据以评估专利部署区域与维护评估参考；倘若产品于量产阶段进行设计变更（ECN），生产部门亦可实时通过系统反馈给知识产权部门，并启动专利维护评估分析；此外，知识产权部门亦可

通过系统进行知识管理与分享，并逐步建立特定产业知识模块，借此并行同步提供组织内各部门经营决策所需之信息。

综上所述，知识产权管理不应将研发成果与知识产权的产出与维护以"不连续的随机个案"方式进行，而应采取"连续性的生产与运营行为"模式。亦即将专利维护评估行为纳入组织运营流程内，并使相应作业流程标准化与专业化，达到全流程且能并行同步作业，自可井然有序地从组织整体的角度予以管理运营，而且能有效地管理知识产权业务，并应进行专业的评估，使专利运营产生应有财务绩效。

突破知识产权运营三大关键
改造、整合、创新缺一不可

周延鹏　曾志伟

2014 年 1 月，彭博社（Bloomberg）发布全球创新评比（Global Innovation Ranking），评比全球 215 个国家和地区的研发支出、高科技公司密度与专利活动等共 7 个项目。其中，中国台湾于专利活动评比高居全球之冠，而该专利活动评比项目为：①各国或地区每百万人口的专利申请数量；②每百万美元研发经费的专利申请数量；③取得专利数相对于全球核发专利数。

显然，该评比仍局限在专利数量的基础上，并未评比：①专利数量与企业创新程度是否有直接关系；②专利是否涵盖产业链上的重要领域；③专利的质量与价值；④专利数量与企业竞争力的关系等实质关键项目。

‹‹‹ 跨越知识产权，才能驾驭知识产权

中国台湾每年投入超过新台币 5000 亿元从事研发，再花超过 200 亿元申请各国专利，但每年仅能回收约 50 亿元许可费，而且还需再支付 1500 亿元的许可费与 300 亿元损害赔偿金与诉讼费，即残酷说明中国台湾所拥有的专利数量并未带来产业优势竞争力，也无法确保企业运营自由；而且，更意味着各界对知识产权运营普遍存在观念的错误、作业的纷乱与工具的欠缺。

例如，在专利风险上，各界较多是被动响应，遇到专利权人上门谈许可多认为"花钱即可了事"，结果反而是面临更多的许可压迫与专利侵权诉讼；在专利布局上，仍抱守"防御性"专利，但实际上，若专利不具备"攻击性"，拥有再多的防御性专利也无法确保运营自由与竞争优势。

详言之，知识产权运营并非仅局限于专利商标的申请或者专利地图作业，而是应从经营者高度，整合跨领域优质人才，构建组织运营所需之各种专业配套，包括产业市场调研、专利技术调研、专利风险管控、知识产权组合、专利布局申请、知识产权诉讼管理、无形资产运营、知识产权市场营销、知识产权商业模式、知识产权流程及软件系统、专利质量价值价格机制、知识产权运营绩

单从专利数量来看，中国台湾专利布局十分积极。但倘若从中国台湾企业每年仍需要支付给专利权人巨额的许可费、损害赔偿金与诉讼费来看，则中国台湾企业的专利布局显然没有发挥其应有的效果，更未带来产业优势竞争力，也无法确保企业运营自由。

效管理等国际专业机制。

进而还需搭配组织运营目标及商业模式，落实前述知识产权作业。例如，为确保运营自由，于产品开发阶段执行专利风险管理作业，预先发现潜在专利侵权风险，规划各类因应方案以排除风险，并运用系统随时监控特定专利权人之专利法律状态，据以推进后续因应对策。譬如，就具有潜在风险的专利申请公开案，即可运用如美国的第三方意见书（Third-party Submissions）等专利程序，将前案证据提呈给专利局或知识产权局，交由审查委员阻却专利风险发生。

⫷⫷⫷ 知识产权运营需整合流程、创新工具

前述知识产权作业还包括表单、流程、工具、系统等基础建设，亦需整合于企业运营流程中，才能避免组织付出更大代价。例如，从美国专利诉讼被告的立场而言，首先，经营层需于最快时间明确专利争讼事件之应对态度与最终目标，因专利侵权诉讼事件具有法定时限压力，若被告经营层对是战是和举棋不定，往往会屈服于原告各种不平等的主张与要求。其次，当经营层定下目标后，需要外部专业团队协同盘点可用工具与各类资源，并规划各类因应手段。譬如，以美国专利侵权诉讼法定程序事件及期限为横轴，以因应手段与工具为纵轴，展开企业内部工作项目、外部指挥与沟通项目、组织分工、产出、时限、资源等各项措施。

而美国诉讼法定程序主要包括起诉阶段、答辩阶段、证据调查阶段（Discovery）、听证阶段（Hearing）、判决阶段、上诉阶段等。企业内部组织主要为管理阶层、法务、知识产权、研发、生产、销售、财务会计、信息管理、人事等；外部指挥与沟通则包括客户、

外部律师、外部顾问、专家、证人、媒体、投资人、其他共同被告等。前述各单位均应依法定程序各阶段的时限，规划工作与沟通项目，主要有：①系争产品比对分析；②系争产品存货与物料盘点；③系争产品供货商、客户、市场与销售资料盘点；④所有涉及人与事之电子邮件、档案、数据、软件、系统盘点；⑤产品回避设计；⑥产品回避设计方案分析；⑦回避设计后产品生产所需资源与时程规划；⑧外部律师选任与指挥；⑨专家证人选任；⑩向客户与投资人说明；⑪其他共同被告联系；⑫媒体与公关管理。

最后，组织应善用 www.patentcloud.com、技术资产运营系统（Technology Asset Operation System，TAOS），整合组织内知识产权作业流程，至少应包括自己内部运营流程整合、外部作业流程整合及其知识管理、组织记忆、信息安全、项目管理等机制，才能"有方、有序、有量、有果"运营优质与优势的知识产权；不然，恐将继续纠葛于症结内。

专利运营应着重财务绩效
所有权与经营权分离有助达成目标

周延鹏

两岸信息产业从 20 世纪 80 年代开始面对各国专利侵权诉讼所带来的冲击，产官学研各界无不投入诸多人力、金钱等庞大资源于专利项目上，迄今已逾30年，专利项目理应也像其他有形财产项目的投资经营一样，可以累积不错绩效才是。但事实上，就无形财产的专利项目之经营成果，各界除了积累相当数量的国内外专利申请文件及证书外，几乎没有显著财务绩效可言，尤其是从投入与产出比观之，台湾地区每年投入新台币5000亿元研发及200亿元申请专利，却仅回收低于50亿元许可费，而每年还要再支付1500亿元许可费及300亿元损害赔偿与律师费给外国权利人和其律师与专家等。

产官学研界纵使每年专利运营之财务绩效甚为难堪，各界仍年年继续以"专利数量"简单指标来评价专利运营成效，而似未有强烈愿望加以改变。姑且不论主观态度上何以不愿面对专利运营无绩效情状，但即使近几年被检视许可费绩效，各界普遍上仍尚未变革仅以专利数量指标来彰显成果的主流模式，而且也未从跨国运营实务来探究导致如此不堪结果的真正原因何在，并据以大开大合地创新专利之运营模式。

◀◀◀ 专利运营成效始于跨域、跨国多元运营条件

专利运营绩效始于跨领域、跨国与多元多样专业运营设施、能力及条件的完善度与市场运营落实度，而这些专利运营设施、能力及条件，主要有：①管理机制，含运营专利之组织、人力、流程、表单、系统、平台、数据库、会计、财务、税务及其相应的研发管理、绩效管理、知识产权管理配套；②部署机制，含技术及专利调查与分析、专利布局、专利的质量价值与价格管理、专利的维持评估与管理、产业发展暨政策与专利布局、新技术新产品的专利与技术监视；③保护机制，含专利诉讼规划与执行、跨国专利诉讼

运营、许可费追索规划执行暨因应、专利回避分析与设计、专利无效分析与主张、专利边境保护措施、商业秘密管理措施；④营销机制，含专利营销与商业模式、事实标准与专利池、品牌经营与管理策略、专利营销平台的构建与运营暨营销网络的参与；⑤交易机制，含许可、技术转让、买卖、作价投资、融资担保、并购投资相关知识产权评估与组合、专利国际税务配套、新创事业及其投资与交易架构暨并购与股票上市。

构建前述专利运营设施、能力及条件并据以运营专利业务，尚需依赖各种跨国专业暨运营人才的整合及经济规模的支撑，例如，美、欧、日、韩之跨国企业（TNC）普遍上均具此条件；或者产学研各界，其人力与经济规模虽有限，但有其完善的知识产权基础环境与网络关系可资利用，例如，有许多美国学研界、新创企业（Start-ups）与中小企业即善用外部专业资源，各界各组织才有机会发展与运营专利业务并产生持续且庞大的财务绩效。或者亦可谓，专利业务是一种"人多、钱多、命长"的事业，不是一般小型组织玩得起的，除非小型组织会利用并舍得用跨国运营的合格专业服务资源与网络关系，才会产出财务绩效。

> 长年以来，各界都是以手上持有的专利数量来评断一家企业或组织在知识产权领域的布局成效，然而这也导致产学研机构只重专利数量，却不问这些专利带来多少财务绩效的陋习。专利理应是一门可以为企业组织创造利润的业务，但衡量现实条件，要达成以专利持续获利的目标，委托专业的专利经营团队或许是可行办法。

◀◀◀ 玩专利各界极勉强，期财务绩效如缘木求鱼

两岸信息产业因屡遭美国专利侵权诉讼威胁，遂开始雇用专利工程师，处理专利检索、申请、分析以及承担部分诉讼、许可协同

事务，进而据以建立法务或专利组织处理该等专利事务，但尚难称其组织已具备专利运营设施、能力及条件。

发展迄今，产学研各界即陆续效仿信息产业与财团法人经验，或者广泛援用官学界意见学说，相继雇用专利工程师处理专利事务。而各界虽长期投入极多资源，但迄今因自己组织及其专利而带来的"财务绩效"金额，却是极微小的，而且对于申请并拥有专利的产学研界而言，大多数组织并没有使其专利持续产生"财务绩效"，更遑论因其专利而获取运营自由、竞争优势与获利多元的效果。

此专利运营及绩效不彰的事实，是各界需严肃面对的真相，而不能再依样画葫芦玩专利，否则，可以预料的结果是，各界恐依旧需继续数"专利数量"。而且，台湾地区产学研各界的组织与经济规模相当小，专利人力专业深度、广度、高度与专业知识、技能与经验的普遍不足，专利跨国运营之专业方法、工具与整体组织运营全流程机制欠缺，以及台湾地区的专利市场极为狭小而又非主力市场所在。亦即，迄今台湾地区专利运营结果背后的环境设施以及上述种种不足与欠缺，即是专利财务绩效不彰的重要原因。

因此，各界此时应检视评估自己有无条件构建前述专利运营设施，并据以运营自己有限的专利业务或可扩张各类专利业务到市场？或者仍极勉强做自己难以成就的专利业务，而最后落得毫无财务绩效，仅是做做样子而已。换言之，台湾地区产学研各界多数组织在可预见的未来，应无能力及条件投入各类资源构建前述专利运营设施，使其组织足以跨领域、跨国家且可多元运营专利业务，而亟须变革现在各界习以为常的专利经营模式——小打小闹、徒具皮囊。

〈〈〈 专利所有权与经营权分离运营模式是货币化专利绩效之良方

专利所有权与经营权分离之经营模式，是指产学研各界以专利货币化（Monetization）为主要目的，继续拥有自己原始取得及继受取得的专利所有权，并将其专利业务委外经营（Outsourcing），而由具有跨领域、跨国家与多元多样专业运营设施、能力及条件的合格专业服务组织，并行同步经营委托人专利之调研、布局、申请、维持、许可、买卖、侵权诉讼、作价投资、专利池及相关业务，用以极大化专利财务绩效，而使委托人回收研发投资并回馈经济报酬给专利权人及其利害关系人。这几年已有这类型专业服务组织为许多专利权人提供全套的专利服务，如 IV、MiiCs、ScienBiziP、Wispro 等，而此类型业者亦显非专利代理业者、技术服务业者和法律事务所可以相提并论。

综合上述分析，产学研各界各组织与其半吊子搞专利形式样子而没有产出财务绩效，不如彻底委外经营，以获取最大化财务绩效。自己经营与委外经营专利业务两者相较，专利所有权与经营权分离的经营模式创新，殊值各界参酌。

专利所有权与经营权分离的经营模式各界可考虑优先选择并实行，并借此解决专利长期运营绩效不彰的问题，而此经营模式导入的主要关键在于：①各界经营者的认知与决心；②专利从业人员的态度与格局；③防火墙机制（Chinese Wall）的配套；④对学研管制法律的松绑；⑤产学研各界采购服务观念的变革与创新；⑥投资架构与交易架构的跨国化；⑦类似风投有限合伙与一般合伙的经营机制与整合专业服务的发展；⑧专利专业服务组织的跨领域、跨国家与多元多样专业运营设施、能力及条件。

最后，所有权与经营权分离的经营模式运行后，中国台湾产学研各界的专利才有机会进入中国大陆、美国、欧洲、日本的专利大市场。

烧掉舰船、不留退路
从微软经验看知识产权运营最后一公里

周延鹏　林家圣　徐历农

知识产权运营的目标在于使企业实现运营自由、竞争优势及多元获利，而多元获利的实现前提则是需部署"优质"与"优势"的知识产权以及构建"专业"的知识产权运营机制。知识产权多元获利的途径主要是全球"实施"与"交换"。知识产权实施是通过商品化与产业化方式，销售产品或提供服务以持续获取营收获利，而知识产权交换则是通过知识产权的买卖让与、许可、侵权诉讼、技术标准、专利池、作价投资、融资担保、税务规划等方式，获取买卖价金、许可费、技术报酬金、损害赔偿、资本利得、融资借款、税收利益等。

近年来，云计算、物联网与移动通信产业中有许多知识产权交换的著名案例，例如：苹果（Apple）、微软（Microsoft）、RIM（Research in Motion）、EMC、易利信（Ericsson）及索尼（Sony）等公司，以45亿美元购买加拿大北方电信（Nortel）的通信技术专利；雅虎（Yahoo）于脸谱网（Facebook）公开上市前夕，对Facebook

提起软件及网络服务有关的专利侵权诉讼，而 Facebook 随即向 IBM 购买专利，据以提出反诉制衡；微软对采用 Android 移动装置操作系统的公司提起专利侵权诉讼或要求专利许可，迄今与三星（Samsung）、乐金（LG）、宏达电子（HTC）、广达（Quanta Computer）、纬创（Wistron）、仁宝（Compal）等公司已签署专利许可协议，而对无意许可的摩托罗拉（Motorola）、诺邦（Barnes & Noble）等公司提出专利侵权诉讼。

因此，企业若拥有优质与优势的知识产权，即可运营知识产权交换的各类商业模式，并从产业链上、中、下游不同区块的全球厂商获取产品或服务营收以外的其他利益，而使企业真正将"智慧"转化成"财产"并据以经营的境界。反之，倘若企业不拥有优质与优势的知识产权，即无法借由知识产权创造多元获利，还需要年复一年地支付巨额知识产权申请费与维持费，而且更无法扭转长期于产业链、价值链、供应链、产品、技术、市场与知识产权的"劣势"地位，甚至还需频繁面临诸多知识产权权利人前来追索许可费或提起侵权诉讼，而被迫花费上百万甚至千万美元的诉讼费用、赔偿金与许可费，或被迫放弃特定产品、客户与市场，因而大幅侵蚀企业产品营收获利，并大伤企业元气。

◄◄◄ 烧掉舰船、用力变革——微软公司化被动为主动的知识产权策略与运营

微软公司早年深受第三方提起专利侵权诉讼及索取高额许可费之苦，平均每年付出数亿美元的代价。2003 年，微软公司延揽从 IBM 退休的马歇尔·菲尔普斯（Marshall Phelps）加入（其后发表《烧掉舰船》（Burning the Ships）一书），大力变革微软公司先前知识产

权政策及知识产权运营相关的方法与流程，并持续大量部署优质与优势的知识产权；约于 2008 年起，微软公司在云计算、移动通信等相关产业对诸多企业展开一系列专利许可与专利侵权诉讼活动，使微软公司从产品与服务营收外，获取知识产权巨额多元利益。

微软公司法律与公司事务单位（Legal and Corporate Affairs，LCA）负责微软知识产权运营。法律与公司事务单位分别依产业、产品、技术领域处理不同技术许可计划（Technology Licensing Program），例如，档案系统相关软件技术（FAT、exFAT File System）、计算机周边硬件与软件技术、视窗媒体（Windows Media）产品

微软针对潜在被许可人依其技术开发与流通情境，就产业上、中、下游相关的软、硬件产品与厂商，量身订做或仿真其所需技术项目列表，并依据前述技术项目列表中的各技术项目，形成可向不同厂商营销之不同知识产权组合与菜单，其中专利、著作权、商业秘密与商标等均包括在内。

相关多媒体技术、微软同步交流协议（Microsoft Exchange ActiveSync Protocol）相关软件技术等。而各项不同技术许可计划之许可条件，则依软件技术所实施与应用的产品形态不同予以分类分级，例如，微软公司充分掌握产业链、价值链、供应链的信息，针对客户端软件产品、服务器端软件产品、网络服务产品与硬件装置产品，设计相应许可费率（Royalty Rate）及授权金的上下限，规划对不同潜在被许可人的不同商业模式与商业条件，微软公司目前使第三方签约的许可，至少包括谷歌（Google）、亚马逊（Amazon）等网络服务与软件公司，以及苹果（Apple）、三星（Samsung）、宏达电子（HTC）、索尼（Sony）、诺基亚（Nokia）及华硕（Asus）等硬件厂商。

尤其值得特别观察的是，微软针对潜在被许可人是依其技术开发与流通情境（Development and Distribution Scenario），就产业上、中、下游相关的软、硬件产品与厂商，量身订做或仿真其所需技术

项目列表，并依据前述技术项目列表中的各技术项目，形成可向不同厂商营销之不同知识产权组合与菜单，其中知识产权组合形态甚为丰富，专利、著作权、商业秘密与商标等包括在内。微软公司借由营销如此多样化的知识产权形态与目标，使微软公司从全球市场获取可观的金钱或股票回报，同时也树立了知识产权"巨人"的地位与声誉。

进一步而言，微软公司就其软件技术，针对消费性电子产品、芯片组、网络服务提供者等不同厂商，量身订做出不同知识产权许可组合、菜单与商业条件，包括技术项目、知识产权形态、产品形态与许可费率，并依不同软件产品的系统架构、功能模块及软件协议等，逐项列出相关技术及其相应的技术开发文件与专利清单，均以许可厂商可能需求为导向，充分将微软公司与软件有关的知识产权包装与转化为可对产业结构中不同厂商诉诸不同价值之知识产权组合，并以有目的、有计划及有组织的方式，对各个产业中不同区块厂商广泛地主张与行使软件知识产权。随着云计算、物联网与移动通信产业的兴起，微软公司不仅将软件知识产权转换成白花花的银子，甚至对缺乏资金的小型企业和新创公司，微软公司则成立知识产权风险投资（IP Ventures）计划，以多样化知识产权作价投资，换取其他公司的股份，进而获取资本利得。

经过"烧掉舰船、不设退路"的知识产权变革后，微软公司已摆脱过去被动与受迫的被许可人或被告的角色，近年顺利转型为主动且能于全球实现知识产权多元获利的企业。知识产权运营的最后一公里是能借由优质与优势知识产权于全球营销，获取多元利益，其对于两岸虽颇艰辛，但笔者认为，两岸诸多企业其实是非不能也，而是所为不对，当然也有不为也。是故，只要企业经营者具有愿望与决心，用对专业团队，导入专业服务，借由优质与优势知识产权达到运营自由、优势竞争与获利多元的目标，绝非如天上星辰遥不可及。

≪≪ 知识产权多元获利的实现，研发管理与知识产权部署是关键

因应云计算、物联网与移动通信产业发展，两岸企业逐渐重视并投入诸多资源从事软件技术研发，企图建立与强化"软实力"，以因应"软世界"来临。而软件技术之知识产权多元获利的实现，用对专业人才与方法，提前布局优质与优势的知识产权则是关键，而此宜从产品企划与研发阶段即开始蹲马步，让诸多专业布局知识产权的方法与工具，提前导入企业运营的经络血脉。

就软件研发管理层面而言，布局优质与优势知识产权的相关作业，至少包括：①界定软件研发项目的产品与技术范围，并厘清各功能模块及其涉及的技术方案；②盘点并管控项目各研发阶段的研发成果产出，尤其随着软件研发进度推进，项目各个研发阶段、软件每次更新与改版所产生的新、旧技术方案，才足以作为优质与优势知识产权部署之基础。

就软件技术知识产权布局层面而言，相关作业至少包括：①界定研发成果于产品、功能与技术结构的定位与范围；②评估研发成果所属产品的产业定位、产品生命周期，以及所属技术的创新类型、技术生命周期与显隐性程度；③规划适当的知识产权形态，包括专利、商标、著作权、商业秘密等；④规划适当的知识产权组合、区域与集群，其中若研发成果要以专利形态运营，还须考虑各国专利法与法院诉讼案例，以及软件技术方案可实施或应用的产品形态与范围，以及掌握或仿真各类侵权行为方式，据以将专利保护客体类

型扩大与延伸到能覆盖产业结构中最大范围之产品、技术与厂商，而且需便利权利主张与行使。

云计算、物联网与移动通信产业及其企业能否踏上知识产权运营获利多元最后一公里，经营者需有决心并愿意长期投入资源，包括编制适当预算、投入专业人才或寻求专业服务，而且还需用对方法与工具，持续变革，才有机会借由优质与优势的软件知识产权组合在云计算、物联网与移动通信产业有效"圈地"，并通过软件知识产权的实施与交换获取全球价值，促使企业多元获利。

★★★专利资产与买卖交易★★★

专利买卖陷阱多，培养识货本领免当冤大头

周延鹏　张淑贞

∙∙

专利收购业务若以传统有形资产交易习惯进行，则是件相当容易的买卖，但财务与法律风险却异常高；而若以新兴无形资产交易方式进行，则是件极难的买卖，因为专利收购涉及许多买方所欠缺的跨领域及跨地域之专业知识、技能、方法、工具、系统、媒介、渠道以及专利收购后的知识产权商业模式及其营销暨相应的运营机制。

≪≪ 热衷收购专利，却缺识货本事、也缺配套专业

观诸近年来两岸企业有关的专利收购业务，无论交易前、交易时抑或交易后，均存在诸多致命问题，例如：①评估专利质量、价值与价格之专业、方法与工具，极度欠缺或者谬误，亦即鲜少买方有能力辨识专利货色，而能事先对专利质量与价值进行查核，进而确认专利的产业定位、技术方案的稀有性及专利对产业链和供应链的包覆范围和诉讼威胁程度；②买卖前专利已存有复杂许可关系或者负担限制，而未予厘清辨明，导致专利购入后无法用以对先前被许可人或共同研发人提起诉讼或要求许可；③协商交易价格时，买卖双方并非从专利质量与价值评估结果商议，而是从买方之付款或担保能力，抑或是卖方财务与资金需求处理，甚至仅凭专利权人知名度即遽下评断专利价值与价格，亦即买卖价格完全与专利质量及价值脱钩；④专利买卖价款之安排与配置，未结合相关国家税收法律与实务，也未从无形资产入账规范及审计查核实务，针对不同专利群组配置适当买卖价款，因而导致后续无谓税务风险的降临，并徒增事后处理巨大代价；⑤未于交易前要求卖方需提出或说明专利及非专利相关资料（讯），也未据此对卖方各项附随义务予以要求，买方无法预先居于后续跨国主张专利及跨国进行诉讼与许可观点，要求卖方或专利发明人履行及协同各项附随义务；⑥未能事先结合收购专利的多元商业目的及后续运营计划，规划适当交易主体及交易模式，从而不利后续专利主张，且会导致客户订单流失或不当冲击供应链之交易主体作为专利所有人；⑦未能按照买方营收获利情况，处理无形资产会计入账、摊提作业，导致买方于收购专利后，于次年财务报表损益列项即产生极大费用负荷与市场冲击；⑧未能

事先掌握相关国家税收协议，据以优化现金流并降低交易所产生的预扣缴税负担等；⑨在专利收购过程中，当事人间通常过度依赖法律观点，而任由律师或法务人员陷入无关紧要合同条款之争执，而忽略了产业与商业关键项目；⑩常见卖方会趁势利用买方收购急迫与缺乏经验，而于交易中"藏私"或为不完全交易，甚至将买方玩弄于股掌间，买方最终可能被当猴耍或被当成冤大头坑而不自知，使交易形同一桩有勇无谋的"豪赌"，或者导致专利购入后额外衍生诸多负担与麻烦。

◀◀◀ 掌握卖方组织、人力与研发，有助评估专利的产业与商业价值

专利是"人"发挥才智所创造的精神产物，因此，买方拟收购之专利，是否可以锻造及淬炼出较大或巨大的产业与商业价值，应从与"人"和"主体"有关的要素与事实开始检视。买方于专利交易前，按不同需求与程度，可以预先查核与"人"和"主体"及其有关的主要事项，包括：①掌握专利卖方企业不同公司主体在集团定位、研发分工及运营协同实况；②掌握涉及研发不同公司主体、不同部门、不同单位与不同人员其所负责产品技术项目及其不同产品或技术的发展路径；③掌握专利卖方研发团队中关键技术人员及重要发明人，检视该等技术人员与发明人学经历、产业历练与主要职务，据以评估其研发成果关键性或重要性，了解该等专利是否"系出名门"而非"衬花绿叶"；④对发明人深度访谈，据以快速了解专利涉及产品技术与商业应用，并掌握研究开发过程轨迹，了解研究开发过程中是否经过严谨专业的验证与论证；⑤依据产业结构与产品技术结构方法，将拟收购专利进行分析与群组，掌握专利于产业结

构与产品技术结构中的定位，并分析专利权项与组合所能覆盖的产业、产品、技术、供应链之范围，同时也应分析各家各派专利权人于相同产品技术结构的不同技术方案及其专利权项组合，再据以要求卖方或其发明人说明不同技术方案优劣及应用实况、说明专利涉及产品技术的研发类型、创新类型与产品技术生命周期等，甚至也应说明制程及设备成熟度、供货商体系、周边配套技术之发展情况等。

≪≪≪ 少数专利拉抬大量垃圾专利身价，买方需有辨识力

专利卖方通常善于以少数几件专利，拉抬大量垃圾专利的身价，意图借由专利的"量"而抬高专利的"价"，因为专利质量与价值良莠不齐而且不易辨别，加上所交易的专利常常是以捆包数量交易，而非短时间可以透析其中原委。因此，买方在面对成百上千件专利目录而又无法辨明其内容的情况下，常以为卖方号称专利全球布局或甚多同族专利即可覆盖产业链与供应链极大范围，遂不明就里"爱屋及乌"地认为所有卖方专利均具备质量与价值，殊不知在同族专利中，仅有少数成员能"光宗耀祖"，多数成员平平庸庸甚至极为低劣。

卖方既然擅长包装或美化拟出售的专利组合，那么，买方须具备明辨力与判断力，纵使卖方坚持将专利捆包出售，买方仍需能辨识孰是"珍珠"，孰是"滥竽"，如此买方于购入专利后，即可针对不同专利群组规划

基于产业发展与市场竞争需求，甚至专为诉讼许可业务运营，全球专利买卖交易，近年来异常活跃与热络，而两岸诸多企业则基于应付原告侵权诉讼的"反击"需求，也开始热衷于专利收购业务，并持续经由各种渠道买入或"许可"或"承租"不同国家专利。然而，买专利前的预先查核是一项专业工作，倘若不具备一定的识货本领，在专利市场上恐会被卖方当猴耍。

不同营销计划、商业模式与交易条件，而且买方亦能清楚界定出无用、无关与无价值的专利，之后买方即可考虑放弃部分专利，避免垃圾专利耗费专利申请及维护过程中的巨额费用支出，或者将专利用于财会税务规划，发挥专利多元价值。

◀◀◀ 专利买方需有整合性专业支持，才能避免成为最后一只老鼠

跨国专利买卖交易涉及跨领域与跨地域的专业整合与运用，其交易复杂程度远远超越有形资产交易的惯例。因此，买方必须结合熟悉产业链、价值链、供应链、产品、技术、市场、专利、法律、投资、财务、会计、国际税务、侵权诉讼及许可、技术转让的专业人士深入参与，才有机会借由收购专利而获取倍数营收与获利，或者进而改变市场竞争态势，也才能避免成为专利交易的最后一只老鼠。

购买他人专利亦是专利"战略运赢"模式

周延鹏　黄上上

．．．

2011 年，Apple、Microsoft、Sony、Blackberry 与 Ericsson 组成Rockstar 联盟（Rockstar Consortium），以 45 亿美元买下加拿大电信设备商北电网络（Nortel）被拍卖的专利，2014 年底 RPX 复以 9 亿

美元向 Rockstar 联盟买下其中 4000 多件专利。2013 年 8 月、2014 年 4 月，Google 通过 MiiCs & Partners 向富士康公司买下头戴式显示器（HMD）与通信相关的专利。这些巨量与巨额的专利交易，无论是为运营发展需求或是为了市场竞争筹码，均显现出专利已非藏于阁楼的"不动"证书，而是更具战略意义的"运赢"关键。

迄今，专利显成为智慧经济体系中创新圈地、市场竞争、制衡对手、许可获利、投资并购暨分割、融资担保，乃至税务规划与政策资助的战略资源。因此，专利来源已不再局限于自己研发而来的"原始取得"专利，而更是扩及从他人"继受取得"而来的专利。这类继受取得专利的方式，在专利有效性查核、专利质量价值评估、各方竞夺研析、整体专利布局，以及为取得专利暨随后因应各国程序所需投入的资金、人力、时限等考虑，殊为专利资产运营的重要课题。

◀◀◀ 继受取得专利多元多样形态

依据 www.patentcloud.com 系统及数据，美国专利商标局（USPTO）于 2014 年修订的"专利转移电子系统"（Electronic Patent Assignment System），可登录的专利转移形态（Conveyance Type）共19 种，包括让与（Assignment）、并购（Merger）、许可（License）、担保合意（Security Agreement）、抵押（Mortgage）、留置（Lien）、选择权（Option）、权利人更名（Change of Name）、追溯性权利转移（Nunc Pro Tunc Assignment）、转移予政府（Government Interest Agreement）、政府部门间许可（Executive Order 9424，Confirmatory License）、修正让与信息（Corrective Assignment）、法院认证遗嘱分配（Decree of Distribution）、遗嘱指定（Letters of Testamentary）、遗

产管理申请（Letters of Administration）、法院指定信托管理（Court Appointment of Trustee）、涂销担保（Release by Secured Party）、附条件让与（Conditional Assignment）及其他。

≪≪≪ 专利让与迹象牵动产业竞合与专利货币化

> 巨量与巨额的专利交易，无论是为运营发展需求或是为了市场竞争筹码，均显现出专利已非藏于阁楼的"不动"证书，而是更具战略意义的"运赢"关键，而专利来源已不再局限于自己研发而来的"原始取得"专利，更是扩及从他人"继受取得"而来的专利。

2010 年至 2014 年"专利转移形态"为让与（Assignment）之继受取得专利，以各年份专利数量前 15 名来分析，专利让与还可细分为：①因企业合并而继受取得专利：包括专利出让方由受让方取得股权成为后者子公司、受让方取得出让方特定产品线业务与专利、并入受让方然后再分割成立新公司等，所涉及产业有医疗器械、移动广告、通信、材料；②因专利买卖而继受取得专利：包括购买专利并继受许可方案等，涉及产业有显示、安全监控、塑料等，族繁不及备载，其中如 IBM 于 2012 年曾分别转移 332 件专利予 eBay、Facebook 等 15 家公司；③让与给非运营实体（Non-Practicing Entities，NPEs）：如让与给 Intellectual Ventures 的各特殊目的公司；④集团公司间的让与，如 Roche、AT&T、Sony、Sharp、RIM 等；⑤发明人让与：排除发明人因受雇于申请人而让与，仍有发明人将其所申请的专利让与给不同企业与研究单位。

专利让与以及涉及专利之并购、担保合意、抵押、留置、选择权等形态，均牵动产业竞合与专利货币化。以并购为例，截至 2014 年底，过去 50 年来，所转移专利达 41264 案。

❮❮❮ 受让专利连环扣需专利资产运营机制

从专利受让方的观点而言，除了前文《专利买卖陷阱多，培养识货本领免当冤大头》，还须注意：①是否有专利组合及其布局范围与区域间差异如何；②是否因届期、未缴费或其他程序事由失效，或者因有前案而无效，或者曾许可他人而附负担；③是否与受让方既有专利组合重复或互补；④是否可货币化、或符合运营自由（Freedom to Operate，FTO）而使他人运营不自由，或至少减免因应相关诉讼及许可费用，并且可否涵盖转移所投入的成本、预计绩效及其周转所需时间；⑤是否涉及技术标准专利；⑥是否以并购方式受让专利：倘若受让方同时并入出让方的产品线与专利，需额外确认出让方产品线的专利风险是否能借前述并购的专利组合因应；⑦是否有政策法律的限制，如于特定国家对特定专利转移采取消极性政策，而于转移予境外受让人需经审批费时，甚至难获准；⑧是否存在影响出让方的出让因素，如财报公布期限、年度绩效等。

再者，从专利受让方经营专利资产而言，还须注意：①须厘清转移前后专利信息，包括官方来文要求答辩、缴费领证、提交优先权文件或信息公开声明与否及其法限，避免转移前后逾期或变更代理人作业上的时间差，致影响专利有效性或日后实施；②须取得出让方于专利让与前所有专利申请历程文件（File Wrapper），特别是其申请或答辩时的可编辑的文档与图档，受让方才便于接手答辩、接续或分割申请等运营；③从继受取得（转移）而非从原始取得（新申请案）观点，掌握申请人暨代理人变更于各国不同程序、表单、签署等，以及因应规模性专利继受取得的各项官费、成本与费用单件以及需批处理，使之一次到位。

★★★专利资产与跨国诉讼★★★

知识产权侵权诉讼：是市场手段，也是盈利法宝

周延鹏

知识产权侵权诉讼，大多数欧美企业以及日韩大企业不仅作为市场占有率、毛利、品牌等营销与市场竞争的手段及后盾，同时亦发展出多元的知识产权营收获利模式，甚至也是部分美欧日企业主要的营收获利来源。而且，还进一步发展出许多知识产权新的商业模式与组织形态，高度带动了创新链、投资链、并购链、产业链彼此间的渗透以及知识经济的具体实践，亦加速产学研界灵活运用及继续发展"开放创新模式"（Open Innovation）于其业务上。

申言之，知识产权侵权诉讼是企业全球市场营销的一环，已成为营销与市场竞争的强力手段及运营后盾，而不再是两岸企业所看的偶发"法律事件"或者所谓的"土匪"行为。据此，各产业的企业自行依其著作、商标或专利等知识产权侧重形态或者联盟同业组成专利或知识产权联盟，有计划地推进各国侵权诉讼及许可活

动，迫使竞争者退出市场、巩固产品较高销售价格、压缩竞争者市场占有率及毛利、提升或维持品牌影响力、塑造自己的科技实力与声誉，甚至贬抑竞争者为没有技术能力者或质疑竞争者为仿冒者，借以提升或维持其市场占有率、毛利、品牌地位，并获取巨额损害赔偿金、许可费、技术报酬金、资本利得及国际税收利益等多元报酬。这些诉讼及许可不仅是市场手段，更是盈利法宝。

1. 各产业和企业如此运营知识产权多元模式与业务者多如过江之鲫，例如：在处理器与芯片组市场，Intel 诉 AMD、UMC、VIA 等；在打印机市场，HP 诉两岸及日本同业；在 DVD 市场，组成 DVD Forum 对全球光驱、光盘片业者诉讼、许可；在闪存市场，Sandisk 诉 Apacer、Transcend 等业者及 Sandisk、Toshiba、Samsung 等组成 SD 协会对全球记忆卡和系统业者诉讼、许可；在无线通信市场，InterDigital、Qualcomm、Ericsson 对全球手机业者诉讼、许可；在 IGZO 技术，HP、SEL 对日本、韩国、中国台湾 LCD 业者许可；在软件市场，Microsoft 对使用 Android 软件的亚洲通信业者诉讼、许可；在血糖机市场，Roche、Abbott、Lifescan、Therasense、Bayer 等诉不同国家业者或相互诉讼；在呼吸治疗器市场，Resmed 诉 Apex、BMC；在农业市场，Monsanto 诉种子批发商和农民；在服饰、皮件、手表等时尚品牌市场，LV、Prada、Hermes、Rolex 等诉亚洲仿冒商标者；在电影及其衍生商品市场，Disney 及美国电影业者诉亚洲非法重制著作业者。

2. 越来越多各国学研机构也如同企业般积极主张专利并扩大许可、技术转让业务，获取持续性的收入，而且还投入经营育成中心（孵化器，Incubator）或者加速器（Accelerator），广纳各类拥有知识产权的新创企业（Start-up），联结学研机构的创新、投资业者的资金与大型企业的并购，借由开放创新模式，实践以知识产权为基础的商业模式。

3. 投资银行或者跨国企业人士纷纷从各界筹募巨额资金，投资经营非运营实体（Non-practicing Entities，NPEs）或者专利主张实体（Patent Assertion Entities，PAEs），经营买卖专利及其侵权诉讼与许可业务，甚至投资研发创新并转化优质与优势知识产权，再据以实施及换价。这类新组织与业务形态必然加速改变知识产权生态系统（Ecosystem），并快速提高知识产权交易价格，同时也增加各国运营实体（Practicing Entities，PEs）运营产品服务的专利风险。此类新组织与业务，较著名的有 Acacia、Intellectual Ventures、MPEG LA、MiiCs、Rovi、RPX、Wi-Lan 等。

反之，两岸产学研界大多厌恶打官司，崇尚息事宁人的商业文化，因此，甚难将知识产权纳入营销市场、商业模式及其运营机制，迄今仍极不适应、也未掌握美欧日韩前述知识产权运营模式，纵使产学研界具有知识产权组织与业务，却仍停留在法律或专利工程层次思维及运作，而未触及知识产权运营精华，因而导致大部分产业继续停留在有形商品产销范围，而且毛利持续下降，也导致产学研界所拥有的知识产权质量价值不佳，而且没有货币化的机会。

4. 他山之石可以攻"错"，两岸产学研界亟须借鉴美欧日经验，彻底改变现有知识产权作业，并将知识产权的调研、风险管控、布局组合、申请维持、营销运营、货币化等专业机制融入其组织与运营功能内，并投入资源发展国际专业运营机制，或者以较低费用委托国际专业组织经营其知识产权链上中下游各环节业务，才有机会在全球知识经济时代的新模式与新规则环境中存续与发展。

> 知识产权侵权诉讼是企业全球市场营销的一环，已成为营销与市场竞争的强力手段及运营后盾，而不再是两岸企业所看的偶发"法律事件"或者所谓的"土匪"行为。

面对专利诉讼　企业如何打胜仗

林家圣

长久以来，专利侵权诉讼一直扮演强力且有效的市场竞争手段，两岸企业被欧美日韩专利权人发动专利侵权诉讼导致运营不自由，以及在长期挨打或被糊弄的缴保护费或缴学费经验过程中，彰显了预先花小钱做好专利风险管理来避免事后花大钱因应专利侵权诉讼的效益以及重要性，专利风险管理也因此渐成显学并获各界重视。

然而，就算通过严谨的专利风险调查与分析作业而辨识出产品技术相关的专利风险，企业下一步又该怎么因应、管控风险才可实时且妥善因应专利权人滋扰，除了从商业层面、技术层面与法律层面回避及排除风险等手段外，还有不得忽略重要配套作业，说明如下。

◀◀◀ 专利权人类型与商业目的不全然相同

首先，需先厘清专利权人主体类型与发动专利侵权诉讼之商业目的；专利权人若为运营实体（Practicing Entities）类型，由于运营实体会通过商品或服务的销售来获利，该类型专利权人大多为相同产业竞争者，其动机与商业目的是专利权人就不同地区的商业模式规划，例如：①避免主要产品销售区域面临竞争者价格掠夺导致市场占有率与利润受影响，换言之，其商业目的就是利用专利侵权诉讼的手段，将市场后进者赶出市场、影响商誉并巩固自身订单；②通过诉讼来取得专利许可的授权金、许可费，借此垫高竞争者的成本，使竞争者虽然可以进入特定市场销售，却面临毛利相对较低的"温水煮青蛙"舒适假象；③部分区域自己卖产品，其他区域则善用被许可人市场、品牌与渠道关系，通过许可让被许可人产销产品，专利权人则在背后乐见市场成长带来的丰厚许可费收入。

另外，若专利权人为非运营实体（Non-practicing Entities），由于非运营实体主要通过专利诉讼直接取得和解金、间接取得授权金及许可费来获利，该类型专利权人主要包括专利主张实体（Patent Assertion Entities）、学研机构与个人发明人等，其动机与商业目的相对单纯，并非要将潜在侵权企业赶出市场，而是借由诉讼手段快速取得和解金，或是通过对外许可获得授权金、许可费等经济报酬，使其足以支撑新一轮的购买专利、技术研发及其相应知识产权布局与权利主张。

简言之，因应不同类型专利权人的专利风险管理配套作业宜侧重于调查专利权人类型、已有专利侵权诉讼或专利许可记录、诉讼案件决策团队背景与人格特质等，亦即尽快厘清专利权人真实商业目的、掌握诉讼背后"操盘者"实战经验与行为模式，借此见招拆招来打破专利权人的如意算盘。

◀◀◀ 诉讼策略兼顾面子里子有困难但非无解

其次，兼顾面子与里子之诉讼策略在实务上难两全的迷思；以两岸企业较常作为专利侵权诉讼案件中被告的角色，若在可用资源充沛的前提下，诉讼策略当然可以据理力争，争取原告败诉、被告胜诉的理想诉讼结果；然而，表面看似是个可以洗刷冤屈又有面子的诉讼策略，却不得不面临漫长诉讼过程、可观诉讼费用、市场客户流失，以及无力长期承担诉讼压力的内部负责人员流动等失去里子的经营压力。值得注意的是，甚至还有部分熟稔跨国专利侵权诉讼的专利权人，会锁定竞争者非主要产销区域的地点或在国际展览地点发起"隔山打牛"或如同"营销手段"的诉讼，究竟是否要积极应诉也构成了被告难解的课题。

专利侵权诉讼一直扮演着强力且有效的市场竞争手段，而企业面对专利战局，究竟要如何漂亮地打出一场胜仗？要同时兼顾非赢不可的面子，又不能输在时间与金钱的拖延战术，实务上虽难两全，然而只要抓对方法，想要双赢仍然有解。

第一章 专利资产运营、运赢与运盈

049

事实上，面对专利权人发起"合法"的侵权诉讼等市场滋扰行为，身为被告的诉讼策略要同时兼具面子与里子并非无解，具体方向有：①先确保里子才有续争面子的本钱，即不在诉讼案中争胜诉败诉，而是要能继续做生意带来营收获利；②掌握时间与节奏，以坚决积极态度同时处理多方利害关系人说明，包括新闻稿、记者会、公关媒体与业务等安排，塑造保护客户、尊重知识产权的正面立场与形象，必要时，更须预先准备不侵权意见书（Non-infringement Opinion）以安抚客户并巩固订单；③转移战场反攻专利无效，不仅成本费用远低于诉讼，更有一定机会可使诉讼程序暂停（Stay）而避免产生大量诉讼费用等。

⫷⫷⫷ 落实专利风险管理需跨领域专业整合

综上所述，专利风险管理所涉及范围除了事理、法理，还包括人理及其心理，亦即，落实专利风险管理除了需将认知风险、辨识风险、因应风险、管控风险等阶段之专业方法、流程表单、系统平台及相关配套措施融入企业产品技术开发流程与各个运营部门之外，更须通过跨领域专业整合团队协同执行以缩短摸索时间，建立不论专利权人如何出招，都可兵来将挡、水来土掩的团队与筹码。

"打过仗"才能"转大人"
跨国专利侵权诉讼不只是法律问题

周延鹏　吴俊英　陈郁婷

随着商业活动的全球化，跨国专利侵权诉讼对于两岸企业已非新鲜事，例如，2010 年 3 月 Apple 在美国联邦法院控诉宏达电子侵害逾 20 件 Apple 专利，宏达电子立即以诉讼手段还击，向美国国际贸易委员会对 Apple 控告专利侵权，请求禁止销售 iPhone 与 iPad 产品。跨国专利侵权诉讼不仅是企业国际化必须面对并处理的重要课题，甚至应将专利侵权诉讼从单纯的法律事务转成为企业营业活动与经营策略之一环，并进而以营销模式利用跨国专利侵权诉讼创造市场优势、改变竞争态势并交换更多技术与市场利益。

⫷⫷⫷ 专利侵权诉讼本质为商业竞争工具

专利侵权诉讼的发动，背后总有某些商业目的，可能是为获取损害赔偿，或借由诉讼让竞争对手疲于奔命，或消灭竞争者或阻碍其产品上市出货，或增加自己或客户的订单，或逼迫交互许可交换专利技术。美欧日韩诸多企业或组织，甚至有 2~3 家两岸企业，已用营销方式进行长期的专利侵权诉讼规划，并利用侵权诉讼活动对付竞争者甚至客户，或在研发成果转化为专利时，即已锁定特定或潜在的竞争者或客户，准备以专利侵权诉讼遂行其商业目的。因此，能准确掌握诉讼背后的商业动机与目的，才能据以作出各种判断，并拟定具体战略与执行战术。

◀◀◀ 跨国专利诉讼的规划与管理不能乱无章法

中国台湾企业需要强化跨国专利侵权诉讼管理能力并发展其相应机制，理由是首先中国台湾为出口型经济，企业生产产品多供外销，因此更容易在海外市场面临专利侵权争端；其次，中国台湾专利诉讼制度受限于大陆法系诉讼制度，法院很少成为跨国专利诉讼的战场；此外，中国台湾有关方面甚至企业虽不断强调科技研发与知识产权的重要性，却很少思考如何将研发成果转化的专利，并以营销机制通过专利侵权诉讼作为全球竞争的利器；再者，中国台湾在美国拥有的专利数量虽居第四名，专利质量与价值却不高，一些企业认为中国台湾的专利"不长牙齿"，进而成为一些专利权人觊觎的肥羊，从中国台湾每年缴出的许可费及损害赔偿高达新台币1500亿元即可窥知。

中国台湾企业目前仍以作为专利侵权诉讼的被告居多，但因对涉案地区法律、诉讼实务、专利权人及诉讼管理与企业运营机制等的不了解、不能掌握，一旦在海外被控专利侵权，常常慌了手脚，或干脆消极不面对，错失最佳反应时机；或自乱阵脚，任境外专利权人予取予求，听任宰割；或完全把案件交给涉案地的诉讼律师，放任诉讼律师与技术专家紊乱无章地耗费惊人诉讼成本及费用。不论哪一种反应，均非处理跨地域专利侵权诉讼的有效途径，亦更无机会借此发展出跨地域专利侵权诉讼管理机制与营销模式。

≪≪≪ 管理跨国专利侵权诉讼须具备全方位视野与企业运营能力

不论是在半导体、信息通信、光电、软件、医药、生物等产业，只要是技术含量高的产业，跨地域专利侵权诉讼都是富含计划性、规模性、跨国性、组织性、继续性、资源性的商业行为，而非个案诉讼；若只将跨地域专利诉讼当作一般诉讼个案处理，将无法有效应对处置。故跨地域专利侵权诉讼不只是诉讼律师单纯的法律作业，更应是原、被告企业之间在竞争策略、团队效率、管理方法与工具、组织执行力、相关资源运用等各个方面的较量。

跨地域专利侵权诉讼的进行绝不能仅依赖外国的诉讼律师单纯的法律专业，原因在于诉讼律师：①无法掌握专利侵权诉讼背后的商业考虑：诉讼律师无从理解并掌握客户的产业地位、技术关键、市场关系等，无法从复杂的产业链、供应链、市场等各层面，解析诉讼背后的动机目的，进而订出明确的诉讼战略主轴与执行层次、步骤。②不易整体管控各运营层面风险，顾此失彼，错失全局：诉讼律师只关注当地诉讼案件与胜败，难以注意、预期到客户在其他市场可能遭遇的风险，例如，美国律师常会毫不思考地将客户所有资料在诉讼的 Discovery 阶段全盘托出，造成对手轻易获悉客户的技术和市场机密。③投入无谓诉讼行为，膨胀诉讼费用：诉讼律师通常照本宣科地耗用各种法律手段，不易为客户以最小预算达成最大效益，例如，律师为客户处理专利侵权的答辩时，几乎均不加思考地一律反诉主张专利无效或者不公平竞争，忽视个案情况而浪掷庞大的专家鉴定费用。④不能实时协助客户处理市场及媒体反应：诉讼律师只用单纯的法律观点来处理诉讼中的活动，没有运营经验可据以协助客户处理研发产销的调整、供货商的调整、下游厂商的安抚、公开信息的发布及媒体报道等各运营层面上所遭遇的课题。

≪≪ 管理跨地域专利侵权诉讼的关键要素

因此，根本上仍需要了解成功管理跨地域专利侵权诉讼的关键要素，其中包括：①全方位诉讼管理团队：包含商业、法律、技术各领域人员形成的全方位专业团队，且其于诉讼管理方面具备丰富实战经验及高标准伦理道德，能运用有效的方法工具，讲究高度执行力的科学化规划与管理；②一套完整管理诉讼工具及方法：管理团队能依据所处产业、公司、产品、技术、专利、涉讼地及管辖法院之不同，于诉讼一开始即拟定该件侵权诉讼之目的、方向、架构、计划，并以有效率、有组织、有弹性、有执行力、能随机应变之方式处理；③完善的企业内部制度：公司内部就研发、生产、销售、采购、财会应有完善、充分且正确之研发日志、专利布局、表单、报价单、订单、收据、送货单、流程、信息系统、ERP

> 企业必须"打过仗"，才会真正"转大人"，提升专利侵权诉讼管理的观念与方法并融合到企业运营策略与竞争优势层次，进而能运筹帷幄、决胜千里，使专利成为企业获利与价值的重要运营要素。

系统、邮件系统、采购合同、销售合同、经销合同、代理合同、许可协议，并定期搜集对方当事人于诉讼期间对特定或不特定对象所为信息发布、发言、发信、发函等。充分掌握此等关键要素后，才能面对各国专利侵权诉讼之到来，能处变不惊且游刃有余，甚至进而转成原告身分以营销方式对他人提起专利侵权诉讼。

≪≪ 专利侵权诉讼促使企业"改善体质"

无须讳言，大部分上市公司仍不具备上述关键要素及诉讼管理机制，在处理专利侵权诉讼过程中，常见诸多诉讼管理不佳情况，以致产生诉讼费用过高、耗时过长、技术及商业秘密泄露、供货商拆伙、客户流失、股权权益减损、企业形象受损，且甚至最后仍受败诉判决或者以支付高额和解金收场。

实则，若能委聘外部具备丰富实战经验且兼具商业、法律及技术之专业跨国专利诉讼管理团队，则可协助企业快速且精确厘清诉讼商业目的，拟定诉讼因应战略及战术，有效率地管控公司内部管理成本及聘请外部律师及专家成本，而企业亦能借由该次协同诉讼实战经验，精进自己组织在商业、技术、法律、知识产权层面的运营机制，并逐步掌握跨国诉讼管理技巧，且使自己公司相关的研发、生产、销售、采购、财会等制度及系统，亦能经由专利侵权诉讼程序加以检验、测试并改良，也可由大量案件累积的知识经验回馈，并提高其应有严谨度及运营品质。

◀◀◀ 必须"打过仗"，才能"转大人"

跨地域专利侵权诉讼，尤其是美国专利侵权诉讼，是两岸企业所必须熟悉的商业竞争工具，甚至必须将之转化为两岸企业能应用自如的商业策略平台，并行调整全球有关的产品技术开发、生产制造、市场营销等功能，且同步反映相关信息到财务报表、资本市场及各利害关系人。因此，企业必须"打过仗"，才会真正"转大人"，提升专利侵权诉讼管理的观念与方法，并融合企业运营策略与竞争优势层次，进而能运筹帷幄、决胜千里，使专利成为企业获利与价值的重要运营要素。

企业专利战不该只是消耗战力
吸取经验才能真正"转大人"

周延鹏　曾志伟

· ·

　　两岸企业经营者普遍对于其产业的知识产权及其运营机制的观念、方法、工具和系统皆相当陌生，甚至用错误的观念与方法经营，也不知如何投入资源经营知识产权。实则，企业应发展一致性的专业方法论，贯穿知识产权运营流程与企业运营流程，并整合企业内、外部之工具、系统与平台，才能确保企业运营自由，并在国际市场建立竞争优势，进而获取多元利益。

◀◀◀ 企业运营流程需融入知识产权运营机制与工具

　　两岸企业对于所使用的产品开发流程（C System）或是产品生命周期管理（PLM）的机制、流程、工具与系统，各界已灵活运用，但是当涉及与知识产权运营流程或工具结合时，则显得格格不入，甚或直接将知识产权运营流程排除于产品开发流程外。因而导致两岸企业普遍不熟悉知识产权运营的主要环节，包括专利技术调研、专利风险管理、知识产权布局、专利资产运营等。而专利风险管理机制如何融入企业运营流程内，予以说明如下。

◀◀◀ 面对层出不穷的专利战，企业需建立专利风险管理机制

首先，专利风险管理机制需考虑的关键因素有：①各国家专利侵权诉讼程序及其作业要求，尤其是以美国专利侵权诉讼所涉及的诉讼证据发现程序（Discovery）、马克曼听证（Markman Hearing）、审讯程序（Trial）等；②各国家专利法、专利审查准则等；③各类程序对企业商业模式的交互影响；④各类程序与企业各部门及外部组织间的连接关系；⑤企业所使用工具与系统是否达到全域安全流程（Total Access）与组织记忆（Organization Memory）。

其次，专利风险管理从风险的认知、辨识、因应到管控等作业应并行搭配企业产品开发流程的主动执行，而非仅是面对专利权人找上门时的被动响应。因此，在企业于产品开发的概念构想期（C0），应在决定产品与技术研发方向前掌握各国企业的技术与专利布局范围，主动辨识风险，避免投入大量资源开发的产品落入专利权利范围而最后被迫放弃。并且随着产品开发进入到不同阶段（C1~C6），需同步搭配企业运营实况，就产业合资、投资、并购、专利诉讼、专利许可等动态信息，进行风险管理范围的调整，包括：①分析产品系列、型号的调整；②分析产品所涉及技术方案调整；③所涉及专利范围包含区域及国家的调整；④所涉及专利权人主体的调整；⑤所涉及专利号同族专利法律状态监控与权利范围监控，包含领证、届期、失效、优先权

两岸企业不管是在通信（ICT）产业或是在生物医药产业，只要进入国际市场，就无法避免随之而来的跨国专利战。虽然业界常自嘲"被告专利侵权代表你是 Somebody，没被告代表你是 Nobody"，但是企业是否能从一场场的专利战中吸取经验而"转大人"，或者仅是疲于周旋于各个案件的处理而渐被逐出市场，其关键因素在于企业是否将专业知识产权运营机制与工具融入企业运营流程。

主张、分割案（Division，DIV）、延续案（Continuation Application，CA）、部分延续案（Continuation-in-Part Application，CIP）、再领证（Reissue）、再审查/复审（Ex Parte Reexamination/ Inter Partes Review）；⑥所涉及专利号于各国专利侵权诉讼程序中，系争专利权利范围解释（Claim Construction）之差异。

再次，根据不同阶段所辨识到的各种风险，企业应规划与执行因应方案，包括调整商业模式、调整全球产销据点、调整客户与渠道、调整供应链来源、调整产品技术方案、调整研发资源投入、进行产品回避设计、取得外部专家法律意见书等。最后，如于产品开发流程中落实专利风险管理之专业方法，应可主动排除专利风险。以美国专利为例，可利用专利复审程序，使特定专利的权利范围无效或限缩，而让企业的产品不致落入其权利范围；或利用专利复审程序的提出，加速与专利权人间的许可与和解谈判等。

◀◀◀ 组织与流程需协同，工具与系统需整合

前述风险管理机制的落实涉及跨部门与内外组织之流程，包括产品开发流程及其产品企划、研发、采购、制造、营销、物流、法务、财会、资金安全、人力、公关等各部门与知识产权部门间的协同作业；以及企业与外部专业组织的配合，包括经营管理、知识产权、法律、技术专家等。

以美国专利侵权诉讼为例，当专利侵权诉讼中的系争专利涉及因重新发证程序（Reissue）或再审查/复审程序（Reexamination/Review）而发生权利范围的新增或修改，则需外部知识产权与法律专家协助确认该新增或修改权利范围之生效日期及相应之其他权利，包含先使用权（Intervening Rights）的适用等，并需同步盘

点制造、营销、物流、财会部门对系争产品的相关产销时间、区域、数量与金额信息，即可精准管控系争产品之曝险范围、数量与金额。

最后，企业内部产品开发系统需链接专利风险管理流程与专业工具，使企业不同运营机能及跨组织人员的协同作业流程能整合作业，而且该工具需具备组织记忆与知识管理之功能，并可持续累积成为结构化信息，例如，于产品开发阶段所参考的各类专利、非专利文献、产业信息、产品信息、技术信息、技术专家信息等。前述信息如能结构化的储存与管理，流程与工具如能跨组织协同作业，则企业在面对各类的专利风险事件发生时，不仅能精准管控运营风险范围，更能快速应对，甚至主动反击。

★★★专利资产与合同配套★★★

两岸厂商面对的知识产权残酷杀戮——
我的是你的，你的还是你的！

周延鹏

两岸信息通信（ICT）及光电产业在与跨国企业协商 OEM、ODM、JDM 各类采购及交易合同时，都会就双方投入研发所涉及的知识产权归属、实施、使用、再许可、损害赔偿保证以及保密等项目，进行激烈且冗长的谈判，并需无数次修定合同条款，但两岸企业几乎都会在跨国企业撂下"不接受我的条款，那今年及以后的订单就给某某代工厂"或"某某代工厂已就某机型签署该合同，你还要再浪费时间谈吗？"等话威胁，内心在不情愿地挣扎数日后，最后仍别无选择地需签下使自己可保有订单，维持既有生产运营与财报数字的"城下盟约"，但却使自己一步步走到"技术不自主、市场不自主"的深渊。

上述两岸产业实际运营历程即充分说明了，企业若没有核心技术研发与优质优势知识产权，也没有跨国专业知识产权运营机制支持，即会落得目前通信及光电产业每况愈下的窘状，而且恐将形成产业转型升级的孽障。

◀◀◀ 保密暨知识产权条款之沧桑历史

2003年以前，两岸企业与跨国企业洽商各类交易所签署的保密合同及采购合同，大致上还能维持"友好协商、平等互利"的合理商业条款，并有对等交易条件。

在保密合同方面，双方约定：①任何一方对他方的机密信息，均负有相同的保密义务；②任何一方对自己的知识产权仍享有所有权；③任何一方对他方享有的知识产权，应予尊重，不得擅自实施，但经事先书面许可并支付合理许可费者不在此限；④双方就共同投入研发所产生的技术开发成果，共同享有知识产权，并约定双方间以及对第三方间的实施、使用与诉讼规则。

在知识产权条款方面，双方亦约定：①在所有权归属上，双方各自拥有自己核心技术产品的知识产权，而在双方共同开发项目上，则共同拥有知识产权；②在知识产权实施上，双方就相互间交易项目上不仅实施自己知识产权，而且均受"权利用尽原则"约束，不得对他方客户主张；③在许可政策上，一方不理所当然许可他方实施自己享有的知识产权，但另有事前书面约定者除外；④在损害赔偿上，双方仅就自己技术产品对第三方侵权时负责任，而且给他方所造成的损害赔偿责任，处理方式依序为变更设计、替换为未侵权产品、取得第三方许可、最后才是损害赔偿但限于直接损害而不包括间接损害、附属损害等。

◀◀◀ 我给你的都是机密，你给我的都不是机密

2003 年后，两岸企业与跨国企业洽商各类交易所签署的保密合同及采购合同，则快速进入残酷的杀戮情状，极为不友好、不互利、不对等。在保密合同方面，变成"我给你的都是机密，你给我的都不是机密""我可以随时不受限制地使用，包括提供给其他代工厂商使用"，而且还要求要看透、索取、录像两岸企业的各类机密信息档案、设备规格、生产流程，甚至相关参数、配方等。

在知识产权条款方面，亦变成"你的知识产权都是我的，同时你还要实时公开发明技术或设计给我去申请专利、注册商标"，而且还要随时依其监视与要求免费转移自己的知识产权给跨国企业或者亦需将自己的知识产权许可给跨国企业指定的其他代工厂商，或者依跨国企业要求，以账面价值转移生产线给其他代工厂接替你为他代工。更甚者，强力要求你不得从事某广泛领域技术产品的运营，几乎彻底限制你的企业进入新兴产品领域的市场。

≪≪≪ 亟须自立自强，不能再处变不惊了！

　　两岸通信暨光电大多数企业处在"你的是我的，我的是我的"被剥削的残酷境遇，其形成原因与过程当然与两岸产业文化、经营者愿景与使命、组织态度与竞争实力、研发与创新类型、研发预算与研发管理、商业模式与获利层次、低成本杀价而非价值竞争思维惯性等息息相关，此处暂不加阐述。

　　笔者兹先摘述几项亟须自立自强的应对策略与措施，包括：①应善用熟悉跨国交易及国际商业法律及其实务的合格高阶人力，而非仅从成本考虑，以没有历练的法务人力或者不合格的人力来处理涉及企业命运的交易；②应导入跨国专业知识产权运营机制，含组织、流程、系统、方法与工具，

> 在电子产业中，屡见两岸企业与跨国企业客户共同研发产品，而双方一起投入研发资源所产出的知识产权，过去两岸企业与外国客户所达成协议大致上还可称平等，但2013年后，两岸企业与外国客户签下不平等条款越来越常见，甚至演变为"我（两岸企业）的是你（客户）的，你的还是你的！"的局面。

并优化研发项目及其管理流程与系统，而非继续放任专利工程师用些经年积累的谬误观念与方法处理知识产权业务，因为最后恐无绩效或贻祸数年；③知识产权布局与运营的创新，含专利技术调研、专利风险管控、专利组合申请、专利资产运营，并纳入外部跨国专业服务，才能产出并运营对企业有益的优质优势知识产权，而非专利数量。

第二章 专利风险管理

★★★专利风险管理的效益★★★

花小钱扫雷 vs. 花大钱打仗？选哪一边？

周延鹏

长期以来，人为危害及自然灾害所带来的种种风险与不同损害，各界已从经营管理层面发展出各类专业的风险管控机制，并且广泛深入于其组织、人员、设施、信息、流程、系统、关系、保险等实际运营上。因此，除了不可抗力与人为疏忽外，各界大都可以管控其相应的人为及自然风险，而且也起到相当的管理效果。但是，对于"专利风险"的管控，各界却难以如同人为及自然风险的管控般发展出适当的管理机制及配套措施，不仅经常碰到地雷或诡雷般的突袭，而且还经常遭诉专利侵权，而迄今仍束手无策。

≪≪≪ 专利风险管理机制欠缺的原因

虽然长期以来各界投入无数资源于专利检索、专利地图、专利申请及专利维持上，但从企业经常在美欧被诉专利侵权、被禁止进口或遭受扣押及被追索巨额许可费的情况，以及许多产业在国际市场上所面临的技术不自主的情况，甚至许多产业所面临的竞争威胁与转型瓶颈，各界应可以相当了然"专利风险管理机制"（Patent Risk Management，PRM）是没有被发展出来，甚至也没有意识到可以用专业方法与工具加以建立。

"专利风险管理机制"没有被建立并实施于各界的运营层面，其原因主要有：①主观上心存侥幸者居多，大多认为不会这么"衰"，自己会碰到专利侵权诉讼或者被追索巨额许可费，或者虚应故事，表面玩玩不具优质与优势的专利申请数量而已；②压根对知识经济时代所面临的专利是充分且必要性的元素及其各类风险一知半解或者一无所知，甚至因所需的专业信息提供不足而不了解，因而不愿意投入理解专利竞争元素的全貌，或者认为自己所属产业性质与知识产权无关或关系不大，或者也不了解知识产权对其商业模式的创新与设计起到积极作用；③专利从业人员不具有其组织经营上所需的高度、广度与深度，因此难以具有跨国专利风险管理的专业知识、经验、方法与工具，而仍继续从事既有的"专利工程"项目与业务；④专业服务组织及其功能通常是处理与个案有关的申请、维持及争讼，但不具备相应适合的专利风险管理知识、技能与经验，而且发展专利风险管理机制也与其组织营业项目无关；⑤专利风险管理机制发展所需的专业方法、工具及系统，不仅全球少有专家具有相应的知识、技能与经验，而且应是全球稀有的重要资源。

◀◀◀ 专利风险管理机制需禁得起美国专利诉讼证据发现程序的考验

"专利风险管理机制"与人为及自然风险管控机制最大的不同，主要的应是美国专利侵权诉讼证据发现程序（Discovery）及电子证据发现程序（eDiscovery）的文件数据及电子档案产出（Production of Documents）及交互询问（Interrogatory），因为该证据发现程序将触及诉讼当事人和关系人曾经的"所作所为"及其因此依法所需的"呈堂证供"，也可以理解为当事人所涉及的人事时地物所留下的痕迹及记录几乎都需要提出并被自己和对造律师严格检验及论证，几乎难以隐藏、毁损、湮灭而无所遁形，尤其处于现代的通信和网络世界，所有"走过的"痕迹及记录是极其简单的，可以被"一把抓"或者像肉粽般的"整串抓起"，进而被专家和专业快速还原真相。

然而，产学研各界就技术及产品的发展，从项目计划、概念构想、研发设计、实验验证、生产制造、送样认证到营销销售等所有过程，几乎都会触及和处理各类各层次的专利项目及其信息，但迄今这些作业却是在不受法律保护的通信网络环境中作业，而且几乎都暴露在高法律风险中，大多经不起尔后的专利侵权诉讼考验，无论原告或者被告皆然。因此，"专利风险管理机制"的发展与建立，不仅应将一些国家专利侵权诉讼程序及其作业等各项要求考虑进来，而且也应管控专利搜寻系统及其后的专利各项检索与分析作业所使用的应用系统与档案储存及传送网络，亦即须建立在受一些国家法律严格保护的设施和环境内，这些是需要极复杂的跨领域专业知识、技能与运营经验的高度整合，而显非目前专利搜寻软件业者和专利服务组织所能及的。

◀◀◀ 专利风险管理机制发展与建立的关键因素

"专利风险管理机制"对于产学研各界而言，显然有必要发展与建立国际级的专业机制，其不仅可以发挥"花小钱扫雷"的风险预防效果，而且可以避免"花大钱战争"的负面巨大代价。据此，"专利风险管理机制"的发展与建立，其关键因素主要有：①领导人对知识经济时代组织运营及其无形知识产权商业模式的充分认知与决心态度；②领导人对专利各项项目及其作业的亲自参与度要到位，而且初期阶段不宜仅有现身现影或者说说而已；③领导人需整合合适的跨领域专业实务人员以及导入有用有效益的方法与工具；④管理和执行人员须突破传统专利检索暨专利地图的不足与局限；⑤专利信息须客观按产品技术结构及产业结构呈现于各类专利信息报表；⑥专利信息需与产业动态信息整合，尤其全球主要国家的研发、投资、并购、侵权诉讼、许可技术转让、产业联盟、技术标准、专利池等信息；⑦专利信息须掌握竞争者运营实体（Operating Entities，OEs 或 Practicing Entities，PEs）以及非运营实体（Non-practicing Entities，NPEs）与专利地痞

专利风险管理机制的发展与建立，不仅应将一些国家专利侵权诉讼程序及其作业等各项要求考虑进来，而且也应管控专利搜寻系统及其后的专利各项检索与分析作业所使用的应用系统与档案储存及传送网络，亦即须建立在受一些国家法律严格保护的设施和环境内。

（Patent Troll）的组织结构、商业模式及其知识产权与运营作业，尤其具有指标性的专利组合（Patent Portfolios）与专利活动；⑧专利信息各类报表判读分析须由具有专业知识、技能及经验的专业人士来执行，而非仅依赖未受过真正专业训练及养成的从业人员非专业的作业及产出；⑨专利风险管理机制应涵盖组织、流程、表单、系

统、作业、指标、考核等项目，并应符合组织流程运作以及考虑主要国家法律严格保护的要求。

◀◀◀ 专利风险管理机制的有效配套措施

除了发展与建立"专利风险管理机制"外，专利风险管理机制的具体运作配套措施主要有：①运用 www.patentcloud.com，按产品技术结构方式持续建立与自己组织运营有关的主要国家专利数据库；②再依据所建立的专利数据库以及产业动态信息，筛选出对自己组织具有关联度及风险度的特定专利及其家族；③对于具有关联度及风险度的特定专利，于 www.patentcloud.com 上作业，界定其专利权利范围（Claim Construction），进而进行专利侵权比对（Claim Chart）、或者分析其是否具有无效性（Invalidity）或不可执行性（Unenforceability）；④若特定专利可以主张无效或不可执行而产品技术又被涵盖者，则应善用各国专利行政程序进行主张，例如，尽可能于专利权人提起诉讼前，向美国专利商标局提出单方再审查（Ex Parte Reexamination）或多方再审查（Inter Partes Reexamination），尤其是 2011 年通过的美国发明法案新增了第三人在专利核准 9 个月内可提出的核准后审查程序（Post Grant Review），在专利核准 9 个月后可提出的多方复审程序（Inter Partes Review），或者向中国国家知识产权局提出无效宣告申请，或者向中国台湾知识产权主管部门提出专利异议，此等行政程序费用远低于侵权诉讼程序律师费的巨额支出；⑤若特定专利无须主张无效或不可执行而可回避者，即可在专业人士协助下进行回避设计（Design Around）；⑥若特定专利不易主张无效或不可执行，也不易进行回避设计，而又必须实施该特定专利者，则可考虑以各种途径购买该专利或者取得许可，包括以低成本善用非运营实体的专利；⑦若未有预算进行购买该专利或者取得许可者，则可调整供应链、物流或运营模式，以解决特定专利风险。

★★★专利风险管理的思维★★★

专利风险管理从 5W1H 开始做起

周延鹏　林家圣

专利风险如何被有效控制与管理，目前虽有外国业者推出一些服务，例如，提供 Freedom-to-Operate / Right to Use 的专利检索服务、提供软件用以执行 Freedom-to-Operate 的分析，或通过收购潜在会被用来提起诉讼的专利，提供许可予其会员，用以降低会员被提起专利侵权诉讼的风险、费用或者保险服务。但是，企业面临专利风险管理与因应，却仍不知从何开始或以何专业方法处理。

笔者认为，专利风险管理与因应，宜从"5W1H"着手，亦即先厘清专利风险管理（Patent Risk Management，PRM）的本质，即为何管理（Why）、管理什么（What）、管理哪里（Where）、由谁管理（Who）、何时管理（When）及如何管理（How）。换言之，应从主动式专利风险管理以及全域安全流程与系统开始，包括了认知风险、辨识风险、因应风险及管控风险等各项安全性作业。

◀◀◀ 不先认知风险就难以辨识风险

首先，认知专利风险，根据对企业运营造成的不同影响与程度，专利风险主要有：①产品被诉专利侵权，面临巨额律师费、损害赔偿、和解费与打官司所需花费的人力与时间成本与费用；②产品被禁止进口，被迫直接退出特定区域市场；③产品遭受扣押，影响订单、客户信心与企业商誉；④被追索许可费，拉高了成本，造成获利上的冲击；⑤专利申请案因不具新颖性或进步性而无法获证。

而上述各类专利风险的有形或无形影响，都是源于产品技术企划、研究开发以及产销阶段未主动且安全有效地辨识出风险，导致产品技术落入其他专利权人的专利范围中或者专利申请案早已被习知技术所涵盖，不仅造成了成本费用升高、利润降低、退出市场、商誉受损等运营不自由的情况之外，也浪费了从研发规划、研发执行到研发成果转化成知识产权所投入的资源与时间。

其次，辨识专利风险，在清楚认知各类专利风险后，应善用专业方法与安全工具来辨识与企业运营相关的专利风险，例如，www.patentcloud.com 系统，其中包括：①厘清专利检索目的，即确认要辨识何种专利风险，如 Freedom-to-Operate 分析或新颖性分析；②界定专利检索范围，以智慧资源规划方法定义产品与技术结构，再根据不同目的界定主体、客体、区域、时间等检索范围；③活用专利检索方法，设定关键词并扩充其同义字词、上下位字词并组合检索条件；④善用专利检索工具，进行跨国家、跨语言的专利检索、下载、结构化信息；⑤判读筛选关联专利，判读并分类，以构建专利数据库，并根据产品技术特征筛选出高关联专利；⑥专利风险比对分析，以产品技术特征比对分析高关联专利中是否存在何种程度的风险专利。

通过上述 www.patentcloud.com 专业严谨与安全保护的检索、筛选、分类与分析作业，可有效辨识出与企业产品技术或服务高关联且具有风险的专利，使得专利风险不再像是无法预知的意外事件，而转变成可预期、可因应、可管控的具体运营项目。

◀◀◀ 因应专利风险的技术、商业与法律方法

再次，因应专利风险，企业面对专利权人找上门的紧急处理措施，或者是前述主动辨识出专利风险的预防措施，各层面与具体方法有：①技术层面，由研发人员进行回避设计，协同知识产权专业人士确认是否已回避设计，同时评估已回避设计的技术方案是否具有法律要件，并将其转化成优质与优势知识产权；②商业层面，从专利权人地域部署缺失调整供应链与产销区域，或评估自己专利组合与效度，考虑是否需购买相关专利以增加与专利权人谈判筹码，或直接向专利权人取得专利许可、交互许可等；③法律层面，分析风险专利是否因程序瑕疵而不可执行、是否因不具备专利性而应被宣告无效，同时备妥相应证据，于适当时机向相应的专利局提起专利无效之申请。

亦即，不论是紧急措施或预防措施的专利风险因应措施，原则不外乎就是避开风险或是排除风险，其中的关键在于是否拥有自主技术？是否具备可与专利权人谈判的各类筹码？尤其是用以制衡专利权人主张权利的专利之无效证据、或可用以反诉的优质专利组合

等。其中，需特别注意的是，因应风险应改变过去心存侥幸或无所作为，甚至是放任专利权人予取予求的态度。只要认知风险的存在并实行因应风险的专业方法，对专利风险的因应，"投降"就不再是唯一选项。

最后，管控专利风险，相较于前述的风险因应，须进一步融入时间因素的动态管理，因为专利风险存在易变性、易灭性等特性，尤其是专利状态、保护范围及所有权的主动或被动变更，例如：①公开专利在审查过程中维持原范围或被限缩范围后被获准；②专利权人善用同族专利的布局概念，不断以分案、延续案、部分延续案、新申请案持续衍生或变化其保护范围；③专利权人放弃答辩而使专利失效；④公告专利因期满或专利权人不再维护而失效；⑤专利因被主张无效而失效或限缩范围；⑥专利所有权的转移。

也就是说，在特定时间点所辨识出的专利风险，随着时间推移，针对特定产品与技术的专利风险随时可能增加或减少，更何况企业和研究机构也会持续开发新产品与新技术，而这些新产品与新技术也可能存在不同的专利风险。因此，管控专利风险并非执行一次就可永久解决问题的单一事件，而是不断进行的动态循环作业，通过持续监控、筛选、分析、更新自己专属的专利数据库，以及规划、执行各种因应风险措施，方有机会在运营上获取积极效益。

◀◀◀ 推动专利风险管理，用对专业才会有成效

专利风险管理机制的落实，横跨了组织、人员、流程、方法、工具以及专门系统与作业安全。因此，组织若有决心改变过去的非专业作法，并着手推动专利风险管理专业机制，其步骤至少包括：①组织内部各部门与人员需认知每个运营功能所涉及的专利风险类

型与影响程度；②导入专利风险管理机制至现有组织运营流程，包括新产品、新技术的研发流程，并贯穿产品企划、技术企划、研究开发、采购管理、生产制造、营销销售、仓储物流等运营功能；③设立专职组织、合格人员以及结合外部专业伙伴，负责协同组织各部门识别风险、因应风险与管控风险作业；④导入专业方法、工具及系统，构建、维护自己专属的专利数据库，持续监控并因应产品技术组合所涉及的专利风险，并维持组织记忆于安全境域。

随着企业在美国被诉专利侵权、被禁止进口或遭受扣押，以及被追索许可费的情况与日俱增，身为被告或被许可人的企业为了因应前述情况所付出的代价，轻则付钱而暂时处理争执，重则被迫直接退出市场，甚至是付钱也无法了事，却还得面对成本提高、利润下降，甚至技术与市场不自主，终而退出市场。在这些永无宁日的专利风险压力下，专利风险的专业管理与因应应受到各界重视与推动落实。

面对专利风险不应心存侥幸
做好准备方能逆转胜

周延鹏　张淑贞　曾志伟　吴丰江

　　欧美日企业以各项优势抢先占据全球庞大市场与商业利益后，为巩固与维系商业利益，避免被产业后进者复制、侵蚀，往往绞尽脑汁借由各种手段建立后进者之竞争屏障。欧美日企业运用其丰沛的资金、人才、产品、技术、品牌、渠道及知识产权等优势，让产业后进者难以突围，更难建立产品、技术与市场立足点，前述戏码于不同产业持续重复上演，无一例外。

◀◀◀ 企业未能管控专利风险，后果就是割地赔款

欧美日企业深谙创新与研发成果转化为优质与优势专利之道，更能善用专利作为参与全球市场竞争之重要"利器"。专利权之排他性威力，成为后进者进入市场最大梦魇与阻碍。即便后进者幸运抢滩进入欧美日市场，倘若后进者对专利风险未能预先并实时辨识管控，后进者最后仍可能因专利侵权争议或诉讼，让多年苦心经营的产品、技术、市场、客户、通路、品牌等瞬间湮灭，得不偿失。

尽管进入欧美日市场前，专利风险辨识与管控对企业如此重要，然而，诸多产业后进者迄今仍漠视此等风险，更遑论掌握知识产权布局、组合与经营管理诸多专业方法与眉眉脚脚。两岸企业仍经常在未了解主要企业专利布局与权利范围要求下，贸然地将产品出口至欧美日市场。等到专利权人来敲门，专利侵权诉状兵临门下，又多被动地、匆促地且毫无章法地处理与谈判，两岸企业不谙专利风险预先管控之道，更不谙处理专利侵权诉讼与争议相应的专业与技能，最后是"割地赔款"，令后进企业元气大伤，并造成无法弥补的伤害，后进企业明知山有虎，仍常两手空空毫无准备地走进虎山，其结果与伤害显为必然且可预料。

值此知识经济时代，知识产权应是两岸企业戮力经营的项目，为经营者不能漠视或回避的重要议题，有时更是企业参与全球竞争的"殊死战"。企业经营者依其所处产业结构特性，量身订做专属知识产权经营模式，并搭配国内外优质知识产权专业服务者，融入与导入专利风险管理之专业、技能、方法、流程、工具、系统，实

在是刻不容缓，而且具体界定与辨识风险后，更有诸多灵活弹性的商业、法律或技术因应措施可加以采用。

专利风险本身不足惧，惧怕的是两岸企业继续以侥幸态度面对，惧怕的是两岸企业继续选择在暗夜行走，而不愿持盏明灯避免自己绊倒或陷入泥淖。

◀◀◀ 产品开发融入专利风险管理机制，费用极低、效益却无穷

如前所述，产业后进者尽管处境屈居劣势，但也不必然是输家。两岸企业倘能在产品开发过程中导入完善专利调研与专利风险管理机制，仍可有效规避专利风险，并能巩固欧美日市场、客户与订单。在产品开发过程中导入专利风险管控机制，则需从产品开发流程（C System）切入，依序按概念构想期（C0）、工程验证期（C1）、设计验证期（C2）、产品验证期（C3）、工程改善期（C4）、即将进入量产期（C5）及量产上市期（C6）不同阶段，分别导入专利调研与专利风险管理作业机制，应能有效避免被专利权人主张或于欧美日被诉，更可避免大量资金、研发、采购、制造、营销与业务资源投入最后血本无归。此外，专利风险管控作业机制更可进一步引导后进企业布局优于先进企业之专利组合，其执行成本与费用极低廉，但效益却无穷。

在产品开发过程之概念构想期（C0），其主要任务与目的，即决定企业产品及技术研发方向，并决定研发资源之配置，此时，专利调研可辅助全球产品技术与市场客户之企划，若同步导入专利风险管理作业机制，更可于企业投入研发资源前预先掌握先进企业之产品、技术、专利布局与市场关联，避免开发产品技术落入专利权

利范围虎口而不自知。再者，专利风险管理机制不能仅是"一次性"作业，而应伴随企业运营之"持续性"活动，企业更应随时依运营实况与需求，调整专利风险管理机制执行范围与方向，不能仅是呆板与僵化重复操作。

企业倘能借由专业的 www.patentcloud.com，持续监控主要专利权人之专利布局，包含其部署形态、集群、组合、区域、家族与权利范围等，再结合主要专利权人投资、合资、并购、研发、专利许可、侵权诉讼及技术标准等动态信息，两岸企业当可脱离"险"境并可化"险"为夷。

◀◀◀ 专利风险管理机制优化组织记忆，也强化企业运营

后进企业依专利调研与风险分析之结果，据以拟定产品技术研发方向并界定全球市场与客户后，不代表专利风险就此免除而高枕无忧，因先进企业为维持其知识产权优势地位，仍持续投入创新研发，并将其不断转化为优势专利组合。

因此，后进企业于产品开发验证与改善阶段（C1~C4），亟须持续落实专利风险管理作业机制，让组织各部门能充分识别专利风险、因应专利风险并管控之。因此，专利风险管控作业机制运用 www.patentcloud.com，可让企业进行权利范围界定、产品与专利比对分析、专利无效与回避设计作业更加"自动化""效率化"与"安全化"，而且企业可据此持续更新专利数据库，亦带来同步优化组织记忆于安全云端环境之好处，倘能善用前述系统与平台，后进企业当能游刃有余地因应专利风险，甚至能先发制人。

两岸企业纵面临专利风险，从技术面可通过回避设计规避之，

从法律层面可积极运用各国专利无效法律程序，如美国专利再审查/复审程序（Ex Parte Reexamination、Inter Partes Review 或 Post Grant Review）作为谈判手段或限缩特定专利权利范围。两岸企业若能导入专利风险管理机制，并善用各类因应措施，两岸企业面临专利争议将不再惊惶失措，反能让专利权人疲于奔命，而风水是否能轮流转，端视两岸企业之态度、决心与执行力。

◀◀◀ 专利风险管理机制亦可规划安全产销据点

当产品开发进入试量产及量产上市期时（C5~C6），更是必须预先掌握他人专利布局及其相应专利权利范围的关键时刻，界定专利风险后，除前述技术与法律措施，尚会结合更多商业决策与措施，包含：考虑是否不进特定国家市场、考虑是否不拓展特定客户与渠道、调整全球产销据点、调整供应链及商业模式等。

由于本地市场容量有限，台湾地区企业没有闭关自守的选择。然而，在全球市场上闯荡江湖，面对的竞争对手往往是实力雄厚的大企业，若没练好一身自保的本领，结果就是处处吃亏。台湾地区企业在国际专利诉讼中屡屡落居下风，问题常常出在自保功夫做得不够。若想在专利战场上持盈保泰，各种自保的准备与规划必不可少。

此外，专利风险分析与管控亦有助于企业市场营销与业务，让客户对采购产品更具信心且能安心下单，自能确保与维系企业之高市场占有率、高营收与高获利。专利风险之排查与分析，倘能与营销及销售紧密联结，其本质就不仅是风险管控，也是争取订单与强化交易及竞争之利器。

从产品研究、开发至产销上市之过程，产业后进者不断面临来自竞争者各种威胁，专利侵权诉讼向为梦魇之一且多数企业迄今未能摆脱。两岸企业长期忽略专利风险管理，一旦被告上法院，往往措手不及，更扼腕错失诸多布局优质与优势专利之良机。因此，两岸企业在产品研发过程中，当持续进行专利风险排查与管控，且越早进行管理，效益越显著。于研发前期，专利调研与风险分析作业有助于为研发找出可行且低风险方案；于研发后期，依专利风险分析结果，可协助企业规划出低风险产销配置计划与更佳商业模式。

两岸企业从产品研发到产销都离不开专利风险管控与应对。迄今，两岸企业仍欠缺专利风险管理之专业、技能、经验、方法、工具、流程及系统，导致市场开拓边打"擦边球"，边做生意，但需常常面临竞争者控诉为"剽窃者"或"仿冒者"，两岸企业倘能将专业专利风险管理机制落实于企业运营流程内，纵使是产业后进者，也能立足全球市场，也能主控知识产权棋局。最后，后进者也能臻至运营自由、技术自主、市场自主，而于全球重要市场"险"中求胜。

当专利权人来敲门，从说"不"开始谈判

周延鹏　张淑贞

自1980年以来，中国电子厂商不论处于哪个产业链或供应链上，屡屡遭受外国企业、专利地痞（Patent Troll）和非运营实体（Non-Practicing Entities，NPEs）专利侵权诉讼要挟及巨额许可费追索。外国专利权人祭出诉讼或许可要挟时，通常分析了产业链、价值链与供应链及相关的产品与技术信息，掌握了目标厂商及其客户、渠道

与营收获利实况，包装着成百上千专利组合与同族专利以及洋洋洒洒的说帖，同时备妥了可随时兴讼的银弹及诉讼律师，甚至派遣人员跨洋渡海向两岸厂商追索巨额许可费、损害赔偿金及和解金。外国专利权人除要求金钱外，时而迫使两岸厂商公开核心技术与商业秘密，时而迫使两岸厂商立即放弃特定客户及产品，甚至迫使两岸厂商应允不合理商业条件，而两岸厂商微薄利润势必尽失，或者濒临绝路。

而且，若干擅长传媒及网络关系操作之专利权人，也常借由精心策划媒体文案以及关系经营，让被控厂商苦心经营的产品、技术、市场、客户与订单等瞬间崩溃，或被迫将市场"江山"拱手让人（包括专利权人），因为在知识产权文化不成熟国家指控他人专利侵权，常常会导致被指控厂商之客户与市场突然由"钟情"转"绝情"，甚至有些厂商还会被众口铄金而被烙上"剽窃、偷盗"他人知识产权的印记，让被诬指厂商尽失面子与里子。

◀◀◀ 对许可费追索因应无方，"利空"包装成"利多"怪相多

当外国专利权人来敲门，两岸厂商往往因为不具备因应专利许可之妥适观念与思维，亦不具备相应专业知识、技能、方法及有用信息，临阵大多不知所措或惊惶失措，或者也想要临阵磨枪企图回击，却又因战略战术不佳而无法当下让专利权人"一枪毙命"。经过一阵慌乱处理后，两岸厂商通常为维系客户订单而必须快速消弭被控专利侵权的市场流言和杂音，还是被迫在对专利许可条件与风险均未明确前，毫无章法地与专利权人签署专利许可协议，但显未了事。而更加背常怪异的是，有些厂商或因观念异常，或有意美化态势，明明签署专利许可协议即表示将于财务报表认列巨额许可费

费用而大幅侵蚀获利并影响股东权益，却还振振有词向股东与投资大众说明，其取得专利许可等于为产品取得市场入场券，甚至将单纯专利许可美化为与全球知名公司技术合作引进高科技。因为仅系免于被诉的专利许可，依其本质，明明对厂商是"利空"，但却被包装成"利多"，明明对财务报表是侵蚀获利的"费用"，却被包装成为有价值的"资产"。实则，两岸厂商基于产业链、供应链、商业模式，以及获利结构、产品规格权利与利益配置等，无论于情于理于法，当外国专利权人前来索取许可费时，两岸厂商是有相当立场说"不"的，而无须主动伸出脖子让外国专利权人宰割，但厂商需先蹲马步，具有真工夫才行。

◀◀◀ 诉诸产业商业模式，将专利要挟拒于门外

首先，两岸电子厂商大多是专业电子代工（EMS），在此商业模式下，不论客户与市场、产品规格与功能，无一不是由品牌商规划与制定，电子代工厂几无参与余地。其次，产品内所需的关键零组件、材料或占物料表成本比重较大的软件、模块、次系统，亦多由品牌商自行采购或多为品牌商指定供货商（AVL），再由电子代工厂制造组装，电子代工厂也无置喙余地。最后，供应链利润分配更是由掌握上游关键技术、关键材料、关键零组件厂商或者由握有品牌、渠道与顾客的厂商吞食最大比例，电子代工厂虽获取巨大营业额，但仅有微薄代工利润。因此，基于前述产品各层次制定权、控制权及利润配置实况，较具经验的电子代工厂与品牌商交易之际，也多会事先谈妥交易产品所涉及的专利许可与许可费应由品牌商负责处理并承担，而与代工行为无关。

基于电子代工厂于产业结构之分工与定位，诸多拥有优质与优

势专利或甚至拥有事实标准或与专利池（Patent Pool）有关的核心专利之专利权人或其专利许可之管理组织（Licensing Administration, LA），于规划全球性专利许可对象与许可方案时，为求许可费与损害赔偿金极大化，多先锁定品牌商主张专利权，而并非电子代工厂。因此，专利权人与品牌商签署专利许可协议时，大多品牌商为确保供应链如遭受专利干扰能获得终局解决，往往亦要求专利许可必须涵盖上游供货商、电子代工厂等。是故，当电子代工厂被专利权人追索许可费或损害赔偿时，基于商业模式、分工定位与利润配置，于情于理于法，应尽快构建无须支付分文许可费之法理与商业论述，并据此大声向专利权人说"No"，而非"Yes，I do"，倘若不幸已签署专利许可协议，亦应积极主张合同无效或不可执行。

然而，可惜的是，两岸厂商因不谙专利权人列电子代工厂为支付许可费的"备胎"之游戏规则，以及专利权人也趁机利用厂商不具备处理专利许可的专业知识、技能及经验，总能连哄带骗地要求电子代工厂签署专利许可协议而使其落入圈套，电子代工厂即因此专利权人"备胎计划"而将仅存的代工微利拱手让出。

⟪⟪⟪ 善用专利布局缺失，让专利权人如意算盘落空

随着全球新兴市场陆续崛起与发展，全球主要经济体与重要市场，已从过去的美国、日本、德国、英国、法国等转变为中国、印度、中东、巴西、俄罗斯、非洲等国家或地区，而多数欧美专利权人仍基于这些国家知识产权有关的立法、行政与司法不完备，而疏于布局该等国家专利或者专利布局多所缺失。因此，许多专利权人无法复制过去于其母国成功的模式，以绵绵不绝的同族专利、连续案与分割案等撒下天罗地网，据以阻截进入该市场的厂商。

中国企业遭受外国专利权人控告侵权而付出高额许可费的事件时有所闻，但企业其实并不尽然只能花钱消灾或被动应对。事实上，有许多做法可让企业从专利诉讼中脱身，倘能用正确的方法加上足够的专业来应对，要对外国专利权人发动攻击亦非不可能。

综上所析，纵使专利权人执成百上千专利前来追索许可费，或甚至执有号称与事实标准或专利池有关的核心专利强势营销专利，只要两岸厂商善用专利权人全球专利布局不到位、缺失与不足，并结合产品、技术、制造、销售、市场、物流等运营实况，善用 www.patentcloud.com 及专业方法与工具，将专利权人所持海量专利予以结构化处理，并与产业及企业运营实况互为比对分析后，即有机会予以解构，并破解专利权人的如意算盘，可以成功地将专利权人拒于千里之外，甚至还可主张专利权滥用或不公平竞争，让不可一世的专利权人瞬间气短。最后，即使两岸厂商综合各种因素考虑而决定支付许可费，两岸厂商仍可按专利权人于全球专利布局失衡及专利涉及技术对产品的贡献度，援引比例原则与美国案例，让专利权人所预期的许可费数额腰斩、再腰斩。

❮❮❮ 专利权人想方设法收取许可费，两岸厂商需有方有法保住获利

因应外国专利权人追索许可费以及专利许可的解套方法与措施极为多样多元多变，而且战术可比专利权人更为灵活。其解套方法与措施具体为：善用专利权人专利布局欠缺与不当，利用专利权人专利质量不佳而主张专利无效，或者利用权利范围布置不当而回避设计，以及优化商业模式设计、交易主体安排、交易架构设计，例如，从产品制造或销售国家区域规划，或按不同市场采用不同供货商产品，弹性调度产品采购及产销组合。倘能将前述多样多元多变

战术灵活操作与运用，两岸厂商是否一定要接受外国专利权人所要求的许可及许可费，应有机会游刃有余，而无须任凭外国专利权人予取予求或者任人宰割。

★★★专利风险管理的机制★★★

美国专利多方复审制度上路
企业因应专利侵权风险添新利器

周延鹏　林家圣

....

　　在各式各样的专利风险中，对企业而言，受影响层面最大的就是专利侵权诉讼风险，该风险主要来自于竞争者运营实体（Practicing Entities，PEs）、非运营实体（Non-practicing Entities，NPEs）或专利地痞（Patent Troll）所主张的系争专利，而受其波及的范围及影响程度，涵盖了巨额诉讼费用、损害赔偿、和解金、许可费，甚至被迫退出特定市场等，将使企业无法运营自由。

　　面对前述专利风险时，不论是主动发现现有或规划中产品，或者被动获知过去或现有产品存在专利侵权风险（例如：专利权人追索许可费时、专利权人提起专利侵权诉讼时），企业为达运营自由之目的，而不具备反诉或交互许可等筹码者，又能有效解决问题的专利风险管理（Patent Risk Management，PRM）手段，例如，"避开专利风险"——从商业层面调整供应链或从技术层面进行回避设计，抑或如"排除专利风险"从法律层面主张系争专利无效或限缩范围或不可执行等。

≪≪ 排除专利风险新战场——美国专利多方复审

以现行美国专利制度为例，由第三方（非专利权人）主张专利无效的相关制度，包括单方再审查（Ex Parte Reexamination，EPR）、多方复审（Inter Partes Review，IPR）、核准后复审（Post Grant Review，PGR）以及商业方法专利复审（Transitional Program for Covered Business Method Patents Review，CBM）。而随着 AIA 法案（Leahy-Smith America Invents Act）修法上路后，美国专利多方复审制度自 2012 年 9 月开始实施，短短 13 个月就累积超过 600 件案例，俨然成为排除专利风险的新战场。

具体而言，多方复审制度吸引各国企业采用的原因主要为：①与过去的多方再审查（Inter Partes Reexamination）制度相比，自申请人申请送件起至审查决定所需时间较短、速度较快；②与现行的单方再审查制度相比，申请人在整个程序中参与程度相对较高；③与法院诉讼程序相比，所需时间较短、成本费用更是远低于侵权诉讼。

换言之，身为专利权人眼中的待宰肥羊或软柿子角色的被告或潜在被告企业，如欲突破受专利侵权风险所导致的运营不自由困境，即可善用多

> 美国专利多方复审制度自 2012 年 9 月开始实施，短短 13 个月就累积超过 600 件案例。身为专利权人眼中的待宰肥羊或软柿子角色的被告或潜在被告企业，如欲突破受专利侵权风险所导致的运营不自由困境，即可善用多方复审作为因应专利侵权诉讼风险的利器，用以争取与专利权人对等谈判的筹码。

方复审作为因应专利侵权诉讼风险的利器，用以争取与专利权人对等谈判的筹码。

≪≪≪ 多方复审规定与程序从熟悉到灵活运用

首先，多方复审制度中的无效理由、证据类型、审理单位、禁反言及上诉管道等相关规定，主要为：①需以专利或出版物相关文献作为前案证据，用来支持系争专利申请专利范围不具备新颖性及（或）非显而易见性的专利无效理由；②审理单位为专利审判暨上诉委员会（Patent Trial and Appeal Board，PTAB），每一案件由 3 位专利行政法官组成该委员会进行审理，而非美国专利商标局（USPTO）的审查委员；③多方复审制度对当事人具有禁反言（Estoppel）的效力；④若对专利审判暨上诉委员会做出的审查决定不服，当事人可向联邦巡回上诉法院提出上诉。

再者，多方复审制度中的流程、各阶段作业、时程限制等程序规定，依次摘述如下：①申请人备妥多方复审请求书与相关证据、附件并提出申请后，专利权人可于 3 个月内提出初步答辩，并由 PTAB 做出是否受理并启动复审程序的决定；②由 PTAB 受理并启动多方复审程序后，PTAB 做出最终书面决定（Final Written Decision）的整个程序所需时间为 12 个月；③针对系争专利是否具有专利性之相关事实，当事人可轮流向对方当事人执行证据发现（Discovery）程序；④专利权人可于第一次证据发现程序启动后 3 个月内，提出答辩与申请专利范围修改；⑤申请人可于其证据发现程序启动后 3 个月内，针对专利权人答辩与修改提出反对意见，此外，倘若专利权人修改申请专利范围的技术特征超出请愿人原先检附的前案证据，申请人可进一步补充无效理由与新证据；⑥专利权人可于第二次证据发现程序启动后 1 个月内，对申请人的反对意见提出异议；⑦于双方当事人证据发现程序结束后，PTAB 需在多方复审程序启动后 12 个月内举办听证会（Oral Hearing），并做出最终书面决定。

据此，企业若欲用多方复审来对专利权人形成专利无效的压力，以及从被动转为主动，除了应熟悉其流程与规定外，尚需挑选跨领域专业团队，并用正确的方法规划、执行、灵活运用，才能击破专利权人的如意算盘，并达到牵制专利权人之目的。

◀◀◀ 专利权人受威胁与否，合格专业团队是关键

进而言之，当企业面临因专利权人主张系争专利而引起的专利侵权诉讼风险时，即可借由多方复审（或其他专利无效相关程序）主张系争专利无效，自身处境将会转守为攻，而其效益主要有：不需支付许可费、控制许可费范围、和解谈判筹码、暂停诉讼程序、控制诉讼费用、减少损害赔偿等。而要实现以上效益，合格专业团队最为关键。

据此，提起美国专利多方复审，其中，就系争专利无效分析与主张的作业，主要包括以下 3 点。

1. 专业团队评选与组成：合格专业团队包括技术与专利暨商业团队、美国律师（多方复审程序当事人需委任外部 Lead Counsel 及 Back-up Counsel，包括诉讼律师和专利律师）、技术专家与高阶经营者，其中，评选标准至少需考虑对系争专利技术熟悉程度、对多方复审程序制度熟练程度、有无利益冲突、多方复审程序进行中可能浮现的和解谈判知识、技能与经验、商业考虑等。

2. 系争专利有效性分析：调查系争专利之同族专利与法律状态（包括 Reissue、Reexam、诉讼信息）、对系争专利进行申请专利范围解释与界定（Claim Construction）、针对系争专利检索并筛选足以影

响其专利性之相关前案与文献、依前述所界定申请专利范围与相关前案进行专利有效性分析、处理系争专利无效理由与证据组合。

3. 系争专利之无效主张：备妥请求书（Petition）、专家声明书（Declaration）、宣誓书（Affidavit）及相关证据并进行送件，再持续监控案件进度，并据此分析专利权人或官方各类文件，以规划应变措施与执行，同时指挥专业团队处理多方复审程序各阶段事件。

美国专利多方复审面面观——他山之石可攻错取胜

周延鹏　林家圣

随着美国 AIA 法案（Leahy-Smith America Invents Act）修法实施后，美国专利多方复审（Inter Partes Review，IPR）制度自 2012 年 9 月开始实施，逾 15 个月以来（本文统计范围至 2013 年 11 月 18 日），已累积达 259 个申请人、277 个专利权人、543 件系争专利、663 案，而系争专利涉及产业包括通信、云计算、医疗保健、汽车、光电、半导体、LED 照明、物联网等。

其中，半导体、光电、医疗器械相关产业也开始使用多方复审作为商业竞争手段，例如：群创光电（Innolux Corp.）于 2012 年对 Semiconductor Energy Laboratory Co., Ltd. 提起 7 案，台积电（Taiwan Semiconductor Manufacturing Company, Ltd.）于 2013

年对 Ziptronix，Inc. 提起 4 案，并对 Tela Innovations，Inc. 提起 1 案，晶元光电（Epistar Corporation）于 2013 年对 The Trustees of Boston University 提起 1 案，宸鸿科技（TPK）于 2013 年对胜华科技（Wintek）提起 2 案后，胜华科技即于同年对宸鸿科技提出 3 案，此外，雅博（Apex Medical Corp.）于 2013 年对瑞思迈（ResMed Limited）提出 6 案，旺宏电子（Macronix International Co., Ltd.）于 2013 年对飞索半导体（SPANSION LLC）提出 6 案。

现就案件、申请人、专利权人等不同面向进行分析，期能为正在（或潜在）面临专利侵权诉讼风险的企业提供指引，并让各界熟悉申请人如何运用 IPR 的经验与技巧，作为借鉴。

⫷⫷⫷ IPR 案件数量逐渐增加殊值观察

2012 年共申请 96 案，2013 年间共申请累积 567 案，合计 663 案；依每月申请案件数量观察，除了 2013 年 1 月、4 月、8 月及 11 月相较于前 1 个月份数量减少外，整体来看，IPR 案件数量呈现逐渐增加的趋势。

依案件状态及其数量排序，Pending 共有 575 案、Instituted 共有 54 案、Not Instituted 共有 29 案、Settled 共有 4 案、Final Decision 共有 1 案。其中，专利审判暨上诉委员会（Patent Trial and Appeal Board，PTAB）针对申请人提出申请的请求书与相关证据及专利权人提出的初步答辩，需做出是否受理（Instituted）并启动复审程序的决定，因此，不受理（Not Instituted）的 29 案殊值欲采用 IPR 的企业提高警惕，以避免重蹈覆辙。此外，虽申请人采用 IPR 的目的在于以专利无效手段来换取与专利权人谈判的筹码，然而，IPR 程序启动后的和解（Settled）若能达到相同目的，亦不失为选项之一。

被专利权人予取予求已是过去式，申请人应主动捍卫运营自由

累积的 663 案中共有 259 个申请人，其中，已提出 5 案以上的共有 35 个申请人，合计共提出 294 案，占目前总案件数量的 44%，可知越来越多曾在专利权人眼中被视为软柿子的被告或潜在被告企业，是可善用 IPR 主动捍卫自身运营自由，并改变过去被专利权人予取予求的劣势地位的。具体说明如下。

提出 10 案以上的共有 9 个申请人，合计 133 案，占目前总案件数量的 21%，依 IPR 案件数量顺序分别为：Oracle Corporation、Apple Inc.、Medtronic，Inc.、Toyota Motor Corporation、Samsung Electronics Co.，Ltd.、Microsoft Corporation、Veeam Software Corporation、Google Inc. 及 Corning Incorporated。

其中，申请人会规模性地对专利权人的系争专利提出 IPR，例如：在 Oracle Corporation 提出的 22 案中，其对象专利权人分别为 Clouding IP，LLC 18 案、Thought，Inc.3 案、Click-to-Call Technologies LP1 案；在 Apple Inc. 提出的 20 案中，其对象专利权人分别为 Virnetx，Inc.7 案、Evolutionary Intelligence LLC 6 案、Benjamin Grobler 及 Achates Reference Publishing，Inc. 各 2 案、Rensselaer Polytechnic Institute、PersonalWeb Technologies，LLC 及 NetAirus Technologies LLC 各 1 案；在 Medtronic，Inc. 提出的 16 案中，其对象专利权人分别为 NuVasive，Inc.13 案、Troy R.Norred，M.D. 2 案、Endotach LLC 1 案；在 Toyota Motor Corporation 所提出的 16 案中，其对象专利权人分别为 American Vehicular Sciences，LLC12 案、Leydig，Voit & Mayer，Ltd. 及 Leroy G.Hagenbuch 各 1 案。

提出 5 案至 10 案的共有 26 个申请人，合计共有 161 案，占目前总案件数量的 25%，依 IPR 案件数量顺序分别为：Smith & Nephew, Inc.、CaptionCall, LLC.、Cardiocom, LLC、ZOLL Lifecor Corporation、Chimei Innolux Corp.、Facebook, Inc.、ZTE Corporation、Butamax™ Advanced Biofuels LLC、Research In Motion Corporation、Atrium Medical Corporation、Apex Medical Corp.、ABB Inc.、Corning Gilbert Inc.、Macronix International Co., Ltd.、Dell Inc.、Mobotix Corp.、EMC Corporation、GEA Process Engineering, Inc.、Illumina, Inc.、Sealed Air Corporation、Taiwan Semiconductor Manufacturing Company, Ltd.、Sony Corporation、Rackspace US, Inc.、Dominion Dealer Solutions, LLC、Intelligent Bio-Systems, Inc. 及 MotivePower, Inc.。

综上所述，提出大量 IPR 的申请人类型主要为运营实体（Practicing Entities, PEs）；但在 663 案中，申请人类型更包括了非运营实体（Non-Practicing Entities, NPEs），例如，Intellectual Ventures Management, LLC 对 Xilinx, Inc. 提起了 4 案，RPX Corporation 对 Macrosolve, Inc. 也提起了 1 案。另外，特别引人注意的是，银行、跨国饭店集团也作为申请人提出 IPR，例如：Federal Reserve Bank of Atlanta 及 Federal Reserve Bank of Boston 分别对 Leon Stambler 提出 IPR，Starwood Hotels and Resorts Worldwide, Inc.（集团旗下包括 W Hotels、WESTIN 及 Sheraton 等知名饭店）对 Lone Star WiFi LLC 提出 IPR。

◀◀◀ 专利权人面临挑战，NPEs 商业模式获利受影响

在累积的 663 案中，共有 277 个专利权人，其中，已被提出 5 案以上的共有 35 个专利权人，合计共被提出 259 案，占目前总案

件数量的 39%。具体说明如下。

被提出 10 案以上的共有 8 个专利权人，合计共有 104 案，占目前总案件数量的 16%，依被提起 IPR 案件数量多少顺序分别为：Clouding IP，LLC、American Vehicular Sciences，LLC、PersonalWeb Technologies，LLC、NuVasive，Inc.、Virnetx，Inc.、Symantec Corporation、Bonutti Skeletal Innovations LLC 及 DSM IP Assets B.V.。

美国专利多方复审（Inter Partes Review，IPR）制度 2012 年 9 月开始实施后，申请人与案件大量涌入，俨然成为专利新战场，从美国官方数据分析更清楚可见这项制度如何被各大企业运用在专利战上。

其中，专利权人的系争专利不仅面临特定申请人规模化提起 IPR，并且也面临多个申请人分别提出 IPR 挑战其专利权，例如：在 Clouding IP，LLC 被提出的 20 案中，其申请人分别为 Oracle Corporation 18 案、Unified Patents，Inc. 及 Rackspace Hosting，Inc. 各 1 案；在 American Vehicular Sciences，LLC 被提出的 15 案中，其申请人分别为 Toyota Motor Corporation 12 案、Aisin Seiki Co.，Ltd. 3 案；在 PersonalWeb Technologies，LLC 被提出的 13 案中，其申请人分别为 EMC Corporation 6 案、Rackspace US，Inc. 5 案、Apple Inc. 及 NetApp，Inc. 各 1 案。

被提出 5 案至 10 案的共有 25 个专利权人，合计 155 案，占目前总案件数量的 23%，依被提起 IPR 案件数量多少顺序分别为：B.E.Technology，LLC、Ultratec，Inc.、Philips Electronics North America Corp、Evolutionary Intelligence LLC、e-Watch，Inc.、Robert Bosch Healthcare Systems，Inc.、Semiconductor Energy Laboratory Co.，Ltd.、ContentGuard Holdings，Inc.、ResMed Limited、Steuben Foods，Inc.、Spansion LLC、Davol，Inc.、The Procter & Gamble Company、Roy-G-Biv Corporation、Gevo，Inc.、PPC Broadband，

Inc.、Virginia Innovation Sciences，Inc.、Belden，Inc.、The Board of Trustees of the University of Illinois、Illumina Cambridge Ltd.、Enfish，LLC、Network-1 Security Solutiions，Inc.、AutoAlert，Inc.、Cutsforth，Inc. 及 Pregis Innovative Packaging，Inc.。

综上所述，被提起 IPR 案件数量 5 案以上的专利权人主体类型包括 PEs、NPEs 及大学，其中，被提起 IPR 案件数量前 3 的专利权人除了 NuVasive，Inc. 之外，其余都是 NPEs。

因为通过 IPR 挑战系争专利无效比起民事诉讼程序更为快速、成本更低，NPEs 过去对多个被告同时提起专利侵权诉讼，借此造成被告经营压力而快速收取和解金来获利的典型商业模式将受巨大影响，例如：只要其中 1 个被告利用 IPR 挑战专利权人用来诉讼的系争专利，有一定机会可以申请诉讼案暂停审理，直到系争专利有效性被 PTAB 审查确认为止，使得专利权人的获利时间延后，甚至系争专利若被 PTAB 审查后确定全部无效，专利权人不仅收不到一毛钱，还折损了当初取得系争专利及提起侵权诉讼所花的资源与成本。

◄◄◄ 单打独斗或打群架？战略与战术的灵活调度

在累积的 663 案中共有 543 件系争专利，其中，仅被提出 1 案的共有 449 件系争专利，合计共被提出 449 案，占总案件数量的 68%；被提出 2 案以上的共有 94 件系争专利，合计共被提出 214 案，占总案件数量的 32%；而被提出 3 案以上的共有 16 件系争专利，合计共被提出 58 案，占总案件数量的 8.7%。

其中，被提起 4 案以上的系争专利所属专利权人，依 IPR 案件数量顺序分别为：Evolutionary Intelligence LLC（US7010536）、

B.E.Technology，LLC（US6771290）、Network-1 Security Solutions，Inc.（US6218930）、Davol，Inc.（US7785334）、B.E.Technology，LLC（US6628314）及 Surfcast，Inc.（US6724403）。

上述被提起 5 案以上的系争专利，US7010536 被 Apple Inc. 提起 4 案、被 Facebook，Inc. 及 Twitter，Inc. 各提起 1 案，US6771290 被 Google Inc. 提起 2 案、被 Microsoft Corporation、Samsung Electronics America，Inc. 及 Sony Mobile Communications（USA）Inc. 各提起 1 案，而 US6218930 被 Sony Corporation of America 提起 3 案、被 Avaya Inc. 及 Dell Inc. 各提起 1 案。

综上所述案例，IPR 的战略与战术为：其一，单一申请人对特定系争专利所提出的 IPR 可不止 1 案（每个不同的 IPR 采用不同的前案证据组合），其二，同一系争专利分别被多个申请人分别提起 IPR；换言之，不论是采取单打独斗或号召其他被告来打群架，甚至是备妥多组不同的前案证据分别提起 IPR，对申请人而言，IPR 战略与战术具有相当的灵活空间。

◀◀◀ 要与专利权人平起平坐从攻击观念开始做起

综上所述，美国专利多方复审制度的本质在于系争专利是否具备有效性（新颖性及非显而易见性），其对申请人而言，是一种可挑战系争专利不具有专利质量且可遏制专利权人拿来主张甚至是滥诉的救济程序，可用来捍卫自身运营自由的权益，并创造与专利权人平起平坐的谈判筹码。

申言之，申请人所提出的 IPR 对专利权人是否造成威胁，除了挑选合格专业团队为关键之外，还需许多配套，例如：

首先，改变消极观念，专利侵权诉讼风险影响虽大，但并非完全无法因应与管控，企业可重新思考"花小钱 vs. 花大钱"，将过去处于相对劣势地位时所需支付的诉讼费、和解金、许可费或损害赔偿等预算，转用于挑战专利权人系争专利有效性，逆转申请人在专利权人面前既有的软柿子或病猫形象。

其次，他山之石，可以攻错，在 259 个申请人利用 IPR 向 277 个专利权人挑战共 543 件系争专利之有效性中，也包括了群创、台积电、晶元、宸鸿、胜华、雅博、旺宏等企业，可通过相同产业的 IPR 案件，熟悉不同申请人的 IPR 战略与战术，并据此进行专利风险管控。

最后，主动采取行动，组成或评选合格专业团队，建立或取得专利有效性分析及其主张的专业服务及其配套，包括方法、流程、表单、系统及数据库等，做好随时可以攻击专利权人潜在或突如其来的专利侵权风险的完善准备。

因应美国专利诉讼虽有新利器
多方复审仍须专业操刀

周延鹏　吴俊英

"什么？又被告了！"科技企业在美国被控告专利侵权，已是关心财经产业新闻读者屡见不鲜的报道。美国专利侵权诉讼对于两岸企业来说，是挥之不去的梦魇，除了国际大厂铺天盖地的诉讼攻势，让企业疲于招架之外，还有大大小小的专利流氓［或称非运营实体（Non-practicing Entities，NPEs）］上门索讨专利"保护费"不成而提诉，令企业不胜其扰。面临一件美国专利侵权诉讼，企业除须担忧产品被禁止进口销售、高额损害赔偿的风险，还要支付动辄数百万美元的律师费，加上处理各地市场客户安抚、国内外媒体报道、投资人抱怨、股价冲击等，说是焦头烂额也不为过。

◀◀◀ 制度程序优势显道，多方复审正当红

随着美国 AIA 法案（Leahy-Smith America Invents Act）上路后，专利多方复审制度自 2012 年 9 月开始实施已累积超过 600 件案例，俨然成为对抗专利权人诉讼的新利器。多方复审制度在短时间内成为新主流，原因是多方复审在程序设计上有诸多特殊处，包含：

1. 时程短捷明确：多方复审申请人备妥请求书与相关证据等提出申请后，专利权人可于 3 个月内提出初步答辩，美国专利商标局（United States Patent and Trademark Office，USPTO）的专利审判暨上诉委员会（Patent Trial and Appeal Board，PTAB）于 3 个月内决定是否立案，而立案直到行政裁定出炉的过程限于 12 个月内，因此，整个时程可以明确掌握，有利于企业规划、安排相应措施。

2. 程序参与度高：美国现行单方再审查制度（Ex Parte Reexamination）的申请人提出申请后即无机会再表达意见，仅由专利商标局与专利权人进行其后的程序，因而有可能会发生漏未审理证据、漏未响应申请人部分争点等状况，对申请人甚为不利。多方复审制度除了发动权是在申请人手上，申请人提出申请后，在后续

审查程序中仍持续参与，可充分进行证据与论理的攻防，相较于单方再审即多了掌握程序及动态的机会。

3. 权项修改攻防：在单方再审程序中，专利权人有机会修改申请权利范围，申请人却因无法参与后续程序，只能哑巴吃黄连。相较于此，多方复审制度允许专利权人在一定时限内，提出答辩与申请专利权利范围修改，但多方复审申请人亦可针对专利权人答辩与修改提出反对意见，且若专利权人修改申请权利范围的技术特征超出请愿人原先检附的前案证据时，申请人尚可进一步补充无效理由与新证据，因此可在专利权人试图修改权利范围时即予以反击，或迫使专利权人将专利权利范围修改至无法涵盖申请人的产品。

4. 证据程序聚焦：多方复审制度类似于诉讼程序，亦有美国诉讼的证据发现程序（Discovery）使当事人可找出相关的完整证据。但与在联邦法院或国际贸易委员会（International Trade Commission，ITC）进行诉讼时证据发现程序不同的是，多方复审程序中的证据发现非常聚焦，即仅针对系争专利是否具有专利性之相关事实，当事人基本上皆很难趁机对他方进行翻箱倒柜、漫无止境的证据挖掘，因此避免了冗长的 Discovery，也降低了波及其他主体或泄露商业机密的风险。

◀◀◀ 阻却诉讼另辟战场，发动多方复审要趁早

虽然遇到美国专利侵权诉讼时，被告亦可在法院（或国际贸易委员会）主张系争专利无效，然而，毕竟专利有效与否经常涉及复杂的技术证据，而专利商标局即审查专利有效性的专业机关，故利用多方复审将专利有效性的争议带到专利商标局解决，是有效的途径。此外，若系争专利正在专利商标局进行多方复审，因系争专利

有效性存疑，专利权人即不易就系争专利提出诉讼，企业即有空间可借多方复审预先阻却专利诉讼的提起。

再者，在美国国际贸易委员会的"337"调查案中争执专利有效性，对于被调查的企业较为不利。依 Morgan，Lewis & Bockius LLP 于 2012 年发表有关美国专利无效研究白皮书中引述一份报告，在 1990 年至 2011 年的 ITC"337"调查案中，主张专利

面对美国专利侵权诉讼威胁，可善用多方复审遏制专利诉讼或对专利权人施压，其系诸于多方复审的整体准备是否充分，此需优质的专业团队与方法、工具，多方复审这把"倚天剑"才能灵活出鞘、斩除专利诉讼威胁。

欠缺新颖性而无效的成功率不到 20%，而以专利欠缺进步性为由主张专利无效的，更是无一成功。相较之下，在美国专利商标局提出多方再审（Inter Partes Reexamination，AIA 修法前的制度，类似多方复审）的案件中，仅有 13% 的专利能维持原貌，其余要不就是被认定全部无效，要不就是至少有 1 项专利权利范围被修改。因此，选择以多方复审程序开辟有利战场，对被告企业而言，是相对有效又低成本的方式。

理想中，企业应在还未遭遇专利诉讼前，即能辨认与其产品高度关联的专利，进而判断出高风险专利，并按专业方法处理专利权利范围解释（Claim Construction）以及专利与产品比对分析（Claim Chart），而后尽快展开前案证据检索以决定因应作为，包含进行产品回避设计或提出单方再审或多方复审申请等，是确保企业的产品开发、市场销售顺利和投资人信心等的正确途径。

然而，目前两岸企业多半欠缺系统性的专利风险管理（Patent Risk Management，PRM）方法与工具，以进行专利风险排查、专利风险预警、专利风险排除，经常是等到被专利权人找上门了，甚至被告了，才开始仓促应对。

尽管如此，企业于无预警下在美国遭控告专利侵权，多方复审仍然是一种有效的阻却诉讼方式。美国专利诉讼一旦发生，若被告企业能迅速找到系争专利欠缺新颖性或欠缺进步性的有力证据，并在很短的时间内备妥多方复审请求书及配套文件，向美国专利商标局提出多方复审申请，即有机会向诉讼系属法院请求暂停诉讼程序，若能成功获得法院准予暂停程序，除可避免耗费诉讼程序（特别是其中范围广阔的证据发现程序）相应的高额律师费、避免内部机密暴露之外，还可借多方复审化被动为主动，不但扭转诉讼被告的不利地位，甚而一跃成为揭发泛滥、无效专利的吹哨者；同时，搭配专业而高效的营销业务措施及媒体公关行动，而能提升公司形象、安抚各地市场、维系客户信心、安定资本市场。至于企业借由多方复审取得与专利权人和解谈判筹码，亦不在话下。

◀◀◀ 因应专利诉讼新利器行家使来才是倚天剑

尽管多方复审制度有上述有利机制，然而，多方复审是否能吓阻专利诉讼或对专利权人施压，终系诸于多方复审的整体准备是否充分，包含调查系争专利之同族专利与法律状态、对系争专利进行申请专利权利范围解释与界定（Claim Construction）、针对系争专利检索并筛选足以影响其专利性之相关前案与文献、依前述所界定申请专利权利范围与相关前案进行专利有效性分析、处理系争专利无效理由与证据组合等，凡此，均需要有优质的专业团队与方法工具，包括具备产业视野的商业法律团队、技术与专利团队，运用高效率的 www.patentcloud.com，搭配具备丰富经验的诉讼律师与专利律师，多方复审这把"倚天剑"才能灵活出鞘、斩除专利诉讼威胁。

eDiscovery——
美国专利诉讼搜证程序的挑战与机会

周延鹏　吴俊英　林家圣

. . . .

　　美国一向为两岸不同产业诸多企业主要市场之一，当两岸企业产品于美国崭露头角后，美国知识产权诉讼通常即成为企业必须面对并处理的课题，尤其在所谓"非运营实体"（Non-practicing Entities，NPEs）——若干 NPE 甚至被冠上"专利地痞"（Patent Trolls）——持续借由诉讼强势营销知识产权现况下，两岸企业经常冷不防被列为专利侵权诉讼被告，并被迫在支付和解金或许可费打发专利地痞或花费巨资积极应战中做出抉择。即便被诉企业认为产品根本无侵权且专利应属无效，但仍常选择和解了事，而造成美国专利诉讼上述荒谬现象的主要源头之一，即美国诉讼制度上极其烦琐、庞杂又无孔不入的证据发现程序（Discovery），劳师动众且耗费惊人，使企业望而却步故无法正面迎敌。这种情况在电子信息系统普及以后，因数据库、信息系统、电子邮件、互联网等使用极为方便，企业几乎以每 18~24 个月倍增电子储存信息（Electronically Stored Information，ESI）的速度积累庞大的数据量。于是，建立数字化运营管理环境的企业，倘遇到美国诉讼近乎翻箱倒柜的 Discovery 程序，极易被挖掘出海量数据、信件与文件等，导致被告企业须付出相当惊人的诉讼费用，消耗企业庞大的资源，此等诉讼程序花销造成获利严重被侵蚀，获利不仅难以"落袋"，而且经营也"不安"。

在美国诉讼中，原、被告企业如未妥善处理 eDiscovery，将带来严重后果。例如，韩国科隆工业股份有限公司（Kolon Industries）于获悉被杜邦公司（E.I.du Pont）控告侵害其商业秘密后，包含事业部副总等几位关键员工开始销毁服务器及个人计算机上的档案与电子邮件。从这几位员工计算机能搜集到的档案少到不合理，且有证据显示删除计算机档案嫌疑，法院遂下令由外部中立专家进行调查。最终，经电子鉴定专家对科隆公司计算机映像数据进行调查后，发现共有一万多笔与案情有关的档案、电子邮件被删除。由于科隆公司员工涉及湮灭证据，公司事后并拖延、抗拒调查，法院即裁定陪审团可判定这些被删除的电子数据能证明侵害商业秘密的事实，因此科隆公司在 2011 年 9 月被判决败诉，应赔偿 9.2 亿美元，另可能还需负担 5000 万美元的惩罚性赔偿及杜邦公司所支出的 3000 万美元律师费，判决后，科隆公司股价旋即应声重跌 15%。由此可知，两岸企业若是以自己所熟悉的大陆法系举证责任观念、手段来因应美国诉讼的 eDiscovery，形同飞蛾扑火与玩火自焚。

企业面对日益激烈的竞争，借由运营数字化增进运营效率为大势所趋，在以电子形式存在的档案、数据普及并标榜无纸化的年代，了解作为全球主要市场及专利诉讼战场的美国 eDiscovery 制度后，亟须依赖专业人士将其转化及内化为运营架构流程与管控的一环，已是 e 时代企业不可漠视，而且亟须企业正视并具体应对。

≪≪ 什么是 eDiscovery ？

美国民事诉讼制度的 Discovery 程序，是双方当事人在审判之前向另一方搜证的过程，包含初始披露（Initial Disclosure）、书面询问（Interrogatory）、物证提供（Production）、证人询问（Deposition）等程序，在 Discovery 制度下，当事人有配合提供证据的义务，如未履行此等义务，法院可视情况予以制裁，例如：不准提交对己方有利的证据、减少陈述主张时间、谕知陪审团可做不利推定、判赔对方律师费用、处以罚款等。

所谓 eDiscovery，系指针对电子储存信息的搜证，大致可分为搜集（Collection）、处理（Processing）、审阅（Review）、提交（Production）及提交后的管理等程序，本质上与对其他形式证据搜证并无不同。然而，从诉讼 Discovery 程序的角度来看，电子储存信息具有几项特殊性质，使得 eDiscovery 更需要结合其他有经验的专业人士共同因应，包括：①电子储存数据量通常很庞大，造成企业常常搞不清楚自身究竟拥有哪些数据，也无法分辨数据是否与案件有关、是否受律师与当事人间特权保护（Attorney-Client Privileged）而无须提交等，企业几乎没有能力有效控制数据突出范围，无法管控诉讼风险；②因电子数据容易复制到各个不同的储存装置（如服务器、随身硬盘、USB 盘、光盘等）中，同一套数据可能存在于数个装置上，使得不论是搜集证据、比对分析或提交资料都需投入更多资源；③电子储存信息极易在公开的过程中，因欠缺技术、商业、法律、运营专业与经验，而在无意中泄露企业诸多核心机密；④电子储存信息极易被个人隐匿、篡改、销毁，企业管理阶层或法务人员不易察觉并随时管控，但以目前的电子鉴定技术，当事人委请的外部专家在条件允许下均可还原销毁数据，届时造成企业百口莫辩，让企业诉讼信用毁于一旦，甚至波及更广。

≪≪ eDiscovery 相关规范现况与发展

由于前述电子储存信息特质，以及 eDiscovery 牵涉到专业性、技术性信息系统、电子鉴定等知识技术，美国法院早已整合法官、律师、电子信息专家等共同参与规则制定，并逐步形成务实、可操作的 eDiscovery 规范，此可以美国第七巡回上诉法院的 eDiscovery 先导计划为例。再者，美国于 2006 年修订联邦民事诉讼法时，已特别针对 eDiscovery 做了相应调整。2006 年修法只是开端而已，有关 eDiscovery 具体化诸多游戏规则仍持续被讨论、调整与发展，诉讼实务上仍有赖于法院判例持续积累。

依据目前美国法院 eDiscovery 实务，企业须特别注意之处以及须调整的经营措施至少包括①文件保存义务：企业于合理预期到（或正在进行）美国诉讼，即有义务保存有关文件以因应诉讼，且企业应及时发布诉讼暂止（Litigation Hold），亦即要求员工保存所有相关文件档案等数据不得销毁；②设置电子数据储存系统义务：现代企业（特别是已具相当规模者）应有合理电子邮件及其他电子档案的管理、储存设备与系统，不得再以欠缺此等设备、系统来搪塞、规避提交数据的义务，也不得因怠惰或刻意使电子数据处于无序无构、可随意被修改、删除或无法查找之状态；③合理的电子数据保存与管理政策：企业得依照其运营需求，制定关于电子储存信息合理储存、修改、备份、销毁等管理机制，若此则信息系统定期、正常删除档案，即不会被认为违反以上义务而减免受到诉讼各类不利或裁罚的风险。

Discovery 程序的本质与目的是使双方能在审判前获得真实、充分的证据，在相同事实基础上进行诉讼攻防，借此发现真实。然而，Discovery 程序长久以来为人诟病的弊端就是极易被滥用，让原告可借由大量模糊询问、提供证据要求等，捞出对方

> Discovery 程序的本质与目的是使双方能在审判前获得真实、充分的证据，在相同事实基础上进行诉讼攻防，借此发现真实。然而，极易被滥用，让原告可借由大量模糊询问、提供证据要求等，消耗被告人力、物力、金钱，以及干扰企业运营或借此挖掘企业商业机密，迫使对手不胜其扰，甚至不战而降。

数十万甚至数百万页的文件，并强势质问企业内部主要经理人与员工等，消耗被告人力、物力、金钱，干扰企业运营或借此挖掘企业商业机密，迫使对手不胜其扰，甚至不战而降。这种情况在 eDiscovery 时代来临后，更是层出不穷、变本加厉。正如前联邦巡回上诉法院的首席法官 Randall R.Rader 所言，美国再不控制专利侵权诉讼 eDiscovery 的庞大成本与其导致的荒谬现象，折损的乃是美国司法体系的公信力，最终将掐死美国专利侵权诉讼这只下金蛋的鹅。

有鉴于此，美国联邦最高法院咨询委员会仍在全力起草联邦民事诉讼法修订条款，使 eDiscovery 的规则更明确化。联邦巡回上诉法院最近也拟定了专利诉讼案 eDiscovery 的模范命令，目的是借由标准化 eDiscovery 命令，使法院实务操作趋于一致，降低当事人面临的不确定性，并抑制不合比例原则搜证骚扰和 eDiscovery 成本。例如，依据模范命令，对电子邮件的检索须特定数据保管者（Data Custodian）、期间范围，且原则上只能用 5 个关键词去检索，不得用非常上位、普遍的字眼，而且无正当理由不得要求提供元数据（Metadata）等。这些设法优化并导正 eDiscovery 的正面努力，值得吾人持续观察。

⟪⟪ eDiscovery 专业市场蓬勃发展商业模式趋于多元

正因处理 eDiscovery 需具有诉讼、电子信息、管理运营等丰富经验的专业人士，eDiscovery 因而带动自成一体的相关专业服务。从市场层面而言，eDiscovery 专业服务成长强劲，众多风投、软件、硬件厂看准此市场积极抢攻。不可忽略的是，eDiscovery 的市场需求不只在美国，随着电子数据与系统的商业应用越来越普及，eDiscovery 在其他国家的需求也逐渐增加，加上 eDiscovery 的服务实际上是企业内容管理软件（Enterprise Content Management Software）的一部分，还可应用到尽职查核（Due Diligence）、商业间谍调查、反托拉斯调查等，故此等专业服务需求仍在成长。

目前 eDiscovery 的主要服务企业包括 Autonomy、Clearwell Systems、FTI Technology、Guidance Software、kCura 等，此外尚有诸多大小不一的竞争者。许多软件企业，如 Symantec 等，也推出 eDiscovery 服务，加上许多专门提供软件包的企业，正一同抢食这块市场大饼。

尤其令人瞩目的是，有能力整合储存硬件、信息运算及商业解决方案的企业（如 IBM、EMC 等），也已进军 eDiscovery 服务；此外，云计算的服务模式更可能彻底改变 eDiscovery 的产业形貌与商业模式。例如，过去 eDiscovery 通常是以数据量计价，在云计算的软件，即服务（Software-as-a-Service, SaaS）的 eDiscovery 服务成形后，将能逐渐改为以服务价值来计价，如再整合云端基础设备服务（Infrastructure-as-a-Service, IaaS）及平台即服务（Platform-as-a-Service, PaaS），那么 eDiscovery 市场势必又会产生另一番变迁与风貌。

≪≪ 以风险管理观点因应 eDiscovery

有一项对美国大型企业法务长的调查显示，2007 年有 36% 的法务长认为 eDiscovery 是其业务上的主要担忧，至 2011 年已有 56% 的法务长对 eDiscovery 所带来的诉讼费用与泄密风险感到忧心忡忡。然而，真正对 eDiscovery 采取因应措施的企业，仍相当有限，主要原因还是对 eDiscovery 的潜在风险认知不足，以及认为采取因应措施成本较高，导致企业却步。举例言之，美国诉讼律师审阅文件的律师费，据推算每 GB 约 10 万～25 万美元，以现代企业储存的电子数据量来推算，即可知道 eDiscovery 潜在的律师费有多么可观。

然而，以上述杜邦公司控告科隆公司案件为例，由于经理人或内部法务人员的疏忽，未发现或管制员工擅自隐匿、销毁电子数据，可能造成公司被法院裁罚，甚至导致最后全盘皆输并承担巨额赔偿。由此可知，e 时代的企业必须以更好的科技应用及更有结构的管控制度，预先因应 eDiscovery 风险，才能避免因小失大。套句西方俗谚："法律只帮懂得自助的人"（The law helps those who help themselves）。两岸企业倘不熟悉美国 eDiscovery 制度，即无法减免可能诱发的风险。两岸企业需要在专业人士协助下积极面对、了解以及因应 eDiscovery，才能在诉讼发生时稳住阵脚、控制费用、运筹帷握，并有效执行。

故此，企业首要的因应措施，便是在专业人士协助下建立档案保管政策（Document Retention Policy）及相应的系统、流程、管控机制等，亦即企业须就档案数据的产生、命名、储存、备份、传输、扩散、修改、销毁等，制定明确且合理的规则，并将此政策落实到企业的 ERP、PDM、MES 等信息系统，例如，定期自动储存备份、于诉讼发生时自动管控电子储存信息等。一旦企业遇到诉讼，可快速形成由知识产权、法务、资安等人整合的团队，实时启动各项风险管控机制，善用成熟 eDiscovery 软件，过滤掉相当比例无关或受机密特权保护的文件，减少外部律师投入大量人力审阅文件而产生的巨额律师费等。

积极掌握与因应 eDiscovery，不仅可预先管控科技型或跨国型企业风险，亦可借机调整、优化企业信息管理机制（Information Governance），并进而产生优化企业内部信息安全、妥善保护商业秘密、提升运营效率等效益，如此也未尝不是调整企业体质与竞争力的契机？

遏抑专利滥诉，美国立法趋势值得关注

周延鹏　吴俊英　朱家臻

专利流氓（Patent Troll）、专利主张实体（Patent Assertion Entity，PAE）或非专利运营实体（Non-practicing Entities，NPEs），系指本身不实施专利或不实际提供产品、服务，而是以所拥有的专利进行交易、许可、诉讼来获取利润的主体，而其中又以专利流氓最为人所诟病。这些不事研发、生产，而仅以外购专利进行诉讼，借由美国专利诉讼的高额费用逼迫被告和解付钱，不仅干扰产业并阻碍竞争，也违背专利法制鼓励创新进步的本意。

美国不仅产业界对专利滥诉掀起强大的反弹声浪，政府也展开行动，希冀通过立法、修法导正此等弊病，殊值两岸业界关注。如美国白宫在 2013 年 6 月提出 5 项行政措施及 7 项修法建议，诸如要求原告公开实质利益关系者（Real Party-in-interest）、对法院就诉讼律师费负担给予更大的裁量权、修订 ITC 发布禁制令的标准、提高专利主张信函（Demand Letters）门槛等。美国国会于 2013 年亦提出至少 10 件相关法案，其中以创新法（Innovation Act）法案最受瞩目，该法案涵盖许多其他类似法案的内容。

◀◀◀ 提高起诉门槛并限缩搜证范围，减少无谓的司法耗费

美国在诉讼实务上对原告起诉门槛不高，使得专利流氓有机可乘，利用诉讼上较便于原告的制度滥行起诉，很多被告无法自一开始就明确知道案件涉及哪些专利的权利范围（Claims）、系争产品、产品特征等，而无法有效进行诉讼防御及商业因应。起诉范围模糊也造成原、被告在证据发现程序（Discovery）中必须耗费更多资源，不仅徒增司法成本，也大幅增加被告风险与耗费。

而且，在诉讼初期，美国法院针对专利权利范围的解释（Claim Construction）常对案件结果具有重大影响。因此，在法院判定专利权利范围前，若能限缩证据发现程序范围，即可避免浪费资源。

有鉴于此，创新法案拉高起诉门槛，要求原告须于诉状中清楚列明系争专利、系争专利权利范围、侵权产品（如已知产品名称、型号，则须详列），并逐一详列侵权产品与系争专

本身不实施专利或不实际提供产品、服务，而是以所拥有的专利进行交易、许可、诉讼来获取利润的主体，由于一些运营细节与风格上的差异，这类公司可细分为专利流氓、专利主张实体或非专利运营实体，而其中又以专利流氓最为人所诟病。

利权利范围要件的对应关系。创新法案亦规定若法院认为须进行专利权利范围解释，于专利范围解释裁定前，证据发现程序将仅限于对专利权利范围解释必要信息。

创新法案又规定，侵权诉讼原告若欲以诉讼前对被告寄发之专利侵权通知证明故意侵权，则于发出侵权通知前应进行合理调查，并于该通知中指明系争专利、涉及侵权之产品、原告之最终母体等，并予以详细说明产品为何侵犯专利。

◀◀◀ 提升信息透明，避免乌贼战术与高额费用

精明的专利权人会通过各种方式避免暴露信息，使潜在的被告难以掌握，以增加专利风险排查障碍，亦难准确评估其产品的专利风险，且在进行和解或许可协商时，也易因信息不对称而不知如何谈判合适的和解、许可范围，易孳生纷争。此外，专利权人参与技术标准设置时，也可能技巧性地隐藏标准专利，使其他人难以确认。

为解决专利信息透明度不足的问题，创新法案规定原告起诉时须说明系争专利之诉讼历史、系争专利是否为标准专利，以及是否有任何政府对系争专利加诸许可要求等。同时，原告须向专利商标局、法院及被告公开：①系争专利之权利人；②有权许可或实施专利之主体；③对系争专利或原告有财务利益（Financial Interest）之主体；④各前述主体之最终母体（Ultimate Parent entity，指不受任何其他主体控制者）。而所谓财务利益，包含可从专利主张中获利，或对原告拥有超过 5% 的股份或控制权。

专利信息更加透明化，有利于专利审查机关更准确地寻找先前技术（Prior Art），也让专利复审程序申请人能有更多信息进行事先

评估；对于许可或和解谈判来说，专利权人相关信息至少有助于另一方确认谈判对手是否有决定权。

◀◀◀ 避免下游厂商陷入诉讼，供货商应诉无须瞻前顾后

专利诉讼原告通常找上产业链的下游而非供货商，除因终端产品价格较高，有机会获取高额的损害赔偿或许可费外，更因为下游厂商通常对系争专利及产品技术不熟悉，无相关技术知识能处理争议。另外，目前国际间采购合同经常规定供货商须提供知识产权担保赔偿（Indemnification），简单地说，就是一旦客户产品被人主张侵害知识产权，则所有损失一概由供货商负全责；客户既然有供货商补偿，就更无动机与专利权人周旋，往往选择直接和解了事，而不管究竟是否有无侵权。客户选择承认侵权、和解，将冲击供货商的诉讼立场或市场声誉；客户持续被诉讼拖住，供货商也易陷入须同时应对客户与原告的忙乱局面。

对此，创新法案提出的解决方式是让客户可暂时脱离诉讼，避免对客户运营造成干扰，也让上游的供货商可专心应诉。法案规定，若供货商与客户基于书面合意向法院申请暂停对客户的诉讼，法院须准许之（但需满足特定前提与要件）。如此，客户无须受诉讼打扰，供货商亦可全心处理专利诉讼，不仅节省司法成本，也让专利权人隔山打牛的企图落空。

◀◀◀ 美国遏制专利滥诉立法，企业须密切注意

整体而言，创新法案提高了原告起诉难度，让被告有更透

明、充分的信息因应诉讼，也有机会降低当事人无谓的诉讼耗费及司法资源。然而，创新法案改变了美国法院诉讼费用由当事人各自负担的原则，法案规定法院"须"判决败诉方应负担胜诉方的诉讼费用，除非败诉方有合理事由或有其他特殊情形（法案特别举发明人经济困难为例）。此项修法草案有如双面刃，实际适用后会有何后果，仍有待观察。无论如何，美国针对防止专利滥诉的立法趋势，对专利权人及对造企业来说，都是不可忽视的关键影响力。

从 LED 侵权诉讼谈积极应对
专利侵权暨许可费主张

周延鹏　张淑贞　游昕儒

◀◀◀ 处理专利侵权诉讼，用对专业与方法，运营自由非梦事

哥伦比亚大学教授 Gertrude Neumark Rothschild 于 2009 年 8 月列 LED 公司新世纪光电及旭明光电公司为被告，向中国台湾"智慧财产法院"提出专利侵权诉讼，涉讼专利为中国台湾发明专利公告号第 141136 号"宽带隙半导体的晶体掺杂方法"。该诉讼案第一审，法院以该专利不具有新颖性应予以撤销，以及原

告无法证明被告有何侵权行为等，判决两家 LED 公司胜诉。原告不服第一审败诉判决续提上诉，复经二审法院于 2011 年 8 月维持原审 LED 公司胜诉判决，该诉讼案因 Dr.Rothschild 未上诉，已告定案。

Dr.Rothschild 于 1980 年从事"宽带隙半导体"晶体发光性能研究，研发宽带隙半导体晶体内非平衡添加掺杂剂的方法，适用于掺杂时易于被补偿之宽带隙半导体晶体，通过其发明使晶体内具有主要掺杂剂的非平衡浓度，可提高半导体材料的电导率。期间，Dr.Rothschild 于全球主要国家就该技术进行专利申请，并获得美国发明专利第 4 号，904 号，618 号及第 5 号，252 号，499 号及欧、日、中等国家和地区专利。自 2005 年起，Dr.Rothschild 开始向全球 LED 产业链上、中、下游公司主张专利权，并要求诸多 LED 公司支付许可费，先于美国南纽约州联邦地方法院对 Osram、Cree、Toyoda Gosei、Philips Lumileds 等 LED 知名公司提出专利侵权诉讼，后于 2008 年向美国国际贸易委员会（ITC）申请对全球 34 家公司有无涉及专利侵权进行调查，截至 2008 年年底，包括 Nokia、Sony、Toshiba、Hitachi、Sharp、Samsung、LG、首尔半导体、亿光、宏齐、光宝等至少 40 家 LED 公司与 Dr.Rothschild 和解并支付许可费。

Dr.Rothschild 执专利为战戟，以各国侵权诉讼为手段，对全球 LED 公司强势营销其专利权，预估于 2005—2008 年间，其向全球超过 40 家公司追索专利许可费总额达 5000 万美元以上。其中诸多 LED 公司甚至考虑美国专利侵权诉讼投入资源显大于 Dr.Rothschild 所要求许可费，遂以和解方式解决，让 Dr.Rothschild 将专利顺利转化为丰厚的金钱回报，而 Dr.Rothschild 向新世纪光电及旭明光电公司提出中国台湾专利侵权诉讼却遭败诉，甚至其专利被中国台湾"智慧财产法院"第一审判定为无效，应为其始料不及，此诉讼案也令曾支付许可费予 Dr.Rothschild 的许多 LED 公司错愕，开始检讨专利许可协商过程是否缺乏基础事实掌握与专业严谨论证，导致决策者在未获得完整充分信息前，甚至在产业与市场充斥诸多错误、曲解或者似是而非的信息时，遽下"付钱了事"决定，LED 公司支付许可费予 Dr.Rothschild 不但徒增损益表费用并降低股东权益，也难以确保运营自由、强化优势竞争及多元获利！

◀◀◀ 信息网络成熟发达，可善用原告同族专利让其自相残杀

Dr.Rothschild 向新世纪光电及旭明光电公司提出专利侵权诉讼案，中国台湾"智慧财产法院"采用专利有效性与侵权与否两争点同步并行审理模式。因 Dr.Rothschild 启动上述诉讼前，即已向全球 LED 公司启动专利权主张、诉讼或许可活动，斯时若干 LED 公司为因应诉讼、和解协商等，遂展开先前技术（Prior Arts）检索与分析作业，希冀找出足以影响系争专利新颖性或进步性先前技术，作为应诉时釜底抽薪、拔除系争专利根基或迫使专利权人限缩专利权利范围的武器，抑或是用于和解协商减免许可费谈判的筹码。

基于以上背景并结合全球专利信息与网络环境公开、成熟且发达环境，被诉 LED 公司因应前述中国台湾专利侵权诉讼，适可借力使力、善用东风，只要懂得方法并投入些微费用，从各国法院或专利局完整调阅到美国、欧洲、日本相关诉讼卷宗、专利申请历史档案（File History）或其他国家无效审判请求或复审程序档案等，即有机会从这些档案快速取得有利先前技术，此方法节省诸多人

力、时间与金钱，自不在话下。

前述 LED 公司被诉后，经由相关途径，获知日本 LED 公司 Toyoda Gosei 曾就该中国台湾专利对应的日本同族专利（即日本特许专利第 2 号，908 号，815 号专利）提出无效审判请求，Toyoda Gosei 当时曾引用乙篇非专利文献，此篇文献即 1969 年间由 IBM Walson Research Center 之 Billy L.Crowder，R.S.Title 与 G.D Pettit 提出的论文："EPR and Luminescence Studies of Er^{+3} in Acceptor-Doped ZnTe"，据以主张 Dr.Rothschild 日本专利不具有新颖性。该篇论文内容经 LED 公司严谨分析与论证，发现其亦公开 Dr.Rothschild 中国台湾专利全部技术特征，新世纪光电与旭明光电公司遂执此用于诉讼，主张 Dr.Rothschild 中国台湾专利不具有新颖性，依法应予撤销，经中国台湾"智慧财产法院"第一审采认而为 Dr.Rothschild 败诉判决依据。

从上述诉讼案例可知，专利权人将同一发明技术于数个国家以同族专利方式申请专利，或以同族专利于各国对不同公司提出专利侵权诉讼等，以目前各国专利与诉讼信息公开易取及网络通信发达的便利环境，恐对专利权人产生至少以下 3 方面不利影响：①特定专利于特定国家申请审查阶段，各国审查委员均可调取他国专利局或法院卷宗资料，并发现足以驳回专利申请之先前技术，并作出驳回决定，此等信息亦可轻易被第三人或同业公司调取，并借由复审、公众意见等方式阻止专利权人于特定国家获取专利，或让专利权人被迫限缩申请专利范围；②专利权人借由诉讼营销专利权时，第三人可轻易调取该诉讼程序对于申请专利范围解释（Claim Construction）、被告产品技术与涉讼专利侵权比对分析（Claim Chart）及诉讼中被告主张专利不具有新颖性或进步性等相关资料与证据，此将使专利权人向潜在被许可人或潜在被告主张专利权时，遭遇以往不会有的防御与抗辩；③专利权人于专利申请或诉讼过程中，倘于专利说明书、习知技术说明与提交、对驳回处分答辩、分割案或接续案申请历史记录中对专利权利范围特定字词有相关定义、范围、内容说明，专利权人也须受到禁反言原则拘束。是以，同族专利之专利于各国申请、公众意见、复审、无效请求、诉讼卷宗数据，将被他国专利局、第三人、他国法院广泛且交互利用，致使同族专利下所有专利成为"命运共同体"。

据此，专利权人习惯的以同族专利申请专利的作业，或需考虑因时修正与因地制宜。此外，专利权人以同族专利方式进行专利布局时，似不宜于各国切割处理，导致专利申请仅见树木不见林，专利权人宜纵观全局，制定各国专利申请、答辩、无效、诉讼程序战略与战术，避免同族专利彼此制肘，甚至自相残杀。

◀◀◀ 大陆法系方法专利侵权诉讼举证对专利权人要求高，被告可善用之

Dr.Rothschild 所提中国台湾专利侵权诉讼，涉讼专利属于制造方法专利，为证明被告有无使用系争制造方法专利，"中国台湾专利法"为减轻专利权人举证负担，于"专利法"第 87 条第 1 项明定："制造方法专利所制成之物品，在该制造方法申请专利前为国内外未见者，他人制造相同之物品，推定为以该专利方法所制造。"同条第 2 项规定："前项推定得提出反证推翻之。被告证明其制造该相同物品之方法与专利方法不同者，为已提出反证。"

简而言之，方法专利权人如能证明以下三项要件，即可推定第三人侵害其方法专利权：①首先需证明制造方法专利所制成之物品为何；②被告制造何等物品与该制造方法专利所制成之物品相同；

③该制造方法专利所制成之物品，需于该制造方法申请专利前国内外所未见。倘若专利权人可证明以上三项要件，即推定被告侵害系争方法专利，此时即生举证责任转换至被告效果，改由被告提出制程记录或其他文书与勘验物等，证明被告所使用方法与原告之制造方法专利之方法不同。然而，中国台湾"智慧产权法院"审理此类方法专利侵害案件实证，多数原告难以举证证明以上全部要件，因此法院以驳回专利权人起诉居多。

除中国台湾"专利法"第87条对方法专利有上述规定外，2000年第二次修正的《中华人民共和国专利法》第57条第2款亦有类似规定："专利侵权纠纷涉及新产品制造方法的发明专利的，制造同样产品的单位或个人应当提供其产品制造方法不同于专利方法的证明。"据此，专利权人于中国大陆主张方法专利权时，同样也被要求需证明被告制造了与方法专利相同的产品，虽大陆的专利法要件与台湾地区"专利法"的有关规定相较为少，然而倘若方法专利权人无法举证被告制造了同样产品，方法专利权人亦会被司法机关拒之于门外。

专利权人习以同族专利申请专利的作业，或需考虑因时修正与因地制宜。此外，专利权人以同族专利方式进行专利布局时，似不宜于各国切割处理，导致专利申请仅见树不见林，专利权人宜纵观全局制定各国专利申请、答辩、无效、诉讼程序战略与战术，避免同族专利彼此制肘，甚至自相残杀。

进一步而言，姑且不论方法专利权人须证明该方法专利所制成之物品，为方法专利申请前所未见之要件，方法专利权人欲依中国台湾"专利法"第87条第1项规定推定被告有侵害方法专利，需提出诸多证据，层层过关斩将，才可得其门而入，并要求被告反证。首先，方法专利权人需证明该方法专利所制成之物品为何，且需提出该物品之实物，因此，方法专利权人须提出诸多从原料、配方、机器设备到工艺重要数据与参数，才能证明该方法专利确能制造出该等实物，而上述证据多涉及方法专利权人核心技术与商业秘密，也给予方法专利权人极大举证责任与负担，相较于主张物的专利所应负举证项目与责任而言，更为吃重；再者，纵能证明方法专利所制成之物为何，方法专利权人还需进一步提出使用方法专利所制造物品其具体名称、型号与规格等，还需委请专业鉴定人与合格检测仪器，对方法专利所制成之物品，与被告制造物品于成分、结构与组成是否相同进行专业科学论证与分析，并提出严谨技术分析报告、化验报告或测试报告等，才符合"专利法"第87条第1项所要求的举证程度，此对专利权人举证要求不低；反之，身为被告方，倘若可依据上述规定层层要求方法专利权人逐项全部举证，多可趋吉避凶。

因大陆法系国家司法制度并无美国诉讼证据发现制度（Discovery），大陆法系方法专利权人主张专利权时，显需于诉前更充分准备，以免因举证不足而遭败诉，甚至原告对暴露于诉讼中的诸多核心技术与商业秘密，也须结合秘密保持命令等规划保护。纵原告能举证以上全部要件，被告只要有技术替代方案，即能事后以人为方式轻易安排制造相同产品之替代原料、参数、机器设备、配方、方法等，意即被告极易规划不侵权反证，而让原告暴露己身诸多核心技术信息却白忙一场。因此，专利权人于大陆法系或英美法系进行方法专利申请时，除考虑该方法或技术是否可从终端产品还原、是否具有可专利性、是否过度公开商业机密、被告可否轻易回避等之外，亦需从方法专利于大陆法系或英美法系国家不同司法诉讼制度进行不同处理，据以决定特定技术是否需申请方法专利，倘未进行专业谨慎规划与执行，方法专利权极有可能难以"昂首阔步"，反而是"寸步难行"。

竞逐全球市场，德国专利诉讼风险不可轻忽

周延鹏　吴俊英　吴丰江

在欧洲及全球主要国家专利诉讼，德国的地位几乎仅次于美国，因而许多专利权人除于美国提起专利诉讼外，即选择在德国发动专利诉讼。对于拓展欧洲市场的两岸企业，宜事先了解德国专利诉讼制度，俾有效因应竞争者在德国提起诉讼。

≪≪ 德国专利诉讼烽火未曾停歇

在智能手机、平板电脑市场，苹果与三星之间的全球专利诉讼大战，主要战场之一即在德国。Nokia 对 HTC 在各国所展开的专利诉讼，Nokia 在德国以多件专利诉 HTC 侵权，法院判定 HTC 侵害其中几件专利，HTC 即同意支付许可费及其他条件并和解。

在 LED 市场，日亚化在德国法院诉宏齐专利侵权，日亚化亦在德国诉亿光侵害其白光 LED 专利，亿光则向德国联邦专利法院提出该白光 LED 专利无效。

在睡眠呼吸障碍治疗市场，雅博（Apex）与瑞思迈（ResMed）延续美国专利战火，瑞思迈在德国主张雅博面罩与连续阳压呼吸器侵权，雅博则迅速反击，对瑞思迈全部系争专利提起无效诉讼与异议程序，主张专利无效。

◀◀◀ 德国专利诉讼"夯"的原因

德国之所以成为全球很"夯"的专利侵权诉讼地点，主要原因为：

1. 双轨诉讼制度：德国专利诉讼制度的特点之一在于采取专利侵权与专利无效双轨制，亦即专利侵权诉讼由一般法院审理，专利无效诉讼则由专利法院审理。因此，被告在侵权诉讼程序中无法同时主张专利无效，仅能争执不侵权，而且纵使另依其他程序提出专利无效诉讼，也不易暂停侵权诉讼程序。

2. 诉讼时程较短：德国专利侵权诉讼一审历时通常1年左右，相对于某些国家专利侵权诉讼一审动辄二三年以上，德国程序耗时较短。

3. 兼具民刑事救济：德国专利法对于侵害专利除民事责任外，尚定有刑事责任，而专利权人申请禁止侵权产品入关或扣押等也常能获得法院许可。故此，专利权人常趁各种产品商展、产业博览等机会，申请当场扣押产品，对被告造成强大威吓与市场压力，而且更可带来先声夺人之效。

4. 诉讼成本较低：德国与美国在诉讼程序上的重要差异之一，即德国诉讼并无类似于美国程序般的烧钱，而且德国对于律师费有立法限制，使得诉讼律师费较易控制。

5. 欧洲司法影响力：德国法治相对健全，法官素质、司法体制也较受信赖，德国法院对系争专利权利范围解释，以及对系争产品侵权与否的判断，对于欧洲其他国家法院亦有相当影响。

◀◀◀ 德国专利诉讼应迅速反应，主动回击

德国专利诉讼程序较快，企业一旦被诉，应立即采取行动，除

了主张涉讼产品不侵权外，尚须尽快展开前案检索分析，找出系争专利无效证据、启动专利无效程序，并争取暂停侵权诉讼程序。而能否暂停专利侵权诉讼程序，虽仍须经法官裁量，若专利无效证据强度足够，仍有相当机会争取法院同意暂停诉讼程序，企业即有较多时间处理诉讼及商业因应措施。

在德国被诉专利侵权，宜主张德国发明专利无效，其途径有三：

1. 向欧洲专利局（EPO）提出专利异议程序（Opposition Proceeding）：通过欧洲专利局申请的专利，若该专利仍处于核准公告后的 9 个月异议期间，则任何人都可以向欧洲专利局提出专利异议。通过异议程序无效专利的优点在于，一旦异议成功，该欧盟专利即无效，专利权人随即丧失德国及其他欧盟国家的专利权，被告则同时解除在其他欧盟国家的系争专利风险。异议程序时程平均 2 年以上，而且申请人主动撤销异议程序，EPO 仍可径行审理。

2. 向德国专利商标局（DPMA）提交专利异议通知（Notice of Opposition）：向 DPMA 直接申请的专利，于该专利核准公告后 9 个月内，可提交专利异议通知。

3. 向德国联邦专利法院提出专利无效诉讼：通过 DPMA 或 EPO 申请的专利，在过了各自的异议期，且无其他前述异议程序正在进行的情况下，可以向德国联邦专利法院提出专利无效诉讼。无效诉讼时程平均为一年半至两年，程序中随时可补提新证据，亦可随时撤回无效程序，给诉讼及和解谈判提供较大弹性。

> 科技业者间的专利战火持续燃烧，除了美国之外，德国也是重要的战场之一。为何专利权人喜好在德国提起专利诉讼？两岸企业在德国被告上法院时，又该如何因应？

第三章　专利布局管理

★★★专利布局管理的效益★★★

专利布局的核心是什么？圈地成为钉子户！

周延鹏

· ·

　　无论是经营组织、企业，或者是经营产品、市场，都会涉及"布局"之概念、方法与资源，各产业、各行业诸多人士不仅熟悉个中道理与方法，而且也会从不停的执行与实践过程中获取各类有形与无形的结果与效益。而这类布局的知识、技能、经验及其养成，理论与实务界发展甚久，各界甚为熟稔，不再赘述。

　　但是，对于涉及技术产业暨无形财产的"专利布局"，却非两岸各产业各行业所熟悉，30 多年来一直深处困境而迄今仍未获解决。同时，各界非此领域专业人士或者未具有专业运营经验者，长期以来又仅凭着空泛的专利认知或者谬误认知的表面现象，旋即提出各种非其执业领域而又背离真实世界的"理论学说"，甚至以特定地位和逻辑谬误瞎说一番。这些隔空抓药的帖子，肯定使两岸各界于未来相当期间内还是玩不出有质量、有价值并有价格的"优质"与"优势"的专利布局。因此，尊重专业机制与跨国运营实务是不二法则，而且会使专利布局玩出更多成果绩效。

长期以来，两岸因不谙真正专业或者乱投药方所从事的错误专利布局之后果，严重的就是导致诸多产业"技术不自主"与"市场不自主"，也导致诸多产业结构恐难以转型或升级，而且更使诸多企业继续身陷"运营不自由""竞争不优势"与"获利不多元"的处境。这些后果亦可从中国台湾公私部门每年投入新台币5000亿元从事研发，又花200亿元申请各国专利后，中国台湾各产业每年仅能从自己获证的专利权回收约50亿元许可费，而每年仍需支付1500亿元许可费及300亿元损害赔偿金、律师费与专家费给美欧日韩的专利权人及其律师、专家证人等。

因此，专利布局的基础、环境、方法与关键因素实有必要探究，叙述如下。

◀◀◀ 专利布局的基础来自跨国专业运营与执业实务

对于专利布局概念与内涵，众说纷纭，莫衷一是。但很明确的是，专利布局的基础一则是来自跨国专业运营，而不是来自非专业运营的地域或组织，因为专利的实践过程处处充斥着形式多于实质、表面多于里面、局面多于全面、一知半解多于深入了解等肤浅现象，而这些现象却阻碍了学习与改变。

专利布局的另一基础则是来自跨国执业实务（Practice），因为专利项目的方方面面涉及运营各阶段全流程的跨国专业执业，而这些跨国执业实务及其跨领域范畴，应显非可以仅从"专利法"、专利代理与审查实务、专利工程、学者专家或者翻译编辑外国学说理论所能触及的。但产官学研界对专利项目的决策与执行，却一直全赖"非跨国""非专业""非运营""非执业""非实务"等信息支撑，其专利之积弊很深很远，自不言而喻。

◀◀◀ 专利布局的环境来自投资、研发与市场的滋养

"优质"与"优势"的"专利布局"的环境来自早期阶段的风险投资、基础科学研究（Basic Research）、应用科学研究（Applied Research）、投资并购市场、潜在产品市场，以及专业实务、许可交易、侵权诉讼、商业模式、知识产权营销各种跨领域的融合滋养。而美国风险投资、科学研究、专利审查、侵权诉讼、许可买卖、商业模式、知识产权营销、专业服务、投资并购等种种活动及经过各组织内化与经营的行为，即可自然形成"优质"与"优势"专利布局的整体环境与运营文化，而无须特别探讨或著书立说。

而中国台湾风投业的后期投资活动（Late Stage）、产学研的产品发展与工程类型（Development and Engineering）、专利工程师与律师的限度、专利全流程全领域运营的欠缺、专利申请与审查的专业不足、专利市场与交易的狭小、企业并购偏向于成熟产品与营业额、商业模式创新的贫乏、技术推广甚于知识产权营销的活动，甚至以种种地区法律与组织运营功能设限，这些环境现状当然不利于专利布局环境的自然形成与健全发展。

> 无论是经营组织、企业，或者是经营产品、市场，都会涉及"布局"之概念、方法与资源，各产业、各行业诸多人士不仅熟悉个中道理与方法，而且也会从不停的执行与实践过程中获取各类有形与无形的结果与效益。但是，对于涉及技术产业暨无形财产的"专利布局"，却非两岸各产业各行业所熟悉。

<<< 专利布局方法与工具——"圈地"成为"专利钉子户"

处在前述中国台湾的专利布局之贫瘠基础与局限环境里，特别有必要深入探讨并发展专利布局的方法与工具。专利布局的方法就是"圈地"，将发明创作在主要国家圈下技术产品的良田良地并转成"专利钉子户"，亦即在所属现在与未来产业结构中找到技术方案的优势地位（Positioning），并将之转成不同地域的专利及其专利组合，而此项专利布局方法显非中国台湾目前各界随意随性且不连续的发明提案及其一件件的专利申请与专利证书积累的情形。

而专利布局的工具，则为可将技术方案与专利信息予以矩阵多层结构化的"技术资产运营系统"（Technology Asset Operation System，TAOS），尤其是发明的产品结构、技术结构及医药与软件领域的功效结构。此专利布局工具将会阻绝目前完全依赖人的主观不稳定且没有专业质量的作业环境，而且亦会大量缩减没有技术与市场价值的专利申请与维持活动，并将各项专利资源用于可成为"专利钉子户"及其运营活动上。

<<< 专利布局的关键因素

继前述专利布局的基础、环境、方法与工具等条件后，专利布局尚须探讨的就是其关键因素，主要包括：①研发类型，含研究、开发、工程、设计；②创新类型，含产品领导区、顾客亲密区、经营卓越区、品类更新区；③生命周期，含早期、成长期、成熟期、衰退期；④产业结构，含上、中、下游；⑤技术结构，含各领域层次技术；⑥产品结构，含材料、零件、模块、次系统、系统；⑦功效结构，适用于医药与软件领域；⑧技术方案，含不可或缺性、不可替代性、不可回避性；⑨事实标准，适用于部分产业技术；⑩同族专利，含不同国家专利、连续案（CA、CIP）、分割案（DIV）；⑪专利组合，含权利项组合；⑫产业链、价值链与供应链；⑬创新链、投资链与并购链；⑭投资架构；⑮交易架构；⑯知识产权商业模式，含实施、交换；⑰知识产权交易与营销；⑱诉讼环境与配套资源；⑲财会税务环境，含国际税收协议；⑳经费预算，含研发与专利预算。这些专利布局关键因素全赖训练有素的跨领域专业人士与跨国运营实务及专业操作系统与平台整合运作并落实到位。

根据前述专利布局关键因素考虑后，即可着手委任各国合格有经验的专利代理人或专利律师进行专利申请业务（Prosecution），而专利布局后，专利运营的资本利得、许可费、损害赔偿金及科技地位与声誉等效益将会源源不绝地产生与衍生。此外，各产学研组织尚需要具有跨领域、跨国运营及相当高度广度深度的专业人士协同与配套支持，才能整合融合各类专业资源与经验，进而使持续申请并积累的各国专利走向国际市场。

★★专利布局管理的执行★★★

知识产权部署及效益评估应与商业模式结合

周延鹏　吴俊逸　黄上上

　　随着互联网、移动通信及其软硬件技术的持续演进，各种新兴产业，如云计算、物联网及移动互联网产业加速融合与发展，其间不仅衍生无数商机，而且也营造出各种创新创意得以实现的舞台，吸引了各领域人才争相投入创业。

　　例如，原 iPod 开发团队 Tony Fadell 于 2011 年创立的 Nest Labs 公司，设计"智能型自动调温器"产品，借由物联网技术，可因应使用者作息与气温，自动调整涉及温控的家用电器，如感测无人在家时即关闭居家空调等。另外，来自育成加速器 TechStars 的 Jeff Powers 与 Vikas Reddy 创立的 Occipital 公司，以移动视觉的创新技术，推出条形码扫描应用软件"RedLaser"、全景拍摄应用软件"360 Panorama"、3D 扫描传感器"Structure Sensor"等。

Tony Fadell、Jeff Powersc 和 Vikas Redd 所进行的创业与创新，各界除了从其创业的商业计划及创新活动观察其企业发展外，更可从"商业模式架构图"（Business Model Canvas）探讨组织如何落实知识产权部署，体现知识产权效益，获取自由运营、优势竞争与多元获利。

《《《 商业模式引导知识产权部署圈地

2010 年 Alexander Osterwarder 和 Yves Pigneur 提出商业模式架构图，以目标客户（Customer Segments）、价值主张（Value Propositions）、市场渠道（Channels）、客户关系（Customer Relationships）、关键资源（Key Resources）、关键活动（Key Activities）、关键伙伴（Key Partners）、营收来源（Revenue Streams）、成本结构（Cost Structure）9 项构造模块（Building Blocks）架构商业模式组成要素及其设计考虑。其核心是以独一无二的价值元素形成的价值主张为目标客户创造价值，进而从目标客户获得持续营收与利润。

亦即，组织驱动其商业运营是以商业模式架构图的关键资源、关键活动、关键伙伴为基础，通过商业模式架构图的市场通路与客户关系，将价值主张传递给目标客户，进而以该价值所对应的产品或服务价格，以及对目标客户的产品或服务供应，创造商业模式架构图的营收来源，形成可持续（Sustainable）且扩大（Scalable）之营收模式（Revenue Model），持续获取营收利润。

因此，各类组织以商业模式结构图构想、设计、验证并确定其商业模式后，倘其价值主张涉及技术或外观设计的创新，即可据此部署知识产权，并依次以商业模式架构图的目标客户、价值主张、市场渠道、客户关系、关键资源、关键活动、关键伙伴、营收来源、成本结构，作为知识产权部署的商业基础，进而再以智慧资源规划方法（IRP），以产品技术结构执行自有知识产权部署，而且亦可据此分析他人的知识产权部署。

1. 以商业模式架构图市场客户而言，目标客户买单的各种主要因素，倘能就价值主张中产品技术方案的不同功能与设计，界定多种区别技术特征，并以单一区别技术特征或多重区别技术特征的组合，形成不同的权利范围、同族专利与专利组合。举例而言，Nest Labs 公司的智能型自动调温器让目标客户买单的主要因素，包括了智能调温、节能、易操控、易安装、美观等因素，而这些因素不仅落实到调温器的软件控制、硬件开发、机构设计、用户接口、外观设计，而且亦以知识产权部署并保护其价值主张不被轻易复制、取代或回避。

创意与创新是带动科技产业发展不可或缺的动力，但企业该如何进行知识产权布局？以公司的商业模式为根基展开是找出解决方案的方法之一。

2. 以商业模式架构图运营资源而言，倘若产品或服务所需的技术具备不可或缺、不可回避及不可替代的条件，无论往后是经由关键伙伴、关键活动或关键资源的运作与互动来达成，即应在前述产品技术项目，据以"圈地"，保护知识产权。举例而言，Nest Labs 公司宣布将于 2014 年开放 Nest API 接口，使其他智能家居产品能与 Nest Labs 公司的智能型自动调温器连接，调整或监控各智能家居产品的运行状况。倘前述对接规格的开放涉及装置间的通信传输与协议技术，即应在该技术项目部署知识产权，使竞争者无法轻易绕过。

3. 以商业模式架构图营收成本而言，产品或服务于各国之定价与销量所形成的现在或未来的企业营收来源，是否足以支撑前述产品或服务于该国部署知识产权之费用，也是企业在投入知识产权部署时的考虑因素之一。举例而言，Nest Labs 公司的智能型自动调温器定价 249 美元，于产品上市第一年即于美国市场销售超过 50 万台，创造超过 1 亿美元营收，应可支持该公司于美国的知识产权部署，包括其已公开的 49 件美国专利申请。

◀◀◀ 商业模式驱动知识产权经济效益

有效的知识产权部署应从商业模式架构图的关键活动与价值主张着手，才易产生知识产权之经济效益，同时亦可用以评估其组织知识产权部署是否优势：

1. 以关键活动与价值主张而言，知识产权运营应并行同步于组织全流程，包括研究开发、生产制造、市场营销、仓储物流、信息系统、财会税务、知识产权、营收模式；

2. 以客户关系与目标客户而言，知识产权部署应使客户转换成本提高或困难，或据以形成客户品牌忠诚度；

3. 以市场渠道而言，知识产权部署应融入渠道管理，防止经销商及渠道商采购他人侵权产品用以取代原供货的风险，或确保自身直营渠道风格独特性；

4. 以关键资源而言，应于人才方面配套知识产权激励措施，应于会计方面将知识产权入账并予以资产化，应于税务方面进行跨国知识产权税务规划；

5. 以关键伙伴而言，应于资本方面有利于募资及溢价或以知识产权作为合资筹码，应于生产方面借由知识产权管控供货商为竞争者供应相同产品，应于技术方面确保共同开发、委托研发之知识产权归属与商业利用。

考虑商业模式架构图各构造模块之特性，不仅可以引导知识产权部署圈地并体现经济效益，而且亦可支持商业模式架构图价值主张的实现与营收获利的多元化，同时更可强力地传递至目标客户，增加市场竞争优势，确保持续增长营收获利。

主控知识产权棋局
产业后进者也有机会抢到主导权

周延鹏　张淑贞

《《《 毁灭式创新产业中独特创新模式

哈佛大学商学院企业管理系教授克雷顿·克里斯汀生（Clayton M.Christensen）根据创新情境的不同，将"创新"区分为两种类型："维持性创新"（Sustaining Innovation）与"破坏式创新"（Disruptive Innovation）。所谓"维持性创新"，系指开发、销售性能更好与价格更高的产品或服务给高阶客户，此等市场多由市场在位者胜出并持续维持较高市场占有率；所谓"破坏式创新"，系指开发、销售更简单、更便利与更便宜的产品或服务给新客户，此等市场通常对市场在位者欠缺吸引力，因而新进者极有机会快速胜出并创造营收，因此，诸多产业后进者有机会借由此等创新模式逐步颠覆市场在位者。

近年来，诸多新进者一则为满足特定市场与客户的需求（此等市场与客户，多非市场在位者所关注，甚至为市场在位者已放弃或拟放弃）；二则为摆脱市场在位者在技术与渠道的优势及天罗地网般知识产权的长期制肘，纷纷于新产品概念形成及开发阶段，即思索并发展迥异于市场主流产品的新产品架构或新技术方案，而这些创新多体现于材料使用创新、材料节省创新、产品结构创新、技术架构创新、软件演算创新、制造流程创新、机器设备创新等。新进者以此类创新并优化各运营环节，即可提供给特定市场之特定消费者更便利、更便宜的新产品。

前述创新带有"破坏式创新"的所有因子，而且此类创新模式下的新产品通常初期虽缺乏渠道、客户与品牌知名度，但此类新产品常常远比主流产品效能更佳、精准度更高，具有取代主流产品的全部或一部分优势。此类创新相对于前述"破坏式创新"，基于其对主流产品而言具有毁灭性或取代性，或可独立区分，并称为"毁灭式创新"（Destroyed innovation），或者趋近克雷顿·克里斯汀生在《创新者的修炼》一书中所提到的"取代式创新"（Replacing Innovation）。

◀◀◀ "毁灭式创新"仍需借由专利风险排查摆脱市场在位者"关爱的眼神"

"毁灭式创新"对于主流产品虽具有毁灭性或取代性，但其所面临的知识产权风险并没有因此免除或者降低，因为市场在位者先前所部署的知识产权通常仍具有防堵（Blocking）作用。因此，新进者在其所属产业领域中进行"毁灭式创新"或"取代式创新"时，初期所规划的目标市场及客户，若对市场在位者采取回避策略或者不直接正面冲突，市场在位者通常不至于有计划地采取规模性的跨国专利侵权诉讼对市场新进者施予"关爱的眼神"。但是，倘若新进者所推出的新产品，其产销国家区域及市场客户渐与市场主流者重叠或竞争时，新进者将会面临在位者一波波的专利侵权诉讼。因此，新进者亟须于新产品开发时及上市前做好跨国专利风险排查（Transnational Patent Clearance），用以事先管控专利风险并掌握专利预警，此为采取"毁灭式创新"或"取代式创新"模式所必要的专业管控作业。因为企业对此类新产品的产品企划、技术研发、物料采购、机器设备等庞大投资，极可能因专利风险管控不当而付诸东流，或者因专利风险管控不当导致此等独特创新与研发成果快速陨落。

前述跨国专利风险排查作业与步骤，笔者根据诸多亲身经历的案例，提出以下框架与方法，应可快速协助企业花小钱、免亏钱，并可赚大钱：①在"毁灭式创新"或"取代式创新"模式下所诞生的新产品新技术，若以产品技术结构切入，部分属于自行研发制造，部分属于外购零件、模块或次系统，或甚至软件部分需委托开发（后称"非自有部分"）。对于非自有部分，企业只要慎选供货商，或要求供货商以严谨专业方法进行专利风险排查与管控，并于交易商业文件或合同中搭配完善保证赔偿条款与机制（Indemnity），企业即可将外购部分专利风险转嫁给上游供货商；②倘若"毁灭式创新"或"取代式创新"的新产品，其产品结构与技术方案全然迥异市场在位者推出的主流产品，企业在界定跨国专利风险排查范围时，可以使用 www.patentcloud.com，协同研发人员过滤筛选出与新产品技术相关联的专利及其专利权人，快速掌握专利风险排查分析出的相关风险专利，采取无效或回避等措施，并持续监控相关风险专利暨权利人动态信息；③企业亦可结合产销国家区域、市场客户、渠道方式等信息具体界定跨国专利风险排查范畴，举例言之，倘若企业初期设定目标市场并非在北美或欧洲"一级战区"，而是先抢滩南美、东南亚、中东、东欧、非洲等地的新兴国家与市场，抑或是与市场在位者既有与潜在客户不重叠者，即可结合此等信息的利用而有助于企业在合适时间点、以合适的方法与范围执行合适的专利风险排查作业，而不会过或不及；④此外，界定专利风险排查之专利权人范围时，须结合主要专利权人历年投资并购信息，以完整界定调研主体范围，而且尚需结合跨国专利侵权诉讼与许可等动态信息锁定调研厂商范围，这些信息有助于限缩不必要排查与分析作业。

据此，跨国专利风险排查的快、准、精作业，已有成熟便利系统工具可资依循及辅助，可以降低跨国专利风险排查作业所需投入的人力及费用，笔者建议企业勿以事小而不为，或者继续昔日胆大艺高的研发冒险，或者做些不专业的专利检索或没意义的专利地图，而最后投入庞大资源却是亏大钱，而且肯定赚不到钱。因此，若借由严谨且专业的跨国专利风险排查作业，将有助于"毁灭式创新"或"取代性创新"模式成为产业中的"恒星"，而非成为稍纵即逝的"流星"。

◀◀◀ 进行毁灭式或取代式创新，仍可主控知识产权棋局

企业在"毁灭式创新"或"取代式创新"模式下所开发出的新产品及持续衍生产品，其所采用的产品架构与技术方案，迥异于主流产品所采用之产品架构与技术方案，并具有取代主流产品的潜力与可能。所以，如何于新产品开发初期，即结合智慧资源规划方法的产业结构、产品技术结构、产品技术生命周期与产业竞争态势，

布局优势与优质知识产权，甚为关键。优势与优质知识产权布局与组合，关系到此类新产品的营收、获利与市场占有率能否确保与维系，也涉及新产品"长寿"或者"夭折"，甚至亦有机会借优质与优势知识产权来主导产业链、控制价值链及分配供应链，殊值

优势与优质知识产权布局与组合，关系到此类新产品的营收、获利与市场占有率能否确保与维系，也涉及新产品"长寿"或者"夭折"，甚至亦有机会借优质与优势知识产权来主导产业链、控制价值链及分配供应链，殊值企业关注并投入专业资源协同。

企业关注并投入专业资源协同。对于优质知识产权布局与组合，笔者认为应尽量避免从产品角度思考，而应多从技术角度思考，才能将知识产权组合覆盖产业链中最大范围的产品与厂商。再者，优势知识产权组合须在所属产业结构与产品技术结构中关键节点与位置进行"圈地"，而且知识产权所相应的技术方案若具备不可或缺、不易取代、不易回避的三大要素，即属于优势知识产权。主导与进行"毁灭式创新"或"取代式创新"的企业，只要有方有法有序地将优质研发成果持续转化为优势与优质知识产权，并结合知识产权专业的运营与营销机制，即使是产业后进者，也有机会跃升为产业市场主导者。

优势与优质知识产权布局除与前述商品化议题相关联外，对于产业后进者而言，毕竟在新产品推出初期，不论是市场、渠道，还是客户、品牌，均不敌市场在位者，且以上各环节均需长时间耕耘投入，不能一蹴而就，故此等企业还可以利用优势与优质知识产权吸引投资人或产业链诸多厂商目光聚焦，将有利于募资与股票溢价发行甚至股权出售。此外，借由优势与优质知识产权亦可进行作价投资、许可、技术转移、融资担保、专利池等，以获取有形产品以外的其他获利模式。再者，企业亦可借由优质与优势知识产权与产业链上的厂商形成研发、产销、许可等各类联盟，以换取各类有形

与无形商业利益。是故，优质与优势知识产权布局与组合对进行"毁灭式创新"或"取代式创新"的企业而言，亟具资本面、交易面及商业模式多层次意义与利益，殊值重视关注，并可以有方、有法地落实到位。

知识产权布局非随机——
谈产品技术生命周期与知识产权布局

周延鹏　曾志伟

．．

◀◀◀ 错误的逻辑与方法产出的知识产权全是费用，而且会更糟

　　长期以来，两岸企业是在知识产权侵权诉讼威胁下，摸索与构建知识产权管理制度。但由于起始因素使然，企业普遍偏向以"保护"的思维处理各类知识产权事务，局限了知识产权应有的效益，弱化了知识产权的经济优势，导致了各类知识产权事务无法链接至产业环境、企业运营、产品设计、技术发展、商业模式等。再者，长期以来企业既有知识产权作业流程，仍仅停留在发明人随机随意的发明提案，并未充分考虑诸多产业竞争与发展情形及产品技术生命周期因素，因而使产出的知识产权无法达到组织运营目的与应有效益。在此等逻辑与方法下产生的知识产权不仅全是费用与成本，

而且也没有智慧，更不是财产，遑论可为企业带来竞争优势与多元获利。

<<< 知识产权需链接有形产品与产品技术生命周期，才能体现价值

知识产权的价值体现于实施与交换等不同的商业模式，知识产权实施类型中的商品化与产业化更为知识产权交换类型的前提条件。因此，知识产权布局逻辑与方法应链接到产业链、价值链、供应链及产品技术结构，同时考虑不同的企业经营架构、不同的创新类型以及产品生命周期、技术生命周期的不同阶段后，再据以具体规划、布局及申请知识产权。

所谓知识产权的产业化，系指以较多元的技术研发一系列的材料、设备、零组件、模块并组合为最终系统产品。例如：AMOLED显示设备，其所涉及的产业结构同时涵盖产业链上中下游，其所涉及的研发资源需求及整合颇为庞大，其所涉及的产品技术复杂多样，设备及材料供应链尚需同步发展，而且其产业结构则与既有的TFT-LCD产业不同而需调整适宜的产业链，或者从无到有地建立产业链。

所谓知识产权的商品化，系指以较有限的技术研发单一产品并推出市场。例如：触控技术应用于显示设备，其所涉及的产业链在硬件部分集中于上游原材料、中游触控传感器及触控控制芯片与中下游的模块组装，而在软件部分则为下游的系统品牌厂。就触控面板的产品生命周期而言，在小尺寸产品已达到成熟期

不论知识产权最终规划要达到商品化、产业化的实施目的，抑或作为许可、技术转移、侵权诉讼、作价投资、技术标准、专利池等交换目的，必须要仿真产业结构、产品结构、技术结构及产业链与供应链的建立或位移，才能精准规划知识产权布局。

（Mature Stage），中尺寸产品位于成长期（Growth Stage），大尺寸产品尚位于早期阶段（Early Stage）。以触控技术的技术生命周期为例，电阻式触控技术及双片玻璃贴合的投射电容触控技术于小尺寸产品已迈入成熟期，所涉及的新产品技术项目较少，所涉及的市场较成熟，所涵盖的价值链产值已过高峰期，所涉及的知识产权数量较多，要再布局优势的知识产权较受限制。单片玻璃的投射电容触控技术于小尺寸产品正位于成长期阶段，所涉及的新产品技术项目较多元，所涉及的知识产权数量相对较少，再布局优质与优势的知识产权尚有空间，但需要有专业的知识、技能、方法与工具配套才有优质与优势知识产权产出的机会。

精准规划知识产权布局，仿真产业结构不可免，调研基础信息不可省

不论知识产权最终规划要达到商品化、产业化的实施目的，抑或作为许可、技术转移、侵权诉讼、作价投资、技术标准、专利池等交换目的，必须要仿真产业结构、产品结构、技术结构及产业链与供应链的建立或位移，才能精准规划知识产权布局。尤其是研发项目系属产业化者，其运营风险较高，更需要结合各种调研信息，包括产品技术生命周期、产业结构仿真、产品技术结构仿真、产业技术信息调研、知识产权信息调研等。这些调研分析项目的执行则须发展相应的专业方法与工具，才能依据不同的目的与对象规划优质与优势的知识产权布局。

以触控面板应用为例，内嵌光学式（In-cell Photo Sensing）触控技术位于技术生命周期的早期阶段，所涉及的新产品技术项目与技术方案较多元，产业结构、产品结构、技术结构与外附的电阻

式、电容式触控技术具有明显区别。在结合产品技术结构仿真、产业信息调研分析与专利信息调研分析后，可依据企业自有技术项目仿真商品化所需的各种互补性技术，规划企业研发资源的配置与优先级、产业链上中下游定位、共同研发对象、委托开发对象、供货商、目标客户、产品产销区域等。有了前述的仿真与规划后，可界定不同的主体、客体与行为，进而精准规划知识产权布局，例如，知识产权归属、知识产权形态、知识产权区域、知识产权位置、知识产权组合、知识产权集群、知识产权商业模式等。

◀◀◀ 有效执行知识产权布局，掌握产业事实是关键，利用专业是必须

要完成精准的知识产权布局，除了事前的分析与规划，在执阶行段更必须依据前阶段的分析结果厘清产业、产品与技术基础事实，并构建相应的专业配套措施，尤其专业方法与工具，并且须扣紧产品技术生命周期进行知识产权布局，特别是专利的申请与维持作业。于专业方法与工具部分，在知识产权布局阶段需同步通过专业的系统平台串联企业日常运营活动，结合企业 C0 到 C6 的不同产品开发阶段，实时且动态地依据产品开发现况调整知识产权布局，才能具体延伸保护有形产品的目的。

在发明人提案至技术公开的阶段，必须管控知识产权形态与布局，而非任由发明人零散、随机且无目的性地进行专利申请，否则无法达到商业目的，甚至会使企业商业秘密外泄。在专利撰稿与申请阶段，并不是单纯地进行不同语言转换与翻译，而是需要考虑到各国专利法规与实务案例，同步并行进行区域的部署，并搭配知识产权调研信息，仿真专利申请权利项于产业链上的覆盖范围和程度。

◀◀◀ 发展知识产权商业模式，创造多元获利来源

为使知识产权布局达到组织的商业目的，尚应同时发展知识产权商业模式及配套方案，并妥善运用企业外部对的专业资源，而避免非专业资源的运用。尤其，类型化知识产权商业模式包含实施及各种交换类型，并依据不同的企业经营架构，包含 B2B 的复杂系统模式（Complex System）与 B2C 的大量交易模式（Volume Operation），据以配置并优化内部及外部研发资源，从研发主题的设定、研发成果管理、共同研发或委托研发对象管理到研发成果转化为优质与优势知识产权等。同时，知识产权运营尚需贯穿技术研发、商品化、产业化及各种外部专业服务，并通过专业系统平台串联知识产权的创造、保护、维持、经营及营销，方能创造有效的知识产权运营机制，将无形的知识产权转化为有形的持续营收与获利。

从台积电跨入封测事业谈产业变动的精准预测法

曾志伟

移动装置、物联网、4G 应用的兴起快速带动半导体先进封装需求，包括晶圆级封装（Wafer Level Package）、系统级封装（System in Package）和 2.5D/3D IC TSV 技术（Through Silicon Via）

等。其中，3D IC TSV 技术不仅是封测业者，如日月光（ASE）、艾克尔（Amkor）、硅品、力成等，更是晶圆代工业者，如台积电（TSMC）、联电（UMC）、格罗方德（Globalfoundries）等，而且亦是整合组件业者（IDM），如三星电子、英特尔（Intel）、意法半导体（STM）等，争相竞逐的热门项目。

尤其，台积电已推出整合型扇型封装服务（INFO）及 3D IC 的 CoWoS 封装服务，并陆续建立超过 400 人的封测团队，而且更宣布 2015 年将投资逾百亿元于先进封装领域。

总而言之，半导体产业链的原有分工模式已开始相互竞争封测板块，甚至有可能发生部分取代，而且产业链上各企业的既有商业模式也实质产生变化，后续产业竞争条件更趋厚实。因此，下面将介绍如何运用"智慧资源分析法"（Intellectual Resources Planning, IRP），精准预测产业变动。

◀◀◀ 智慧资源分析产业变动精准预测法

智慧资源整合分析，系整合分析各类产业与专利信息，主要为：①产业链；②价值链；③供应链；④产品技术结构；⑤产业动态，包含投资、合资、并购、共同研发、委托研发、委托制造、知识产权许可、技术转移、侵权诉讼、技术标准、专利池等；⑥知识产权，包含知识产权形态、区域、集群及组合，用以精准预测产业变动，据以支持策略发展规划、商业模式设计及企业资源分配。

以 3D IC TSV 技术为例，依据 www.patentcloud.com 数据及系统，分

移动装置、物联网、4G 应用的兴起快速带动半导体先进封装需求，包括晶圆级封装（Wafer Level Package）、系统级封装（System in Package）和 2.5D/3D IC TSV 技术（Through Silicon Via）等。

析台积电美国专利所涉及的技术，其技术方案之侧重点主要为：①在芯片结构方面为前段技术（Front-End，FE）的结合正面 IC 组件及电路层的 TSV 改良，中段技术（Middle-End，ME）的硅中介层（Si Interposer），TSV 芯片背面结构及后段技术（Back End，BE）的 TSV 芯片封装；②在制程技术方面则为中段钻孔制程（Via-Middle）、重布线制程（RDL）、硅中介层制程、ME 制程以及 BE 制程。

从台积电美国专利申请年信息分析，台积电自 2006 年开始申请，并于 2007 年申请硅中介层结构专利，并自 2008 年申请中段钻孔制程相关之 TSV 结构、TSV 芯片背面结构与 TSV 芯片封装。再从美国专利发明人分析，台积电主要发明人应是为数可观的研发团队，而且人力不仅涵盖 FE 技术，而且整合至 BE 技术。

◀◀◀ 整合产业与专利信息，及早洞悉竞争模式变化

进一步分析台积电各类产业信息：①台积电投资精材科技；②台积电与赛灵思（Xilinx）、益华（Cadence）、拓朗（Altera）、高通（Qualcomm）、欧洲微电子中心（IMEC）、中国台湾"工业技术研究院"（"工研院"）等共同开发；③台积电年报披露了于 2006 年即申请 3D IC 技术相关专利，待 2010 年才开始公开投入相关研发；④人力招募揭示了台积电持续招募 FE、ME、BE 技术的人力。

整合并结构化前述专利与产业信息，即可归纳台积电于 3D IC 技术发展及专利布局，主要在于：① FE、ME 及 BE 相关结构与制程；② TSV 制程技术则为 Via-Middle 技术。然而，台积电于制程技术，尤其是晶圆薄化相关技术所布局的专利，是否妥适，殊值探究。

综上分析，产业界应可以于较早时间即获知台积电早于2009年已投入研发资源并进行专利布局，而且其专利技术已从 FE 整合至 BE，其商业模式已从晶圆代工进入下游的先进封装服务。

　　因此，我们应可以进一步预测晶圆代工业者及整合组件业者在先进封装领域的投资布局势将冲击既有封测业者的经营，以及扰动半导体产业的商业模式与经营条件。从另一方而言，既有封测业者的研发投入、专利布局、商业模式及经营条件等亟须有所因应。

第四章 专利的质量、价值、价格

★★★专利质量、价值、价格的基础★★★

两岸产业结构调整与创新的关键前沿
——从知识产权的文化发展谈起

周延鹏

迈入 21 世纪后，两岸均在谋求既有产业结构的调整，例如，信息、通信、光电、机械、纺织、石化等产业；更积极进行新兴产业的构建，例如，新能源、新材料、物联网、云计算、节能环保、生物医药、医疗器械、半导体照明、新能源汽车、新一代信息技术、高端装配制造等产业。但无论是既有产业的调整，抑或是新兴产业的构建，无不面临技术自主与市场自主的问题，这些问题的主要关键前沿之一，即知识产权文化与专利的质量、价值及价格。

> 无论是既有产业的调整，抑或是新兴产业的构建，无不面临技术自主与市场自主的问题，这些问题的主要关键前沿之一，即知识产权文化与专利的质量、价值及价格。

因此，两岸亟须塑造知识产权文化，落实专利的质量、价值及价格及其优质运营机制，才能有效调整既有产业结构、构建新兴产业，进而实现"自主创新"的愿望，同时落实"自主知识产权"的使命，也才有机会达成"一件中国专利等于或大于一件美国专利的经济价值"目标。

在知识产权领域，两岸甚少有系统地探讨及发展其文化、质量、价值与价格等议题，长期以来，各组织及各关系人所主导或所参与的知识产权，事实上是名不符实的，主要因为企业和研究机构所拥有的知识产权，相当大的数量是"没有智慧"，也"不是财产"，更不能以此提高毛利率、市场占有率，以及具有多元获利模式，甚至也无法确保运营自由。

笔者历经近30年产业演变更迭，认为宜从知识产权发展历史中，探讨文化内涵及正、负面影响，进而具体探讨专利质量、价值与价格的种种现状，并质疑似是而非的学理和实务状态，用以界定专利质量、价值与价格的意义、问题、产生、评价，以及其相互层次逻辑关系，以期使所有投入的资源能产生有质量、有价值及有价格的知识产权，扭转长期以来巨额的技术贸易逆差及知识产权的负绩效。

◀◀◀ 知识产权要能转为"财产"经营，欧美日韩企业深谙此道

在世界知识产权组织（WIPO）和世界贸易组织（WTO）对知识产权目标客体的规范上，知识产权范围至少包括：①文学、艺术及科学著作；②艺术家表演、录音著作及广播；③各领域人类努力的发明；④科学的发现；⑤工业设计；⑥商标、服务标志及商业名称与命名；⑦不公平竞争的制止；⑧地理名称标识；⑨集成电路布

图设计；⑩商业秘密。

知识产权的主要意义，则指在工业、科学、文学及艺术领域的智力活动成果，并由法律赋予权利。知识产权的角色应在于"促进经济和科技的发展"。故知识产权（Intellectual Property）不但是具有智慧成分的智力活动成果、无形财产，且要能转为财产经营，才能称为有质量与价值的知识产权，进而有机会进入各类型交易市场，形成知识产权的价格。

回顾知识产权130多年来的发展历史，其较具体促进经济和科技发展，应是从二次世界大战后的20世纪50年代开始逐渐体现的。欧美企业于20世纪70年代开始，大规模将知识产权实践于科技、文化和经济活动，以及作为全球经济与科技版图扩张的工具，并于80年代初期，开始强烈要求所有发展中国家修订相关知识产权法律，并严格执法，保护知识产权。20世纪80年代，日本企业也继之全力效仿，并于21世纪初发展成为日本的知识产权战略。20世纪90年代，韩国大企业亦跟进。

大部分欧美日与少数韩国企业和研究机构，不仅从质量与价值的观点创造有智慧的财产，同时也从价值与价格的观点，积极兴讼，据以排除或延迟竞争者进入市场，以保护其市场利益，而且亦非常熟练地利用及经营其知识产权于商品化、产业化、许可、技术转移、买卖让与、作价投资及标准联盟，以为其组织带来源源不断的全球经济利益、科技声誉及产业地位。

◀◀◀ 两岸知识产权文化层次相当表面，不利于全球化知识经济竞争

从1980年迄今，历经知识产权法律制度的完善与执法，中国

企业也积极被动或主动投入并参与跨国知识产权的申请、许可及侵权诉讼等活动。各界或许即可认为知识产权文化已成熟，并如同有形财产般地深入社会生活、经济活动和法律行为，而各关系人（Stakeholders）即可普遍轻易地辨识、判断、选择、评价、管理其所谓的"知识产权"。

但事实并非如此，整体知识产权文化并未真正发展起来，各界知识产权活动充其量仍停留在仿冒侵权问题、政府反仿冒举措、美国贸易报复、知识产权申请等层次，知识产权各领域的专业涵养是非常表面肤浅的，并较局限于自有地域的活动。这种尚未发展成为文化境界的知识产权，在知识经济、互联网和全球化时代，是相当不利的。

知识产权文化尚未发展起来，主要由如下因素导致：①专利权、商标权、著作权、商业秘密、植物新品种和集成电路布图设计等知识产权的发展，脱离了产业基础事实；②知识产权未链接到组织运营机能中的研究发展、生产制造、市场营销、财会税务、人力资源、信息网络、许可转移、作价投资、商业模式等实体环境，不能提升到智慧资本（Intellectual Capital）来深层具体活化；③专业服务的范围、程度和流程没有实质进步和改变；④司法体系长期以来未累积各类知识产权许可、转移和作价投资等司法案例，丰富知识产权内容，并借此改善知识产权管理效率，甚至即便有相当数量的侵权诉讼案例，其处理过程和判决结果尚需再精进。⑤对于自然人、法人或机关学校，在境外知识产权的许可、转移或作价投资的法律制度是消极的，是过度的经济管制法制，甚至有些法律严重违背依法行政原则，尤其法律保留和法律优越原则，并渗入政治因素考虑；⑥拥有知识产权者，其大部分知识产权的质量不良且未有管理配套，也未有经济规模支撑，更未考虑全球化经营，难以增加明显的边际效益；⑦经营管理者遇到知识产权事务，未以其经营管理有形财产的态度面对，且通常自我规避设限，又让知识产权过度纯法律操作；⑧知识产权过度局限于各知识产权法律制度，忽略其他领域各种配套制度及执行；⑨知识产权管理理论和实务经验相当不足、不成熟，甚至有偏差或误导之嫌。

两岸各界应正视知识产权文化未发展起来的各种原因，并需重新抓对问题、找对方向，长期务实地采取各种具体制度和措施，并加以执行落实，才能摆脱知识产权的长期发展困境。

◀◀◀ 知识产权没有智慧，就只是费用

若知识产权没有智慧成分，事实上它是不折不扣的费用而不是财产，而且将会继续浪费并吞噬组织的金钱、时间和人力资源，也不会只因被法律制度称为知识产权，就让组织理所当然地有知识、又有财产。

组织若要其知识产权有智慧，根本上还是需要从最基础的"人"的优质性出发，有了优质人力从事研发、设计、创作和著述等智力活动后，还要给这些优质人力专业的知识产权观念、作业、流程及系统训练，并有纪律地严格执行，才有机会将优质的智力成果包装组合成有质量、有价值且有价格的知识产权。

最后，组织更需要找到有丰富经验、创意和专业能力的经营管理专家，发展落实知识产权的运营设施、策略及商业模式（Business Model），而不是让非专业人员将许多不可靠和错误的观念、方法和工具聚集在组织内扩散，甚至任由侵蚀毁坏知识产权的运营根基。

因此，必须深入讨论知识产权文化的重要基础环节，包括"专利的质量""专利的价值"与"专利的价格"，才更能理解知识产权的文化因果与历史发展问题，并据此项目认识与改善，才能体验与实践优质的知识产权，并带来积极正面效益。

资产还是负债？专利质量、价值、价格环环相扣

周延鹏

专利的价值通常是指专利在技术及市场上的商业价值，而且通常反映于：①专利的产业定位（Positioning）、价值主张（Value Proposition）及呈现论证（Physical Evidence）；②专利的商品化、产业化程度及其带来的营收获利情形；③专利的许可、买卖活动及其带来的许可费、价金金额；④专利的作价投资及其转换的股权数与可变现金额；⑤专利的侵权诉讼活动及其带来的损害赔偿金额等交易换价实现。

若专利没有商业价值，或以其组织运营性质属性，只能说是"科学的地位或声誉"或"学术的地位或声誉"而已，似无必要将之牵强附会于商业价值上。专利商业价值尚需要组织、人才、策略、步骤、系统及商业模式等各项配套及经营技能，才有实现可能；否则只是一张张须付出昂贵费用成本的"专利证书"，它不是"资产"，而是明明白白的"负债"而已。

<<< 专利价值的产生与评价

2004 年以来，中国台湾有关方面常根据企业和研究机构的专利申请及取得数量之成长，就将此解读为"中国台湾产业技术层面显著提升，产官学研致力研发创新之丰硕成果"，但真是如此吗？或者，我们应深思反省中国台湾各界在专利活动中的价值，除了以"专利数量"增长评价中国台湾在知识产权方面的表现外，是否还须更深层地探讨台湾地区各界申请及拥有这么多的专利"数量"，究竟带来哪些可评价、可判断的具体价值？若深入分析后，发现并未带来技术、市场和产业上的商业价值，而 1 年需支付新台币约 2000 亿元的知识产权代价（许可费、损害赔偿、申请维持费、律师费等），我们就可知道专利活动并不是连续的价值创造行为。那问题出在哪里？有无改善、改造对策？

首先，关于专利价值的评价，可从下列事项进行：①权利人是否在全球产业竞争中处于价值链的上端和关键地位；②权利人是否进入许多技术标准及专利池，强势营销知识产权，加速技术全球商品化和产业化；③权利人是否可以"主导产业链，控制价值链，分配供应链"，并在所属产业全球供应链中具有自主权和分配权；④企业是否在全球销售产品中获得更高营业利益；⑤权利人是否可以借由专利在主要国家投入新创企业、参与合资企业等企业化活动，获取高额资本利得；⑥权利人是否活跃于全球无形资产的许可和让与，获取相当数额许可费和价金，以及进行交互许可，减免许可费支出；⑦是否改变权利人被告挨打的处境，以及可以积极主张权利（Assertion），获得巨额侵权损害赔偿金。如此，权利人的专利活动才是价值创造行为。

权利人的专利活动若不是价值创造行为，根本原因在于研发行为性质应多属于产品及制造的低渐进式开发、设计行为，而多数成果则属技术层次较低的改良形态，而非真正的前瞻式研究开发行为。再加上长期以来，专利质量不良、专利经营模式和管理行为落后，以及专业服务配套的欠缺，也就导致权利人的专利难以在技术、市场及产业具有较高的价值，更难以将专利价值转化呈现于跨国或全球产业链、价值链、供应链、技术标准、专利池、作价投资、许可让与、侵权诉讼等可以具体评价的经济活动。因此，提升各组织研发行为层次及研发经营行为能力应是专利价值改造的基础。

◀◀◀ 专利的价格

专利财产的价值与价格评价机制相当重要，不仅关系着专利财产整体环境的构建，更关系着专利财产具体交易或活动之价值评价、价格基础及价格设定，例如，专利买卖、专利许可、技术转移、作价投资、融资担保、拍卖执行和损害赔偿，也与专利商品化、共同研发、委托研发、技术规格、技术标准、专利池等关系密切。

因此，这几年中国台湾有关方面动用各种资源构建知识产权评价管理体系，涵盖了制定知识产权评价准则、知识产权人才培养、知识产权评价机构管理及知识产权评价配套措施。同时，知识产权评价理论与实务也援引诸多外国评价方法（Approach），用于许多专利评价个案，例如，成本法（Cost Approach）、收益法（Income Approach）、市场法（Market Approach）、工业标准法（Industry Standards）、等级／排序法（Rating/Ranking）、经验法则（Rules of Thumb）、蒙地卡罗法（Monte Carlo）、拍卖法（Auction）等。

然而，就知识产权之评价理论与实务的发展，似乎呈现诸多尚待克服的瓶颈，而这已严重影响每件知识产权的价值、价格（Price）及定价（Pricing），进而左右每件知识产权的交易"真相"，以及企业财务相关信息的处理和披露。

这些瓶颈主要为①知识产权评价脱离了产业、商业、技术、市场等事实，而越来越在前面发展的理论和公式中继续抽象堆栈所谓的准则或公式，完全未掌握知识产权价值与价格评价的最关键之产业定位、价值主张与呈现论证等要素，其结果当然是更抽象了一切评价方法；②相应于评价客体所属产业、商业、技术、市场等特性及其与竞争者之差异化因子显未充分考虑；③相应于评价客体之整体知识产权形态、组合、区域和集群并未一并考虑；④对于专利权之内容、专利说明书之质量，以及其在所属产业链上的位置与其竞争者专利权之差异性更未评价；⑤知识产权评价上应有许多"减项"因素需要扣除也未一并计算；⑥知识产权评价应有非公式、非数字可以评价的因素，尚未充分探讨；⑦不同种类的知识产权、不同种类的交易或活动形态之知识产权评价是有差异性的，不宜等同处理方法；⑧当事人所处产业地位、组织能力及谈判力常被忽略未谈。兹举例说明，FHST 公司拥有液晶显示器广视角技术的日本、美国及欧洲的专利，计划对中国台湾前三大液晶面板厂之一进行作价投资并转为相当数量的股票及（或）现金，其专利价值及价格的评估，显应考虑该专利权质量、组合、家族、地域及其配套的专门技术暨产业定位、价值主张与呈现论证，其与日立（Hitachi）、富士通（Fujitsu）、夏普（Sharp）、三星（Samsung）广视角专利之差异性、重叠性和法律风险性，以及 TFT LCD 产业、商业、市场等许多因素，而不是只以前述的成本法等公式即可处理。

至于专利的质量、价值与价格的关系，则先探讨专利的质量与价值两者之间的关系，以浅显概念来说："专利质量是专利价值的前提，而专利价值是专利质量的实践。"亦即，若专利没有质量，纵使它具有专利价值，也是徒然没有意义的，因为没有质量的专利终将被主张无效或不可执行，当然也没有价值实践的机会；反之，若专利有质量，则其价值的实践较有可行性，但也不必然，因为有质量的专利须具有技术与市场的商业价值以及独特的商业模式。同时，专利具有质量与价值后，权利人才能在市场进行各类交易，并进而处理专利的价格及其付款项目。

◀◀◀ 改变产业结构，知识产权将是支撑主力

从 1980 年以来，两岸着实投入无数资源在知识产权业务上，迄今台湾各产业每年仍需为知识产权付出约 2000 亿新台币的代价，用以支付巨额许可费、损害赔偿、申请费、维持费及律师费，而大陆支出更是数倍于台湾。亦即，历经这么多付出，两岸企业、研究机构和个人并没有因申请和拥有许许多多知识产权而使自己从"知识产权输入者"转为"知识产权输出者"，更甚者，两岸仍是欧美日韩企业的"知识产权殖民地"。当今，两岸面临既有产业结构需要调整，同时更面临新兴产业需要构建，唯有调整才能提升既有产业竞争力，创新才能增加新兴产业的成长力。

值得附带说者，中国国家知识产权局于 2010 年 11 月 11 日发布《全国专利事业发展战略（2011—2020 年）》，可以看出中国着实面对瓶颈及抓对问题，也可以期待中国就知识产权将会用对方法及用力变革，以支撑其"十

> 专利商业价值尚需要组织、人才、策略、步骤、系统及商业模式等各项配套及经营技能，才有实现可能；否则只是一张张须付出昂贵费用成本的"专利证书"，它不是"资产"，而是明明白白的"负债"而已。

二五"及其后的产业发展计划。

总而言之，各产业发展配套的知识产权，极需要真实地"面对瓶颈""抓对问题""用对方法""用力变革"，各产业才有机会借由知识产权在全球主要市场进行有效益的"圈地"，也才有机会从知识产权"获取价值""形成价格""建立地位"及"享有声誉"，同时也才有机会将研发和营销费用借由知识产权制度转换成名副其实的"智慧财产"。

专利质量谁说了算？市场考验是关键

周延鹏

随着全球专利数量累积越来越多，全球大部分企业和研发机构莫不负担越来越高的专利成本费用，这也让组织负责人开始质疑专利管理绩效及专利经济价值何在？即使其曾因专利的增值活动而获得巨额利益也不例外。

◀◀◀ 专利质量的产生与评价，既有指标与公式恐误导

因此，近十多年来，美国、日本与中国有许多人士纷纷投入研究如何评价专利质量，并提出许多计算公式及其专利指标，以各种数字列出各企业和研发机构所拥有专利质量之良莠。

这些专利质量分析公式及其专利指标几乎都是以数量、关键词及引证率为计算基础的。然而，对于熟悉"戴明循环"（Deming Cycle）、六标准偏差（Six Sigma）和精实生产制度（Lean Production System）的质量和生产管理理论和实务者而言，更加觉得这些专利质量分析公式及其专利指标大有问题，因为"质量是生产出来的，不是用公式分析出来的"！即使是专利的质量验证也如此，并不因为专利是无形财产即可鄙视质量和生产作业之要求。

言之，具有质量的专利之产生取决于发明人和专利律师或代理人的知识、经验和能力，以及其研发和专利化作业流程的专业和纪律要求执行，亦须符合相应国家专利审查作业规范和实务。这些专利质量要素都不是现行专利质量分析公式及其指标所能涵盖内化的，既是如此，这些专利质量分析公式及指标显非有据，更非可以继续援用。

基于此点，即可轻易发现现行专利质量分析公式及其专利指标理论，在实务上存有下列"质量过程"不良的背景现象：①几乎大部分研究者不具备相关国家专利理论及实务基础，尤其在申请、许可和侵权诉讼方面；②几乎大部分研究者不具备相关产业基础，即对无数浩瀚的产业相应的专利进行公式分析；③几乎大部分研究者未对相关国家专利说明书、专利卷宗有过大量"现物"接触检验；④几乎大部分研究者未熟悉研发实际作业和流程；⑤几乎大部分研究者未对专利质量的意义、要件、类型先予以界定，而仓促探讨专利质量种种议题；⑥几乎大部分研究者将专利质量、价值和价格等不同层次项目混为一谈，并据此笼统地探讨专利品质。

因此，这些既有的专利质量理论并不能给企业和研发机构在研发、产销及专利的各项管理和增值经营带来积极、正面的辅助机能，只是徒增困扰，甚至误导了许多知识产权的管理行为和决策行为。或可谓，这些专利质量分析公式及其指标理论的发展仅能满足学术界所关注的 SCI、SSCI 论文指标而已。

综合来说，专利质量的产生过程需要"追求完美，近乎苛求"，而专利质量的结果需要达到"坚如磐石"。例如，一件专利的权利项如达到对某产品或技术是不可或缺、不可替代、不可回避的，则即可谓此专利质量已达到"坚如磐石"。若是如此，则专利才有价值，也才能形成不错的价格。

⟪ 专利要成为可流通商品，需要实际商业交易经验检视质量

在大部分有形产品和许多服务交易上，对于提供者而言，不仅熟悉所有质量意义、等级、流程、检查及管理规范，而且也会确实执行并持续检讨改善，用以确保顾客最大满意度及获得最大化的市场；对于需求者而言，不仅清楚如何以最低价格购买高质量有形产品和服务，且在采购过程也可轻易通过视觉、触觉或听觉判断产品服务应有的质量。这些质量经验已是经济活动正常现象，并大多已内化成为生产和交易过程中理所当然的要求和文化。但在无形财产的专利世界里，无论是专利产生的发明人还是专利律师、专利代理人、交易相对人，均难以体验和感受到专利质量得以与有形产品服务质量相似的环境。

然而，长期以来，在专利质量前沿关键项目未厘清前，各界即以通说方式述说着"专利质量"的重要性，并提出不易了解且不可执行的分析公式与指标。但若如此发展，恐将使诸多专利质量理论成为专利质量的最大障碍。因此，根本上还是需要先了解专利质量的前沿关键项目，其中包括：①专利质量的形成基础在于发明人和专利律师或代理人的知识、经验、智慧及其严守相应国家专利审查准则与实务；②专利质量的意义在于其发明目标客体具有申请地相

应国家专利发明或创造所要求的新颖性、非显而易见性、实用性及先进性等成立要件；③专利质量亦有等级划分并反映在其价值和价格上，只是较难像有形产品和服务用价格差异区分其质量等级和市场；④专利质量是专利价值的前提，而专利质量和价值左右着专利交易机会及其价格的形成；⑤专利质量、价值和价格的评价方法及其考虑因素各有所本。充分掌握这些概念后，再来探讨专利质量种种项目，或较妥适，也可运用。

专利质量不易管理和体验的原因，除了前述专利质量的前沿关键项目未被深入探究外，同时还有几项重大原因，例如：①专利质量理念和文化尚未形成，也没有专利质量规范可供专利生产作业依循；②从发明到转化成专利的生产过程是间断的程序，尤其在越多不同国家申请，则越会出现断层、割裂；③专利的产生过程是一种研发前推式（Push）的过程，而不是一种市场后拉式（Pull）的过程，因此专利多数一直是以"存货"方式被留在档案内堆积，致其质量问题也一直被隐藏着；④专利的价值实现是以自己的商品化方式体现的，则专利质量问题更难以呈现并受检验；⑤专利的价值实现是以许可、买卖、侵权诉讼、作价投资、融资担保、技术标准和专利池方式体现的，则专利质量问题才有机会受检验并呈现出来，亦即专利有交易市场且该市场须相当活络后，专利质量即会从发明创造和转化专利的过程中自然而然地被内建、被持续改善、被类型化、被制度化。

‹‹‹ 没打过美国专利侵权诉讼，就不会有优质专利体验

中国台湾企业与研究机构自 1990 年以来，中国大陆则是自 2003 年以来，着实投入相当多人力和可观金钱申请各国专利并累

积极多数量专利权，但为何仍无法改变须接受美日欧企业专利许可并支付巨额许可费，或被告侵权而支付损害赔偿的命运呢？以及为何几乎没有将所拥有的专利许可美日欧企业，收取许可费与告人侵权要求损害赔偿呢？

其原因除还没有真正建立知识产权文化与专利质量不高外，就是企业与研究机构与其专利代理人没有真正打过美国专利侵权诉讼，以及将专利侵权诉讼过程有关考虑因素融入研发程序和专利部署申请作业中，致使企业及研究机构的专利甚难有优质的基础。针对这种情形，这几年有几家两岸企业已意识到并着手执行优质专利措施，而大部分研究机构几乎还没有调整既有专利作业措施，并实施新政策、新方法及新措施。

为何说没有打过美国专利侵权诉讼就不会有优质专利？为何打过两岸专利侵权诉讼就不算呢？因为长期以来，两岸专利侵权诉讼程序无法于同一程序由双方当事人及其律师与专家证人先行搜集各类证据并辩论系争专利之有效性（Validity）、可执行性（Enforceability）及专利范围界定（Claim Construction），而是由法院以系争专利有效为前提，参酌未经双方当事人专业辩论的"鉴定报告"，直接认定系争目标侵权与否。

因此，长期以来，专利的质量良莠既无从经由侵权诉讼程序加以检视，也无法由大量案件累积的知识经验影响研发程序的严谨度，以及专利申请作业的专业质量。当然，也无从经由专利侵权诉讼程序，公开检视系争案件专利代理人和鉴定人的专业水平及专业伦理，并据此形成专业人员的专

> 对于有形产品和服务的提供者及需求者而言，在交易过程中的质量经验已是经济活动的正常现象，并大多已内化成为生产和交易过程中理所当然的要求和文化。但在无形财产的专利世界里，无论是专利产生的发明人，还是专利律师、专利代理人、交易相对人，均难以体验和感受到专利质量得以与有形产品服务质量相似的环境。

业信用与信赖，进而由市场判断选择。纵使中国台湾自 2008 年下半年起依"智慧财产法院组织法"及"智慧财产案件审理法"在中国台湾专利侵权诉讼程序中得以用同一程序处理系争专利无效问题，但仍无法做到美国专利侵权诉讼程序般的严谨及专业。

反观美国专利侵权诉讼程序制度的设计，既没有大陆法系制度之弊，而且也借此精进企业和研究机构研发程序及研发质量管理，并予专利律师或代理人和专家证人必须坚持专业质量及专业伦理之公开警戒，否则即被市场自然淘汰。这些机制正是美国企业长期孕育优质专利的基础，以及形成知识产权文化与质量的环境基础。换句话说，在两岸缺少了此等有效机制，致使两岸企业和研究机构的研发作业、研发质量及专利布局无从受到好的影响或冲击，也无从造就许多相当专业的专利代理人与各行各业的专家证人来参与全球科技及经济的活动。

全球专利数量大作战，专利质量不良风险受轻忽

周延鹏

纵观全球区域组织或某单一国家，每年受理的专利申请数量均呈相当比例的快速成长，而且迄今全球主要国家持续累积的专利数量已逾 2000 万件。大致而言，全球企业和研究机构亦深受此等专利"数量"震撼，惊心而动魄，但又不得不投入各类资源参与"专利数

量"作战行列，并花大把大把的银子进行所谓的"世界"专利部署，望能入列知识经济时代，以在微笑曲线的研发端占有一席之地，并期望以专利创造更多运营价值，进而获取更佳的营收获利结构。

⫷⫷⫷ 越多越好？专利数量的迷思

对于全球累积的庞大专利数量，首先面临的就是如何搜寻并进行增值处理，成为可评价利用的专利信息。虽然目前各国专利局和部分公司推出专利搜寻系统来协助用户找寻各技术领域的公开专利技术（Prior Arts），甚至借由系统制作"专利地图"（Patent Map），以协助研发、生产及市场活动所需的专利信息，但是这些专利搜寻工具和专利地图方式还是在"数量"基础上统计分析，但对于"专利质量""专利价值"及其相关的"专利价格""专利经营效率"等重要信息，难以从既有搜寻系统获得，也没有具备此功能的系统工具可以协助认定，并据以分析专利的质量与价值，以及其商品化、作价投资、侵权诉讼、许可、买卖、融资担保、标准联盟等价值活动所需的具体价格。也因为这方面的搜寻分析工具及方法论不发达，使各界更加盲目地投入"专利数量"的竞逐，甚至借"专利数量"来宣扬其组织在研发上的"惊人"专利成就。

其实，对于许多专利权人而言，其专利用于维持商品化和产业化营收获利基础和市场占有率的比率不高，其专利用于许可、买卖、作价投资、融资担保、标准联盟及侵权诉讼的则更少。如此结果，所为何来？事实上，组织仅是一直在累积"专利证书"数量而已，而且是一堆没有专利质量的"不良财产"。如此消耗人力财力继续维持"证书数量"，用以显摆"知识产权"表面成就，真不知"智慧"何在？

⫷ 优质财产还是不良财产？专利质量不良的原因

长期以来，无论政府部门，抑或民间部门，或碍于专业知识，或碍于语文能力，或碍于系统平台工具，或碍于理论方法和分析模型的不成熟，或碍于专利的庞大数量，均难以评价特定个人、机构、企业或产业所拥有专利究竟属于优质财产？抑或属于不良财产？更难以考核其专利的管理经营绩效。

因此，这种环境也难以使投入专利的经营者据此在全球"圈地"，占据地盘，或排他独占特定市场，或相互许可联盟（Alliance），或索取巨额许可费（Royalty），或换取丰厚的股权（Equity）和资本利得（Capital Gain），或借由诉讼获得可观损害赔偿金（Damage）或排除竞争者，或令竞争者畏惧万分，或借由专利宣扬公司形象。然而，知识产权无论在理论抑或实务上，我们却不能从中找到适当可行的方法，可以协助揪出不良质量的专利，进而改善专利的产生和经营环境，并进而产生优质的专利，创新专利的管理经营行为及商业模式。

归纳而言，专利质量不良及其经营管理不良的原因主要有：①专利知识含量不足；②专利技术含量不佳；③专利权利范围配置不当或错误；④专利地域部署不当或错误；⑤母国以外的专利部署，其文字转换或逻辑结构不当或错误，而且其作业时间漫长，忽略产品或技术生命周期；⑥专利未配置集群（Cluster）或组合（Portfolios）或组合不当（含知识产权态样的错置、权利范围组合的不足）；⑦专利产生过程及审查过程有关的学理和实务论证欠缺，甚至违背审查准则，或者真正有智慧的专利申请却被没有智慧的相关从业人员糟蹋了；⑧专利维护管理所需的配套不足，如费用预对于许多专利权人而言，其专利用于维持商品化和产业化营收获利基础和市场占有率的比率不高，其专利用于许可、买卖、作价投资、融资担保、标准联盟及侵权诉讼的则更少。事实上，组织仅是一直在累积"专利证书"数量而已，而且是一堆没有专利质量的"不良财产"。如此消耗人力财力继续维持"证书数量"，用以显摆"知识产权"表面成就，真不知智慧何在？

算、技术数据库、市场数据库、会计制度、监视机制等；⑨专利经营管理专业人才欠缺；⑩经营管理专利所需的系统平台工具不发达；⑪专利有用的评价方法理论不成熟；⑫专利运营有关的商业模式相当落后；⑬专利商品化和产业化困难度高。

需注意的是，这些专利的质量不良及其经营管理不良情形也普遍存在于世界各地，只是在不同机构、企业、产业或国家其不良程度（含过程及结果）不同而已。也正因为如此环境，各界才有更多机会发展有质量的专利，才有机会借由有质量的专利参与全球竞争。

各组织和其关系人若能充分掌握上述专利的质量不良及其经营管理不良的原因，则将更妥适、更有针对性地改善专利的产生、部署、实施、维护、诉讼、许可、买卖让与、技术转移、作价投资、标准联盟、商业模式等专业技能及其相关服务和配套措施（如系统平台、作业流程、信息通信网络、知识产权评价、损害赔偿估价、专利业务绩效评价），以及加速提升各种专利的经营管理效能与效率。

◀◀◀ 厘清专利质量的意义与基础

自2004年以来，中国台湾产官学研等单位也开始质疑在美国、日本、中国大陆及欧洲申请那么多专利究竟有何价值，同时也批判各组织在各国所拥有专利的质量。这些质疑批判即是对知识产权经营能力和效益的反省，颇令人欣慰。但这些讨论仍未触及最基本的项目：何谓专利质量？其基础是什么？

专利的质量通常是指研发成果（结果）须具备：①专利之新颖性、非显而易见性及揭露性等要件（需依申请地专利法律而定），此需要全面检索、比对及分析所有相关习知的专利、文献及产业信息，以及需符合申请地国家或区域的专利程序规则，才能真正成为坚如磐石的专利，而使他人难以主张无效（Invalidity）或不可执行（Unenforceability）；②权利范围之文字、字句的精确性以及其权项组合的涵盖性与逻辑性，此需要归纳出所属产业技术领域惯用文字、字句的精确定义、语法及其范畴大小、上下位关系，以及权利范围主张之独立项和附属项之各项组合及其所涵盖的技术或产品最大范畴与逻辑合理性，并使他人难以回避或绕道而行；③介于同族专利部署与相应产品或技术产销之牵连性，专利保护及技术实施手段是必要的，而且须部署于相应产业聚集地及市场地域，才不会白忙一场。另需特别注意的是，目前诸多国内外学理或实务是以专利引证率、被引证率、科学关联度及实时影响力论述专利质量的，颇有商榷余地。

专利世界：两主角和两配角决定了专利质量与价值

周延鹏

笔者于 2003 年从富士康公司退下时旋即发表《智慧资本投资保障的完整性：台湾专利无用论》，继于 2004 年在上海大学举办的"第四届海峡两岸知识产权学术交流研讨会"发表《中国知识产权战略试探：一件中国专利将等于或大于一件美国专利的经济价值》，是基于笔者在产业界 20 年所历经的各国专利诸多环节来探讨中国台湾专利存在的问题与中国大陆专利的机会，并兼论及专利质量与价值形成的因素与条件，裨利产官学研界与专业人士塑造专利运营的优良环境。

随着笔者于 2004—2008 年间在台湾政治大学商学院智慧财产研究所与工业技术研究院担任教学与顾问时，继续从事专利质量、价值、价格与定价的理论构建、学研验证及专业实务，终于 2008 年 12 月在刘江彬教授荣退论文集发表《专利的质量、价值与价格初探》，才完成其论述。接着于 2009—2014 年间，又发展专利质量、价值与价格运营机制与系统，方实现其作业标准。此标准将冲击专利的产生、维持及运营的传统生态系统，因为全球专利货币化能否实现几乎系于各方"不知"或"轻忽"专利权人之大量专利布局与零和赛局，以及专利运营需要投入各项对的资源，而且大部分获准的专利亦因欠缺运营机制而被束诸高阁，各方亦难精准预测专利能否进入国际交易与诉讼市场。

虽然笔者过去论述专利质量、价值、价格及定价的意义、因素、条件及其相互关系，现在还需要再介绍专利质量与价值是谁形成的？或者专利没有质量与价值是谁造成的？各界才能了解专利质量与价值主要是由发明人与专利律师（含专利代理人、专利师）"两个主角"以及发明人所属产学研组织与专利局审查委员"两个配角"所决定的，进而介绍"两个主角"与"两个配角"对尔后专利资产运营与货币化的影响，将有助各界解决专利管理的长期存在的种种问题，并导入"技术资产营运系统"（Technology Asset Operation System，TAOS），才能解决许多产业于世界市场不能自由运营、优势竞争与多元获利的结构性问题，同时才有机会参与全球知识经济的赛局。

在探讨谁决定了专利的质量与价值之前，须先说明专利质量与价值。所谓专利质量，在于专利文书的文字、结构、逻辑能否反映技术方案，并符合各国的专利法律规定及行政、司法、专业和市场实务。所谓专利价值，在发明专利是指专利技术含量，而在设计专利则指设计创新含量。因此，专利有无价值取决于发明人的能力、能量及能耐，亦即发明人所发明的目标须具有高技术含量或者所设计的目标须具有高创新含量；专利有无质量则取决于专利律师的专业知识、技能及经验具备与否及其专业度。总而言之，要先有高技术含量的发明或者高创新含量的设计，同时加上专业律师的专业知识、技能及经验，才能将发明或设计转换成具有质量与价值的专利，两者不仅是专利货币化的充分条件，而且亦是互为依赖的实践基础，亟须并行同步的协力（Collaboration）分工与合作。因是，"发明人"与"专利律师"是决定专利价值与质量的"两个主角"。

除以上所述外，再辅以美欧日韩在美国的专利发明人与专利律师信息，就可清楚说明为何两岸在美国所申请的大量专利质量劣与价值低，极难以货币化，甚至亦难以与竞争者相抗衡，主要在于技术含量较低与专业含量不足或者不合格。但须说明的是，两岸除了少数产学研组织的专利

> 专利质量与价值主要是由发明人与专利律师（含专利代理人、专利师）"两个主角"以及发明人所属产学研组织与专利局审查委员"两个配角"所决定的。

同时具备专利质量与价值外（如生物技术产业），许多来自顶尖学研机构及企业的发明仍是具有高技术含量，但却被不合格、不专业的服务质量给毁损了，殊为可惜。因此，两岸部分产学研组织的发明人所研发出来的具有高技术或创新含量且具有市场价值的诸多发明，亟须通过专业服务质量来转化为有价值的专利，才能产出有质

量与价值的专利。

此外，发明人与专利律师两个主角虽决定了专利价值与质量，但还须再评价给予发明人发明环境与条件的所属产学研组织，以及对其所提出的专利申请进行审查的专利局审查委员两个配角。前者决定了发明人能否如愿以偿地工作与发明，尤其聘任条件、研发预算、研发资源及研发管理的环境与条件；而后者则决定了能否获准专利及其权利范围，尤其审查委员的技术水平及其专利审查成熟度。进一步说，发明人所属产学研组织所投入的资源将影响发明人所发明的技术或创新含量以及其后的专利价值；专利局审查委员审查资历与成熟度将影响专利的质量与价值。因是，"产学研组织"与"审查委员"是决定专利价值与质量的"两个配角"。

基于此，各界有必要从专利世界的"两个主角"与"两个配角"来改变专利运营环境，才能据此有效开展各项研发、创新、专利布局及专利资产运营与货币化业务。

中国台湾"智慧财产法院"——
驱使专利质量提升的功臣

周延鹏　黄上上

中国台湾自 2008 年 7 月成立"智慧财产法院"以来，基于同日施行的"智慧财产案件审理法"规定，法院对于知识产权有无应撤销或废止原因之争点，应自为判断。亦即，在今天的中国台湾专利侵权诉讼中，对于原、被告双方间对系争专利有效性（Validity）的争执，"智慧财产法院"法官有权自行决定，因此，原告用于诉讼的系争专利，究竟是"长牙齿"而质量佳的有效专利，抑或只是"纸老虎"而质量不佳的无效专利，即可在"智慧财产法院""现形"。

这是专利侵权诉讼案件在审理上的重大突破，在此之前，专利权的赋予或剥夺，均归行政部门专权处理。因此，在过去的专利侵权诉讼中，法院原则上不考虑被告的专利无效抗辩，被告必须另外提起专利举发、诉愿，甚至行政诉讼等行政救济，并请求原法院停止审判。然而，这样的法制不仅对知识产权文化孕育及质量提升起不到积极作用，而且延滞了专利侵权诉讼的进行，对当事人之间的纷争解决缓不济急，而且使诉讼旷日费时。

在新制度下，"专利有效性"可由"智慧财产法院民事庭"法官直接加以审理及判断，大幅减少专利侵权诉讼的时程与成本，让身为专利权人的原告得以借着提起诉讼迅速定纷止争，被告也得以在同一法官、同一案件中力争专利为无效。据台湾司法主管部门统计，自2008年"智慧财产法院"成立至2010年9月30日止，民事专利侵权第一审及第二审案件共计247件，其中提出专利权有效性抗辩者即有141件，所占比例达57%，显见专利有效性与否在法庭攻防上，已成为原、被告双方的必争之地。

◀◀◀ 通过诉讼严格检视高比例系争专利将被判无效

据上述台湾司法主管部门统计，在被告对专利有效性与否予以争执的案件中，经"智慧财产法院"审理后，系争专利有得以撤销、废止原因者60件，所占比率为42.55%，其中属发明专利者占

30.36%、属新型专利者占 55.26%、属新式样专利者占 11.11%。新型专利被法院认定为无效者占半数以上，此与中国台湾"专利法"规定：新型专利申请案仅需通过台湾知识产权主管部门的形式审查，即可取得专利证书有关。

在被告对专利有效性提出抗辩的情况下，竟有接近半数原告主张的系争专利被法院认定其专利是无效的，亦即，这些原告捧着当初耗了"白花花的银子"申请、受让或被许可的专利，再费了"白花花的银子"提起诉讼主张，满心想着倾囊付出的"银弹"应能换来可据以实施专利侵权诉讼的"子弹"，未料，在法官的一纸判决之下，该半数专利的"法力"即消弭于无形，最终原告落得铩羽而归且分文未得的下场。

"智慧财产法院"近年就系争专利判断无效情形，虽然有论者即认为，专利权授予毕竟是一种行政行为，"智慧财产法院"在个案中将之宣告为无效，等同于否定行政处分的效力，且其比例偏高。但是，这样论点是不了解知识产权具有权利不稳定性的特性，以及知识产权产出过程充斥着质量不佳的恶劣环境。

质言之，吾人必须正视：首先，依据现行立法，是容许法院于民事侵权诉讼中，自为专利有效与否的认定；其次，此项制度加速当事人间专利侵权事件的处理，对于双方当事人和整体司法资源利用，均带来诉讼经济的正面效益；其三，专利权为原告私有财产权之一，对于专利权的实施交换及得失变更，自应由身为权利人的原告自行维护及主张；其四，目前制度有益各界认识专利质量不佳的严重问题，以及各界可借由"智慧财产法院"审理专利有效性而反求诸己，强化专利产生各环节作业的专业度。在现行制度下，倘双方已针对专利有效性争点充分为言词辩论攻防，且法官亦适时适度公开心证，让当事人及其委任的专业人士得以对此发表意见，在兼顾程序保障、避免突袭裁判、审理效率以及优质知识产权文化的形成下，就算法院认定原告专利为无效，其判决结果应值当事人信赖，而且可引以为戒，甚至使产学研各界变革目前不够专业的知识产权运营机制。

◄◄◄ 孕育有质量专利需方法工具，否则难免"赔了夫人又折兵"

为何有如此高比例的专利，在诉讼激烈攻防的考验下，均不能幸存下来，并且发挥"圈地""排他"的效果，甚至越战越勇？真正值得反思的是，长期以来，专利产生的所有环节从技术含量、技术揭露、技术转化权利到专利申请代理等主要环节，仍存在诸多质量、专业及效率等严重问题。

而有关专利质量的种种问题，包括专利数量及其迷思、专利质量不良的原因、专利质量的意义与基础、专利质量的产生与评价、专利质量的管理与体验、专利诉讼与专利质量之关联，以及优质知识产权文化与优质专利质量及价值的完善构建等，本书前文已详予剖析，不再赘述。总之，长期来专利质量往往是到了诉讼阶段才受重视、才被论证，才窥知当初未能在专利产出时即严守专业并严谨作业。

要产出有质量的专利，应根据产业及技术属性，有方法、有工具地建立专利、文献及产业信息数据库，裨使各相关专业人士在此环境下，与发明人充分沟通，引导发明人进行技术揭露，厘清技术方案的技术来源、研发阶段、创新类型、技术生命周期、产品生命周期、应用领域、技术背景、已公开信息及引证数据等，并评估该技术方案合适的保护形态，判断究竟应转化为专利，抑或维持专门技术并以商业秘密保护之；倘若决定以专利的形式加以保护，再借由数据库内累积的先前技术专利文献（Prior Arts），盘查该技术方案是否具备新颖性、先进性、实用性及公开性等成立要件，进而展开申请专利权利项仿真，并仰赖专利律师、专利师和专利代理人的知识、经验与专业，扣紧相应国家专利法、审查基准甚至侵权诉讼的要求，依据所属产业技术领域惯用文字、字句的精确定义、语法及其范畴大小、上下位关系，以及权利范围主张的独立项及附属项之各项组合及其所涵盖的技术或产品最大范畴与逻辑合理性，将该技术方案表现于申请专利范围文字、字句的精确性以及其权项组合的涵盖性与逻辑性，方能确保专利质量是"坚如磐石"。因为，当专利走到实施时，尤其是专利侵权诉讼，将面临严苛的"考古学""文字学"及"辩证学"考验。

中国台湾企业及研究机构从事研发活动、成果转化乃至于专利申请作业时，专利师、专利代理人因少有美国专利侵权诉讼及专利营销的实务经验，难以将诉讼及营销过程考虑因素融入研发程序及专利申请之中，也少有人具备产业链、价值链、供应链、技术结构、产品结构、产业化专利分析与布局的专业与经验，例如，历练过阅读大量的美国专利侵权及申请档案卷宗（File Wrappers）。亦即，中国台湾各界大多不具备优质与优势知识产权的专业运营机制与专业人士。

归纳而言，专利申请作业不应如代书般仅有填具文件而已，而是可以提升到相当令人尊敬的专业，以产业链、供应链、价值链的广度思维专利权项布局与组合，而使申请专利范围形成不可回避的壁垒，并求专利所用字词及其质量达到"追求完美，近乎苛求"的深度。企业和研究机构应能以如此方法，寻求有质量的专业服务和产业化的专利数据库支持，否则，企业每年投入大笔资金进行研发及申请专利，却在依法提起诉讼实施专利、欲取得市场优势地位或收取损害赔偿许可费时，惨遭法院宣告专利无效，不啻为"赔了夫人又折兵"！

◀◀◀ 引进专家证人制度，激化各界对专利进行专业作业

为辅助法官认定专利有效与否，依据"智慧财产案件审理法""智慧财产法院组织法"规定，法官得命技术审查官针对专利有效性争点，搜集相关技术资料、分析及提供技术意见、或处理相关技术判断。然而，美中不足的是，倘若未经法官同意，技术审查官在分析及判断系争专利是否有效

要产出有质量的专利，应根据产业及技术属性，有方法、有工具地建立专利、文献及产业信息数据库，裨使各相关专业人士在此环境下，与发明人充分沟通，引导发明人进行技术揭露，并评估该技术方案适合的保护形态，判断究竟应转化为专利，抑或维持专门技术并以商业秘密保护之。

时，原则上不向当事人说明或发问，且即使技术审查官向法官提供技术意见，当事人仍不得将技术审查官列为诘问对象，或对其技术报告进行言词辩论。换言之，技术审查官对专利有效性与否出具的意见，当事人不见得能有机会对其进行论证攻防，如果法官据此形成专利有效或无效的心证，对当事人容易造成突袭性裁判。

有鉴于弥补现行程序对知识产权文化与质量发展的不足，笔者建议应引入"专家证人"制度，让专利有效与否的私权争议，回归诉讼当事人主义的本旨，由原被告自行委托相关产业技术领域的专家，凭其专业及表达说服法官，而非全赖法院所设的技术审查官。专家证人制度是美国法法官与当事人辨明事实的主要方法之一，在专利争端解决更是如此。

专家证人制度在美国发展由来已久，值得借鉴参考。倘欲

引进专家证人制度，是可通过经年实务积累，指引出专家证人之资格、专家证人之选任、专家证言之来源、专家证言之容许性（Admissibility）、证言所据事实数据之公开、对专家证人的诘问技巧、专家证人的责任（例如：伦理究责、公会约束）。无论是针对系争专利有效性争点，或扩及对系争产品侵权与否、损害赔偿金额精算，专家证人制度无疑是健全专利诉讼制度的一个重要环节，也是企业运营知识产权所需要的专业服务项目之一，吁请知识产权案件的审理能融入此项制度，促使专利法庭活动往更加专业、公开、透明的方向演进，更可加速知识产权文化与质量的形成。

★★★专利质量、价值、价格的检视★★★

无形资产"现形记"

周延鹏　蔡佩纭

◀◀◀ 专利资产大风吹

2011 年 7 月，苹果（Apple）、微软（Microsoft）、索尼（Sony）、爱立信（Ericsson）、EMC、RIM 组成团队，以 45 亿美元高价购得北电网路（Nortel Networks）涉及无线通信、4G、半导体、语音、

网络等领域约6000件专利，颇令市场惊讶，更令对手Google气结。2011年8月，Google随即宣布以125亿美元天价收购摩托罗拉移动控股公司（Motorola Mobility Holdings Inc.），取得摩托罗拉移动约17000件专利权及正在审查中的7500件专利申请案，再度震撼各界。这些披金带银的专利资产买卖，却还能使破产的北电网络以及失去光芒与市场的摩托罗拉移动以惊人的溢价售出。然而，依目前传统无形资产的会计处理方式，大多数无形专利资产并未列入公司之资产负债表，也就是其账面价值为"零"。因此，现行无形资产会计处理方式产生之财务报表能否反映出真实、合理的信息着实令人质疑，也因此无形专利资产是否资本化及其后续评价议题备受瞩目，殊值各界尽快发展出可信赖与可操作的机制与专业服务。

◁◁◁ 现行会计原则及其处理实务

在无形资产的原始认列与衡量上，依据国际财报报告准则（IFRS）、国际会计准则（IAS）第38号以及中国台湾"财务会计准则"第37号公报有关无形资产的会计处理规范，依性质划分为：①单独取得；②企业合并时取得；③捐助所取得；④资产交换所取得；⑤内部产生等5种取得方式，并依不同取得方式将采用不同的会计处理。依据国际会计准则第38号及中国台湾"财务会计准则"第37号公报规定，自行研发无形资产所发生之研究发展费用应区分为研究阶段及发展阶段费用，而研究阶段所发生之支出于发生时一律认列为费用，但发展阶段如符合：①已达技术可行性；②有意图完成该发展计划；③有能力使用或出售该无形资产；④无形资产有可能产生未来经济效益（如无形资产的本身或相关产出已有明确市场）；⑤具充足资源以完成该发展计划；⑥能够可靠地衡量应归属于无形资产之支出等条件者，则该阶段之无形资产有关支出可予资本化。但长期以来，中国台湾企业绝大部分的专利权均为内部产生，属于原始取得，并于发生当期列为费用。至于美国一般公认会计原则（US GAAP）对公司自行研发无形资产的规范，不论处于何阶段（除特殊规定），一律不得资本化，必须在发生当期予以认列费用。然而，美国盛行的非运营实体（Non-practicing Entities，NPEs），如 RPX Corporation，其取得专利权为单独购买及并购取得两种方式，均属于继受取得。其单独购买取得之无形资产，以取得日之购买价格加计直接可归属成本予以认列资产，而并购取得之无形资产，亦按合并当时公允价值认列可辨认之无形资产。

至于无形资产认列后之后续评价，可分为后续衡量、摊销与减损测试三部分。首先，无形资产之后续衡量，依国际会计准则第 38 号规定，无形资产可采成本法或重估价值法衡量，而重估价值下之公平价值系参考活络市场交易价格决定，其应进行重估之频率则视该资产价格波动情形而定；以中国台湾为例，"财务会计准则"第 37 号公报则只允许采用成本法加上依法律规定（如资产重估价办法）之重估增值，再减累计摊销及减损损失后金额；而美国一般公认会计原则则规定不得对无形资产进行价值重估。其次，无形资产之摊销，除非属于非确定耐用年限之无形资产，否则无形资产应于耐用年限期间按有系统之方法予以摊销。以专利权来说，有系统之方式一般系采取直线法，耐用年限则以估计经济耐用年数或法定年数为基础予以摊销。如 RPX Corporation 与 Acacia Research Corporation 两家美国 NPEs 公司，其账列专利权资产分别高达 16000 万美元及 17000 万美元，其以公允价值认列购入或并购之专利后，RPX 系以估计经济耐用年数或法定年数较短者于 2~5 年间摊销，而 Acacia 则直接以估计经济耐用年数于 1~10 年间摊销。

最后，无形资产之减损测试，国际会计准则第 38 号与中国台湾"财务会计准则"第 37 号公报规定相同，均以一阶段以未来现金流量折现值评估是否减损，若嗣后年度增加可回收金额，以前已认列之累积减损损失可予以回转；而美国一般公认会计原则对于减损则采两阶段评价：先以未折现之未来现金流量评估是否减损，若有减损，再以折现的未来现金流量计算减损金额，并且一旦认列损失，不论后续可回收金额是否增加，均不得回转。

≪≪ 我变我变我变变变

上述无形资产会计准则，最大问题在于若有 A 公司将自行研发之无形资产出售于 B 公司，其无形资产价值极可能一夕之间从"零"暴涨至难以预知的"高价"，其会计信息的严重偏离现实，可能导致其财务报表使用者产生错误决策；尤有进者，若 B 公司进一步通过拆分重组再包装，将该无形资产卖回 A 公司，则 A 公司等同其研发费用全数予以资本化之效果，而现行规定不得将内部产生无形资产的相关费用予以资本化将形同虚设。

≪≪ 变革必须，但非易事

因此国际会计准则理事会（IASB）从 2006 年开始，即提出无形资产修订计划，由澳洲会计准则委员会（AASB）主导，探讨基于并购取得之无形资产与由公司内部自行研发之无形资产，实质内容相同但会计处理却不一致之问题，澳洲会计准则委员会建议自行研发之无形资产必须和并购取得之会计处理方式一样，即一开始就以公允价值入账，以增进财务报告决策有用性，不过后来与国际会

> 无形资产认列方式若不改变，将无法真实反映公司价值，因一般企业并不具备评估无形资产之质量、价值与价格能力，若非结合专业知识产权服务组织就知识产权进行具深度之"质量"与"价值"专业评估，贸然将专利权或其他无形资产列入资产负债表，恐将引发公司操纵盈余的机会，从而严重影响报表可信度。

计准则理事会并未取得共识。2011年澳洲会计准则委员会再次针对公司报表编制者、用户、顾问、会计师业者、管理机关等进行调查，希望通过更多的意见，加速改变无形资产的会计处理方式，现行无形资产会计处理问题，可能在不久的将来能够得到突破。

无形资产认列方式若不改变，将无法真实反映公司价值，但要真正走到以公允价值认列亦非易事，因一般企业并不具备评估无形资产之质量、价值与价格能力，即便是会计师和会计学界亦如此。因此，若非结合专业知识产权服务组织就知识产权进行具深度之"质量"与"价值"专业评估，贸然将专利权或其他无形资产列入资产负债表，恐将引发公司操纵盈余的机会，而严重影响报表可信度。因此，各国会计准则委员会应结合专业知识产权组织和人士将知识产权之"质量"与"价值"因素纳入评估并建立机制，而非仅以现行会计上的"数字"价格机制来评估。

◀◀◀ 善用专业创造多元价值与惊人价格

两岸产学研界之知识产权多半系内部自行研发产生，而且亦将知识产权局限于研发、专利或法律层面处理，而错失借由"优质"与"优势"知识产权创造组织价值极大化之机会。随着各国产官学研大力发展知识产权及其相关业务与运营，各国政府也纷纷提出国家层面的知识产权战略纲领来推动，期望可从国家高度、产业广度、技术深度去创造整体国家知识产权及其运用价值。值此之际，若能同时全面检讨无形资产会计处理之妥适性，结合专业知识产权组织及其对知识产权"质量"与"价值"的评价机制，建筑更完善的知识产权运营基础环境，将可使产学研各界于世界舞台展现"优质"与"优势"知识产权多元的价值与惊人的价格！

智慧要生财，评价要有道

周延鹏　蔡佩纭

相较于许许多多产业发展中所倚赖的土地、厂房以及原料、设备供应，依据优质人力、知识、技术以及创意、研发所转成的"优质"与"优势"知识产权，毋庸才是企业和研发机构最有价值与最有影响之"生财工具"。知识产权作为企业和研发机构运营生财的"利器"，也随着纷纷出场的规模性与毁灭性专利侵权诉讼，更突显其应妥善规划、布局、运营与增值运用的重要性，而其相配套的知识产权评价项目也从过去财务会计领域的冷宫，逐渐蜕变成最夯实的跨领域显学。

◀◀◀ 知识产权评价是跨领域的整合，而非单纯的会计作业

虽然如此，知识产权评价长期以来在各国均存在诸多的理论与

实务困难，尚待各界协同发展适切的方法论来解决。过去常有专家学者认为因知识产权缺乏实体的特性，故难以评估其价值，实际上诸如应收账款亦无实体但却未遭遇评价困难的问题。知识产权评价之困难实因牵涉许多跨领域因素且过于复杂。知识产权的评价，其过程需考虑各种企业和研发机构内、外部信息，而其结果，对内要能显示过去企业和研发机构积累的发展成果以及未来要向各关系人展示的前景，对外还涉及知识产权的买卖、许可、技术转移、作价投资、侵权诉讼、技术标准、专利池、融资担保、拍卖执行等模式以及其相应的价金、许可费、损害赔偿等对价，都必须依据评价结果而进行。是故，知识产权评价非如一般有形资产可单纯由财会人员依据财会准则径行完成，而是必须横跨多个专业领域并加以组织整合，才可能获得符合各产业事实的适切并可信赖之评价结果。

◀◀◀ 可评价的无形资产范畴

知识产权就法律上而言是指具体明确的权利，包含专利权、著作权、商标权、商业秘密、植物新品种权、集成电路布图设计等。就财务会计而言，国内外会计准则均将知识产权之评价与会计处理包含于无形资产专章中。根据国际会计准则（IAS）第38号"Intangible Asset"，对无形资产之定义为"无实体形式之可辨认非货币性之资产"，其中对于可辨认之条件为：①可分离；②由合同或其他法定权利所产生，而不论该等权利是否可转移或是否可与企业或其他权利义务分离。而中国台湾"财务会计准则"第37号公报"无形资产之会计处理准则"，则将无形资产定义为：①具有可辨认性；②可被企业控制；③具有未来经济效益。因此，并非为了企业运营发展所支出之无形项目即可认列为无形资产，如常见之商誉即因不具可辨认性，而非属会计上无形资产评价之范畴。简单来说，知识产权是各类无形资产最合适的评价范畴，而且其权益的发生及消灭是有法律支撑依据的。

≪≪≪ 知识产权的评价目的

不论何种知识产权，在进行评价之前，须先考虑其评价目的，同时选择合适的方式加以评估，再参照其他方法，共同作为价值判断的参考。当然，评价目的亦可能同时具有多重目的。一般知识产权评价的主要目的有①交易目的：如为买卖、许可、技术转移、作价投资、专利池、融资担保、企业并购等。②法律目的：如为诉讼、仲裁、调解、清算、重整及破产程序等。③财务目的：依据商业会计法及财会准则公报，必须评价作为财报有关资产入账之基础，如购入专利权、商标权、著作权、专门技术等。④税务目的：为税务申报或规划，如转移定价（Transfer Pricing）查核、所得税、遗赠税等。

≪≪≪ 知识产权的评价方法

确认目的后，后续即为评价方法之选择。目前国际上惯用之知识产权评价方法可分为三大类：①成本法（Cost Approach）：从投入层面来衡量其价值，假设资源之投入应相当于运用该项资产所能带来之经济效益价值，包括重置成本法与重制成本法等。②市场法（Market Approach）：从参考市场中找寻可类比交易来决定，以实际交易价格为评价基础。③收益法（Income Approach）：从产出层面来进行衡量，价值反映于产品所带来之未来经济效益，又可分为

> 不同形态的知识产权、不同种类的交易或活动形态之知识产权评价是有差异性的，也不宜以同等方法处理。知识产权所处产业结构定位、产品技术生命周期、研发类型、创新类型、产业链、价值链等，也常完全被忽略，造成评价结果与事实背离的情况。

超额盈余法（Excess Earnings Method）、增额收益法（Incremental Income Method）及许可费免除法（Relief-from-royalty Method）等。这些知识产权评价方法也是一般会计师所采用的无形资产评价方法。

除会计上可认列之各种方法外，实务上评价方法还包括工业标准法（Industry Standards）、等级／排序法（Rating/Ranking）、经验法则（Rules of Thumb）、蒙地卡罗法（Monte Carlo）、拍卖法（Auction）、斯堪地亚法（Skandia）及实质选择权法（Real Option）等。这些方法也常因不同评价目标、目的而于评价时采用之。

同时，须特别注意者，上述各类知识产权的评价方法主要是对知识产权的价值（Value）而为，而尚未包括知识产权评价前的首要条件，亦即知识产权质量（Quality）的评断，因为知识产权"质量"是知识产权"价值"的"前提"，知识产权"价值"是知识产权"质量"的"实践"。简言之，没有质量的知识产权即不会产生有价值的知识产权，因为没有质量的知识产权会被主张无效或撤销。再者，知识产权评价后，还需再考虑知识产权的"价格"（Price）因素以及"定价"（Pricing）的能力。是故，知识产权的质量、价值、价格及定价是不同议题，不仅各有所本、各有所据，而且依序进行并相互影响。

◀◀◀ 知识产权评价面临的困难与问题

以中国台湾为例，依据"财务会计准则"第 37 号公报，无形资产取得方式除了内部产生外，外部取得可区分为单独取得、企业合并所取得、捐助所取得以及资产交换所取得四种。然而，不论自内部产生或外部取得，要真正落实到认列与衡量无形资产时，却发现都有程度不一的困难。如上所述，目前无形资产评价方法仍未有一套可公认的唯一标准，故不论是成本法、市场法、收益法或其他评价方法，各有其理论依据及适用程度。成本法虽可反映投入层面之价值，但所评估出之金额与知识产权所能产生之贡献并不存在一定关系而缺乏决策相关性；市场法虽采用类似交易之市场成交价格进行评价，而普遍被视为务实做法，但以专利为例，各专利的技术方案具有其独特性，是否有类似交易可以类比方式而进行评估，也受到质疑；收益法理论上虽最可反映经济实质，但其估计参数与变量时，却因许多经验或常识、产业知识及专业判断力的贫乏，造成未能确实评价知识产权之价值。

因此，知识产权虽经由公司内部或评价机构评价出来，但却往往脱离了产业、技术、市场、商业等事实，而成为仅经由堆栈计算的公式、数字，将评价行为抽象化，而相应于评价客体所属产业、技术、市场、商业等特性及其与其他竞争者之差异化因子显未充分考虑，相应于评价客体之知识产权形态、组合和集群也未一并整体考虑，对于专利权之技术内容以及其在所属产业链上的位置与其竞争者专利权之差异性更未评价。同时，知识产权评价上应有许多"减项"因素需要扣除，也未一并计算，知识产权评价中非公式、非数字可以评价的因子，也未经过充分探讨。此外，不同形态的知识产权、不同种类的交易或活动形态之知识产权评价是有差异性的，也不宜以同等方法处理。知识产权所处产业结构定位、产品技术生命周期、研发类型、创新类型、产业链、价值链等，也常常完全被忽略，造成评价结果与事实背离的情况。

⫷⫷⫷ 知识产权评价是科学也是艺术，是客观也是主观

上述众多的知识产权评价问题普遍存在于国内外，不论全球会计准则是否趋于一致化或是各地不断发展或改良出新的评价软件，均无法于短时间内解决上述种种问题。因为运用各项模式进行知识产权之评价是客观的科学，但当中也涉及诸多的主观判断艺术。虽然科学方法可持续进步，但主观判断则系于评价团队的专业、学理、能力及产业经验，故欲决定评价专业质量的高低，企业和研究机构于委托时即要先确认评价团队之能力、经验、方法与工具是否与评估目标和目的所需相符，然后签约确定评估范围，之后包括评价需求及限制条件的厘清、评估目的的确认、评估方法的择定，各项参数、变量的决定，价值的计算，到出具评价报告，是一个诸多领域及诸多要素交织的复杂过程。因此，知识产权评价是一项跨领域的整合作业，需要各领域具有经验的各类专家共同参与协同，才可获得适当的评价结果，而免于以评价服务费低者取胜而致评价质量低落的后果。

IFRS 新收入认列准则：潜在冲击不可轻忽

周延鹏　蔡佩纭

生物医药产业是知识、技术、资本的高度密集产业，在跨国人

才、专门技术、专利及大量资金的投入与条件之下，近年来两岸及美国的生物医药产业发展成果有目共睹。然而单一企业或集团同时具备上述各条件者可说是凤毛麟角，生物医药企业往往必须借由与同领域、跨领域企业或学研机构合纵连横的方式，加速研发成果及专利商品化，因此生物医药产业有着其他产业所没有的特别多样化而复杂的合同设计及安排，如各种知识产权许可协议、委外研发合同（CRO）、技术合作合同、技术转移合同、销售代理合同等。因此，当国际会计准则委员会（IASB）与美国财务会计准则委员会（FASB）共同针对 IFRS "收入认列" 的修正草案调整为 "与客户订约" 时，对多数运营都与合同密不可分的生物医药产业，将不可避免地产生极大影响。

IASB 与 FASB 早于 2010 年 6 月 24 日就已共同公布了收入认列公报修订草案："与客户订约收入"（Revenue from Contracts with Customers，以下简称草案），然因诸多争议性的问题使原订公布准则时间一延再延。

<<< 新收入草案核心精神与认列步骤

中国台湾目前收入认列的准则主要依据国际会计准则公报第 18 号（IAS18）的规定，收入系于未来经济效益很可能流向企业，且能可靠衡量之时点，予以认列入账。然而 IASB 与 FASB 于新草案内导入不同的思维，新收入草案的核心精神，系依企业承诺客户转移商品或劳务之金额，反映企业交换该等商品或劳务所预期有权利取得之对价。

依新草案中 IASB 所要求的收入认列五步骤依序说明分析如下。

Step 1：辨认与客户间合同

草案中的 "客户" 除一般认知之客户外，尚包括公司之合作者以及合伙人，主要可从其交易实质判断是否属于客户。而"合同"之定义，系指两方或多方间经合意建立了权利与义务关系即属符合，因此不论是书面的、口头的、一张采购单或报价单乃至完整的采购合同均属于合同的范畴。此外尚须考虑如与客户及其关系人同段时间内签订多个合同，如系基于同一目的所作的安排，这些合同将视为一个整体合同来处理，因此将影响接下来的辨认单独履约义务。

Step2：辨认单独履约义务

新草案的关键重点在于辨认合同中单独履行义务，目前的 IAS 18 无须辨认单独履约义务。依据现行草案规定，判断是否存在单独应履行义务之条件，主要视合同约定之商品或劳务是否具备可区分（Distinct）的性质。亦即当符合下列条件时，企业对已承诺之商品或劳务，应采用单独之履行义务的处理原则：①客户可由商品或劳务本身获得利益，或结合其他可取得之资源能获得利益；②可容易地从整体交易中拆分出来（如可选择单独购买）。

举例而言，生物技术公司与医药公司签订专利许可协议，将其新医疗器械专利独家许可于医药公司，许可期间为法律有限期间，生物技术公司并持续进行该项新医疗器械研发服务。医药公司依序同意支付生物技术公司下列付款项目：①签约许可费（Upfront Payment）；②研发补贴金；③取得美国食品药品监督管理局（FDA）核准新医疗器械上市，阶段性给付（Milestone Payment）；④新医疗器械上市后销售收入之 15% 为后续许可费。对生物技术公司而言，如研发服务可由医药公司自己进行或他方可提供服务者，则研发与许可间属可区

国际会计准则委员会（IASB）与美国财务会计准则委员会（FASB）将于近期针对国际财务报告准则（IFRS）中的收入准则公布新版本。一般预料，新版收入认列的做法将会与现行制度有颇大的出入，企业宜及早因应潜在冲击。

分的性质，故此案例中之单独履行义务有：许可、研发、取得核准三项；如只有生物技术公司具备使用该专利知识，也约定必须对医药公司提供研发服务之情况下，该许可与研发间属于不可区分的性质，为一单独履行义务。

Step3：决定交易价格

合同中固定的交易价格容易明白，但生物医药产业合同中常常含有变动对价的情形，例如，各种阶段性给付、研发奖金、销售激励及以及变动许可费等，故于交付商品或劳务后，未来收取之对价很可能是变动的，因此草案允许采用下列两方式之一来处理变动对价之情形：①"预期价值法"，即依据过去相关情境经验建立各种可能概率，用概率加权金额得出预期价值；②"最可能金额法"，即实现概率最高之金额。不论采用何法，均应以该情况下最接近企业有权收取的金额为选择方法之标准，并且一旦采用，须一致适用于同一合同，并于后续的每一通报日重新评估该金额。

另外避免收入的大幅波动，针对变动对价的收取，必须具备"高度确定性"，即不能因未来发生之某一事件而进行重大收入的冲回。故此一条件也可视为变动对价认列为收入的金额上限。据此，企业应提出证据或过去经验来作为企业未来欲取得此变动对价时，可以符合"高度确定性"的预测。如 Step2 之例，每年底应评估其取得 15% 许可费及阶段性付款之可能性或概率，当可合理衡量发生概率时，即依其概率分摊价金予各项合同履行义务；另外如合同中设计有销售金额时，即可收取固定数字作为最低许可费并外加变动许可费，则企业亦有可能因以往可证之经验，得以提早认列收入。

Step4：分摊交易价格

交易价格应依各要素之"单独售价"按比例分摊至各单独履

约义务，然而该商品或劳务并无单独售价时，草案规定企业可根据合理方法进行估计，如评估类似商品或劳务之市场价格，或采预期成本加合理毛利等。只有在完全未有价格基础，或是该履约义务的单独售价变动幅度非常大时，方能采取"剩余法"，即有单独售价者采用单独售价，没有者才将分配后余额归属于它的分摊价格。此外，遇有折价或变动对价时，如金额明显与某一履约义务有关时，应全数分摊到该特定履约义务。

Step5：于达成履约义务时认列收入

经前述所辨认出来之履约义务，当商品或劳务转移给客户且客户已经取得该商品或劳务的"控制"时，即属达成履约义务，得以认列收入。所谓"控制"包括：①客户具有无条件支付之义务；②客户具有法定所有权；③客户具有实质所有权；④商品或劳务之设计或功能系属客制化。针对生物医药产业中常见的许可，其收入处理方式，应通过许可的特性及合同中的商业实质来判断，例如，只要客户可自行决定如何使用以及何时使用该权利而无须许可者的额外服务，即属于在某一时点达成履约义务，已取得控制，可认列收入；如许可不具有上述特性，则属于在一段时间内达成履约义务，因而应于一段时间内认列收入。

≪≪ 是挑战也是契机跨领域整合专业

收入是一项外界衡量企业绩效之重要指标，而 IFRS 新收入准则草案对于企业来说，除须仰赖经营阶层之专业判断，将包含许可、委外研发、技术合作、技术转移、销售代理等各个合同拆解出适当之合同单独履行义务、辨识其公平价值、评估事件发生概率、分摊交易价格、到最后认列收入，尚须各部门间的正确交接，可能因中间分析不当而造成营收计算错误或不正常的大幅波动，挑战相当严峻。企业必须及早整合生物医药、法律、专利、技术、运营、财会各专业服务人员，通过清楚界定问题，精确掌握未来规定走向，妥适规划合同交易模式及条件，并确定对应关键时点，俾利收入准则发布后，即能将"与客户订约收入"合理有效地及时反映，更能将经营阶层未来运营发展规划融入其中，使企业收入绩效更加卓越！

第五章 技术标准与专利池

★★★技术标准联盟的效益★★★

不让国际大厂整碗端——
建立运营事实标准与专利池刻不容缓

周延鹏　张淑贞

··

◀◀◀ 事实标准与专利池：两岸企业多年深受其害

近十年来，两岸诸多产业与企业，总在美、欧、日、韩厂商所建立事实标准与专利池游戏规则内夹缝求生，甚至亦导致两岸企业获利被稀释。外国企业单独或联手借由各类事实标准，强势主导产业链、分配价值链及控制供应链，并借由专利池的构建与运营，强势营销知识产权，以创造产品或服务以外更多元的获利模式。

事实标准与专利池概念与模型起初由欧美日企业联手兴起，并继续主导与制定个中游戏规则，历经多年来已跨及一些产业、产品及技术领域的运营。外国企业已深谙事实标准及专利池的经营模式，尤其在运营策略、运营模型、知识产权布局，乃至相关的投资架构、组织、人才组合以及运营所需流程、方法、工具、公关媒体、法律程序等，均相当成熟。

然而，除少数移动通信领域厂商如中兴、华为等能参透个中道理并与外国企业共同逐鹿外，两岸众多企业甚少能与外国企业竞逐事实标准与专利池，而绝大多数企业仍处于被迫参与这场不得不玩的游戏的境地，但却又无法"同乐"，而且仅能成为他人知识产权的"猎物"而难扮演"猎人"。外国企业深谙技术标准与专利池，各成员彼此合作又竞争，也互相牵制，但参与者均据以创造产业地位及多元商业利益。然而，两岸企业仍持续受其牵制，迄今仍未能脱困。

❮❮❮ 事实标准与专利池：两岸产官学研跃跃欲试

两岸产官学研为摆脱海外事实标准与专利池的长期梦魇，这些年已着手研究、参与、建立或运营事实标准与专利池。回顾 2011 年，两岸产官学研于不同产业领域已着手研究或推动各类技术标准，例如，在移动通信产业，两岸拟联手就宽带无线移动通信技术（TD-LTE）共同制定技术标准；在半导体固态照明与显示技术领域，华聚基金会产业共同标准推动单位与中国电子工业标准化技术协会签署备忘录，拟联合两岸共同发展 LED 照明产业及平板显示技术有关产业技术标准；台湾照明委员会（CIE-Taiwan）于2011 年国际照明委员会（CIE）第 27 届年会技术工作组会议中，提案设立两个新技术委员会，分别为"软性曲面光源技术委员会（Photometry of Curved and Flexible OLED and LED Sources）"和"AC

LED 产品于固态照明应用之特性研究技术委员会（Characterization of AC-driven LED Products for SSL Applications）"并获通过；在太阳能产业领域，"工业技术研究院"和友达、金颀、茂旸等 12 家厂商借 SEMI PV Group 平台推出硅晶太阳能模块运输环境振动测试方法的产业技术标准；在智慧电网产业领域，中国台湾地区智慧电网产业协会根据"能源科技计划——智慧电网与先进读表主轴项目总计划"及"'科技部'产学合作计划——微电网技术规范及产业发展研究计划"汇总台湾地区智慧电网技术标准架构并拟据以开展制定技术标准等。但，这些技术标准并非全然与事实标准、专利池有关，而且也未掌握事实标准与专利池的窍门，更遑论创造出真正的事实标准与专利池。

近年来，两岸产官学研所推动或参与的各项技术标准，其类型与范畴甚广，而与事实标准及专利池有关者，事实上并不多。但值得深思者，两岸若要在一些产业中能主导产业链、分配价值链、控制供应链，并可像外国企业借由知识产权获取产品以外的多元商业利益，实应区别各类技术标准之差异，更应聚焦于"事实标准"与"专利池"领域并熟悉其运营机制的构建与执行。

运营事实标准首须知范畴握事实

所谓标准，依国际标准化组织（International Organization for Standardization，简称"ISO"）在 IS（3/IEC 指南 2—1991）《标准化和有关领域的通用术语及其定义》，系指在一定范围内获得最佳秩序，对活动和其结果规定共同和重复使用的规则、指导原则或特性文件。该等规则、指导原则与文件，经一致协商后制定，并经公认机构批准，即谓之标准。再者，标准的分类，① ISO 依据涉及区域，区分为国际标准（International Standard）、区域标准（Regional Standard）、国家标准（National Standard）、行业标准（Professional Standard）、地方标准（Provincial Standard）、企业标准（Company Standard）；②针对不同标准规范对象，又区分为基础标准（Basic Standard）、术语标准（Terminology Standard）、试验标准（Testing Standard）、方法标准（Method Standard）、产品标准（Product Standard）、过程标准（Process Standard）、服务标准（Service Standard）、接口标准（Interface Standard）、数据标准（Standard on Data to be Provided）；③按照其强制程度，区分为强制性标准与推荐性标准；④按标准制定者，区分为由政府标准化组织或政府授权标准化组织（Government Standard Setting Organizations）制定的标准，也称法定标准（De Jure Standards），或由单个企业或数个企业借由私有标准组织（Private Standard Setting Organizations）所建立的标准，也称事实标准（De Facto Standards）。最后，所谓技术标准，即在标准化领域中，经过讨论协调而统一制定与技术有关的规则及项目。

姑不论两岸不同产业有关产官学研如何沸沸扬扬投入各项技术标准议题与行动，观察两岸多数企业与机构，尚未能充分掌握"事实标准"之定义、范畴与分类，也多未能掌握不同类型事实标准对产业、产品、技术、市场、知识产权、各类利害关系人、法律规范有何等不同程度影响与联结，更未充分掌握事实标准组织的设立宗旨、组织架构、主要成员、成员间利益冲突与合作关系、运营流程与管理机制、知识产权政策、专利公开政策、内部纠纷解决机制等，两岸产官学研近年争相投入推动事实标准，先不论是务实或务虚，倘若未能掌握有关产业适当的事实标准为何，并严谨有序地规划与运营，终会偏离产业发展核心而难修成正果。

≪≪≪ 运营事实标准与专利池，知识产权预研与布局不宜迟

再者，两岸投入事实标准与专利池运营有关产官学研机构，对知识产权布局应如何与事实标准制定并行同步不知所措，即用错方法而贻误知识产权布局时点。两岸产官学研倘若无法用对方法预先部署能覆盖产业最大范围的知识产权组合，最后仍难体现制定或参与事实标准，带来多层次的商业利益及符合产业发展需求，最后还是白忙一场。

同步于事实标准制定过程中知识产权调研与布局作业，至少包括以下：①建立特定事实标准其相应产品技术结构，并依据特定事实标准规格及内容，界定产品技术结构中与事实标准有关的产品技术节点；②掌握特定事实标准相应的产业结构，以及产业结构内有关产学研发展技术方案及产品技术发展路径；掌握和运用事实标准演进与发展路径，持续扩充相关产品技术节点，完整界定与事实标准有关的产品技术落点，据以规划与执行知识产权布局与专利"圈地"；③以产品技术结构方法进行全球专利权人之专利调研，据以掌握各专利权人专利布局情况以及技术发展脉络，并以此等产业化专利信息来优化知识产权的质量、价值、组合及其运营。

前述产业化专利调研是布局优势与优质知识产权的前提，而且此等产业化专利信息亦能完整推衍出重要企业或主要专利权人于参与事实标准过程中其知识产权布局并行同步方法，

两岸若要在一些产业中能主导产业链、分配价值链、控制供应链，并可像外国企业那样，借由知识产权获取产品以外的多元商业利益，实应区别各类技术标准之差异，更应聚焦于"事实标准"与"专利池"领域并熟悉其运营机制的构建与执行。

并可同时完成专利风险排查及管控，甚至可据以制定与事实标准链接研发项目、有效配置研发资源、制定自行或委外开发决策、寻找特定领域技术专家人才，并可据以规划与不同产学研机构合作与联盟的项目与模式，甚至据以决定适合的投资并购对象。

证诸外国企业运营事实标准与专利池案例，知识产权布局通常早于事实标准制定而担任前锋，外国企业持续且积极推动事实标准，不过是将自己的技术方案与知识产权从"妾"转"正宫"的途径与手段，两岸推动事实标准与专利池的有关机构，若能参透其中道理并对事实标准运营机制及相应的产业链、供应链与知识产权进行严谨专业调研分析，两岸运营事实标准与专利池即有机会修成正果。

从 Google 并购 Motorola Mobility
谈通信专利的核心

周延鹏

通信和网络公司的移动装置分别发展或使用不同操作系统，例如，Symbian、Blackberry、iPhone OS、Windows Mobile、Android 及 PalmOS，而主要公司就其发展的操作系统长年来也部署了诸多软件专利，甚至部署了诸多硬件及韧体专利，例如，Nokia 公司在通信标准方面的专利，Apple 公司在触控技术方面的专利。但是，当

Microsoft、Apple、Google 公司发展移动通信产业各项业务时，则亟须强化其在通信标准上的专利布局，方能优化竞争优势、确保运营自由及多元获利。因此，Microsoft 和 Apple 公司以 45 亿美元标购 Nortel 公司的专利，Google 公司以 125 亿美元并购 Motorola Mobility 公司，甚至对 Inter Digital 公司专利的高度兴趣，即可理解其间是在竞逐通信网络专利的核心——技术标准（Technical Standards）与专利池（Patent Pools）。

技术标准与专利池存在于许多产业领域，并且持续地推进。技术标准与专利池两者虽是不同概念、不同机制，各有其意义和范畴。但随着通信网络与数字化时代的发展，以及经济规模与市场竞争的利益，两者间更加相互渗透、相互依存及相互影响，同时也使标准组织、专利权利人、标准实施人和政府间形成更加复杂的层层关系，可明确区分，也可交错难分。然而，基于技术标准与专利池涉及技术、专利、法律、产业、商业等跨领域专业知识、技能、经验与实证，以及不同领域技术标准与专利池的持续加速发展，各界更难以了解、参与、运用或操控，最后只能受其不同程度的制约或锁定，尤其是产业发展、企业运营及成本费用，甚至是政府的立法、行政及行政功能与权力。

技术标准的组织、内涵及作用

技术标准，就是技术的统一及其组织与规则，而使所有直接或间接的活动和运作更加便利，这是从技术标准的本质立论。但对经济效益与通信网络产业而言，技术标准则具有"主导产业链、控制价值链、分配供应链"的内涵及作用。与通信网络有关的技术标准，按不同分类而有不同的层次，例如，国际性的标准化组织主要有国际化标准组织（International Organization for Standardization, ISO）、国际电信联盟（International Telecommunication Union,

ITU）、国际电工委员会（International Electrotechnical Commission，IEC），地区性标准化组织主要有美国国家标准协会（American National Standards Institute，ANSI）、美国电子工业协会（Electronic Industries Alliance，EIA）、欧洲电信标准协会（European Telecommunications Standards Institute，ETSI）、美国电气与电子工程师学会（Institute of Electrical and Electronics Engineers，IEEE），通信标准化组织主要有第三代移动通信伙伴项目（The 3rd Generation Partnership Project，3GPP）、第三代移动通信伙伴项目 II（3GPP2）、互联网工程任务组（Internet Engineering Task Force，IETF）。

首先，各领域、各类型标准化组织都涉及了不同范围与程度的组织机构、成员、工作程序、标准制定、专利公开、专利许可、知识产权政策。以通信网络领域技术标准制定而言，其最复杂的无非是对各技术方案的判断、权衡与筛选，以及其过程或者嗣后相应的核心专利（Essential Patent）及专利丛林（Patent Thicket）关系，而与核心专利及专利丛林相对应的是涉及各利害关系人的产品结构、技术结构及其相关的产业链、价值链及供应链。再者，技术标准也涉及产业的发展关系，主要有：①技术标准加速科研及其成果产业化，例如，技术标准常涉及从原物料、零组件、模块到系统等产业链一系列活动，不仅加速其商品化过程，更在塑造一新兴产业或引发既有产业升级；②技术标准加速全球产学研各界合纵连横，如次世代前瞻技术的研发；③技术标准加速全球知识经济的实践，例如，为参与并主导技术标准，必须具备高端跨领域的知识与技能。最后，技术标准的参与更是牵连并深远影响着国家竞争优势、企业竞争优势、科研竞争优势、人才竞争优势、知识产权竞争优势等。例如，华为技术公司和中兴通讯公司近十年积极投入并参与 3G 和 4G（Long Term Evolution，LTE）通信技术标准，即说明了两家公司在全球通信领域已具有举足轻重的地位。

专利池的目的、效益及运营

专利池的主要目的在于使专利技术覆盖产业链的最大化，以及专利侵权诉讼威胁产业链的规模化，而其前提则需掌握产业链的产品结构、技术结构、产业上中下游以及其相应专利，才能集众家专利，达成上述目的，进而创造许可费收入的最大化，绝非零星专利的凑合而已。其次，专利池亦可节省企业维持和运营专利的费用。

详言之，基于单一权利人所拥有的专利不可能完整覆盖特定产业的上中下游，唯有通过专利池集合各个权利主体的不同专利及其组合（Patent Portfolios），才能追求专利覆盖产业范围的最大化。专利技术覆盖产业链的最大化，其背后即代表着覆盖产业价值的最大化，此价值包括专利池成员在商品化及产业化所享受到的经济利益，或增加提起侵权诉讼的威胁性、提高许可费额度等商业目的。

在专利所覆盖产业链范围最大化的同时，亦有赖于其背后以侵权诉讼作为后盾及手段的力道支撑，进而使威胁产业链达到规模化。唯有借着侵权诉讼充分发挥法律赋予权利人的排他性，并且将专利侵权诉讼程序、司法制度及各项专业服务配套机制发挥到淋漓尽致，专利池覆盖产业链的最大程度才更有意义。

专利池所带来的具体效益，其一，是以侵权诉讼为手段，创造专利许可暨许可费收入的最大化，例如，3GPP 及 3GPP2 专利许可的许可费占终端产品销售金额的相当比例，DVD Forum、DVB、ATSC 等为其主要成员收取巨额许可费收入；其二，是产业竞争优势和差异的最大化，亦即"强者恒强，弱者恒弱"，属于价值链下端的厂商，将难有市场地位，例如，Panasonic、SanDisk、Toshiba 所成立的 SD Card 联盟，借由其专利许可及侵权诉讼提起，不仅防堵其他企业进入 NAND Flash 产业，同时不着痕迹地在产业活动背后设计操纵，裨使达到所求利益；其三，是专利管理成本及费用的最小化。此外，专利池的运作尚需要专利许可组织及其委外专业服务组织的配套，才能落实专利池的效益。

两岸应有常设服务组织支持各界应对技术标准与专利池

从目前两岸通信产业所面临的专利侵权诉讼、许可费追索及产业发展需求观之，宜避免空洞口号及形式主义，尤其宜避免"理盲"的决策及"非专业"的运作措施，例如，欠缺方法及工具的知识产权银行（IP Bank）、不当介入企业间跨国专利侵权诉讼、未切入产业核心的知识产权战略。因此，官产学研机构非常需要熟悉及长期参与投入相关产业的技术标准与专利池，包括其组织、架构、技术结构、产品结构、产业链、价值链、供应链、知识产权、工作规则、专家小组、判断评价方法、许可作业等观念、原则、方法、工具及相关资源的有效配置，而且需要还原并熟悉各技术标准内的技术结构、产品结构及其对应的知识产权部署的关系以及质量价值量化的方法论，以及透彻各项专利组合、家族与申请专利范围（Claims）的配置，甚至也可以进一步尝试分析既有技术标准与专利池中主要专利的有效性，以及寻找各项破解的方案。尤其是，两岸多数企业在经济规模、研发预算及高级人力方面，显不如跨国企业的资源优势。因此，亟须设立各类技术标准及其专利池的共同常设服务组织，作为各类技术标准与专利池对应各界需求的服务机构，统筹提供信息搜集、分析、整合及散布，居间联系协调官产学研机构，主动参与、联系并维护各类技术标准与专利池，进而提供各相关产业政策发展的相应咨询，甚至可以参与主导产业链、控制价值链及分配供应链，将更有机会优化产业结构和竞争优势。

设置常设技术标准与专利池服务组织，需要考虑下列因素及环以通信网络领域技术标准制定而言，其最复杂的无非是对各技术方案的判断、权衡与筛选，以及其过程或者嗣后相应的核心专利及专利丛林关系，而核心专利及专利丛林相应的即是涉及各利害关系人的产品结构、技术结构及其相关的产业链、价值链及供应链。

境：①组织设计上宜为常设性质，而且科技预算需保证相当期限的支持；②人力编制上宜包括熟悉产业、市场、技术、专利、法律、商业等各类专业人才，而且其领导人宜慎选具有格局、且有布局性格及经营能力者；③平台系统上宜具有数据采集及存储的功能，而且需要按各类技术标准与专利池的产业特性建立相关社群系统；④关系网络上宜积极主动建立全球组织人脉关系，并持续与官产学研机构分享；⑤数据信息扩散上宜有教育训练配套，以及进阶性质的研讨；⑥运营绩效考核上最终应以参与或维持各类技术标准与专利池的程度及对产业价值的影响力评价；⑦服务上宜采用有偿机制，而且服务收费先从成本加成原则开始，继而发展成为单独损益中心的运营模式。

产业联盟百花齐放，但小心别成为"惨业联盟"！

周延鹏

国内外许多中央或地方政府、研究机构、产业公会及（或）企业相互间，基于发产新兴产业、提升产业竞争力、创新或转型传统产业、促使产业成员间相互联谊，甚至是政策宣传引导或者是两岸推动产业的相互往来，每年几乎都会发起各类形形色色的"联盟""产业联盟""推动联盟""研发联盟""创新联盟""群聚联盟"或者"策略联盟"。各类形形色色的联盟好像是许多产业的创造者、引领者、转型者，甚至是万灵丹，或者只是"浪漫憧憬"而已。

≪≪ 百花齐放的产业联盟

各界所成立的各类型联盟，几乎多到不胜枚举，例如：LED植物工厂联盟、LED路灯产业联盟、LED照明标准与质量研发联盟、LED曝光制程设备研发联盟、LED创新应用纺织品群聚联盟、先进LED牙科节能照明群聚联盟、高功率GaN-LED用基板－铝酸锂晶圆开发计划研发联盟、云计算产业联盟、云端游戏产业联盟、先进堆栈系统与应用研发联盟、嵌入式产业联盟、CIGS产业联盟、太阳光电产业创新整合推动联盟、离岸风电联盟、车辆研发联盟、车载通信产业联盟、电动车底盘产业研发联盟、高安全性锂电池STOBA联盟、电动车先进动力系统研发联盟、电动车运营与电能补充技术推动联盟、增程型电动巴士研发联盟、先进停车导引系统研发联盟、燃料电池伙伴联盟、宽能隙电力电子研发联盟、功能性纺织品开发推广联盟、医护级纺织品产业技术整合研发策略联盟、软电触控研发联盟、软电触控面板技术研发联盟、触控面板智能型设备研发联盟、TTLA前瞻研发联盟、FPD研发联盟、FPD设备研发联盟、大尺寸液晶面板关键设备研发联盟、通信产业联盟、RFID研发及产业应用联盟、生物技术制药研发联盟、中草药研发联盟、医疗器械定点照护技术研发联盟、医疗器械雷射高值化研发联盟、禽类畜养之中草药生物技术应用群聚联盟、深层海水产业技术研发联盟、空气清净产业技术研发联盟、银发族服务暨科技产业推动联盟、高性能传动橡胶制品研发联盟、传统产业创新联盟、行人导航研发联盟、智能机器人产品研发联盟、精制产业研发联盟、"水利署"工业废水回收规划政策及扶植水再生利用产业联盟、埔里纸故乡纸艺精品开发联盟、花东地区用植物应用群聚联盟等。

≪≪ 产业若联盟不成就会是"惨业联盟"

短短几年间有这么多各类型联盟的成立，理应使许多产业获得更佳的发展、提升、创新及转型等绩效才是，但似乎许多产业也没有因这些联盟的成立而获得更佳的发展、突破或超越，或也可以以较贴近事实的"惨业联盟"称之，其原因主要约有：①"联盟"的定义、类型、内容、范围等未被充分探讨，更不知如何加以操作及运用；②只是表面形式的使用"联盟"字词，而对于各产业的产业链、价值链及供应链特性之联盟策略、商业模式及规则少有创意；③尚未真正透彻了解各类联盟、标准规则及实际运作原理；④特别是在中国台湾，浅碟型之经济结构及技术层次及学研单位支撑产业发展的优质与优势知识产权能量不足，难以产生加乘优质效果；⑤参与者较多是彼此利益冲突，而较少利益互补成分，其汇集自难有坦率合作之心胸格局；⑥过多相同产品领域厂商竞逐有限订单份额，难有共同目标，甚至常有厂商"夜奔敌营"情形；⑦几乎没有熟悉具有产业及其联盟、标准之专业人士或产业和商业顾问实时提供适当服务，却常发现"错误引领"之不当意见主导。

≪≪ 联盟、产业联盟是什么

基于此，有必要先对"联盟"及"产业联盟"予以定义，或有助于各类联盟的成立与运营。所谓"联盟"，系指政府、研究机构、产业公会及（或）企业相互间，在资本、技术、生产、销售抑或人才方面，在竞争法容许范围内彼此通过结盟关系合作互补。所谓"产业联盟"应可泛指政府、研究机构、产业公会或（及）企业相互间为经济及（或）科技发展之目的，在竞争法容许范围内彼此投入金钱、人力、技术、实验室、办公室、仪器设备及（或）知识产权等有形和无形资源，以非股权或股权的形态形成特定组织，进行有关经济、科技及（或）商业的活动及发展，并相互借此联盟模式共担风险、共享利益。

因此，联盟合作的成员伙伴宜具备互补、牵引，或者是相差无几的投入，尤以彼此"门当户对"为宜，而且需以各自愿意投入相当资源才有意义，最忌以"煮大锅饭"的聚合方式进行。联盟成员间在产业结构上宜妥适分段分工发展，并尽可能避免或减少利益冲突；如果联盟中充斥着利益冲突，成员间无法同心同力，自然无法借由联盟在产业结构中发挥价值或减少未来知识产权的纷扰。再者，在联盟推动过程中除了技术专家之外，尚需有专业的知识产权专家、法律专家、管理专家等，尤其需要经过丰富产业历练、熟悉游戏规则的人才，创造适合联盟发展的策略与商业模式，以及将联盟研发成果转化为优质与优势的知识产权，并且在知识产权价值实现上拥有高绩效表现。

❮❮❮ 产业联盟的设立与运营

各类产业联盟的设立与运营需有经验丰富的领导者及各种人才投入，才是关键，而并非纯粹的技术问题、知识产权问题，也不是纯粹的法律问题。各类产业联盟的选择及设立应考虑诸多重要因素，例如：①联盟之目的、机能、资源及其运营方式；②政府政策及主导参与程度；③研究机构及企业主导参与程度；④科技前瞻性及不确定性；⑤商业、科技可行性及未来产业发展性；⑥风险分担及利益分享；⑦参与者利益冲突性或互补性；⑧运营、管理及其内部组织配套机制及绩效考核机制；⑨各国政府、研究机构及跨国企业的参与；⑩研发成果及其知识产权的产生、保护、运用及其经营与营销；⑪反垄断法等反托拉斯规范之管制；⑫政府预算投入程度及议会干预程度。这些因素也会影响各类产业联盟之策略、设计、组织、人力资源、财务预算、运营机制、流程管理、平台系统、经济规模、绩效评价及终止解散的规划及执行。而这些因素只列示了产业联盟必须考虑的部分，因为产业联盟的成立并实际运营，殊不容易。若欠缺上述基本的运营机制，产业联盟所欲达成的目标及立意难以开花结果。

> 联盟合作的成员伙伴，宜具备互补、牵引，或者是相差无几的投入，尤以彼此"门当户对"为宜，而且需以各自愿意投入相当资源才有意义，最忌以"煮大锅饭"的聚合方式进行。联盟成员间在产业结构上宜妥适分段分工发展，并尽可能避免或减少利益冲突。

◄◄◄ 研发联盟的设立与运营

此外，各类研发联盟的设立与运营，亟须：①政府产业政策的完整性；②政府科技预算执行的效率及管理机制的完善；③产学研共同研发平台、系统及流程的配套，以及利益冲突避免机制；④全球研发资源的充分配置及利用；⑤研发项目的产业链、价值链及供应链的整合或者仿真分析；⑥研发项目须具有跨国或全球产业适用性；⑦研发成果转化为主要国家优质与优势知识产权部署机制的配套；⑧研发成果及其知识产权的管理经营及其全球营销的配套，包括商品化、产业化、作价投资、技术标准、专利池、许可让与、融资担保、侵权诉讼，以及其权利归属、申请、部署和维护等机制；⑨研发过程及成果有关的会计、财务及税收法律机制的合理配套；⑩研发管理人才和研发成果营销人才的长期培育；⑪具有国际竞争力之专业服务业者的配套；⑫最后，有些研发项目还有必要考虑参与者之门当户对及实力程度。

≪ LED植物工厂产业联盟发展方向试拟

对产业联盟及研发联盟的设立与运营诸多因素与项目的概述后，兹以LED植物工厂产业联盟的发展方向为例，试拟概要如下：①LED植物工厂产业将改变只能以"良田良地"的条件经营农业；②LED植物工厂产业发展更需要"农企业"及跨国化或全球化的政策及相关机制配套；③LED植物工厂产业发展更需要产官学研的长期协同及紧密联盟关系；④LED植物工厂产业发展亟须由上而下形成产业政策、研发项目规划、科技预算配置、研发成果及其转化目标；⑤LED植物工厂产业发展项目亟须适当的优先顺序，如叶菜类、瓜果类、花卉类、粮食类、中草药、植物组织培养类（plant tissue culture）、病虫害防治类、营养液、机器设备等；⑥LED植物工厂产业各类植物和种苗所需的LED发光效率、荧光粉、光学设计、控制与驱动、散热与湿度、灯具与系统、机器设备、各类植物特性与应用等技术及产品研发；⑦LED植物工厂产业相应的产品技术结构、产业链、价值链及供应链仿真分析；⑧LED植物工厂产业的专利调研、分析、布局、回避以及产学研单位优质与优势的知识产权部署及经营；⑨LED植物工厂产业相应于不同植物特性的策略与商业模式；⑩LED植物工厂产业发展宜按不同植物特性发展其共性与异性的产业结构，并避免过去 ICT 产业的红海世界或者许多产业发展的"蛋挞"效应后果。

★★★技术标准联盟的构建★★★

标准核心知识产权布局，你懂游戏规则吗？

周延鹏　徐历农

标准核心专利对科技业者而言，早已是非常重要的竞争利器。然而，两岸多数企业通常对所处产业新兴技术的掌握不足，而且研发投入也相当不足，知识产权布局时间较晚，因此，两岸企业应实时了解并熟悉技术领导企业布局事实标准核心知识产权的方法及游戏规则，方有机会以技术后进者角逐事实标准及核心知识产权。

就技术层面而言，事实标准核心专利与事实标准的技术规格往往高度关联，亦即核心专利的权利范围涵盖技术规格。以移动通信技术标准为例，特别在于射频技术及通信协议、传输信号及数据结构皆由技术规格定义。技术领导企业发展技术方案时，一方面布局知识产权，另一方面同时准备技术规格提案，竞逐事实标准。一旦技术提案获得采用，成为技术规格，则专利说明书与技术规格书的相同程度即相当高，权利范围为技术规格中相应规范的上位概念，而此高关联度亦便利支撑技术领导企业于诉讼中举证主张技术标准核心专利。

其中，以 2007 年 InterDigital 公司于美国国际贸易委员会（International Trade Commission，ITC）指控 Samsung 公司专利侵权案为例（ITC 案号为 337-TA-601），该案的系争专利包括美国第 6 号，674 号，791 号专利，InterDigital 公司于 2004 年提交欧洲电信标准协会并宣告为 UMTS 技术标准核心专利，特别涉及技术规格 TS 125.211，有关 UMTS 通信系统实体信道（Physical Channel）的规范，特别在于专用实体数据信道（Dedicated Physical Data Channel，DPDCH）及实体随机存取信道（Physical Random Access Channel，PRACH）的前置信号码（Preamble Code），权利范围则涵盖采用此技术的终端装置（Subscriber Unit）。InterDigital 公司于诉状中即根据技术规格的规范内容，针对 Samsung 系争产品制作调查报告，建立系争产品与技术规格的关联度，再借由技术规格的定义描述解释权利范围的上位概念文字，以此作为系争产品侵权的举证。

就产品层面而言，事实标准核心知识产权布局须自系统、模块、组件涵盖所有涉及事实标准的产品形态，达到产业覆盖范围的最大化，并可进一步依产品及市场演进，以连续案（Continuation Application，CA）、部分连续案（Continuation in Part Application，CIP）涵盖新一代产品或其他产品线，维护事实标准核心知识产权的最佳组合。以移动通信标准核心专利及其同族专利为例，技术领导企业常以各种保护客体涵盖所有涉及事实标准的服务、系统、模块、组件，例如，射频技术相关专利或其同族专利往往同时涉及传送方及接收方的流程步骤，并可进一步以不同保护客体涵盖射频电路、通信芯片组、终端装置、基站及接取网，若涉及核心网或应用服务，则知识产权组合需进一步涵盖核心网相关设备及其模块组件，甚至涵盖通信网络、通信系统与通信服务。

其中，以美国第6号，674号，791号专利及其美国同族专利第5号，991号，329号、6号，873号，645号专利为例，当中的美国第6号，674号，791号专利即为前述 ITC 诉讼中的系争专利。InterDigital 公司最早于1995年申请美国临时专利申请案（Provisional Application），并于1996年申请专利，1999年公告为美国第5号，991号，329号专利，权利范围涵盖通信站（Communication Station）及控制方法；InterDigital 公司继1999年申请连续案（CA）因程序问题视为放弃后，于2001年申请连续案（CA），2005年公告为美国第6号，873号，645号专利，权利范围涵盖终端装置（Subscriber Unit）及无线基站（Base Radio Carrier Station，RCS）；其后，InterDigital 公司又于2002年申请连案（CA），权利范围涵盖终端装置（Subscriber Unit）及控制方法。故美国第5号，991号，329号专利，即通过2次连续案（CA），将权利范围自通信站、基站通过同族专利进一步涵盖终端装置，更进一步用于向 Samsung 公司等终端装置厂商提起诉讼，主张权利。

以产业层面而言，事实标准核心知识产权除针对所属产业上、中、下游布局，亦应厘清事实标准在不同区域的适用性，并配合公司主要产销区域及知识产权商业模式，调整全球知识产权布局。以移动通信技术标准为例，不同国家、不同电信运营商采用不同技术标准，不同技术标准又因既有基础建设兼容性衍生不同的下一代技术标准，技术领导企业往往借由掌握不同技术标准共通的核心技术，并在其主要产销区域或潜在专利许可对象的主要产销区域进行全球知识产权布局。

其中，以 Qualcomm 公司为例，依其国际事业运营（Global Business Operation）组织下国际事业重点办公室（International Business-focus Office）设置区域，Qualcomm 公司除美国国内市场外，尚包括中国、欧洲、印度、日本、韩国、拉丁美洲、中东、非洲及南美洲等主要市场，Qualcomm 公司提交欧洲电信标准协会有关 LTE 技术标准核心专利的宣告与许可声明 ISLD-201209-021 中的全球同族专利，即涵盖了美国、中国、欧洲、俄罗斯、印度、日本、韩国、墨西哥、以色列、巴西等国家和地区，这说明 Qualcomm 公司的知识产权布局区域与其全球主要市场相符。

再以 InterDigital 公司为例，截至 2012 年，InterDigital 公司在全球 57 个国家布局技术标准核心专利；再进一步以其 LTE 标准核心专利布局为例，InterDigital 公司在全球 33 个国家和地区布局 LTE 标准核心专利，其中在阿根廷、澳洲、加拿大、欧洲、日本、韩国、墨西哥、中国台湾、美国皆有超过 100 件以上的 LTE 标准核心专利布局，据以支持其全球专利许可事业与活动。

◀◀◀ 竞逐事实标准，需有决心持续投入资源

如前所述，随着破坏性创新技术于产业链扩散，周边配套技术亦会形成成熟的技术方案并跨越市场鸿沟，新一代事实标准逐步取代既有技术方案，并借由产品技术世代更迭，快速将其带动进入成长期市场。两岸企业如欲借助事实标准及核心知识产权建立优势产业定位、延长创新报酬期限及获取多元利益，除掌握核心技术、善用方法，尚需有决心持续投入各类资源，具体而言，有以下三种情况。

在事实标准制定前：①需掌握所属产业技术方案发展脉络，掌握事实标准核心技术，仿真相应产业、产品、技术结构与技术方案发展；②需掌握所属产业结构各类动态信息，包含共同研发、产业联盟、技术标准、专利、许可、投资、并购等信息，并结合事实标准核心技术相关的产业、产品、技术结构；③根据上述掌握的情况，投入研发资源、投资并购及知识产权布局。

在事实标准制定时：①需掌握所参与技术标准的产品、技术结构，以及技术规格与产品、技术结构关系；②需掌握所参与技术标准产业结构、动态信息，以及参与标准制定之产、学、研各方技术方案，用以归纳产品技术发展路径，完整界定所参与技术标准中各技术规格于产品、技术结构的位置，以调整研发资源、联盟对象、投资并购目标；③需以智慧资源规划方法（IRP）的产品技术结构模式掌握参与技术标准制定的产、学、研知识产权布局，归纳各方技术方案的知识产权布局，以规划、执行、调整事实标准核心知识产权布局。

从 Qualcomm、InterDigital 公司布局移动通信技术标准核心专利可知，事实标准知识产权布局需事前掌握相应产业、产品、技术结构与事实标准的关联性，作为规划研发资源、投资并购目标及知识产权布局的依据，借此掌握核心技术及其相应知识产权，方能借由事实标准的制定，建立优势产业定位、延长创新报酬期限及获取多元利益。

在事实标准发布后：①随着事实标准演进，需掌握每一次技术规格更新标准与相应产品、技术结构的关系，并持续优化知识产权组合；②随着事实标准于产业扩散，需持续掌握各产业成员及产销区域采用的技术标准，调整全球知识产权布局；③同时，需持续掌握事实标准相关动态信息及产业结构变动，以规划并执行知识产权营销暨商业模式。

技术标准为竞逐蓝海关键，知识产权布局需有方

周延鹏　徐历农

· ·

≪≪≪ 事实标准成形，迈向市场高成长

当破坏性创新技术随着技术生命周期的进展，自基础应用研究渐进至产品开发阶段，早期耕耘的新技术方案跨越市场鸿沟，并逐渐或快速于产业链扩散。而产业上、中、下游成员为规范不同的新技术方案间、新技术方案与既有技术方案间的兼容性，于是竞相筹组相关技术标准制定组织（Standard-Setting Organization，SSO），共同对新技术方案制定技术规格，是故，新一代事实标准便萌发于产业世代交替之际及市场进入高成长期之前。通常，事实标准参与企业虽共同合作，同时也角力异常，无非期望在产品技术世代更迭引起的洗牌效应中，立于优势的产业地位，迈向新一波市场蓝海并圈下新市场地域。

随着新技术方案间的淘汰与整合，以及新一代事实标准的形成，深谙事实标准与专利池运营模式的技术领导企业及学研机构，即主导并瓜分技术规格，除积极投入研发并转化为优质知识产权，形成差异化优势外，进而以优质与优势的知识产权布局，罗织天罗地网，并以知识产权暨法律加上技术门槛，持续延长技术与商品市

场差异化优势，同时搭配知识产权商业模式，获取多元利益，并最大化创新报酬。

而技术后进企业则于市场初期三五年间，或以利基创意、灵活产品产销及成本管控淘到第一桶金后，即被少数技术标准主导企业形塑并控制次世代产品供应链，而被分配于价值链及供应链中低微利润区域，遂将辛苦耕耘的市场拱手让人，丧失破坏性创新技术所带来的市场高成长与高利润。更甚者，企业若依附于领导企业、学研机构，以其研发成果及知识产权布局的"养、套、杀"事实标准的策略，自身只能按时向技术领导企业、学研机构长期纳贡，支付巨额专利许可费。多年来，两岸仅少数移动通信领域企业，如中兴、华为等，能持续投入研发资源，深耕事实标准及知识产权布局，跻身技术领导企业之列，而多数企业并不谙其中的游戏规则，即盲目入局，并为人抬轿造势，以致为人作嫁，导致毛利极低微，并随着市场进入成熟期后即快速黯淡，甚至被逼退出市场。

《《《 参与事实标准，需作足功课并深耕核心技术与专利

美、欧、日、韩技术领导企业的研发，是随着新兴技术发展而自基础研究逐渐演进至成长与成熟期，对于各种技术方案的演进与可能的竞合作足了功课，规划产品技术发展，并仿真产业结构演变，规划产业定位及其知识产权与商业模式，而有目的、有组织、有计划地投入可支持其产业定位、产品技术发展、知识产权及商业模式的研发资源，并通过合格专业人士布局优质与优势的知识产权组合，使专利技术覆盖最大范围的产业链、价值链及供应链，并持

续以专利侵权诉讼为后盾，向两岸技术后进者收取市场入门费与许可费提成，甚至筑起技术壁垒，进一步在市场高成长期排除后进者进入主要国家市场。

相较之下，两岸多数企业通常在技术领导企业将破坏性创新技术商品化时，才自小道消息、媒体话题或外国商展嗅到商机，匆匆锁定具有话题性的技术项目，配置部分资源，快速模仿并提出产品原型（Prototype），以期有机会在技术领导企业占有的市场中分一杯羹。因此，两岸企业的研发投入时间往往集中于产品成长阶段，对于他人成形中的事实标准只能跟随，自然无法深入事实标准核心的破坏性创新技术，而自己的研发成果即因技术方案未能挤入事实标准遂遭淘汰，更遑论有能力主导技术规格，并竞逐事实标准制定及知识产权布局。

以移动通信产业为例，技术领导企业如 Qualcomm、InterDigital 等公司，在第三代移动通信（3rd Generation，3G）技术标准发展过程中，因掌握核心的分码多重存取技术（Code Division Multiple Access，CDMA），在 UMTS、CDMA2000 等 3G 技术标准中皆具有主导地位，而且其相应的知识产权布局也多在不同 3G 技术标准中圈下主要技术规格领域，而具有关键地位，才足以承受技术标准激烈竞争过程所产生的高度不确定性。

例如，InterDigital 公司在 1990 年代开始从事分码多重存取技术（CDMA）的研发，形成宽带分码多重存取的技术方案（Broadband-CDMA，B-CDMA）及其相应的知识产权布局，并自 1996 年起相继获得 Siemens、Alcatel 与 Samsung 等公司采用，而且亦共同组建 B-CDMA 协会（B-CDMA Alliance）。当第三代合作伙伴计划（3rd Generation Partnership Project，3GPP）及第三代合作伙伴计划二（3rd Generation Partnership Project 2，3GPP2）等 3G 技术标准制定组织相继于 1998 年底成立，并自 1999 年起开始制定 UMTS、CDMA2000 等 3G 技术标准，InterDigital 公司便向技术标准制定组织提交 UMTS、CDMA2000 等 3G 技术标准核心专利（Essential Patent）的宣告与许可声明（IPR Information Statement and Licensing Declaration，ISLD）。截至 2012 年，InterDigital 公司约有 900 件 UMTS 技术标准的美国核心专利，其中包括美国第 5，754，803 号、第 5，841，768 号及第 5，940，382 号专利，即早在 1996 年申请 CDMA 技术相关的专利，并在全球约有 8700 件 UMTS 标准的核心专利。同时，InterDigital 公司在 UMTS、CDMA2000 及中国主导的 TD-SCDMA 标准的核心专利亦高度重复，许多专利同时为 UMTS、CDMA2000 及 TD-SCDMA 标准核心专利或其同族专利，显示 InterDigital 公司在不同 3G 技术标准的核心专利实为同一专利组合，因而不受不同技术标准竞逐各国及各电信运营商的企图或牵制而影响其知识产权组合所产生的优势地位。

再如 Qualcomm 公司于第二代移动通信（2nd Generation，2G）技术标准时期，即在美国推动以 CDMA 技术为基础的 CDMAOne 技术标准。随着 CDMA 技术成为 3G 技术标准的核心技术，3GPP 组织开始制定以宽带分码多重存取技术（Wide Band Code Division Multiple Access，WCDMA）为基础的 UMTS 技术标准，Qualcomm 公司即在标准制定的第一阶段（Phase 1）、第二阶段（Phase 2）提交系统位置服务（Location Service，LCS）相关 50 件核心专利的宣告与许可声明（ISLD），远远超过同时参与该标准制定的 Ericsson、Nokia 等公司。Qualcomm 公司提交的 50 件核心专利并随着技术标准演进，成为 UMTS 技术标准中有关无线资源控制（Radio Resource Control，RRC）协议、无线接取网应用部分（Radio Access Network Application Part，RANAP）协议、UMTS 接取网基站（Node B）与无线网络控制器（Radio Network Controller）间 Iub 接口等技术规格的核心专利。

此外，随着 3G 技术标准演进，迈入第四代移动通信（4th Generation，4G）技术标准时，Qualcomm 公司一方面持续发展以 CDMA2000 技术标准为基础的 CDMA2000.1x/EV-DO 技术标准，另一方面在 2000 年借由与 Lucent 公司合作布局由 Lucent 公司的 Bell Labs 发展并逐渐成熟的正交分频多任务（Orthogonal Frequency Division Multiplexing，OFDM）及正交分频多重存取（Orthogonal Frequency Division Multiple Access，OFDMA）技术，以及可作为 ODFMA 配套技术的多输入、多输出（Multi-input Multi-output，MIMO）技术相关专利。随着 3GPP 组织在 2004 年底决定推动 LTE 为发展目标，且 IEEE 802.16 标准（即 WiMAX 标准）于 2005 年成立，Qualcomm 公司在 2005 年并购已陆续通过包括 Vodafone、T-Mobile 等电信运营商验证的 OFDMA 技术之 Flarion Technologies 等主要公司，并于同年 9 月展示 Qualcomm 公司以 OFDM 技术为基础的 FLO™ 技术方案，且与 Samsung、LG 公司合作共同于 2006 年 1 月在国际消费电子展（Consumer Electronics Show，CES）上展示采用 FLO™ 技术方案的手机，持续推动 OFDM 技术的商品化。

当一项创新技术自基础应用研究渐进至产品开发阶段，产业上、中、下游成员为规范不同技术方案间的兼容性，常会以筹组技术标准制定组织的方式来凝聚共识，建立产业共通标准。因此，新一代技术标准往往萌发于产业世代交替之际，或市场将进入高成长期之前。然而，当一项技术标准开始进入制定讨论阶段时，技术领导企业往往早已经备妥弹药，准备大战一场，两岸业者不熟悉外商累积筹码的具体作法与标准制定的游戏规则，即便有心参与，也无力扭转颓势。

当 3GPP 组织在 2005 年 11 月正式决定以 OFDMA 与 MIMO 技术为 LTE 标准多重存取的技术方案，各家厂商开始提交技术报告提案时，Qualcomm 公司以 Flarion Technologies 公司的 OFDMA

技术为基础发展自有 Flash-OFDM® 技术方案，开始建立系统平台、产品线及品牌，并在 2006 年 2 月推出采用第二代 Flash-OFDM® 平台的无线基站 RadioRouter 2000® 产品，且在同年将原 Flarion Technologies 公司欧洲事业部门副总 Andrew Gilbert 任命为 Qualcomm 欧洲事业部门总裁，并任命 Qualcomm 欧洲事业部门总裁为 Qualcomm 中东与非洲总裁，Qualcomm 公司同年即在肯尼亚举办的 Wireless East Africa Conference 及以色列举办的 Telecom Israel 2006 中展示 Flash-OFDM® 系统效能，快速将 Flash-OFDM® 产品推向全球市场。另一方面，Qualcomm 公司于 2006 年完成收购 Flarion Technologies 公司后，即宣告其在 OFDMA 技术达到专利的里程碑，且同年开始对通信模块厂商 AnyData、通信基础建设解决方案厂商 SOMA Networks、丽台科技等公司就 OFDM/OFDMA 技术进行专利许可，收取许可费并累积被许可厂商，并于 2008 年与 Nokia 公司就 2G、3G、4G 技术标准相关的专利争议予以和解，并为专利许可，其中即包括 WiMAX 及 LTE 标准相关专利。尽管 Qualcomm 公司 2007 年推出超移动宽带（Ultra Mobile Broadband，UMB）技术方案，欲竞逐 4G 技术标准，但在 2008 年放弃，然而随着 WiMAX、3GPP LTE、UMB 技术标准竞争，Qualcomm 公司始终掌握核心技术及其知识产权组合，借此建立自己的优势产业定位，并延长创新报酬期限及获取多元利益。截至 2012 年，Qualcomm 公司仍是采用 LTE 技术标准芯片的主要供货商。

相较之下，两岸多数企业及学研机构参与技术标准制定时，Qualcomm 公司等美、欧、日、韩技术领导企业已经整合了产业上、中、下游并将其技术方案商品化，而且相关的事实标准及其相应的知识产权组合已大致成形，因而两岸多数企业只能被动跟随技术领导企业主导的技术标准，而一旦跟随的技术标准为另一个技术领导企业主导的技术标准所取代，两岸企业顿时束手无策。中国台湾产、学、研跟随 Intel 公司推动 WiMAX 技术标准即近年中国台湾企业参与技术标准失败最鲜明的写照，亦即随着 WiMAX 技术标准被 LTE 技术标准取代，中国台湾企业也只能干瞪眼，大叹押错宝了。

发展 5G 前瞻技术抢先机？布局卡位需专业

周延鹏　徐历农

为因应美国、中国大陆、欧洲、韩国于 2012 年开始的第 5 代移动通信技术研发计划（5G）及标准制定发展，中国台湾行政主管部门于 2014 年 1 月 22 日召开为期 3 天的"5G 发展产业策略会议"，召集产官学研界就"尖端技术探索""建置实验网及布局核心技术与知识产权"及"产业链整合学界力量"议题交换意见，中国台湾有关方面亦随即宣布 2014 年为进入 5G 准备元年，预计于 3~6 个月内提出"2020 年 TW-5G 发展策略计划"，规划未来 6 年投入新台币 120 亿元扶植 5G 移动通信产业、建立 5G 实验网络及成立中国台湾通信标准联盟（TCSA），以期在 2017 年前预备技术研发成果，2018 年开始参与标准制定，预计在 5G 移动通信技术标准取得 4% 的技术标准核心专利（Standard Essential Patents，SEPs），期望与全球共同竞逐 5G 移动通信技术标准制定与新产业发展。

之前，中国台湾亦于 2013 年 10 月底结束 4G 移动通信频谱与执照竞标，全球如火如荼自长期技术演进升级版（LTE Advanced）开始发展后 4G 移动通信技术与标准制定，相较之下，5G 移动通信技术尚不具雏形，各界对 5G 移动通信技术众说纷纭。中国台湾有关方面在此时召集各界投入布局 5G 移动通信技术，有相当抱负，希望能借由前瞻技术布局，抢先于世代技术交迭之际立于产业竞争的优势定位。然而，抢先从事技术开发、商品化能否带来所谓"先行者优势"，还是沦为测试市场的白老鼠，为人作嫁？需看核心技术是否能够精准"布局""卡位"，这既是中国台湾信息通信产业（ICT）多年的沉疴梦魇，也是屡次在国际市场竞争棋差一着的症结之一。

◀◀◀ 中国台湾布局 5G 技术标准，看得见 WiMAX 相似背影，殷鉴不远矣

2002 年中国台湾在"挑战 2008"施政计划中，将未明确命名的全球互通微波存取（WiMAX）技术列入 4G 政策发展重点，2004 年英特尔展示 WiMAX 技术后，中国台湾经济主管部门随即于 2005 年的"行动台湾应用计划"（M-Taiwan）中，将 WiMAX 列为技术选项之一，中国台湾行政主管部门亦接连推出"TW-WiMAX 发展蓝图"及"WiMAX 加速计划"，业界纷纷争取与国际大厂英特尔合作，加入 WiMAX 论坛，中国台湾亦于 2007 年起发放 WiMAX 执照，成为最早运营 WiMAX 服务的地区之一，起步不可谓不早。但是，根据 3G 技术标准发展出的高速下行封包存取（HSDPA）技术于 2006 年开始商务运作，2007 年 LTE 技术开始

取代 WiMAX，中国台湾发展 WiMAX 相关研究计划成果并未获得国际大厂青睐，无法提供转化为技术标准的核心知识产权，部分技术亦随主流技术转换为 LTE 而遭淘汰，WiMAX 从前瞻性政策发展到以所谓"押错宝"收场。究其根本，过度依赖特定"国际大厂"而未能在核心技术深耕并掌握核心专利，也因此无法随替代技术竞合淘汰而实时应变，是当中的关键问题。

在中国台湾有关方面推动 5G 技术发展前，三星（Samsung）、华为（Huawei）已分别在 2012 年展示应用 5G 技术产品原型（Prototype）；与此同时，在推动移动通信技术标准发展具有悠久历史及相当影响力的欧洲，欧盟执行委员会于 2013 年底携手阿尔卡特·朗讯（Alcatel Lucent）、易利信（Ericsson）、法国电信（France Telecom）、华为、英特尔（Intel）、诺基亚 - 西门子网（Nokia Siemens Networks）以及意大利电信（Telecom Italia）等企业遵循发展 3G、4G 移动通信标准的第 3 代合作伙伴计划（3GPP）成立第 5 代公私联盟协会（5G Public Private Partnership Association，5G PPP），推动 5G 移动通信标准，预定在 2014 年底结束第一轮征求提案，并自 2014—2016 年完成基础研究与目标制定后，于 2016—2018 年进行系统优化与标准制定前活动（Pre-standardization），在 2018—2020 年进行大规模测试与早期标准制定。

相较于 5G 移动通信标准时间表，中国台湾产学研界于 2014 年下半年才开始选择题目，于 2017 年前预备技术研发成果时，美欧陆韩等国家和地区的领导厂商已在 2016 年完成多次技术方案间的竞逐与汰换，部分题目已在技术标准会议争论中遭到淘汰，领导厂商业已针对取得共识与支持的技术方案完成核心知识产权布局。倘若中国台湾不导入研发与知识产权分析布局之整合专业方法与工具，显然无法以并行同步的一贯作业执行布局与卡位 5G 研发与标准核心专利，更不能结构性、系统性依各方技术方案竞逐结果，实时调整研发目标设定、研发资源投入与知识产权布局。几可预言，当中国台湾有关方面于2018年领军带队参加标准制定会议时，不是拿出"未能获得国际大厂青睐"的技术提案，就是发现已身陷"专利地雷"满布的产品技术项目，将再度大叹"押错宝"。

"押错宝"，简单三个字背后隐含的是所有前瞻技术研发附随的风险，中国台湾产业界将与美国、欧洲、中国大陆、韩国的领导厂商一同概括承受，而用以分散风险或扩大报酬的技术标准核心知识产权，则因欠缺配套专业方法而无法取得，面对前瞻技术、标准制定与新产业发展的高度动态环境，中国台湾迄今仍极欠缺掌握核心知识产权以管控动态环境附随的高风险及掌握一闪而逝的机会的配套专业方法与工具。据以上分析，不光是脑袋和思维尚未调整，而且仍将是一贯眼耳不明、手脚不细致且欠缺跨国专业的知识产权作业，让中国台湾长期以来从事前瞻技术研发及知识产权布局，都只能以低于竞争对手的期望值从事"押对不会大赢，押错会大输"的不利投资窘境。

◀◀◀ 投资 5G 不只需换脑袋，眼耳手脚亦需跟上

因此，中国台湾要通过布局5G移动通信技术摆脱"受制于人"的宿命，掌握技术标准核心知识产权将是用以分散发展5G移动通信技术之风险及扩大前瞻技术开发之报酬的关键。然而，中国台湾一直不具备与发展技术标准核心知识产权相适应的国际配套专业方法与工具。而发展5G移动通信标准除了需"换颗脑袋"、改变思维外，各项专业配套作业更须导入，才能避免视而不见、听而不闻的埋头苦干，以及粗糙草率、不具备应有严谨度的

执行流程及方式。其中，就布局 5G 移动通信技术标准关键知识产权而言，研发与知识产权作业需能并行同步，随时因应外在环境变动而规划并调整方向、资源投入与产出目标，相关专业配套至少包括：①搜集并持续

两岸已起步投入第五代移动通信技术（5G）研发及标准制定，但对照外国发展，已慢了一步，倘若无专业的专利布局方法、工具与步骤，想在 5G 标准专利卡位，前景不容乐观。

第五章 技术标准与专利池

215

掌握 5G 移动通信技术标准的候补技术方案（Candidate）及其演进信息，仿真 5G 移动通信技术相应的产业、产品、技术结构，以归纳 5G 移动通信技术发展、标准制定涵盖范围，据以管理研发资源投入、设定研发与知识产权产出目标；②掌握全球从事 5G 移动通信技术研发、标准制定相关组织、成员、计划分组、领导人，并以前述产业、产品、技术结构归纳其相互关系，推衍各国产官学研发展 5G 移动通信标准的竞合状况，掌握外部资源、机会与威胁，据以调整联盟、研发方向与知识产权布局以及实质参与会议；③持续搜集 5G 移动通信技术之新产品技术发表、投资并购等动态信息，并以前述产业、产品、技术结构归纳分析，掌握研发项目相关技术方案及其推动企业的动态关联，据以随时调整研发及知识产权布局的侧重方向与覆盖面；④针对研发项目，调研相关专利及非专利文献，归纳主要竞争者之知识产权布局范围及行为，预先管控潜在专利风险；⑤改变各界单点、不连续的发明提案与传统专利申请作业，善用前述分析结果于技术披露、发明提案作业，以增进研发成果转化为知识产权布局的质量、精准度与覆盖面；⑥改变松散及因人而异的研发成果转化知识产权的不专业作业，以国际专业一致性流程与表单，善用 www.patentcloud.com 管理，以确保前述作业应有的专业质量。

5G 发展规划经纬未定，谈何策略执行？

周延鹏　　徐历农　　吴怡璟

2014 年 1 月 24 日，台湾行政主管部门科技会报在"5G 发展产业策略会议"催生了"小苹果""乡村包围城市"的策略双主轴，并于 5 月发布"2020 年 TW–5G 战略方案"。各界在会议上对 5G 移动通信技术发展看法不一，而且所提方案广泛包括了"小苹果""乡村包围城市""打造产业链一条龙""两岸合作打群架""构建区域型标准""建置 5G 实验网"，以及发展前瞻技术、布局技术标准核心知识产权等。这些项目大致囊括技术研发、产业联盟、标准参与及制订、基础建设及知识产权，并涵盖产业上中下游、相关主管部门或组织及学研单位间的运作。

该会议虽搜集产官学研各界所开"药方"，几乎可集结成册，据以消弭争议，但却未曾对发展产业、产品与技术项目进行结构化定义，作为探讨目标、定位与方向的共通语言，以及组织分工、资源分配与分项作业的共通平台。显见，如此未结构化的探讨问题，恐无从检视方向行为一致性与资源分配合理性，更难在执行上协同合作与互为配套，恐难以产出标准核心专利（SEPs）。

5G 产品技术结构具体支撑方向及资源分配的检视依据

5G 移动通信技术标准为国际电信联盟（International Telecommunications Union，ITU）在 2008 年制订 IMT-Advance 技术标准（即 4G 移动通信标准）的相对概念，包括由不同技术标准组织制订标准各类技术，且须通过 ITU 所订标准需求的认证。

5G 移动通信技术将由移动通信产业成员组成的标准制订组织，依据产品服务进程（Roadmap）需求筛选的技术方案所组成。因此，5G 移动通信技术所涉产业结构，至少包括移动通信产业，可依不同产品服务类别区分。

5G 产品服务依逻辑上依存与组成关系，可归纳为移动通信基础建设及移动网络应用服务两大类。移动通信基础建设可分为核心网（Core Network）与接入网（Access Network），其核心网由提供软件功能的硬件产品组成，包括交换机、路由器、网关、服务器及电源散热等外围设备，其中软件功能则包括数据交换、资源管理、用户管理、业务支持系统等；其接入网则包括各式大中小型基站设备，及应用移动通信芯片组的各种终端设备，例如，手机、平板等消费性电子装置、车用系统及物联网传感器装置或数据搜集器等。据此，5G 移动通信技术所涉产业结构至少包括：①上游零组件，包括通信芯片组；②中游终端设备及核心网、接入网络设备；③下游电信及应用服务。

5G 移动通信技术可依逻辑上的依存关系归纳前述产品所涉技术类别，包括应用情境、商业方法、网络架构技术、传输接口技术、软件系统设计、数据处理、电子电路设计、机构技术、外观设计等，并可逐步展开各具体技术项目，例如，传输接口技术即可分为载体（Carrier）技术、通信协议算法，而载体相关技术又可分为有线传输技术及无线射频传输技术，而且亦可依技术更迭汇流、技术标准制订调整其范畴。

依产业、产品、技术结构归纳产业成员及其产品、服务及技术后，即可仿真5G移动通信技术范畴，并可据此检视产业政策之方向、行为、资源分配的一致性与合理性。例如，以产品技术结构检视"小苹果"策略主轴，其中穿戴式装置为采用标准化通信芯片组的终端装置、穿戴式应用也仅是架构在现有通信基础建设的服务，其技术也仅涉及与5G技术标准较无关联的机构技术、外观设计及应用情境等；以通信产业成员及其产品检视"乡村包围城市"策略主轴，则自终端设备开始发展到小型、微型基站，只是产业结构缺乏大型基站与核心网设备的先天限制。要言之，所谓的5G发展策略双主轴，若以结构化的产业、产品、技术信息予以分析，实则无关5G核心议题。

> 有关5G催生的战略计划，看似广泛纳入各界对5G技术、产业发展的建言，但实际上仍欠缺许多基本功，恐难达成卡位5G标准核心专利的目标。

❮❮❮ 发展5G技术需掌握范畴、规划资源、要求产出

因此，5G技术规划与执行需掌握范畴、规划资源及要求产出。例如，依技术结构归纳不同技术方案类型，包括共性技术方案、后4G新兴技术方案、5G候补技术方案等，即可作为衡量研发成果、知识产权布局对目标技术方案核心及配套涵盖程度的指标，进一步搜集、归纳并分析产业成员间技术方案、知识产权布局、技术标准提案等信息，进而作为调整研发资源分配、具体要求研发成果产出暨知识产权转化的依据。

是故，发展 5G 移动通信技术，应善用专业方法、工具，掌握目标与范畴，全盘结构化区分层次，才能作为各界共通语言，进而能一致性地检视自各方信息，并构建足以支撑产业方向、资源分配、执行分工与产出要求所需信息的平台，方有机会在 5G 前期探索技术、中期标准制订的动态环境中保持方向、集中资源、同步作业，最后有效产出符合 5G 所需的标准核心专利（SEPs）。

改变旧方法、抢进新标准
5G 之路不能重蹈覆辙！

周延鹏　徐历农

从 1981 年第一代移动通信标准（1G）起，平均每 10 年完成新一代的移动通信标准制订，而第四代移动通信标准（4G）在 2012 年已逐渐完备。移动通信产业即将目光放至第五代移动通信标准（5G）的布局，依每 10 年完成移动通信标准制定的周期，预估 5G 移动通信标准将于 2020 年问世。欧洲在 2012 年底针对 5G 移动通信标准开始筹组跨国、跨产业、跨区域的国家级研究计划——METIS，易力信（Ericsson）公司负责统筹，包括法国电信等 29 个组织成员参与计划，韩国三星电子（Samsung）公司亦在 2013 年 5 月展示 5G 移动通信技术的研究成果。

2013 年 8 月下旬，中国台湾行政主管部门科技会报提出"第五代移动通信发展策略航图"后，中国台湾有关方面即宣布 2014 年为台湾地区进入 5G 准备元年，研拟台湾地区布局 5G 移动通信标准相关政策，计划在 2013 年底举办 5G 发展产业策略会议，半年内须制定"2020 年 TW-5G 战略方案"，用以结合产学研界的研发资源以及两岸要"早考虑、早行动、早参与、拉高层次携手 2020 年达成 5G 新技术标准制定"合作，发展 5G 移动通信标准关键技术，布局 5G 核心知识产权，期望中国台湾能与已宣布投入 5G 研发的美、日、韩、欧盟等国家和地区，共逐 5G 移动通信标准技术与未来新产业，进而使中国台湾通信产业有机会随 5G 移动通信标准的发展而转型升级。

然而，中国台湾学研界过去不乏在许多新兴技术探索期从事各领域的基础及应用研究，但鲜能走到商品化、产业化，亦未产生事实标准的核心知识产权，而难据以支持产业界树立地位与优势竞争，更难借以换取高额创新报酬。何以至此？轻忽态度与用错方法也。

◀◀◀ 竞逐 5G 技术，中国台湾尚不具备标准专利布局方法

5G 移动通信技术除了须延续部分 3G 与 4G 标准技术与专利外，目前尚处在生命周期的探索期，其因应未来潜在市场应用的技术需求并不明确、技术原理亟待研究与验证、技术方案亦未成型。虽技术先进者将探索时期的基础与应用研究成果布局知识产权，其专利"圈地"看似遍布良田美地，然而随着技术生命周期演进到成长期、甚至成熟期，各种配套技术发展、技术方案完备及产品应用浮现，先前所布局的专利涵盖的技术方案可能被淘汰、被替代、被回避，乃至渐渐与市场的主流产品、技术脱节，先前所圈专利"地盘"便

可能自良田美地变为一片荒芜。

事实上，中国台湾产学研界长期以来是零星、不连续地将研发成果申请专利，而缺乏以系统方法用产业、产品、技术信息支持专利"圈地"。而且，知识产权布局也没有目的性，即便产学研于从事探索期研究同时，想"养、套、杀"地布局知识产权，也鲜少能落实到位，最后往往"空养"一堆"束之高阁"的专利证书，而成为"没有智慧的费用"。

倘若中国台湾产学研界未有专业系统可以转化探索期研究成果成为涵盖未来市场应用的不同产品及其产业链、价值链与供应链的知识产权，实难期待在事实标准制定过程伴随技术方案竞合的高度动态环境下，产生专利权利范围涵盖特定技术规格的事实标准核心专利（Standard Essential Patents，SEPs）。更难随着产业结构演变、市场主流应用浮现及技术方案竞合，而可以以包括事实标准核心专利的"优质"与"优势"知识产权组合持续影响产业链上、中、下游厂商的运营自由，并作为企业商品化、产业化过程之运营自由与优势竞争的筹码，进而能为各种知识产权之交换商业模式，换取多元获利。

❮❮❮ 布局标准专利需懂规则、用方法，中国台湾尚未从失败中学到教训

观诸中国台湾过去发展数据储存、传输与通信相关技术，研发活动及知识产权转化标准作业极不严谨，亦缺乏有效率的专业方法，导致在事实标准核心专利的竞逐，如同博弈，只能单凭运气，而且长久以来尚未从过往的错误中学到教训，例如：5G 移动通信标准目前处于探索期，相关技术并不确定，有关方面即能大言凿凿提出自己"所谓"的各国厂商 5G 相关专利数量，若依此作业规划

研发及转化知识产权，甚难与未来 5G 移动通信标准产生关联，亦难禁得起未来产业及市场验证。

布局事实标准核心专利，必须掌握事实标准相应的产业、产品、技术或软件功能结构，更须对技术标准制定组织、组织成员及运作方式作足功课，包括掌握技术标准制定组织成员于产业链的位置及其研发、商品化、投资、合资与并购等动态信息，以及掌握技术结构对应技术标准规格制定的主要成员及其技术方案与脉络，而且亦需明确定义并作为规划研发资源及知识产权布局的依据，才可能规范研发产出及知识产权布局的目标，确切掌握研发产出、知识产权转化与事实标准的关联度，适时修正目标与相应研发投入、知识产权布局，方有机会提高"命中率"。

> 主管部门出面整合信息，试图让科技产业在 5G 时代摆脱专利受制于人的局面。但从过去将研发成果转化为知识产权布局的结果来看，倘若想法与方法不改，想借由投入 5G 技术发展扭转劣势，只会不断重蹈覆辙。

事实标准核心专利的布局，更需理解研发成果产出、知识产权转化、研发成果商品化与技术标准制定的动态关联，构建涵盖技术专长、产业经验、营销专长与知识产权专业等跨领域专业组成的整合团队，方有机会营销研发成果，使相应技术方案纳入事实标准的规格制定，促使相应专利布局与申请成为事实标准的核心专利。

◀◀◀ 做"对的事"需能"把事做对"，布局 5G 需有专业方法

如果"现在"只是在"过去"的延长线上，是不会有"未来"的。如不改变做事方法，即便做"对的事"也将不能"把事做对"。中国台湾如欲借由发展 5G 移动通信标准，提前布局核心知识产权，

抢进市场新蓝海，就不能再抱持旧思维、沿用旧方法，而且须能从过去发展事实标准及知识产权布局的失败中学到教训。

布局 5G 专业方法，具体言之，主要包括：

1. 应改变对所发展技术标准不能全盘掌握的政策推动执行，而须以产品、技术、软件功能与产业结构为基础，持续掌握 5G 移动通信标准相关产业上、中、下游与学研机构的研发、商品化、投资、并购、联盟等动态信息，并随时监控相关标准制定组织于技术标准制定的分组、时程、成员及参与厂商，据以展开发展 5G 移动通信标准研发与知识产权布局的目标、进程、产出要求与资源分配；

2. 应改变欠缺专业与效度的知识产权分析作业，而须以产品、软件功能、技术结构为框架，持续仿真与掌握 5G 移动通信标准核心技术及其相应产品服务演进，并归纳各技术标准规格制定进程与产品、软件功能、技术结构关联，并以 www.patentcloud.com 系统与方法归纳相关产、学、研技术方案及相应知识产权布局，据以制定与适时修正 5G 移动通信技术的研发资源投入及其知识产权布局要求；

3. 应改变没有目的、不连续且与产业事实脱节的知识产权布局方法与作业，而须以产品、软件功能、技术结构与产业链、价值链、供应链为框架，融合知识产权营销与商业模式的行为与经验，于产出知识产权同时同步规划与持续掌握对 5G 移动通信技术标准相关产品、软件功能、技术规格与产业链、供应链的覆盖面，并随时依据 5G 移动通信核心技术演进、技术规格更新制定、新产品发布等动态信息检视并调整知识产权布局；

4. 应改变欠缺整合、目标发散的组织与行为，而须构建具备技术专长、知识产权布局申请与营销专业、产业人际网络、信息基础建设的跨领域团队与资源，有目的、有方法、有组织、有系统、有评价地发展 5G 移动通信标准之研发、标准组织参与、知识产权调研布局申请与营销相关作业。

从无线电力传输看产业联盟
与技术标准的运作与参与

周延鹏　曾志伟　汪忠辉

欧美企业参与产业联盟与技术标准的各种活动，其行为大多是有目的性、针对性，并且结合不同领域的专业方法、工具与人才，积极部署与运营知识产权。然而，两岸多数企业并没有掌握产业联盟、技术标准与专利池的差异，也多欠缺各种投入与参与，即无法借由参与技术标准的规划，进而掌握核心技术、关键零组件与知识产权，因而导致技术与市场受制于人。实则，身为产业后进者的两岸企业更应主动参与、积极规划执行、运用专业服务、优化知识产权布局与创新商业模式，才能取得"技术自主、市场自主、产业自主"的地位，进而创造源源不绝的营收与获利。

◀◀◀ "养、套、杀"专利规则，技术标准与专利池的运营关键

在产业联盟、专利池与技术标准之间，其形成过程可能彼此牵

连，但又存在若干不同，且因应各产业特色以及所参与的企业之企图、实力与运作方式差异，而有着截然不同的发展与命运。因此，其所涉及内容广泛，过去两岸企业多未能厘清相关目的与范围，导致"联盟"与"标准"等词诸多混淆与滥用。

产业联盟可能涉及技术段、资本段、生产段、销售段、人力段、知识产权段等层面的合作或交换，联盟内各主体共担风险、共享利益，而专利池即属于产业联盟中的一种重要类型，其成立目的在使"专利覆盖产业链的最大化，专利侵权诉讼威胁供应链的规模化"。而技术标准成立目的不外乎为"主导产业链、控制价值链、分配供应链"。然而，若企业要借由参与产业联盟与技术标准活动并运用知识产权达到前述目的，则应更聚焦于"事实标准"（De Facto Technical Standard）与"专利池"（Patent Pool）等的分析与参与，并结合不同领域专业人才与专业服务：①需具备具有高度产业实务经验的人才；②掌握相关领域技术知识与技术发展脉络；③了解各类规范文件并善用专业分析方法与工具，如 www.patentcloud.com；④研发需联结所发展的技术与相关技术标准方案，并据以规划执行研发与布局产业关键位置的知识产权；⑤熟悉如何利用产业联盟与技术标准，据以影响产业与科技政策。

以通信产业标准组织活动分析为例，观察 3rd Generation Partnership Project（3GPP）组织的相关通信标准制定活动与企业成员知识产权布局，可以归纳出 Qualcomm 与 TI 等企业皆是在标准规格尚未确定前便已经针对关键技术进行优势专利布局，并不断循着标准规格制定活动的演进，持续完善技术方案并优化专利布局与组合。例如，Qualcomm 在 2005 年并购 Flarion，取得 OFDMA 技术专利后，再借由从 3G 时期以来对规格制定的影响力，成功地让 OFDMA 技术能在通信技术标准提案中获得青睐，以借此奠定后续产品市场占有率与专利许可的基础，并使竞争者技术不自主与市场不自主。

反观两岸 ICT 企业，因多为后进者，在参与各类联盟或标准前，更需掌握各标准组织所涉及之目的、定义、范围、形态、内容、权利、义务、产品、技术等方面，以及发起成员之知识产权布局现况。若企业仅是"表面或形式"参与，而没有专业配套及行动方案，包含整体产业、产品、技术及知识产权相关的目标与蓝图（Roadmap），即难有助于实质产品与技术能力的提升，更无法提前布局于下一代技术标准发展的核心技术与关键零组件及其相应的核心专利（Essential Patent）。亦即，即使投入资源进行产品技术开发，最终仍是"为人作嫁"，并落入技术标准发起成员"养""套""杀"专利的圈套中，难以成就较佳获利结构。

◀◀◀ 无线电力传输技术快速商品化，产业面临结构性改变与激烈竞争

以无线电力传输技术为例，因技术演进，传输效率获得提升，自 2012 年起商品化开始快速发展，势必将冲击以往有线充电产品之零组件、模块与相关系统端市场，包含：①上游的芯片设计、被动组件、缆线、连接器；②中游的电源供应器、变压器；③下游的手机、笔记本电脑、家电等终端产品以及相关检测及其机构。两岸产业链上的厂商，将会面临产业结构性的改变，尤其是当终端产品可进行一对多无线充电，其各类组件需求量会因而大量减少。也因为涉及产业的结构性变化，2012 年无线电力传输技术相关的联盟与标准活动显较 2011 年以前更为活跃。目前无线电力传输相关产业联盟主要有 2008 年 12 月成立的 Wireless Power Consortium

（WPC）、2012 年 3 月成立的 Alliance for Wireless Power（A4WP）、2012 年 6 月成立的 WPT 工作小组（Wireless Power Transmission Working Group）以及英特尔（Intel）于 2012 年 9 月开发者论坛（IDF）上宣布将与 IDT（Integrated Device Technology）、仁宝、比亚迪等合作开发无线电力传输解决方案。

前述各联盟所涉及的无线电力传输技术，包括磁感应式与磁共振式，其间技术有共通性与差异性的部分，各联盟所推动的技术标准在时程上的推进亦有所差异。企业应运用产业化专利分析与布局方法，包含：①厘清无线电力传输技术共通性与差异性的事实，并严谨定义其所涉及产品结构与技术结构；②以 www.patentcloud.com 进行全球无线电力传输技术专利权人调研，掌握各专利权人专利布局现况与技术发展脉络，据以管控未来产品技术的专利风险；③界定现有标准所规范技术方案于技术结构的位置，仿真未来标准规格与配套技术方案的演进及产品与技术结构的变化；④依据产品与技术结构位置，于参与技术标准的过程中并行同步规划研发项目、人力资源、配套资源、合作 / 委托开发、并购、投资、合资等；⑤依据产业化专利信息，优化知识产权的质量、价值、组合与运营措施，并转化一系列研发结果为优质与优势的专利及其组合；⑥依据企业自身定位并结合产业链、供应链、价值链等信息，创新知识产权的商业模式。

两岸 ITC 产业过去已错失许许多多产业联盟与技术标准机会，而且也因此付出巨大代价，例如，"毛三到四"

从 20 世纪 80 年代开始，ICT 产业作为两岸企业发展重点，相关企业与研究机构的研发活动频繁，产品与技术也快速演进，其间因市场发展须整合与寻求一致的规格或标准，进而使各类产业联盟与技术标准蓬勃发展。然而，综观 ICT 产业发展与整合过程，欧、美、日、韩企业主导着各种产业联盟或技术标准活动，甚至进一步借由知识产权的运营，强势"主导产业链、控制价值链、分配供应链"，而使两岸多数企业在产业发展上处于"被主导、被控制、被分配"的地位。

或者更低的毛利、产业结构的劣势、许可费的支付、重要产品被迫放弃等。值此无线电力技术商品化发展之际，企业须借由参与各种产业联盟与技术标准活动，优化技术产品研发，发明技术标准关键位置的技术方案，同时转成优质与优势的专利，企业于全球竞争时才可取得技术自主、市场自主、产业自主的地位，并创造优势竞争与获得多元获利。

★★★技术标准联盟的机制★★★

从 Google、三星与华为案例
谈技术标准专利 FRAND 机制

周延鹏　吴俊英　张毓容

在产业合纵连横中，标准制定组织（Standard Setting Organization，SSO）可以说是两面刃，一方面通过组织机制的运作，促使产业技术标准化，避免业者重复投资及浪费交易成本，市场也因技术标准化而受益；另一方面，标准制定组织亦因制定标准核心专利（Standard Essential Patents，SEP），导致其成员挟标准核心专利向其他业者予取予求，形成妨碍公平竞争的联合垄断行为。

对技术后进国家的厂商而言，因发展历史及国际分工之故，相对于技术先进国家的厂商，不易有机会参与标准制定组织运作而丧失先机，因而需向专利权人取得包含标准核心专利在内的各项专利许可，但于磋商许可条件时，又多缺乏谈判筹码，最后就只能被当成"软柿子"而被迫接受不公平、不合理的许可条件。

标准核心专利组织通常要求组织成员就与被许可人间的许可条件作出"FRAND 承诺"。"FRAND"即"Fair, Reasonable, and Non-Discriminatory"的缩写，意即组织成员允诺就标准核心专利以公平、合理且无差别待遇之条件许可他人。然而，FRAND 内容过于抽象、不易操作，若各国主管机关就 FRAND 未能构建实质内容与判别标准，则也是流于空泛，无法达成保障公平竞争目的。

◁◁◁ FRAND 是否为口号，各国竞争法执法态度是关键

近年来，美国、欧盟乃至中国的竞争法主管机关纷纷发挥功能，于监督机制上明文运用或融入 FRAND 的概念，并诠释 FRAND 的实质内涵，以规范标准专利组织成员行使权利，使其不能再横行无阻，此趋势殊值产官学研关注、借鉴。

例如，2011 年，美国联邦贸易委员会（Federal Trade Commission, FTC）对 Google 是否就其标准核心专利的许可条件违反 FRAND 承诺进行调查，历时长达 19 个月，终于逼使 Google 在 2013 年 1 月 3 日与 FTC 达成和解协议（Consent Agreement），Google 允诺除特定情形外，不得任意撤回 FRAND 承诺；而且，未来 Google 必须符合特定条件，才得以标准核心专利提起禁制令，其中包括强制前置协商程序，亦即①至少须先与潜在被许可人就许可条件协商达 6 个

月以上；②前述 6 个月协商期届满后，Google 必须提供潜在被许可人许可协议；及③若潜在被许可人主张前述许可协议一部分或全部未能符合 FRAND 承诺，则双方得通过法院或仲裁机制认定许可条件。

再如，欧盟执委会（European Commission）于 2012 年 1 月，在 Apple 未提出调查申请的情况下，主动针对 Samsung 在德国等欧盟会员国以标准核心专利向当地法院申请禁制令，阻止 Apple 手机产品进入该国市场的行为进行调查。欧盟执委会认为标准核心专利是进入相关市场的入场券，因此，专利权人必须严守 FRAND 承诺，以确保市场竞争的健全。然而，Samsung 虽为 European Telecommunications Standards Institute（ETSI）3G 多件标准核心专利权利人，却无视 Apple 愿接受符合 FRAND 承诺的许可条件，仍以禁制令为手段阻碍其进口产品，因此，欧盟执委会认为 Samsung 此举有滥用市场力量的嫌疑。

旋后，Samsung 于 2013 年 9 月主动表示和解，并提出具体和解方案，并于 2014 年 4 月 29 日达成和解协议，Samsung 承诺 5 年内不再以智能型手机及平板电脑等相关标准核心专利，向符合特定许可架构的公司提起禁制令。该和解协议所谓特定许可架构系指：① Samsung 与潜在被许可人就许可条件协商已达 12 个月以上；及②倘若经协商仍未达成协议者，得经由双方同意的法院或仲裁机构订定符合 FRAND 承诺的许可条件。

至于在亚洲地区，日本知的财产高等裁判所采取与欧盟执委会类似的立场，于 2014 年 5 月 16 日就 Samsung 对 Apple 提起禁制令的行为作出裁定，认为如允许专利权人就标准核心专利无限制地行使禁制令请求权，将会使潜在被许可人迫于进出口障碍的现实，而不得不接受违反 FRAND 承诺或显不合理的许可条件，甚至可能使潜在被许可人放弃事业活动而有碍竞争，因是据此驳回 Samsung 对 Apple 的禁制令申请。

◀◀◀ 反制专利权人狮子大开口，中国反垄断法威力不可小觑

在 3G 通信技术许可领域赫赫有名的 InterDigital，先前亦试图迫使华为接受相关专利许可条件，却在中国惨遭滑铁卢，华为在中国以法律手段展开反击诉告 InterDigital，广东省高级人民法院于 2013 年 10 月 21 日做出终局判决，认定 InterDigital 在相关标准核心专利许可市场具有市场支配地位，却对华为的报价明显高于对其他公司的许可费，显不合理，亦不公平。

法院进一步表示，InterDigital 欲借由在美国禁制令等法律手段，逼迫华为除接受高昂的许可费外，并要求将华为名下所有专利无偿交叉许可给 InterDigital，此要求显然是不公平定价，而违反中国反垄断法相关规定，法院据此判决 InterDigital 应赔偿华为人民币 2000 万元。此判决出炉后，InterDigital 与华为于同年年底就欧盟反垄断的诉讼达成和解，华为则在来年 1 月向欧盟执委会提出撤案申请，执委会因而终止对 InterDigital 的调查程序。

◀◀◀ FRAND 机制落实主管机关能否"有为者亦若是"？

从前述案例可知，企业如遇有需与大厂谈判专利许可的场合，不妨试着通过主要市场当地主管机关对 FRAND 承诺的监督，运用各种法律手段与专利权人斡旋，争取更平等、更有利的许可谈判地

位，据以获取实质公平、合理、无差别待遇的许可条件。

反观两岸竞争法主管机关，多来面对专利池（不必然为 SSO）或跨国企业结合（如微软并购 Nokia 手机业务），通常均仅附加负担而不予禁止，例如，One-Blue、One-Red 等 DVD 专利池的案例。然而，却鲜少见到对专利池或外国企业的许可行为主动进行调查，遑论落实 FRAND 机制。

综上所述，要发挥 FRAND 实质功能，有赖实务案件累积与诠释。科技业为两岸经济发展命脉之一，目前产业也正谋求转型、升级，倘若主管机关与法院能更积极落实 FRAND 内涵，防止专利权人以标准核心专利遂行不正当的许可行为，对于产业发展与公平竞争将有相当帮助。

> 拥有标准核心专利的企业往往可在市场竞争中享有优势，但为了避免这些企业滥用其优势地位，美国、欧盟乃至中国的竞争法主管机关纷纷发挥监督功能，规范拥有标准核心专利的企业组织成员，使其不能再横行无阻。

专利池已成大恐龙，中国政府竞争法应行制约

周延鹏　徐嘉男　黄上上

荷兰皇家飞利浦公司、日本新力公司及日本太阳诱电株式会社组成 CD-Rs/CD-RWs 专利池，并于 2002 年 1 月 24 日由飞利浦公司向美国国际贸易委员会（ITC）对 CD 厂商国硕科技等 19 家企业提起"337 调查"，主张该 19 家企业侵害该等公司 6 件专利；此

外，自 1999 年 11 月起，6C、3C、1C、MPEG LA 等专利池分别与中国 DVD 企业及其谈判代表中国电子音像工业协会（CAIA）进行谈判并达成协议，中国 DVD 企业须就 DVD 播放器的生产或出口支付许可费，截至 2006 年，每台 DVD 播放器所支付金额已超过 20 美元。上述事件均曾经喧嚣一时，也让相关被诉企业深刻感受到专利池主张边境保护、排他权以及要求支付巨额许可费的威力。

◄◄◄ 专利权人借由专利池予取予求，严重影响产业正常发展

专利池俨然已成为专利权人活用知识产权的商业模式之一，相较于单一专利权人只能自凭其力，专利池更能将知识产权的排他权发挥得淋漓尽致，甚至影响特定产业正常发展及其市场竞争。以中国 DVD 播放器产业为例，中国企业向外国专利池支付高额许可费，导致 2005 年中国企业生产及出口量较前一年度下降 78.6%，而外资企业出口则以 10.7% 的速度增长，以及中国企业利润率亦从 2000 年的 30% 下降至不足 5%。有鉴于此，相对于专利权人借由专利池强势营销知识产权并予取予求，中国反不正当竞争法如何在专利权人的正当行使权利及维持市场自由竞争与产业正常发展之间，寻求一个适当的平衡机制。亦即，两岸宜速对专利池进行适当的制约，使其权利行使受竞争法制约，以规范其正当性与合法性，而非任由专利池逾越各国专利权范围与竞争法约制而予取予求。

个别专利权人借由专利池获取巨额许可费收入及市场控制力，已涉及公平交易与联合垄断，而中国政府和两岸相关部门却鲜少从市场公平竞争及产业正常发展看待竞争法如何制约专利池及其权利是否合理行使，更遑论深入论证相关的技术、专利、市场、产业及

其公平竞争等细节。竞争法对专利池的制约应先从专利池的概念源起及目的加以了解，并且从主要国家对专利池制约现况加以探讨，从而更易了解专利池迄今 20 年来追索许可费的不合理处，进而在"公平交易法"及"反垄断法"的现有规范基础上，发展出可予导正并制约的机制。

◀◀◀ 专利池追求最大规模效益，知识产权输出国当然会松绑其制约

专利池（Patent Pool）的概念源自 1850 年缝纫机专利权人相互诉讼时，由原告 Grover and Baker 律师暨总裁 Orlando B.Potter 出面提议而成立。发展至今，专利池（有些同时涉及事实标准）已广泛地在各个产业技术领域形成。专利池成立的目的不外乎在追求：①专利技术覆盖产业链的最大化；②专利侵权诉讼威胁供应链的规模化。专利池所能带来的效益主要包括：①专利许可暨许可费收入最大化；②产业竞争及差异的最小化；③专利管理成本及费用的最小化。再者，各专利权人向有关国家主管机关申请成立专利池时，则是打着诸如避免全球重复投资、避免重复发展技术、避免浪费资源等冠冕堂皇的理由，然而这些说辞其实都只是为掩饰以上所述目的之巧言或借口而已。

以 MPEG LA 为例，依其专利许可方案，欲取得其专利许可的企业必须以其所属国家制造或销售产品的数量，按专利池"全球专利数量"计算应缴纳的许可费。然而，根据 MPEG LA 于 2011 年 1 月 1 日许可方案的专利清单，ATSC 与 MPEG-2 的全球专利各有 199 件及 955 件，其中中国台湾专利各有 1 件及 12 件、中国大陆专利各有 11 件及 27 件。亦即，在 MPEG LA 专利清单中，中国台

湾有关 ATSC 的专利仅占清单内专利总数的 0.5%、MPEG-2 专利则占 1.2%，中国大陆有关 ATSC 专利仅占清单内专利总数的 5.5%、MPEG-2 专利则占 2.8%。MPEG LA 是借由全球专利组合暨专利池，作为向两岸企业收取按所有各国专利总和数量计算的许可费，而完全不论各企业实际在产销国和地区的专利数量，更无视于产品实际销售国家及其数量。事实上，MPEG LA 成员在两岸经核准而且为两岸企业实施的专利，占其全球专利的比例是相当小的。

其次，企业所产销的产品真正涉及专利池的专利技术往往仅是该产品的部分组件，然而专利池是按"最终产品数量"计算许可费。根据 MPEG LA 的专利许可方案，于 2010 年 1 月 1 日后向 MPEG LA 取得 MPEG-2 专利许可的企业，必须按企业产销的 MPEG-2 译码器、MPEG-2 编码器、消费性产品（Consumer Products）或影音数据储存媒介（Packaged Medium）数量，以每件产品 2.5 美元的对价计算许可费；向 MPEG LA 取得 ATSC 专利许可的企业，必须按企业产销的 ATSC 接收器产品数量，以每件产品 5 美元的对价计算许可费。总而言之，以同时会使用到 MPEG-2 与 ATSC 技术的数字电视而言，企业每生产或销售一台数字电视，即须支付 MPEG LA 高达 7.5 美元的许可费。然而，数字电视产品中使用到 MPEG-2 及 ATSC 技术的组件，以目前的技术发展，已集中在一个芯片，以每芯片约 10 美元的售价计算，许可费占高达 75% 的比例，明显逾越合理范围而违反比例原则。

对于专利池的制约，虽 20 世纪 80 年代初期世界知识产权组织提出的《技术转移合同管理示范法》第 350 条列出了 17 种限制性贸易条款，联合国贸易与发展会议在 1981 年提出《国际技术转移行为准则》中列举 20 项限制性条款，世界贸易组织定有《与贸易有关的知识产权协议》（TRIPS），但前二者未获多数国家支持，后者则不是针对竞争法制约而来。在日本，其公正交易委员会于 1997 年 7 月 30 日颁布新的《专利和技术秘密许可协议中的反垄断法指导方针》。在美国，其对专利池的制约则历经了免除审查、执行审查、适用合理原则、严格制约等时期，直至美国司法部（United States Department of Justice，USDOJ）与联邦贸易委员会（Federal Trade Commission）于 1995 年 4 月 6 日发布《知识产权许可反垄断指南》（Antitrust Guidelines for Licensing of Intellectual Property），即由美国司法部核发商业审查函（Business Review Letter）后，等同不再于未来针对该专利池提起任何反垄断指控。据此，美国司法部陆续核发了 MPEG LA、飞利浦 DVD 和东芝 DVD 三个专利池的商业审查函，而这三大专利池也成为迄今向两岸企业广泛收取巨额许可费的颇具代表性的组织。

析言之，以知识产权输出国的美国而言，其政府很清楚：美国企业或其所联合的外国企业所成立的专利池，与美国企业在全球竞争力息息相关，因此对其设立及活动的规范上亦相对宽松，鲜有对其申请或运作表示拒绝或启动刑事调查，事实上则是支持加速其跨国企业主导全球产业链，并以游戏规则制定者之姿，协助其跨国企业控制价值链与分配供应链，借以获取更多经济利益。

中国反不正当竞争法应对专利池进行行政审查，使权利正当行使并确保产业正常发展

任何企业要与现有专利池相抗衡，都面临着庞大的专利数量，势必遭遇到不论侵权与否及产销国别，均必须全盘接受所有专利许可，或者投入庞大人力和金钱检视专利池所有专利是否有效及其产品是否涉及侵权，而且又不能按实际产销国家和地区的专利数量比

例支付合理许可费，更无法主张以涉及侵权组件占产品价格比例调整许可费费率。因此，中国政府在对专利池进行制约时，宜清楚掌握：①专利池的商业模式和游戏规则，是以大量部署于各国的专利要求企业就此支付全部对价，但专利池在各国专利数量常常不相当，甚至在企业产销国家或区域内所部署的专利甚少而不足以涵盖产品全部；②在企业产销产品中，可能仅有部分组件涉及侵权，但专利池的许可方案常常是以企业产销的最终产品计算许可费，不问使用到专利池的专利所涉及技术的组件，占企业产销产品价格多少比例；③竞争法对于

> 两岸宜速对专利池进行适当的制约，使其权利行使受竞争法制约，以规范其正当性与合法性，而非任由专利池逾越各国专利权范围与竞争法约制而予取予求。

专利池的制约关系着产业形成、发展甚至限制、衰落，同时影响市场公平竞争乃至于产业合理利益，宜根据国内经济、产业发展及该领域科技发展状况弹性调整，才符合市场实质正义，而不宜一味地沿袭其他技术输出国对专利池的审查及管控标准与作法，或者不分青红皂白地援用外国立法范例。

有鉴于此，中国政府可思考的方向如下：①宜将专利池的活动认定为"联合行为"，须经政府审查及核可；②在审查时，应以比例原则检视专利池的行为是否符合权利行使的正当性、是否构成了权利滥用，举例而言，若企业仅在中国有产销活动，而专利池在中国仅登记有2件专利，专利池却连同其在美国的100件专利要求支付所有许可费，即有违比例原则；③在两岸既有公平交易法、反垄断法下，似无须另通过繁复的立法程序处理此议题，只须在既有规范下建立相应的行政审查机制，并基于专利池的商业活动已实质影响其产业及经济发展与市场交易秩序，认定对其有竞争法管辖权；④若专利池不遵循竞争法制约，在依法行政原则下亦有法律基础得

处以相当于无上限的连续罚，一旦罚款金额高于专利池自全球所收取许可费，该专利池即会遵循两岸竞争法制约规范。综言之，"比例原则"的适用，是支撑着竞争法制约专利池正当行使专利权利的基础，更是瓦解专利池现有运营模式的关键。中国政府和两岸相关部门宜认真看待此一课题，有效导入竞争法于既有专利池的成立与运作，并维持产业正常发展与市场竞争的正当性，并速采取对专利池的适当制约机制，包括通过制订法规命令、行政规则、行政指导等各种行政行为，构建对其行为类型、认定标准、审查流程、效果、执行与监督等的规范与程序，期能驱使专利权利人正当行使权利，并且维持市场交易秩序和实质正义，裨能给予两岸诸多产业有适当而实质公平的发展空间。

第六章 商业秘密管理

巧妙布局商业秘密将成营收、获利关键

周延鹏　张淑贞

　　近年来，半导体、面板、LED 照明产业发生多起令人关注的商业秘密侵害诉讼案件。例如，台积电为防止其前研发处长梁孟松转入三星集团任职后泄露其商业秘密，于 2011 年 8 月向中国台湾"智慧财产法院"对梁孟松申请定暂时状态假处分，2012 年 3 月法院即裁定准许台积电申请，禁止梁孟松使用或泄露台积电特定商业秘密，并禁止其向台积电员工、供货商或客户等第三人刺探或取得台积电商业秘密，而且亦不得提供台积电研发部门人员信息给三星，且不得协助台积电研发人员离职并为三星工作等，而梁孟松对裁定不服提出抗诉，但遭法院驳回。同时，台积电对梁孟松亦提起侵害商业秘密民事诉讼。除前述台积电案件外，在 2011 年间，友达亦于新竹"地检署"对其显示器技术开发中心离职的资深协理连水池与 OLED 技术处经理王宜凡提出妨害商业秘密刑事诉讼，友达主张连水池与王宜凡涉及将友达 PSA 等多项核心技术机密泄露，新竹"地检署"于 2013 年 6 月上旬对两人为起诉处分。此外，报载自 2010 年起，LED 磊晶厂，如晶电、璨圆、

泰谷与广稼之技术人才亦被以数倍高薪挖墙脚，令这些厂商元气大伤且坐立不安。

◀◀◀ 商业秘密案件多涉及人员泄密或竞争者挖墙脚

受限于环境与经验，诸多组织经营者对商业秘密的认知，仍多停留于人员泄密或竞争者挖墙脚之法律层面。各界虽年年从媒体上看桩桩惊心动魄的员工商业秘密案，但对于商业秘密究竟如何于其组织、流程、系统、软硬件设施与里里外外人员间以低成本、高效益且不干扰组织运营的方式，建立商业秘密的专业管理与运营机制，仍未了解，也不会寻求专业服务予以协助。而且各界亦不知优质与优势商业秘密的布局组合及其与多元营收与获利链接之道，导致组织各种有价值的商业秘密零散流落于各行各业，而未能予以有效管理运营。

◀◀◀ 商业秘密法律虽已臻完善，但亟须专业管理机制

全球主要国家的商业秘密保护及救济法律规范，不仅已臻完善，而且多如牛毛。例如：中国台湾地区与商业秘密有关的法律规范，主要有"商业秘密法""刑法"，以及背信、泄露工商秘密，利用计算机泄密等罪责与"民法"侵权行为等规范；中国大陆与商业秘密有关的法律、司法解释与行政监管，主要有《中华人民共和国反不正当竞争法》《中华人民共和国合同法》《最高人民法院关于审理不正当竞争民事案件应用法律若干问题的解释》及国家工商行政管理总局颁布的《关于禁止侵犯商业秘密行为的若干规定》等，

侵害人不仅要承担民事、刑事责任，
而且行政机关还可依据被侵害人申请
对侵害人施以行政处罚。

美国属于联邦法范畴并与刑
法有关者，《美国法典》第 18 篇第
1831~1839 条《经济间谍法》(Economic
Espionage Act)、《美国法典》第 18 篇
第 1830 条《计算机诈欺和滥用法》
(Computer Fraud & Abuse Act) 等；而

近年来，两岸科技业离职员工投效竞争对手，并将老东家的商业秘密泄露给新东家的法律争议不断。正因为如此，各界只要一谈到商业秘密，总是将其与打官司、索赔等事后救济手段联系在一起。殊不知商业秘密若布局、管理得当，也可以像专利一样为企业创造营收，甚或用作投资入股的无形资产，为企业带来多元优势。

属于美国州法并与刑法有关者，包括商业秘密窃用及一般窃用等；
而且其民法典(Civil Law)中亦有窃用商业秘密(Misappropriation of
Trade Secret)、违反信托义务(Breach of Fiduciary Duty)、违反合同
(Breach of Contract)等相关规范。

然而，各界对商业秘密的处理，几乎均偏重于法律规范，但商
业秘密侵害案件，每年仍层出不穷，究其原因主要是各界组织不知
对属于自己的商业秘密可以明确且随时地"插棋"以宣示其权利，
即多数组织欠缺商业秘密专业管理与运营机制，而难以对商业秘密
加以管理并运营，因而对于商业秘密成立与否、归属及管理运营一
片模糊。唯有员工离职并道出商业秘密管理环节上的诸多漏洞或者
不完善之处，使企业难以招架，最后只能诉诸媒体救济。

◄◄◄ 商业秘密泛法律化的后果

综观商业秘密在各国立法、司法与行政体系中，几乎全部局
限在法律构成要件、侵害样态、保全程序及救济措施等。而其一切
出发点，均是"从法律保护"商业秘密被侵害后的法律救济。在此

环境下，全球大量专著、教科书、论文、研讨会等，几乎多由法律人士操刀担纲，将商业秘密仅囿于法律项目，并在商业秘密的"保护"与"救济"间高谈阔论。

因此，商业秘密在"泛法律化"的环境里，必然导致各界对商业秘密之狭隘思维，使商业秘密多元商业价值遭受"陪葬"，并使各界如同坐在宝山上之乞丐而不自知。实则，其商业价值及效益不可估量，如同专利运营，同样讲究优质与优势的"布局"与"组合"，而且亦可用于投资、合资、募资、并购等场合，以体现其巨大的经济价值。

◁◁◁ 商业秘密的多元价值

两岸企业进行国际投资、合资或并购，仍多以现金、动产、不动产等传统思维进行，而鲜有以知识产权争取优渥投资、合资或并购的商业条件，进而体现知识产权多元商业价值，让"智慧"真正能转化成股票与钞票形态的"财产"。

不论企业、个人或学研机构，倘能按投资或合资目的、商业模式及运营需求，将其各类商业秘密进行多元组合与运用，就可以在不同国家与不同伙伴间同时开展各种资本合作，并产生降低现金出资、避免股份被稀释、巩固经营权等效益。而且，商业秘密亦具"有机性"，可以持续衍生，并继续用以参与投资、合资目标之各轮增资。据此，企业于投资、合资场合无须仅仰仗自己"口袋"，而应让"脑袋"衍生的知识产权跃出成为资本舞台角色之一。

首先，企业进行募资时，在商业计划书中多不知如何向投资人具体呈现知识产权布局组合暨其在产业与商业上的价值。而优质与优势商业秘密布局组合及其价值，倘能具体呈现于商业计划中，并结合知识产权的灵活商业模式，将更加吸引投资人资金与资源，企业即可据以争取高额溢价，并为经营与技术团队争取优渥股份作为激励。再者，并购场合亦同，优质与优势商业秘密布局组合与商业模式亦多能吸引并购方目光并愿出高价或者天价收购。

以上商业秘密所展现的无穷投资价值，使企业寻求专业服务者的技能、方法、工具及灵活的商业模式，据此投入商业秘密的布局、组合、管理与运营。

◀◀◀ 商业秘密可成"无形支配者"，管控合资公司产品技术市场

企业与全球伙伴进行合资时，通常既期待又怕受伤害。企业借合资在全球持续扩展产品、技术、服务与市场，以弥补自身不足或欠缺资源，但同时企业也担忧其合资股东窃用其转给合资公司的核心技术、机密信息或各类知识产权，而形同自己"造孽"，培育竞争者断送自己。

企业上述忧虑可通过专业方法与机制解决。企业与他人合资时，倘能妥善规划合资股东与合资公司间专利、商标、商业秘密等各类知识产权及其交易，诸如委托开发、经营管理、技术服务、技术咨询、技术许可、技术转让等，除可让合资股东借由交易获取对价报酬，合资股东亦可借此管控合资公司产品、技术、市场及客户发展，纵使合资不顺或失败，合资股东亦能借此确保合资关系终止后，他方合资股东不能使用或发展特定产品、技术、市场或客户，不致因合资不成而让他方合资股东变成竞争者以瓜分客户市场。通过此等交易模式、商业条件设计及管控机制，知识产权即可成为对

合资公司或他方合资股东之"无形支配者"。

优质与优势商业秘密布局、组合、管理与经营，不仅能与企业营收获利紧密联结，而且亦可运用于投资、合资、募资、并购中，其价值与效益无穷，但要获取此等价值与效益，则亟须专业的方法、工具及信息通信软硬件系统配套。倘各界能摆脱商业秘密泛法律化窠臼，掌握商业秘密布局、组合、管理及经营诸多眉角，商业秘密对各界将不再是生硬的法律词藻，而是极佳的"生财工具"。

没有管控商业秘密 DNA，
签再多 NDA 也无济于事

周延鹏　张淑贞

◀◀◀ 产业人才流动难阻商业机密瞬间位移

2010 年底"中研院"院长翁启惠、院士朱敬一、台湾大学前校长李嗣涔曾为此向台湾行政主管部门提出"延揽人才困境突破的做法"，另教育管理部门也于同年 10 月推出"弹薪方案"企图挽此人才流失狂澜，管理部门甚至成立项目小组研议对策。不论产、官、学、研如何与是否能寻得解决问题的灵丹妙药，倘若产业人才流动其势难阻，企业应转向思考如何预先防范，避免重要商业机密因人才移动而瞬间无偿转移给竞争对手，在某种程度上，或者说正因企业体内长期匮乏商业机密保护与管理的 DNA，相应作业机制亦十分匮乏，此时企业员工当然易成竞争对手觊觎标靶，故企业欠缺商业秘密保护与管理思维及作业机制，以及竞争对手愿大洒"银弹"挖墙脚争夺人才，以抄捷径，两者具有因果关系。

◀◀◀ 商业秘密形态多样化，遍布企业各组织与运营机能

商业秘密（Trade Secret）为知识产权种类之一，举凡具有实质或潜在财产利益或经济价值之任何专有信息与数据（即商业价值性），非一般公众所周知（即秘密性），且企业对该等信息与数据已采取合理保护措施者（合理保护措施），不论该等信息与数据以何等形式呈现，多可成为各国商业秘密相关法律保护之客体，只要企业持续维护该等信息与数据之秘密性，企业可无限期享有商业秘密所带来的所有经济与商业利益。

企业内部具有财产利益或经济价值的专有信息与数据繁多，该等信息与数据持续产出、更新与繁衍，遍布于企业经络血脉当中，此等信息与数据呈现之形态，诸如：新产品开发计划、产品或技术发展路径、设计、概念、创作、制程、材料、配方、结构、参数、图样、原型、程序、模具、密码、原始码、操作手册、管理办法、品管数据、客户数据、报价数据、订单信息、退货信息、采购数据、成本数据、生产排配（布局）、检测数据、建厂数据、产能计划、环保数据、通信网络数据、投资数据、薪资数据、人事布局、诉讼及许可数据、财务数据、人事数据及各类经营数据等。上述信息与数据，往往是企业核心与竞争优势所在。

◀◀◀ 永远无法发威的纸老虎

对于上述包含诸多企业核心与竞争优势的数据与信息，两岸多数企业主尚未或难以完整掌握其项目与内容并采取有效、低成本与不会过度干扰运营之保护措施。此等高价值信息与数据，因企业未能采取相应的保护措施，始终未能以"商业秘密"对待。直至企业发现离职员工或者供货商、合作伙伴借由不当、违法、违约行为或职务异动跳槽至竞争对手而发生商业机密瞬间无偿转移于他人时，企业只能暗自叫屈且束手无策。而且，只要员工、供货商、合作伙伴祭出企业对该等数据与信息毫无机密标识或无任何保护措施等抗辩事由，企业即会哑口无言而顿失立场。纵然是极为重要的商业机密，企业倘未采取合理保护措施，让机密信息与数据丧失其秘密性，该商业机密顿成公众所有且无法复原。虽然企业与员工、供货商、合作伙伴签署了保密合同书（Non-Disclosure Agreement，NDA），但操作该等保密合同书时经常流于形式，保密合同书条款也未结合诉讼观点，设计出可轻易举证、可便利主张权利且可具体求偿之条款，故 NDA 大多是无法发威的纸老虎，无法被企业作为诉讼请求权基础并据以主张权利，无法为企业形成防御商业机密外泄的盾牌与城墙。企业欠缺商业秘密管理 DNA 与作业机制，企业所有投资与培养的人才，到头来变成为同业竞争者作嫁衣。

◀◀◀ 商业秘密案件现象光怪陆离

中国台湾地区司法体系审理商业秘密侵害案件，经近年实证，发现此间存在许多不专业与亟须指正或改善的项目。例如：①从检察体系到法院审理商业秘密侵害民事、刑事案件，均未先要求原告先界定其主张受侵害商业秘密项目与内容为何，甚至允许其任意变更该商业秘密项目与内容。除导致司法人员办案开花而无法收拾，其对被告进行种种不相关讯

不论产官学研如何或是否能寻得解决问题的灵丹妙药，倘若产业人才流动其势难阻，企业应转向思考：如何预防重要商业机密因人才流动而瞬间无偿转移给竞争对手。事实上，倘企业体内长期缺乏商业机密保护与管理的DNA，相应作业机制亦十分匮乏，员工当然易成竞争对手觊觎目标。

问与调查证据，也造成被告极大不合理之诉讼负担。更有甚者，原告可借由此等缺失以先射箭再画靶的方式，边打官司边找证据，从而有机会为被告"量身订做"侵害犯罪事实与"人为"证据。②司法人员不谙商业秘密侵害案件所涉及产业、产品与技术及企业经营的"绵绵角角"，对原告主张的商业秘密是否具有"经济价值性"与"秘密性"欠缺专业认定与合理判断能力，甚至在处分书或判决书中对此等要件避而不谈。③司法人员对原告是否对商业机密采取"合理保护措施"，无认定标准且宽严不一。最宽者有采取员工一旦与公司签署保密合同书，即认定企业对所有形式之商业机密采取了合理保护措施，而未综合就企业是否已对厂房建筑物、机器设备、文书档案、通信设备、档案访问权限、内外部会议等进行实质管制且有无制定相应管理办法及其对总体判断的落实，对"合理保护措施"认定过于简化且流于形式，对被告甚为不利。④原告主张商业秘密若涉及特定产品与技术，对于被告是否侵害原告商业秘密，司法人员竟不当援用认定专利侵权与否之全要件原则（All Element Rules），以此判断原告与被告之产品与技术是否相同或类似。殊不知专利侵权判定原理与认定商业秘密侵害其本质与目的截然不同，绝不能"以此类推"。⑤司法人员

因欠缺认定侵害商业秘密所需产业、商业经验与专业技能，故常委请外部鉴定机构协助，不但未能解决问题，反而越帮越忙。其一，外部鉴定机构与鉴定团队若由不具产业与实务经验人士所组成，无法对案件作出正确判断，不专业的鉴定报告反而耗费更多资源；其二，外部鉴定机构与鉴定人不谙商业秘密要件构成与认定标准，贸然委请其进行商业秘密侵害与否鉴定，如同掷骰博弈；其三，外部鉴定机构及鉴定人与诉讼各方有无利益冲突，多未经事前详细调查与确认，漠视诉讼各方权益诉求；其四，司法单位委托鉴定机构前，多未要求鉴定机构与鉴定人事先提供相关鉴定专业与经验、鉴定方法与流程、仪器设备等，鉴定人多以浅薄有限之产业与商业经验做出令人错愕的分析，鉴定报告的权威与否，让诉讼各方与法院陷入更大争执与疑惑；其五，对鉴定机构及鉴定人取得诉讼各方交付之机密资料后，鉴定机构及鉴定人如何管控、保护及被要求事后返还或应遵循一定程序销毁等，还未有如同美国法院之严谨规范与作业，诉讼各方将涉及商业机密资料出示给法院或鉴定机构后，不能保证其不会受到二次伤害；其六，司法单位认定被告是否侵害原告之商业秘密，多要求原告提出直接证据证明被告于何时、何地以何等方式泄露或侵害何等商业秘密，而未能考虑原告在若干情况下举证困难而应佐以间接证据综合判断，原告与告诉人借由诉讼寻求救济显然极度困难。以上所列中国台湾地区司法体系存在的问题，颇值有司尽快检讨并谋求改善。

◀◀◀ 商业秘密保护管理企业理应夙夜匪懈

企业建立商业秘密保护与管理制度，具有诸多实益，包括：①维系企业核心竞争力，并可持续利用专属商业秘密创造企业无限期营收与获利；②让商业机密符合法律规定的商业秘密保护要件，俾利后续救济与主张；③有助建立、增进与维系企业与员工之商业伦理关系，培养员工具有保护、管理商业秘密 DNA 的能力并持续采取保护措施；④避免员工或供货商不当泄露或不当使用企业商业秘密，造成无法弥补的损失；⑤有助解决商业秘密纷争及降低企业举证负担，避免昂贵诉讼费用发生。

至于商业秘密保护与管理的方式和措施，首先应盘点遍布各运营机构与各部门之核心信息与数据项之内容，并按此等信息与数据本质及大陆法系与英美法系司法制度特性，确定适合以商业秘密或以其他知识产权形态加以保护，对于适合以商业秘密形态保护者，继续掌握这些信息与数据从产出、储存、使用、扩散到消灭过程，于每个环节建立有效、低成本管制措施与管理办法，并定期检讨精进。具体管制措施可落实到包括通信设备管制、服务器与数据库管制、重要研发项目文件与产出成果管制、专利申请是否过度泄露商业秘密管制、营业场所与生产区域管制、文件档案机密与专属标识管制、机器设备与模具使用管制、制程分段分工与参数编修及复制权限管制、供货商和客户信息管制等。至于对员工管理部分，包括签署保密合同并要求员工承诺不为不正竞业、向应征员工前任雇主查询其诚信度、告知员工商业秘密范围及其管理措施、定期培训并提醒员工保密义务、鼓励员工对商业秘密管理措施提出建议、与即将离职员工洽谈并要求其签署终止文件等。

商业秘密保护与管理得当使企业永保核心竞争力，维系商业机密之秘密性于不坠，商业秘密便成为企业增长营收、获利与提高市场占有率的"助手"，而不致轻易外泄于竞争同业，反成企业营收、获利的"刽子手"。

生物医药商业秘密的保护与运营——
采用机密云保护，才能转成营收获利黑马

周延鹏　张淑贞

· ·

2012 年 6 月，Bristol-Myers Squibb Company（BMS）斥资并购生物制药公司 Amylin Pharmaceuticals，LLC（Amylin），并同时宣布与 AstraZeneca PLC.（AstraZeneca）于糖尿病治疗领域进行合作。AstraZeneca 则待 BMS 完成并购 Amylin 后，AstraZeneca 即向 Amylin 支付至少 34 亿美元用于糖尿病新药研发与制造，BMS 与 AstraZeneca 将在 Amylin 既有糖尿病治疗基础上合作，共享 Amylin 糖尿病新药全球商业利益。据报道，BMS 为并购 Amylin 至少支出 70 亿美元以上，为 2012 年全球生命科学领域并购金额逾 50 亿美元以上案例之一。

2013 年 8 月，全球最大生物技术制药公司 Amgen Inc. 以每股 125 美元高价收购抗癌药厂 Onyx Pharmaceuticals Inc.（Onyx），并购总金额高达 105 亿美元，该金额约是 Onyx 盈余之 13 倍，成为生物技术产业并购历史上第五大金额并购案。Onyx 的药物产品涵盖肝、肾癌标靶药物 Nexavar 及治疗多发性骨髓瘤的新药 Kyprolis，在取得药证后，预计新药营收将会水涨船高。

前述 Amylin 与 Onyx 何以能获得全球知名大厂青睐并愿斥资

收购，原因虽多种，但可以肯定的是，被并购公司拥有吸引并购方所需的优质新药组合、优势技术组合、成熟技术平台、丰硕研发成果及各类无形资产。生物医药公司之商业与获利模式，被他人并购亦是选项。然而，生物医药企业若想获得市场青睐并愿以高价并购或者自主发展，则需具备商业秘密揭露、保护、运营、营销与获利的专业机制与步骤，而该机制若能跨国、跨据点、跨组织、跨部门运作与执行，则更能确保生物医药公司于全球市场上具有不可或缺与不可取代的地位。

然而无形资产正因其无形，不易被人察觉与感知其存在或流失。因此，企业必须建立商业秘密揭露机制，让此机制并行同步于研发与制造等部门，让组织内每位人员的智慧产出能完整、精确地记忆并留存黏着于企业组织内，并且可明确厘清企业、员工、供货商与客户间对于无形资产的权利归属，若无前述揭露机制，企业诸多无形资产将如冰山一角，大部分沉潜海面下而无法察知，在此未加有效管理下，企业遑论进一步对商业秘密进行保护、运营并用以营收获利。

以台湾地区生物新药公司为例，商业秘密遍布于跨法人、跨部门、人员与流程当中，从筛选目标（Pre-Discovery）、验证目标（Discovery）、临床前开发（Pre-Clinical）、临床试验审查（Investigational New Drug）、临床试验（Clinical Trial）及新药查验登记申请（New Drug Application）过程，至少包括实验室记录、研发记录、会议记录、实验数据、实验方法、临床规划，临床数据、化学结构、新药成分、新药用途与疗效、新投药途径、新制造方法、纯化萃取或合成方法、剂型改良或发明，乃至新药许可申请过程所有文件档案等，均属于新药公司极其重要应保密的无形资产，企业若落实技术揭露机制，当可发现遍地黄金。

企业商业秘密保护与管理机制需善用目前信息网络科技，采用"机密云"（Vim Vault）软硬件设施，快速打造出低成本、有效益又不干扰运营的"商业秘密专业管理机制"。前述管理机制与系统架构于云端并可贯穿不同国家、不同据点与不同法人间，甚至企业产品企划、研究开发、生产制造、市场营销、人力资源、知识产权、投资并购等各运营机构及组织间，即可形成商业秘密保护固若金汤之堡垒。

商业秘密管理机制之落实，横跨了内外部组织、人员、流程、方法、工具与系统平台，属于高度专业之整合机制，其中除须执行严谨管控措施外，更包括通信软硬件设备构建与使用。因此，企业应协同外部专业服务者，将散落于组织与人员间各种有价值的商业秘密予以有效管理与运营，并建立专业管理组织、流程与步骤，从商业秘密产出、储存、管理、流通、接触、使用、复制、变更、销毁各阶段生命周期，借由低成本、高效益"机密云"（Vim Vault）工具形成有效的商业秘密管理平台。企业若忽略这点，关乎"生死"的重要机密一旦外泄，其损失将难以计量，亦难期待诉讼途径能逆转时空以恢复原状或获得弥补。

> 当生物医药公司目眩于跨国巨资并购案例，甚至心生向往，更应同时意识警觉到目前商业秘密保护之必要性及其运营漏隙。生物医药公司商业秘密的布局与管控实应与企业投资、募资、合资、并购、无形资产交易等运营紧密链接并组合运用，才能衍生诸多获利模式并产出极高价值。

当生物医药公司目眩于前述跨国巨资并购案例，甚至心生向往，更应同时警觉到目前商业秘密保护的必要性及其运营漏缝。最后，生物医药公司商业秘密的布局与管控应与企业投资、募资、合资、并购、无形资产交易等运营紧密链接并组合运用，才能衍生诸多获利模式并产出极高价值。

第七章 品牌资产管理

品牌管理大智慧，公司商标才是真财产

吴俊英　游昕儒

　　鉴于许多国际知名品牌商标遭遇恶意抢注之情形严重，有因商标遭抢注而被迫更名，亦有遭职业抢注人索取高额赔偿等情形。为此，于 2014 年 5 月起施行的《中华人民共和国商标法（2013 修正）》（以下简称新《商标法》），对"注册在先"原则进行了修订，包含降低提出异议门槛、增订诚实信用原则条款、提高惩罚性赔偿、增加救济程序等，希望能有效遏制商标抢注歪风。法规修订虽能提高对商标品牌之保护，但仰赖事后法律救济终究是亡羊补牢。这些国际知名品牌遭遇抢注而付出高昂代价的案例，也反映多数企业对于商标品牌的保护意识仍有不足，非常值得借鉴。

　　近年来有关中国企业应从代工转型品牌、打造软实力、发展文化创意产业等话题讨论不断，政府相关单位包含工业和信息化部、文化部等每年亦编列预算，举办大型研讨会、辅导企业转型、提供奖励补助等各种鼓励措施，然而，真正因品牌价值而受益的企业仍是少数。从国际大厂因一时疏忽商标管理而踢到铁板，可知企业的商标品牌规划管理需要一步一脚印，注意每个环

节，那么，如何建立商标品牌规划管理机制，使商标品牌充分发挥其效用与价值？

≪≪ 以品牌定位为核心，完善商标布局

品牌是企业重要的无形资产，而商标则是彰显品牌价值的核心要素；徒有注册商标而无任何品牌经营活动，注册商标不过是一纸证书；而投入大量资源经营品牌活动创造的品牌价值，倘无注册商标保护，苦心积累之成果极可能因他人模仿、抢注而付之一炬，二者均应受到同等重视。

> 品牌是企业重要的无形资产，而商标则是表彰品牌的要角；徒有注册商标而无任何品牌经营活动，注册商标不过一纸证书；而投入大量资源经营品牌活动创造的品牌价值，倘无注册商标保护，苦心累积之成果极可能因他人模仿、抢注而付之一炬。

企业决心发展品牌，应重视建立对商标品牌之规划及管理机制，应特别重视以下两个方面：

1. 确立独特品牌定位并以此为核心。企业依据产品／服务的特性，找出与竞争对手类同及差异的特征后，发掘品牌专属的独特价值主张。如有数个品牌，包括公司品牌及产品品牌，各品牌间的差别及阶层关系，应能明确区别。品牌定位是后续所有商标及品牌活动之管理核心与基础，企业在发展品牌的过程中，应不断检视品牌活动及资源投入是否与品牌定位相符。

2. 符合品牌定位的商标布局规划。商标设计构想应契合品牌定位，越具有意义性、记忆性、亲和性的商标设计，越容易使消费者产生对特定品牌的识别及联想，有助于品牌活动的开展。此外，应预先检视目前商标设计在相同商品类别中是否已有相同及相似之处，如有，应及早修正，降低未来的争议风险。商标布局则应审慎

检视商标注册国家、商品类别，是否已全面涵盖既有和潜在的产品／服务及市场，并定期检视、记录各国商标注册之状态，确保在品牌发展过程中，商标的布局规划与时俱进。

≪≪ 留下品牌活动轨迹，主动监控遏制侵害

1. 品牌活动及商标使用记录。随着品牌发展，企业以品牌定位为核心，开始拟定产品／服务从设计、生产、营销推广等各环节的整体推进，并循序展开品牌活动，同时应管理品牌活动的绩效，品牌活动之计划、投入资源、商标使用情形、市场占有率、销售量、消费者对品牌觉察程度等各类财务及非财务影响信息等，均应予以记录。除了长期追踪并核查品牌活动累积成果之管理用途外，亦能完整保留商标使用情形及证据。

2. 品牌合作管理及监控。企业在品牌发展过程中，势必与外部厂商合作，商标设计、公关、广告、委外设计、委外代工、经销、代理、加盟、渠道，甚至与其他品牌异业联盟等，针对这些品牌合作厂商，对于商标的权利归属、许可使用范围及限制等事项，均应明确约定。同时，企业更不能忽略定期并主动监控市场上相同及类似商标之使用及注册情形，最好能事先拟定发现侵权行为时在商业方面及法律层面之各项因应作业流程，随时捍卫品牌权益。

≪≪ 建立管理机制，发挥商标品牌效用与价值

通过上述管理查核，适时地提醒企业经营者注意市场动态环境，除维护自身商标有效性外，也尽可能降低侵权风险，确保注册商标在法律上的价值。商标权利的维护管理仅仅是基础，品牌活动

的规划管理更为关键。企业发展品牌活动，如能全面、一致，且长期规划，并从品牌的诞生、维护到绩效管理，留下完整的记录，自能借以观察品牌价值累积成果，持续改善，持续增值。

知识产权战略是企业在激烈市场竞争中生存发展乃至脱颖而出的有利武器，商标品牌亦是支撑企业核心竞争力的重要无形资产之一，理应受到重视。保护商标免遭抢注仅是品牌发展过程中的一个环节而已，期望品牌后进者均能借由建立商标品牌之规划及管理机制，使商标品牌充分发挥其效用与价值。

抢注商标成灾，寄望新《商标法》遏歪风

吴俊英　　王妍

近年来，国际知名品牌进军中国时，方才发现其商标已遭他人抢注，只好耗费巨资从抢注者手中买回商标，或者忍痛改用其他译音或识别方法注册商标。商标被恶意抢注造成伤害，不仅对外商企业造成极大困扰，而且也对国内企业造成伤害。商标是企业重要的无形资产，也是消费者借以辨识企业产品和服务的标识。因此，商标抢注现象不仅妨害市场竞争，也损害广大消费者的利益。

商标抢注可能被用为商业手段，如以抢注商标阻止或推迟其他企业进入该市场，此类行为可能构成不当竞争，还有一种类型是以商标抢注为投机，此等靠转卖商标致富在国内被称为"职业

注标人", 这些"职业注标人"抢注已有一定知名度的国内或国际商标或者与知名商标类似的商标等, 再通过回卖给企业来谋取利益。

≪≪ 著名品牌屡遭抢注, 外资企业付出惨痛代价

外商知名品牌商标遭遇抢注的情形可谓屡见不鲜, 不少国际著名汽车品牌在中国汽车市场上因商标被抢注而更名。例如, 莲花 (Lotus) 在中国更名为"路特斯", "Subaru"在中国更名为"斯巴鲁", "凌志"(Lexus) 也被迫改为"雷克萨斯"。

电动车品牌特斯拉 (Tesla) 的商标在中国也遭到抢注。特斯拉曾欲通过谈判购回特斯拉的中国商标, 然而商标抢注人向特斯拉要价 3000 万美元, 同时在法院及商标局提起多件诉讼程序。

2014 年 6 月, 美国 Qualcomm (高通) 公司在中国被同名的半导体企业上海高通公司以商标侵权为由起诉。Qualcomm 公司虽已在中国申请"Qualcomm"商标, 并将"高通"字样作为其芯片等部分产品和服务的商标使用, 但并没有将"高通"字样申请注册为商标。上海高通称已合法注册"高通"商标在先, Qualcomm 公司使用"高通"商标的行为构成侵权, 遂向 Qualcomm 索赔 1 亿元人民币。

一些台湾地区企业的知名商标在祖国大陆被抢注者亦不少, 例如, 台湾啤酒、慈济、永庆房屋等都曾遭恶意抢注, 而后历经数年的努力, 才顺利撤销抢注案。

≪≪ 借力新《商标法》保护品牌商标

许多企业因忽视《商标法》的"注册在先"原则, 未及时在中

国际知名品牌所面临的难题之一，便是自家商标已被"职业注标人"抢走，被迫重金买回。除了关注已修改的新商标法，防止商标抢注绝不能仅依赖事后救济，更需企业提高商标保护意识，建立完善的商标全球布局。

国注册商标，导致商标在中国被恶意抢先注册。然而，"注册在先"原则本身过度强调先申请注册的便利性，却忽略对商标使用的要求，使得抢注商标者的取得和维持成本低，而潜在收益高，因此给了恶意抢注者钻漏洞的机会。

2014年5月起开始施行的新《商标法》对"注册在先"原则进行了修订，扩大对"在先使用"未注册商标的保护程度，并且加强规范恶意抢注现象。新《商标法》除强调外资企业享有与内资企业同等的权利与保护外，增加了有关遏制商标抢注的规范。

1. 降低提出异议门槛。新《商标法》规定，如商标申请人因其与商标在先使用人存在合同、业务往来等关系，从而得知该商标的存在，却抢先申请注册商标，如商标使用在先的企业对抢注商标提出异议，中国商标局可不予注册。

2. 增加诚实信用原则条款。新《商标法》规定申请注册和使用商标应当遵循诚实信用原则，因此企业可以针对那些没有明确法律规范但确有明显恶意的其他商标抢注行为，主张其违反诚实信用原则。

3. 提高惩罚性赔偿。新《商标法》规定对恶意侵犯商标专用权的行为视情况而裁定不同等级的赔偿数额，最高罚款可达300万元，是修改前规定的6倍多。

4. 增加救济程序。企业发现商标被抢注时，对于尚在公告期间的注册商标，可以向中国商标局提出异议；如果商标已经注册，企业可以向中国商标局或商标评审委员会申请裁定撤销该注册商标，也可以向法院起诉，要求恶意抢注人赔偿其遭受的损失。

5. 无使用商标事实者无法求偿。新《商标法》规定，注册商标专用权人主张他人侵权时，若无法证明其于前 3 年有实际使用该商标的事实，也不能证明有其他损失，则无法求偿。因此，单纯抢注商标却未使用者，即无法据以向他人求偿，此规定提高了抢注者成本，有助于降低抢注行为诱因。

如上所述，新《商标法》对于抑制商标抢注的现象进行规制，在一定程度上可缓解外商品牌在中国遭抢注商标的问题。然而，品牌是企业重要无形资产，而商标则是彰显品牌价值的核心要素，防止商标抢注绝不能仅依赖事后救济，更需企业提高商标保护意识，建立完善的商标全球布局战略，方能防患于未然。

商标闹双胞？别让商标混淆误了企业品牌之路

周延鹏 张淑贞 吴俊英 游昕儒

中国台湾王品集团旗下品牌"舒果"字样于 2010 年向台湾知识产权主管部门申请商标注册时，遭驳回，驳回原因为该字样申请注册指定使用"冷热饮料店、饮食店"服务类别，已有他人于 2009 年取得注册第 1384740 号"8 鲜度舒果鲜茶及图"商标，审查人员认为二者均使用"舒果"文字，有致消费者混淆误认之虞。

除前述外，近年台湾知识产权主管部门相关商标审查案件，有关因商标近似且注册指定使用商品类别相同或类似，遭认定有致消费者混淆误认之虞而被驳回或撤销的案件，不胜枚举。例如：销售婴儿奶粉的佑尔康国际有限公司，原于 2006 年取得第 1188641 号"佑尔康及图"商标，嗣后经台湾知识产权主管部门认定该商标与其他人 2004 年注册之第 1110320 号"贺尔康 HERCON"商标近似且指定使用商品类别相似，将致混淆误认而评定撤销；LED 照明产业知名厂商艾笛森光电于 2006 年向台湾知识产权主管部门申请并核准之 1225689 号"Edixeon"商标，亦于 2010 年被台湾知识产权主管部门认定与美商英特尔公司于 2001 年注册第 930457 号"XEON"商标近似且注册指定使用商品类别有部分相同，将致混淆误认而被评定撤销。

◀◀◀ 商标混淆误认判断形式僵化，妨碍市场正常竞争发展

商标的作用主要是彰显特定商品或服务与其他商品或服务之区别，使消费者借以识别不同来源之商品或服务。因此，"商标法"明确"相同或近似于他人同一或类似商品或服务之注册商标或申请在先之商标，有致相关消费者混淆误认之虞者"，不得注册商标或须撤销商标，目的在于保护消费者，避免因商标混淆致无从辨识来源，兼保护企业品牌经营，避免厂商恶意仿冒攀附或搭便车。

其实，中国台湾知识产权主管部门汇集各国立法与实务，早于 2004 年即颁布"混淆误认之虞"审查基准并持续完善，该审查基准明确规定，台湾知识产权主管部门在审查"混淆误认之虞"要件时，应综合参考以下因素，包括：①商标识别性之强弱；②商标是否近似及近似之程度；③商品／服务是否类似及类似之程度；④先权利人多角化经营之情形；⑤实际混淆误认之情事；⑥相关消费者

对各商标熟悉之程度；⑦系争商标之申请人是否善意等。

然而，观察近年来遭驳回商标或审理商标评定、异议案件，多以两商标间有些微近似且商标指定使用商品或服务类别有所重叠，即遭认定有致消费者混淆误认之虞，后申请商标即被驳回或撤销，导致商标行政诉讼案件层出不穷，此等实务运作结果，实有悖于"商标法"第十九条有关"类似商品或服务的认定，不受前项商品或服务分类之限制"的规定。

对于商标有无致消费者"混淆误认之虞"判断，不应流于形式与僵化，而应从商标申请人与前案商标间之消费者区分、市场区分、渠道、产业结构、供应链之实况全面且完整考虑，妥善判断商标是否有致消费者混淆误认之虞，否则不仅无助于提升对消费者保障，反而导致企业投入既有品牌经营之资源，因商标被驳回或撤销，顿时灰飞烟灭，企业元气大伤难以言喻。

◀◀◀ 商标形音不是塑造品牌价值主角，以品牌观点检视商标混淆误认判断

"混淆误认之虞"审查基准所确立的审查原则，包括因应商标图样整体观察、异时异地隔离观察等，要求审查人员应设身处地从消费者观点判断，恰反映了"混淆误认之虞"判断需由品牌观点切入。

根据美国市场营销协会（AMA）定义，"品牌是一种名称、术语、标记、符号或设计，或是前述组合应用，用以识别某个或某群销售者提供之产品或服务，并使之与竞争者产品或服务相区别"可知，商标仅是品牌呈现的一个环节，企业为塑造品牌所投入研究发展、创新设计、产品服务质量、公关广告与营销与创

新商业模式等，才是建立消费者认同并塑造企业品牌价值基础与磐石。

正因为商标识别性是企业各种品牌活动累积之成果，在进行"混淆误认"判断时，应多由品牌观点考虑，以更细致地操作。

当商标设计蕴含品牌元素时：当商标设计蕴含独特的品牌元素时，即不宜单纯以字样是否相同判断商标是否近似，例如，前述婴儿奶粉品牌"佑尔康"，其商标设计上包含婴儿和母亲的图样，即具独特的品牌元素，则不应单因"佑尔康"和"贺尔康"两商标仅有一字之差而认定近似。

当具有可区分之品牌定位时：当两商标实际使用商品明显从市场区分、目标客户、包装设计、价格、渠道选择等均有差异时，纵然两商标注册指定商品类别相同或类似，不必然会导致消费者误认两商品或服务来源同一。例如，前述"舒果"和"8鲜度舒果鲜茶及图"商标，虽均指定在冷热饮料店、饮食店使用，但前者系提供套餐式产品，并以服务为其核心，后者则为仅提供外带的手摇饮料店，二者的产品或服务类型、市场区分、价位及目标客户等明显不同，难谓消费者会混淆误认二者；另如前述"Edixeon"与"XEON"商标，虽然指定使用商品类别中均列有集成电路、半导体、芯片等，但"Edixeon"用于LED照明组件，"XEON"则用于处理器，故产品之结构外观、技术内容、功能、用途显然不同，其产业之上下游供应厂商、销售渠道及目标客户亦截然不同，不宜仅从注册商品类别部分相同即确认有混淆误认之虞。

> 近年来，商标闹双胞的情况频传，为了避免对商标混淆的判定过于僵化，而伤害了企业的品牌之路，主管机关宜时时检视判断标准是否合宜。

◀◀◀ 审查判断须灵活，莫让混淆"误"认误了企业品牌之路

为塑造品牌价值并准确传递给目标客户，企业需依其品牌定位，规划商标设计、产品开发、包装设计、渠道选择、定价策略、广告公关、销售策略及营销活动等，使消费者对商标及品牌逐渐累积独特记忆、认知及感受，从而建立商标识别性，才是赋予其商标及品牌价值的关键。

因此，商标审查机关在审核、评定、撤销商标时，应同时考虑品牌要素、经营活动、产业属性等区分，不应仅从商品服务类别相同而直接判定有"混淆误认之虞"。企业在商标及品牌发展过程中将受信赖保护并有更大弹性，由"创意"而"创异"，塑造独一无二之品牌价值，可让企业价值水涨船高，获得加倍"创益"。

第八章 知识产权与资本金融

知识产权与投资并购：从华尔街谈起

周延鹏

华尔街是带动企业与产业发展的火车头——提供充裕的资金动能。进入华尔街的企业带动各产业上中下游产业链与供应链的发展，以及更活跃的投资与并购活动。然而，这些企业与产业的投资与并购长期侧重的仍是以厂房、土地、机器、设备、原料、半成品、产品等有形资产为主（也伴随着其相应的客户、渠道、品牌及技术），而较少或者没有侧重于专利权、商标权、著作权、商业秘密与植物新品种权等无形资产，这应是产业演进与发展的必然结果。

‹‹‹ 知识经济的来临，无形胜有形

20 世纪末至 21 世纪初，许多企业的投资与并购活动侧重于专利权、商标权、著作权、商业秘密与植物新品种权等无形的知识产权，可以说是知识经济时代的必然，而且此将快速冲击并改变有形资产世界的企业运营与运行规则。这些企业除了众所周知的苹果

（Apple）和微软收购北电（Nortel）通信专利、谷歌（Google）并购摩托罗拉移动（Motorola Mobility）、英特尔（Intel）收购 InterDigital 无线技术专利、富士康收购 NEC 显示技术专利、宏达电子收购 ADC Telecommunications 的 LTE 专利及生物制药业的运营实体（Practicing Entities，PEs）并购案外，应是 Intellectual Ventures 以风险投资模式募集超过 80 亿美元资金设立超过 1300 家各类公司经营创新与专利业务、Acacia 与 RPX 公司股票上市等非运营实体（Non-Practicing Entities，NPEs）之案例，更能具体代表知识经济时代的来临，而且表现了新一轮经济的经营形态。

⟪⟪⟪ 投资关系人各方勇于创新与冒险

资金市场和资本市场接受了像 Intellectual Ventures、Acacia、RPX 等 NPEs 商业模式的运营，反映了诸多投资关系人（Stakeholders）的创新与冒险。例如：①各类投资基金愿意于新商业模式尚模糊时，即愿意在早期阶段冒险投资新形态事业；②大学基金愿意冒更高的风险经营各类新投资组合；③投资银行家创新知识经济时代的新形态事业；④风投业者和私募基金业者整合企业经营者和法律专利专业人士经营新形态事业；⑤投资银行业者发展配套机制评估和推荐新形态事业；⑥财务专家愿意发展配套机制评估新形态事业的价值；⑦一般投资者愿意入市买卖新形态企业股票。

姑且不论知识经济时代的新形态企业是否会像 20 世纪末网络企业产生短暂的泡沫，甚至自己发生终局泡沫，这类新形态事业的投资创新与冒险，将会像华尔街的历史演进那样，吸引更多更大的 NPEs 进入资本市场及其后续的并购整合，进而发展更多元的商业模式，并塑造新的产业链、供应链与价值链，而且将与传统以有形资产为主的企业经营产生不同程度的相互影响，我们将拭目以待。

◀◀◀ 为优质与优势知识产权，企业已改变并购战略与战术

为了取得并经营优质与优势知识产权，企业习已为常的有形资产并购战略与战术，已快速改变并发展新的企业并购机制及其专业服务，包括：①并购动机、团队、来源与研析；②并购有关的目标、组合、技术、系统、数据库、商业模式、交易模式、投资架构等战略；③与并购有关的查核验证、问题程度、解决方案、价值价格、协商谈判、法律文件、会计处理、税务规划等战术执行；④并购后的专业、组织、资源、目标、方法、时程、效益、财务绩效等的整合执行。这些因应与配套机制和以有形资产为主的并购机制显有很大差异，而且熟悉此类以知识产权为主的并购跨领域运营人才与专业服务颇为稀少，并为运营实体与非运营实体高价争相竞逐入伙。

> 200 多年来各类企业在华尔街股票与债券的筹资上市，也是在诉说着各时代新事业、新产业与新商业模式的风潮与发展，如伊利运河及铁路、钢铁、矿产、机械、石油、化学、纺织、汽车、医药、航天、银行、证券、民生用品、电机电器、半导体、信息、通信、网络、电视、娱乐、生物科技等产业，都通过华尔街取得运营成长所需的资金动能。而今，专营创新与知识产权业务的非运营实体公司也大举加入华尔街上市行列，将为企业发展带来重要转折。

以知识经济及知识产权为主的企业并购战略与战术及其特殊的并购机制，中国许多企业所进行的国际并购，因未具有此领域相关的知识、技能、经验及合格的专业服务支持，影响企业并购的价值实现与整合效益，甚至影响后续经营与发展。例如，TCL 公司收购法国汤姆森公司（Thomson）电视业务并未取得其与电视标准

有关的 DVB 及 ATSC 核心专利（Essential Patent）及其组合（Patent Portfolio），明碁公司收购德国西门子公司（Siemens）手机业务并未取得其与通信标准有关的 2G 及 3G 核心专利及其组合，联想公司收购美国 IBM 公司个人计算机业务并未取得其有关的关键零组件及软件核心专利及其组合。但也有少数例外，如海尔收购日本三洋公司（Sanyo）洗衣机业务即取得其相关的专利及其组合。

◄◄◄ 知识经济时代的知识产权商业运行与发展机制

无论是 NPEs 抑或是有形商品企业，也无论是专门抑或是兼顾经营知识产权业务，有关知识产权的商业运行与机制将会快速发展演进，同时也会快速冲击并改变诸多企业过往知识产权经营的知识、技能、经验与各种机制，包括：①知识产权经营的观念、方法、工具、流程与系统（绝非东亚盛行的专利地图与专利管理系统）；②知识产权质量、价值与价格评估机制（绝非当今国内外的知识产权评价公式）；③知识产权财务绩效评价方法与机制；④知识产权创造的开放创新机制，如共同研发、委托研发、收购、企业并购、合资经营、技术标准、专利池等；⑤产学研界创新与研发功能与角色的多元多样与弹性；⑥企业法律组织的多元与快速灵活度；⑦跨领域与跨地域的知识经济经营人才；⑧更趋复杂的无形资产会计、财务与税务作业；⑨知识产权侵权诉讼更加频繁，诉讼成本大增；⑩许可费与技术报酬金额频频创新高。

◄◄◄ 中国官产学研何去何从？面对、接受、解决

当外国运营实体（PEs）与非运营实体（NPEs）加速对知识产

权经营的调整、改变与创新时，官产学研界不仅仍深陷于相当落后甚至谬误的知识产权经营的概念、方法、工具、系统、机制与难堪的运营绩效中，而且更未意识到知识经济时代之新的知识产权商业运行与发展机制以及新的企业并购战略战术，着实令人忧心两岸的产业结构转型与创新创业能否落实，因为产业结构发展的瓶颈是技术与市场的不自主，而技术与市场的不自主则又与知识产权的劣质劣势与不能专业有效运营以及落后的商业模式息息相关。以上问题则又涉及科技政策、产业政策、研发创新、人力资源等层面问题。这些环环相扣的问题与落差，亟须各界坦然面对、接受、解决，两岸企业才有机会转型、创新与创业，进而实现产业的技术自主与市场自主之愿景。

创新、创业、投资完美衔接——
新经济时代的竞争关键

周延鹏

···

"好好读书，不然找不到稳定工作"这句来自父母、师长、亲友兼具鼓励的警惕话，其用意颇深，但在各环节却体现出"死读书、读死书、读书死"多于"活读书、读活书、读书活"以及"常识与技能不足"之结果。此句话的真谛大多仍停留于文字表面，但却深远影响着学习、教育、求职、就业、工作、事业等态度的创新与冒险程度，进而束缚着新科技、新技术与产品的创新、创业及具有国际竞争力与成长力的产业结构发展，并妨碍创新链、创业链、投资链与并购链的自然生成与产业生态系统。

上述创新态度不足也影响着有关部门长期陷于不合时宜之法律与烦琐程序中运作而未与时俱进，而且较难以创新精神积极地废止或修订影响着国家创新链、创业链及投资链各层面及各环节的不合时宜法律，也难以及时主动制定适合新科学技术及产品创新与创业的友善法制、政策、机制与环境。

官产学研各界间的创新链、创业链与投资链相互衔接、整合与融合之关系，深远影响着国家经济发展与全球竞争力。笔者从过去创新链、创业链、投资链与并购链相互间的发展成效，尝试探讨其中仍须加速优化与创新之处。

◀◀◀ 鉴往知来光芒万丈

1980—2000 年间，中国台湾产业界从"工业技术研究院"（ITRI，"工研院"）衔接半导体与信息通信（ICT）技术，企业界持续大力投资发展以及相互并购，使产业政策、研究机构与企业间的创新链、创业链与投资链相互紧密衔接、整合与融合，成就了过往经济发展，中国台湾地区企业因而成为国际产业链重要的一环。

2000 年以来，生物医药产业从台湾地区有关方面及其学研机构与财团法人卫生研究院（NHRI）、动物科技研究所（ATIT）、"工研院"等衔接生物医药技术产品，企业界整合资金、技术、人才与市场，联结国际医药规范（如 FDA、EMEA）与产学研关系，运用两岸产业政策与相互协议（ECFA 及生物医药合作有关协议），继续并扩大投资发展，生物医药企业蓄势待发。例如：太景生技从"中研院"获得技术转让干细胞驱动剂 TG0054、浩鼎生技公司从"中研院"获得技术转让抗乳癌药物 OPT-822、基亚生技公司与"中研院"共同研发肝癌用药、世基生技公司从"中研院"获得技术转让 HLA-B★1502 基因检测技术、杏国生技公司从"国卫院"获得技术转让新颖小分子抗癌新药 SB01A、健亚等 6 家生物技术公司从"国卫院"获得技术转让新颖抗糖尿病候选药物 DPP-4 抑制剂、安成公司从"工研院"获得技术转让小分子抗癌新药 ITRI-260、东洋药品公司从动科所获得技术转让基因转殖猪技术及其人类凝血第 9 因子（Human Factor IX）、美精技公司从"工研院"与中国台湾大学获得技术转让两相材料软硬骨修复技术等。

上述官产学研界的技术产品创新驱动了产业界后续创新链、创业链、投资链与并购链的活力，亦显示有关部门在科技政策制定、科技预算配置、科技项目执行、研发成果转化及知识产权运营的诸多成效及成就产业与经济于不同阶段的发展与动力。然而，仍有许多计划其执行结果却难以带动一些产业转型与创新，其中很重要的原因是优质与优势知识产权产出未有显著成效，而优质与优势知识产权的产出与运营将关系着在新一轮经济的全球竞争与发展。

≪≪≪ 知识产权组织及其专业运营机制亟须设置

2011 年 8 月至 10 月，笔者分别拜访了中国台湾的智能电子科技计划、网络通信科技计划、纳米科技计划、能源科技计划、生技医药科技计划、纳米桥接计划、生物技术医药桥接计划等的主要主持人及分析这些计划产出的知识产权后，认为中国台湾有关方面宜导入具有国际性的知识产权专业运营方法来与这些计划配套，将大大有助于许多产业的转型与创新，进而产生相辅相成的效果。

因此，中国台湾有关方面应及时设置知识产权总体与个体组织及其相应的整体价值流程机制，至少须包括：①总体知识产权组织负责计划整体的知识产权战略、目标及其共通性的方法、工具、绩效指标的制定与考核；②个体知识产权组织负责其所担负计划项目的知识产权具体目标、战术及其特有属性的方法、工具、具体绩效指标的制定与考核；③总体与个体知识产权组织宜配置相应合格且具有相当广度与高度并有实战与实务经验的专业人士；④总体与个体知识产权组织宜建立外部的国内外合格专业服务组织和专业人士及其网络关系与管理机制；⑤总体与个体知识产权组织与业务宜并行同步于这些计划及其分项、子项，并宜全流程以系统平台运作知识产权的调查、分析、布局、组合、申请、维持、许可、让与、技术转移、作价投资、创业、合资、技术标准、专利池、侵权诉讼及其相关的策略、商业模式及其营销。

前述知识产权组织及其专业运营机制若能设置并落实到位，将有诸多效益产生。例如：①优化科技研发项目及其研发活动的流程、效率暨效益；②优化研发成果转化成优质与优势的知识产权及其组合；③优化学研界研发及其知识产权与产业界予以商品化及产业化的联结与互补；④支持产业界于全球竞争所需的优质与优势知识产权；⑤优化学研界知识产权的营销与平台暨多元获利模式；⑥优化科技预算投入与产出的投资报酬率及财政绩效。

◀◀◀ 创新性的创业 vs. 竞争性的创业

长期以来，产业界的产品发展除承接学研界诸多新科技与新技术的创新外，还包括价值工程创新、流程创新、整合创新、价值转移创新以及产品线扩充创新、产品强化创新等方面。

以创新成果为基础进行创业，并辅以有效的投资机制，是新经济时代成功的关键。中国创新型的创业少，竞争型的创业多，除了文化与环境背景的问题外，创新、创业与投资之间的衔接不顺畅也是主因之一。要提升两岸产业在新经济时代的全球竞争力，必须从此处着手解决问题。

但是，海峡两岸产业界却较少在产品领导区的破坏性创新、应用创新、产品创新与平台创新耕耘，而且亦疏于品类更新区的有机更新、收购更新及"收割退出"；还有企业首席技术官因营收及产品上市压力需较侧重于特定产品技术开发，而较少经营全球技术、产品、人才网络关系及运用各类配套发展开放式创新机制。这些现象影响着产业全球竞争力、成长力及转型方向和时程，两岸产业因而较少可以借由产品领导区及开放式的创新而再领诸多新产业风骚。而这些创新区域之不足现象，其关键在于企业界投资于高风险的创新与研发之态度、方法与工具不足或欠缺。此或许就是中国台湾地区浅碟型经济另一显明写照。

再者，海峡两岸每年虽有许许多多人创业当老板，但创业者较少源自创新性的创业，而较多是竞争性的创业，即许多创业者是因自己雇主产品好赚或者不满前雇主而出走创业。此竞争性的创业遂导致较多的市场激烈厮杀与价格持续走跌，而难以像创新性创业可以带来百花齐放及百家争鸣的创新链、创业链，以及后续的投资链与并购链的健康形成与有机发展。

创新链的运营机制亟待发展

长期以来，官产学研各界较着重于内部创新研发，而较少投入经营开放式创新模式（Open Innovation），以运用全球创新与创业资源以及后续投资并购来发展新产业、新事业、新技术与新产品。在欧美竞相发展开放式创新模式及两岸产业转型之际，宜尽快发展并运营此模式与机制，尤其是建立开放式运营平台，包括建立信息网络、运营网络、维运网络、获取价值等流程，以及构建与其相应的组织与功能，运用全球学研机构、新创企业、科学家、发明家等创新网络，寻找并筛选创意、概念、技术方案及知识产权等技术资源，以委托研发、共同研发、投资并购各类模式进行，进而快速获取产品领导区的创新并实现商品化、产业化。最后，创新链运营机制的构建将带动创业链、投资链与并购链的全面发展。

新创企业的发展与退场机制及其配套

周延鹏

· ·

30多年来，笔者从参与富士康集团各类新创事业到自己与政大学生创业再到协助各方创业诸多过程，不仅享受各项成果，也承受各种后果，而且也一直和各阶段伙伴从中发展"创新、创业与创益"的运行机制与配套，用以管控创业风险的发生率，同时促使创业能产生"创益"之经济效果与信用积累。值此各界推动创新与创业政策，笔者总结自己经验，借此抛砖引玉，期望大多创新与创业均能"创益"。

首先，由于中国台湾地区市场小、资源少、法治环境不佳及具跨地域市场的创新创业潜在价值大等因素，官学研、风险投资与公司风投（Corporate Venture Capital）各界关注的创新与创业目标，是指与全球主要国家创新链、投资链、并购链及产业链有关的新技术、新创意、新产品、新商业模式及其新创事业，而非泛指所有创新与创业，此即 80/20 法则（The 80/20 Rule）体现，如此才能更有效运用有限资源于市场潜力大和经济影响深远的创新与创业，同时亦可避免统统有奖而最后落得绩效不彰的政策。

再者，"选题"应是创新与创业的首要关键。依据创新目标所涉及的主要市场之科技暨产业发展政策，据以配置资源并布局新兴产业，如生命科学、尖端制造、无线通信、新材料、物联网、大数据、绿色能源等产业。而"选题"则须整合跨国公司研发项目、相关学术论文研究、外国风投的投资目标、跨国公司为获取新技术、新产品之投资并购及上述相应的各国专利信息，即可具体掌握各领域发展趋势及其脉络与机会。如此"选题"机制，较有机会与全球主要国家创新链、投资链、并购链及产业链相互联结，并产生较大"创益"。

第三，创业者以及有关的政策制定者与投入资源者评估创新与创业目标之质量、价值及其市场发展潜力，可从下列层面进行评估与筛选：①从产业发展及各国政策层面评估与筛选新兴产业；②从产品层面评估与筛选新兴产品；③从技术及知识产权层面评估与筛选新兴技术；④从商业运营、商业模式及获利模式层面评估与筛选新创事业；⑤从各阶段运营层面评估与筛选新创企业；⑥从投资架构及交易架构层面评估与筛选新创企业；⑦从创业者能力、能耐、能量及其动机、态度与伦理层面评估与筛选新创事业。

第四，官学研、风险投资与公司风投业者首轮资源宜配置在创新者与

> 官学研、风险投资与公司风投（Corporate Venture Capital）各界更须关注的创新与创业目标，是指与全球主要国家创新链、投资链、并购链及产业链有关的新技术、新创意、新产品、新商业模式及其新创事业，而非泛指所有创新与创业，才能更有效运用有限资源于市场潜力大与经济影响深远的创新与创业。

创业者较难以已力来做的项目。主要有：①网罗具有高度与广度的各界资深人士提供新创企业的定位、策略及资源运用的咨询；②资助委任具有国际专业水平的专业服务组织将新创企业所创新的新技术、新产品、新商业模式转化成多国优质与优势的知识产权及其布局与组合，以及提供商业模式设计服务，尤其是商业模式所涉及的跨地域资金、人源、货源、产品、服务、渠道、营销、客户、营收、成本等方面及新创企业所涉及的企业定位、产品技术、知识产权、投资架构、资本形成、交易模式、交易架构、资讯系统、物流系统、资金流、流程系统、法律税务等运营项目的咨询。

第五，新创企业宜自行或运用利害关系人资源构建跨地域网络关系与联盟伙伴，其项目主要有：①在资本方面为找合适的投资者、并购者或公开上市；②在创新方面借跨地域共同或委托研发或技术转移加速开发；③在生产方面为利用各产业链既有生产资源、委外生产机制，如医疗器械业者充分运用医疗器械制造服务业者（ Medical Device Manufacturing Services，MDMS ）工程及制造资源，而无须自行投入庞大资源于制造与工程，并且应聚焦于研发、知识产权、法规、关系人的耕耘；④在市场方面为建立跨地域经销代理伙伴、建立品牌渠道网络；⑤在知识产权方面为跨地域作价投资、许可、技术转让、买卖甚至诉讼。

第六，各界对新创企业除关注其商品化与首次公开上市（IPO）外，也应同时关注新创企业创业失败的退场"善后"机制，而非任凭其自身自灭，其项目主要有：①包容非因道德风险所致的创业失败；②创业者创业失败的心理辅导；③构建新创企业失败后的善后配套机制，如对投资者说明、员工派遣、公司解散、银行贷款、税务负担、租约解除、资产处分等，以使非因道德风险创业失败者仍能优雅下台、积累信用并再接再厉。

最后，新创企业非因道德风险失败时，有机会向国际市场出售优质与优势知识产权，并借此获利终结，或尚可弥补投资者之投资，而非仅走人了事、抛售残余有形资产或者负债累累。

为创业家打造舞台——
谈群众募资与资源共享整合平台

周延鹏　蔡佩纭

◀◀◀ 群众募资的兴起与经营方式

随着社群网站的蓬勃发展，新形态的筹资模式应运而生——群众募资（Crowd-funding）。个人或团队只要通过网络平台，清楚并诚挚地将梦想、创意或开发理念传达给大众，如果获得认同，就能募足目标资金。此新筹资模式不但省去传统筹资所花费的诸多成本，即使较难获得资金的文化创意项目，也能通过群众募资平台获取充足资金而有机会发展。

群众募资的运作方式包含三个重要角色：①提案者，欲开发创新产品或实现梦想而需资金者；②资助者，认同提案者理念，愿意提供资金支持者，依资助者能够获取的回报，分为捐赠型、回馈型、借贷型与股权型四种；③网络平台，系提案者与资助者的关键联结桥梁，依其性质分为营利型与公益型。

目前最知名的群众募资平台为 2009 年于美国设立的"敲门砖"（Kickstarter），为一营利型平台，每一个募资案例如果顺利达成，就募资总金额收取 5% 作为平台收入。该平台最广为人知的案例是 Pebble 智能手表，该案原先设定筹资目标为 10 万美元，参与资助者可获得产品，该案一上架即在 28 小时内募到 100 万美元，最终募得 1026 万美元，远远超过目标 100 倍！同时获取巨额预购订单，纵使当时产品还在原型阶段。此案例表明，群众募资平台不但改变传统筹资方式，而且将研发、创新流程与消费者分享，并共同掌握消费者需求，将获得更大效益。

⫷⫷⫷ 群众募资需有新法律规范配套

群众募资因参与人为所有社会大众，涉及的法律极广，如能否采用借贷型与股权型募资，就涉及银行法及证券法律。2012 年美国总统奥巴马签署的"JOBS 法案"（Jumpstart Our Business Startup Act）的第三部分群众募资专章，赋予股权型募资法律依据，调整各项配套法律，使得群众募资在美国有较完整的管制及法律架构。

中国的群众募资平台日渐增多，仍未有群众募资专门法，诸多法律问题如群众募资属投资、捐赠还是公益劝募？获取超过投入金额的回馈是所得吗？可能通过平台洗钱吗？可以跨境募资吗？问题涵盖证券法、赠与税法、所得税法、反洗钱法、银行法及外汇管理条例等。平台业者多以规避法律禁止服务项目或个别询问主管机关意见而行，但时有意见不一或矛盾情况，亟须政府完善相关法律规范。目前，并非各种筹资形态都有法律依据，提案者、资助者与平台业者还需要有专业设计的合同机制配套，以保障权益，并降低法律风险。

◀◀◀ 资源共享平台梦"富"成真

群众募资虽然为提案者提供了资金来源，然而除了钱之外，不代表创意构想就可以顺利设计出原型，有了原型也不代表就可以顺利商品化量产，后续的各个环节都需要许多的资源才能完成，这也是为什么很多群众募资平台上的好构想，往往仍无法按照计划交出成果。以 Pebble 为例，募资成功后的量产即遇到许多问题，后来通过资源共享平台与有经验的制造商，协助其解决工业设计、生产、制造、物流等问题才顺利交货。目前已经有越来越多的资源共享平台与制造业者合作，提供制造等服务，这些服务主要能够提供开发者所不具备的生产制造经验与后勤资源，让开发者经由这些资源协助，使产品能顺利地进入量产、走入市场。

> 创业是一个极具开创性并需要勇气的决定，而资金则是关键因素之一。不论是个人或团队，仅仅具备创新、创意构想而无人脉或资产，通常难以接触到风投或天使基金，更难从银行借贷资金。纵使能获取他人资金，也必须对财务投资人定期报告，甚至由其掌控整个计划，往往使美梦变恶梦。但随着社群网站发展，创业者现在可以通过新的渠道获取创业所需的资金。

在设计产品与生产的过程中，开发者往往也会遇到知识产权问题，通过资源共享平台亦可以联结专业服务者，由其提供知识产权布局及其运营模式给提案者，使提案者能安心进行研发与募资活动，而且亦通过专业服务者引导提案者进一步产生具备质量与价值之知识产权，奠定更多未来持续发展的基础。

◀◀◀ 打造成为创业家的舞台

基于各产业的发展历史与经验，中国具备提供全球创业者募资平台与资源共享平台的条件，政府与产业界需加速合作，促使募资平台与资源共享平台整合，打造成为创业者实践梦想的舞台，通过具备产业经验、熟悉生产的制造业者与营销、物流、财务等资源支持，亦使创业者在整合平台上，依靠众智使梦想成真。

知识产权作价投资　法规亦需与时俱进

周延鹏　吴俊英　陈冠宏

$\cdots\cdots\cdots\cdots\cdots\cdots\cdots\cdots\cdots\cdots\cdots\cdots\cdots\cdots\cdots$

美国加州柏克莱大学 Henry Chesbrough 教授于 2003 年提出开放式创新（Open Innovation）概念，于过去 10 年间在全球各界产学研机构快速蔓延并逐渐实现，著名实例有宝洁（P&G）采用的 C&D（Connect and Develop）模式，广泛采用外部创意、创新及创业资源，摒弃传统上非我发明不可的态度。在全球拥有创意、创新、技术与知识产权之人才与产学研机构，正广泛地将其创意、创新、创业及其相应的技术与知识产权进行作价投资，设立新创公司（Start-ups）或与他人合资，使知识产权快速跃升为资本市场舞台主角之一，而不再是昔日摆在阁楼上一张张泛黄的证书。

观诸台湾地区生物技术医药产学研环境，人才、创意、创新、技术样样不缺。在产业界，前有中国台湾微脂体以药物传输技术与全球最大学名药厂 Teva 合作，近期有药华医药利用独步 PEGylation 技术，将中国台湾地区"土产"罕见疾病用药推向国际市场；在学术界，成功大学治疗骨质疏松症单株抗体，去年甫以新台币4亿元技术转让给欧洲第二大药厂Novo Nordisk公司；在研究机构，卫生研究院、财团法人生物技术开发中心、财团法人食品工业发展研究所等，更有数不清的沉睡专利在等待发光发热的机会。但即使中国台湾地区有此优势，中国台湾地区公司法规对于知识产权作价投资仍有诸多过时的束缚与箝制，无法与时俱进，极不利于创意、创新与创业，亦与开放式创新与全球知识经济发展背道而驰，实令英雄也为之气短。

现行中国台湾地区"公司法"涉及知识产权作价投资规范仍有诸多不合时宜之处。举例来说，设立新公司并以知识产权进行作价投资时，只能使用"自行研发"的专门技术或知识产权；而"公司法"规定作价投资的知识产权，仅限"专门技术"或"知识产权"，显然并不包含申请中的专利、商标、植物新品种、临床或非临床研究信息（料）等，皆不利于产学研机构运用知识产权的各阶段各类形态、组合进行作价投资，将削弱诸多知识产权的价值与价格。

再者，"公司法"规定股东出资须以公司所需"技术"抵充，然而"技术"用语定义不明且范围狭窄，无法涵盖专利权、商标权、著作财产权、商业秘密（Know-how及Show-how）、植物新品种权、临床或非临床研究信息（料）使用权、专门技术以及申请中的专利、商标、植物新品种、临床或非临床研究信息（料）等各阶段的知识产权，不利于股东将完整的创新研发成果及其各类知识产权形态与组合进行作价投资，阻滞具有创意、创新能量的产学研机构开展企业化、商品化或产业化的多元发展与运营。

此外，基于"股份自由转让原则"，中国台湾地区"公司法"规定公司设立登记后，不得以章程禁止或限制股东转让公司股份，然而对于以创意、创新及知识产权作价投资的股东，公司更期待股东于入股后持续投入或协力，使其创意、创新及知识产权能发挥预期商业价值与效益，助力企业实现短中长期运营目标，若公司不得以章程合理禁止或限制以知识产权作价股东其股份转让的自由，放任任意转移，一则使公司无法将运营绩效指标与股份转让机制联系，使作价投资股东将技术深耕内化于企业内部目的；二则，任由知识产权作价投资股东随时转让股份，势必无法让公司与股东成为利益共同体，作价投资的创新研发成果与知识产权的价值与效益将难以发挥，对公司与股东极其不利。

中国台湾地区"公司法"另规定公司原则上不得将股份收回、收买，且公司减资须通过股东大会决议，原则上依全体股东所持股份比例减少。然而，对于知识产权作价投资模式，基于知识产权之无体性、易变性、时限性等迥异于现金及有形财产的特征，加上知识产权所对应的产品技术生命周期越来越短，公司从作价投资取得的知识产权，能否发挥预期商业价值效益，必须依靠公司与人员投入发展后方能确定。若作价投资的知识产权无法发挥预期价值与效益，但碍于"公司法"对股份收回或收买及公司减资须依全体股东股份比例减少等限制，公司无法对特定知识产权作价股东消除其全部或部分股份，对于知识产权作价投资股东缺乏制约与平衡机制。因此，"公司法"目前有关股份禁止收回与收买机制，应视不同类型情境给予适当的配套设计，才符合实际商业运营需求。

中国台湾地区"公司法"涉及知识产权作价投资的法律规范，迄今仍像古代妇女的"裹脚布"，不但压缩

台湾地区的"公司法"涉及知识产权作价投资的法律规范，迄今仍像古代妇女的"裹脚布"，不但压缩中国台湾地区生物技术医药发展急需之知识产权作价空间，亦将中国台湾地区产学研机构极具商业潜力之创意、创新、技术及知识产权，加速推向中国台湾地区市场以外的蓝海。

中国台湾地区生物技术医药发展极需之知识产权作价空间，亦将中国台湾地区产学研机构极具商业潜力之创意、创新、技术及知识产权，加速推向中国台湾地区市场以外的蓝海。唯近年因生物技术新药产业发展条例之制定与施行，对于中国台湾地区生物技术新药产业研发投资已给予营利企业所得税额抵减利多，而生物技术新药公司高阶专业人员及技术投资人所得技术股股票亦免予计入取得年度所得额课税，不难看出有关部门以税收优惠减免方式鼓励生物技术医药产业札根与开创之用心，笔者更期待公共部门能嗅出全球开放式创新与知识经济潮流的气氛，彻底将旧时代裹脚布拆卸并改头换面，让知识产权价值与知识经济可以加速解放与奔放。

资本市场国际化，先从尊重公司自治做起

周延鹏　吴俊英　詹勋华

中国台湾有关方面及证交所近年放宽各项资本市场法律与行政作业程序，大力倡导、招募海外企业来台上市，以期推进中国台湾地区股市之自由化与国际化。数年下来，海外企业来台上市的确较过往增加，但细究此等企业其注册地虽系海外，而其主要运营主体、资金来源或经营阶层，几乎仍是台资背景。此种现象实值吾人深入观察与省思中国台湾有关部门对其他国家和地区企业来台上市之监管法律是否跟上国际脚步？尤其中国香港、新加坡等资本市场亦积极争取

企业挂牌，加以上海证交所、深圳证交所借中国大陆市场优势吸引企业目光，在带给中国台湾资本市场强烈的竞争压力与危机感。

≪≪ 外资真的来了吗？

观乎近年海外企业来台第一上市 F 股，此种实质台资企业而以海外企业形式回台上市的"外皮台骨"现象，某些案例虽确有其运营及市场考虑，然而深究开放海外企业来台上市之目的，乃是推动中国台湾地区资本市场国际化，吸引大量海外企业，若 F 股未来主要仍以台资背景企业，应非资本市场开放之本意，恐亦是对资本市场国际化的大讽刺。但为何真正的外资企业对中国台湾地区资本市场仍踌躇不前，与众所期待之资本市场国际化有极大落差？

≪≪ 牺牲海外公司自治吓跑真正外资企业

就海外企业申请来台上市，中国台湾地区证交所以保护投资人权益为由，要求海外企业就各种公司自治事项，如公司资本之形成与变动，股东会之召集程序与决议方式，以及董事和监察人之权限与责任，均应按照中国台湾地区"公司法""证券交易法"等相关规定修订其公司章程及相关公司文件。例如，少数股东之提案权、股东会请求召集权等权利所要求之股东持股比例、董事任期等一律比照中国台湾地区"公司法"规定；甚至公司使用委托书之各项细部作业规定，亦均须依从中国台湾地区公司使用委托书规则。

据此，海外企业为来台上市，需大幅修改其原有公司章程，变更其原有公司管辖的公司自治事项，或进行不必要的股权重组，方符合中国台湾证交所之要求，才可获准在台上市。现行中国台湾证交所之要求，除增添公司上市成本及作业外，更过度侵犯海外企业原有管辖的公司自治制度，使原本符合国际资本市场之公司自治"倒退"到落后的中国台湾地区公司法制度，而使其公司自治及经营丧失国际性及市场性，因而自然降低真正外资来台上市之意愿。如此一来，愿意来台上市者，自然以熟悉中国台湾地区法规、习于相关管制之台资背景企业为主，而造成目前海外企业来台上市的"外皮台骨"现象。

◀◀◀ 资本市场应尊重海外公司自治，并着重于信息公开

美国及中国香港资本市场之自由化、国际化、规模化等堪为卓著，其相关法律规范及监管经验完备，吸引大量企业前往挂牌，其监管原则及精神可以借鉴。

纽约证券交易所（New York Stock Exchange，NYSE），其上市规范除要求外国企业设立审计委员会外，原则上允许外国企业采用其本国之公司自治制度，NYSE仅要求外国发行人对投资人披露其公司治理与上市美国发行人之重要差异，即作为证券交易所，NYSE不干涉外国发行人所在国家的公司自治法规，其职责系确保投资人可获得充分信息以作出投资判断。而纳斯达克市场（NASDAQ）上市规范之要求与NYSE虽略有差异，然其尊重外国企业公司自治之原则与NYSE一致。

中国香港联合交易所，虽就上市企业股东保障事宜有所要求，企业亦可能因此须修改部分章程规定。然而，中国香港联合交易所明确表达尊重各国公司自治制度，原则上避免过度介入外国公司自治范畴。值得注意的是，中国香港联合交易所正在检讨并拟减少对上市公司自治事项的干涉，避免硬性要求比照中国香港公司法，而

更着重于外国公司是否遵循中国香港联合交易所上市规则之原则与精神。

依据美国证券交易委员会（Securities and Exchange Commission, SEC）2011 年底之统计，向 SEC 注册及申报之外国企业中，NYSE 之外国企业来自 45 个国家和地区，总数近 400 家；NASDAQ 之外国企业亦来自 30 个国家和地区，总数超过 250 家。另外依据中国香港联合交易所公布数据，2011 年底主板上市外国企业来自 12 个国家和地区，总数为 24 家，其中 14 家系于 2010 年及 2011 年度上市。

上述数据显示，即便美国及中国香港之各项证券监理法律规范数量相较中国台湾地区有过之而无不及，然其充分尊重公司自治并严格要求信息透明化，已为各国企业所肯定而纷至美国及中国香港证券市场挂牌，可见自由健全的国际资本市场，是不需要东道主把手伸入他国对其所属公司的管辖权与公司自治的范畴。相较之下，中国台湾地区主管机关与证交所恐管错了方向，造成外国企业来中国台湾上市兴趣不足，而各国或各地区监管制度优劣从中立判。优质的外国企业既然有多元的国际资本市场可供筹资选择，为何要将原管辖地的公司自治事项削足适履来此上市？

◀◀◀ 资本市场监理核心是信息公开，而不是担保投资人无风险

由美国及中国香港各证券发行与交易制度可知，自由化资本

资本市场国际化是近年来中国台湾地区有关方面及证交所努力的目标，但由于中国台湾地区的监管地区对外资企业的公司治理规范干涉过多，真正的外资想进入中国台湾地区的资本市场，甚至得先大幅修改公司章程，与中国香港、纽约等地尊重公司自治的监管作法完全不同，导致中国台湾地区资本市场虽想国际化，但却演变成"外皮台骨"的吊诡现象。

市场之核心价值在于信息的真实、充分、公开，借由保障知晓的权利，以达保护投资人之目的。而中国台湾地区主管机关及证交所以行政法规或上市合同硬性规定外国企业大幅修订原有管辖的公司自治之细节事项，显然欠缺必要性与合理性。

中国台湾地区主管机关、证交所及投资人均应体认，资本市场投资人应有自我教育之责任与承担风险之认知。而资本市场相关规范目的在于提供投资人充分、透明之投资信息，绝非完全保障投资人之收益，亦不可能消除所有投资风险。中国台湾地区资本市场之过度管制，除效果令人存疑外，亦容易造成投资人误认有关监管措施系保障投资收益，此恐非主管机关及证交所所乐见。

资本市场参与人各司其职，过度监管不如发挥其所长

在健全的资本市场中，发行公司与投资人固然是交易直接参与人，然尚有赖主管机关、证券交易所、专业机构（含投资银行、证券律师、会计师等）之共同投入，以促进市场之灵活与健全。主管机关及证券交易所创建与维护资本市场运作平台，协助资本市场各参与人进行交易，亦监督各参与人遵循市场秩序，促成透明而有弹性之高效率市场；投资银行、证券公司评估公司运营计划及财务预测、制定发行价格及承销股票，并协助公司与证券交易所及主管机关沟通联系；证券律师参与上市前之公司重组、法律尽职调查、协助公司设计健全的公司自治制度，以及为各种文件、会议与谈判提供专业法律服务；会计师参与财务尽职调查、出具审计报告，以及对公司财务状况提供专业意见。在各方专业合作下，资本市场才能吸引业务具有成长性、公司制度灵活透明

且财务健全之优质海外企业。

主管机关及证券交易所之资源的有限性，对各产业发展、法律及会计服务不可能事必躬亲。因此，主管机关及证券交易所应通过投资银行、证券律师及会计师等专业机构之积极参与，并对此等专业机构之权责及业务执行实施明确之监理及自治制度，而美国资本市场发展出证券公司所组成之自律机构 Financial Industry Regulatory Authority（FINRA），其精神可供中国台湾地区参考。

中国台湾地区资本市场在长期过度管制、主管机关及证交所过度介入原有管辖的公司自治之下，各专业机构少有发挥空间，以致相关专业经验、创新及灵活度不如外国同业，使中国台湾地区资本市场参与者无法享受各种有利公司运营之专业服务。

同时，主管机关及证交所举着投资人保护之大旗，制定统一且僵化的公司制度，除公司自治遭到不合理的压制外，主管机关及证交所反而无足够资源监管信息公开，结果使投资人权益保障之目的未能达到，投资效益先受折扣，效果适得其反。因此，除必要事项外，资本市场监理机关应尊重公司自治，并由专业服务者提供公司优质专业服务外，亦能减轻监理机关之负担及成本，达成各受其利之结果。

◀◀◀ 告别落后市场的行政管制，中国台湾地区资本市场才能免于被边缘化

为吸引海外企业来台上市、促进中国台湾地区资本市场实质国际化，主管机关及证交所应尊重海外公司原有管辖及公司自治，尽快放松以中国台湾地区"公司法"及"证交法"为中心的僵化思维，抛弃管制重于一切的行政本位，而聚焦要求上市公司信息之真

实、完整与公开，同时，运用资本市场投资银行、证券律师、会计师等专业中介机构辅佐，让中国台湾地区资本市场成为优质海外企业筹资的优先选项，才能摆脱被边缘化的困境，进而迈向自由化、国际化、灵活化、创新化之效率市场。

善用开疆辟土的工具——合资企业

周延鹏　徐嘉男　游昕儒

企业相互间为了进行上下游整合来确保供应源或出海口、或跨入新市场领域，或为了取得资金、人才、技术、知识产权等目的，除了通过技术的委托研发或共同研发、知识产权的技术转移或（交互）许可、产品的经销或代理等，展开各式各样的合作之外，亦常见在资本方面以"合资"方式，也就是由合资各方以资金或其他无形资产投入作为合资企业资本，进行合资企业的设立与经营，来达到各方的商业目的。近年来中国大陆市场的崛起，各产业均有相当多企业通过合资方式进行布局。以光电产业为例，看中 LED 照明在中国大陆市场的潜力以及当地政策的利好，2009 年底台企华上光电在山西与长治市政府投资的长治高科投资有限公司进行合资、2010 年台企晶元光电与中国电子信息集团在厦门合资、台企鼎元光电与福建省电子信息集团合资、台企新世纪光电与昆山市政府合资等，且未来数年可预期仍将持续增长。

设立合资企业固然是结合各方资源来达成上述各式各样目的可行的途径，然而，过去的相关研究统计亦显示，超过半数的合资企业最终仍因目的不达而失败。失败的可能因素很多，包括：合资各方都想取得合资企业的经营与管理权而导致冲突不断、对合资企业发展目标不同及治理方针的分歧、担心合资他方从合资企业取得自身的关键技术而限制投入、不谙不同公司文化的经营管理、合资企业与合资各方所经营产品市场有竞争与利益冲突等。因此，合资仅是手段而不是目标，如何通过合资手段来确保商业目的达成才是关键，目的与手段不能本末倒置，所以也有在合资之初就已经设定在何等条件或时间后"目的已达"而终结消灭合资企业的案例，因此在进行合资之前，即必须先深切体会合资企业的本质，并对合资企业的设立与经营，预先做好必要的规划、取得各方的共识，并落实到可以对各方产生约束力的各种商业法律文件，才能让合资企业的设立与经营，依循着事先规划来执行，进而确保商业目的达成。

❮❮❮ 共同出资、共同经营、共担风险、共负盈亏

所谓合资（Joint Venture），顾名思义就是"共同冒险"，因单打独斗的力量有限，如有机缘，选择好伙伴取长补短、借力使力，共同创造双赢（Win-Win）局面，因此，合资最重要的精神在于"共同出资、共同经营、共担风险、共负盈亏"。

从对象而言，正因"合资"是一种与他人"共担风险、共负盈亏"的承诺，选择适当的合作伙伴是关键，企业应先确认自身的合资需求及目的，以此检视与评估潜在对象的股东结构及技术与经营能力、资源互补程度及企业文化等是否相互契合，在此过程中，企业亦得以更加了解自身的文化、定位、需求、优劣势，从而决定是

否进行合资及设定进行合资的方式，而且既然合资只是手段而非目的，所以设定好继续谈或不谈合资的底线与纪律，也非常重要。

从自身而言，合资企业所在国家或地区决定后，应如何纳入或调整合资一方既有的投资架构，亦不能忽视，也就是合资一方作为母公司应规划如何通过层层转投资架构来投资合资公司，此处需考虑的层面与因素至少包括：企业未来集团化及全球化布局、集团整体在层层股利汇回与相关交易下的最低税负、未来资金运用的弹性、利用各不同资本市场筹资的便利性等，据以设计最合适的投资架构，决定自身集团与他方进行合资的主体。

◀◀◀ 设计真正可操作的合资企业设立与运营机制

决定对象并展开合资谈判后，此阶段的目标即在于就合资企业的设立与未来的运营方式取得合资各方的共识，并据以设计实际可操作的机制，最终落实到有拘束力的商业法律文件，确保合资商业目的达成，相关事项至少应包含：

1. 资本形成：针对合资企业各回合的资本形成，应在可预见范围内进行事先规划并课予各方适当承诺与负担，除依照合资公司运营需求设定合资企业注册资本额及首轮各方出资种类与金额、各方出资与持股比例分配外，宜包括未来各阶段资金需求及资金来源、各次增资发行股票种类、金额与条件等，并可据此试算未来股权结构变动。

2. 董（监）结构：董（监）席次及指派权利与方式，需搭配各不同国家公司法的规定，据此设计合资公司章程、细则与股东协议，构建真正可运作的机制，以下关于股东大会及董事会、经营与管理权分配等亦同，此处不再赘述。

3. 股东大会及董事会：股东大会及董事会的出席比例、一般事项的决议方式与比例、应由股东大会或董事会决议的重大事项及决议方式与比例，以及如何拟制或视为一方已出席、同意或否决等；借此机制设计，可针对特定事项达到取得主导权或否决权的效果，使合资企业能按照预先的规划方式运作。

在进行合资之前，必须先深切体会合资企业的本质，并对合资企业的设立与经营，预先做好必要的规划、取得各方的共识，并落实到可以对各方产生约束力的各种商业法律文件，才能让合资企业的设立与经营依循事先规划来执行，进而确保商业目的达成。

4. 经营及管理权分配：就合资企业经营与管理所涉及的各种资源分配运用的决定与管理，诸如研发、生产制造、销售、劳务、资金、人力、市场、行政事务、信息网络等各种运营机能与作业，设定由何方负责管理。

5. 经营团队人事指派：合资企业的人事职位安排往往是除了持股分配外最常引起合资各方争执的部分，一般而言，经理人之任免由董事会决定，但合资各方仍可先就经理人或高管人员的资格及条件、人事任免权等事项建立规则（如针对特定职务约定合资他方一定要投赞成票且视为已投赞成票等），以免阻碍合资企业的运营；另外，人员激励方案配套、竞业禁止或保密义务等，亦应预先规划确定。

6. 盈亏分配及风险分担：合资各方亦应对利润及损失分配是否有特殊方式或需求预作约定；以及当合资企业有财务困难或需求时，是否设计机制要求合资各方或一方如何出资，或出资一方是否可以按照何等条件强制购回不出资一方持有之股份等。

7. 附属合同：合资企业应当与合资一方或他方成立何等权利义务关系，如长期采购或销售、经销与代理等不一而足，尤其是知识产权的转移许可等各种交易，更是紧扣合资企业目的达成的关键所在，此等交易架构与交易模式的设计，当然也应该在合资谈判中加以提出与确定。

前述议题虽然繁复，往往需要一段时间的反复协商，甚至可能分歧过大而导致合资谈判破局的结果，然而与其避不讨论而事后发生争执，毋宁事先订妥游戏规则，让合资各方更明白彼此角色定位、分工与权利义务，更可消除争议与伤害于无形，确保合资企业运营目标的达成。

最重要的是，前述所凝聚的共识及机制设计，最终必须能够在符合各相关国家地区法律规定之下，落实到包括合资合同（合同）、合资章程与细则、股东协议书等不同的合资相关文件及配套合同中，以确保合资各方的共识具有可操作性并能具体落实，解决合资各方合资期间或合资企业结束营业后的权利义务关系。这是属于高度商业、管理与法律整合的专业与经验领域，往往不是一般法律事务所或者非专业人士可以胜任的，从投资构架的设计与调整到谈判，以及各式商业法律文件的准备，宜通过具有整合服务能力的专业人士取得协助，将更可能极大化共识与化解各方分歧，找到平衡点。

◀◀◀ 反映合资一方投入的价值，设定合资一方的退出机制

为了扶助合资企业的成长，合资一方往往会无条件地提供合资企业资源与协助，却忽略其中应有适当对价，毕竟合资企业也是独立的运营主体，本应自行负担发展所需成本并具备获利能力，绝非倚赖合资各方无条件、无偿投入而来，特别是提供技术、知识产权与管理运营能力一方，更应懂得通过适当的交易模式与附属合同来

反映投入的价值，且经由提供技术许可、专利许可、商标许可、技术咨询服务等方式，不仅可获取应有的对价，亦可达到控制合资企业的目的。此外，如何善用选择权的赋予与行使来规划退场机制，也就是在特定条件或期限发生或成就时，使合资一方可以特定价格（需预先订好计算公式）强制合资他方买入己方特定持股，或以何等价格强制合资他方卖出其特定持股等，也是必须考虑的事项，完善的退场机制规划才可避免"歹戏拖棚"的窘境。

合资各方如能充分体会合资是"共同出资、共同经营、共担风险、共负盈亏"的精神，将各方目的通过协商谈判，针对合资企业的设立与经营事项，凝聚出可操作的机制，从而落实到各式商业法律文件并课予合资各方拘束力以及合资各方尽最大努力集合、整合并融合各方资源，即有机会达到合资各方连同合资企业均有卓著表现的三赢效果。

勘破并购迷思，别让并购案成了"病垢"！

周延鹏

企业基于竞争力与成长力目的，除了自己扩充既有事业外，"并购"在各类产业的整合与发展过程中即扮演着很重要的角色，无论是产业、产品及技术处于生命周期的任何阶段，抑或是为获取国内外公司及其人才、技术、产品、服务、客户、市场、供应链、知识产权等各类有形和无形资产，甚至是为了并购后的各项资产分拆或分售之纯粹财务目的，亦可以援用并购工具。

◀◀◀ 新技术 / 新产品 vs. 跨国并购

美国许多企业为发展新技术、新产品或新产业，或为产业结构转型，无不是积极有计划地从事各领域各类的投资并购，而且也力求于并购后快速整合与发展。并购工具成就了许多企业的基业长青。例如，IBM 公司从 PC 产业转型到服务业，以及为发展物联网产业而对储存管理系统、数据分析、服务管理、营运平台系统等公司所进行的并购，其中对 Cognos、SPSS、Sterling Commerce、Netezza 等公司并购金额，每个案件都超过 10 亿美元；Honeywell 公司和 Motorola 公司为物联网产业全球市场成长需求与产品技术组合而分别对 Hand Held、Metrologic、Intermec 及 Symbol、Retailigence 等公司所进行的并购；VMWare 公司为构建云端产业所需的基础，即服务（Iaas）、虚拟平台、云端服务软件组合、信息技术即服务（IT as a Service）等商业模式而于 2007 年至 2010 年间所进行的并购。但这种以"并购"发展新兴产业的模式，极少被中国企业运用，而且对其间各环节项目及其运作亦甚陌生。

然而，许多产业结构升级或产业转型的并购，或者企业为新技术、新产品及优质知识产权的并购，应是许多企业迫切需要的，而且亦需要大开大合的。以上所述领域的并购，实际上需要许多综合条件与整体环境的搭配，尤其是一个国家创新链、投资链与并购链的蓬勃环境与联结关系。例如，源源不绝来自学研机构创新性的新创企业（Start-Up or New Venture）。但是，整体而言，中国台湾地区在新兴产业的创新性创业、早期阶段投资与跨国成长力并购的各环节，其条件很不足，其环境很贫瘠。这些不足与贫瘠，也迫使中国台湾地区企业为转型、新技术、新产品、新市场或优质知识产权需求所需进行的并购，难以从本地区获得全部支持，而是需要更多企业走出去到美国、日本及欧洲找寻并购目标，并援用其并购市场的方法与技能进行并购，进而有效整合到其他市场扩大发展，并使本企业得以跨地域经营。

然而，并购犹如刀的利刃，也同时存在相当风险，而且并购结局实际上失败的却比成功的比例高许多。因此，有关并购的构思、并购的周详准备、并购的战略与战术以及并购后的整合，企业是需要熟悉并发展适合自己的并购方法、程序与机制，才能借由并购工具而从并购对象来实践并购目的，使并购各方常说的"综效"（Synergy）愿景真正落实到位。

◀◀◀ 企业才是并购主角，并承担成败结果

市场上与并购有关的丰功伟业信息，除了身为并购主角的企业自己表述外，似乎是对并购配角宣扬居功者多，而如此现象，也导致在并购过程中，企业经常不知不觉地将自己转为并购业务的配角，而原应是配角的却跃为主角并过度主导并购业务，因而使企业并购业务经常失焦，或者使过多不必要的各类外部服务充斥于并购中。事实上，并购所需的各项外部服务已经算是很成熟的知识与技能，企业只需以主角加以主导全局并支配资源合理使用，而非过度依赖各类外部所有服务项目才是，毕竟并购成败与否的关键仍在企业自己的决断力与执行力，而鲜有发生于法律、财税、会计、评价、投资银行等业者的服务上。

而且，各界普遍认为"并购"业务是非常专业复杂的事情，参

许多企业均面临严峻的产业结构升级或转型问题，也急迫需要在新兴产业找寻新技术、新产品，而亟须以各种工具予以调整、创新，而其中关键工具之一即"并购"。

与其中的律师、会计师、评价师、投资银行，甚至一些公司的经营者或经理人也都认为并购是非常了不得的。但实际上，并购确有许多迷思，一直困扰着并购规划与执行，因而实有必要从并购的过程与成效加以解构分析，而使企业能轻松驾驭并购工具，并从中获取并购效益。

◀◀◀ 迷思不破？并购＝病垢

并购环境及并购效率、效益与成败，作为并购主角的企业需要对并购的诸多表象与迷思有所思辨与取舍，才能对于并购业务中之华丽艰涩的词藻语汇、金碧辉煌的投资银行、不解事实的唯法律师、过度数字化的会计师、依赖评价公式的评价师、好大喜功的公司主持及政治正确的专业经理有所掌握与决断。而这些并购迷思若不能辨识并予以破解，则"并购"等于"垢病"（藏病纳垢）或将发生。

◀◀◀ 并购的周详准备与专业执行

并购的周详准备相当重要，自不待言。实际上，许多企业往往不知从何处准备，或过度依赖外部服务者指引而未准备自己应做的、或几乎没有准备而靠感觉、或者就是准备很多无助于并购的项目而增加许多并购无谓的成本与时间。例如，曾有一家中国著名大型品牌企业的并购筹备会议，聚集200多人与会，其效率与效益不言而明，但却未见身为主角的企业事前有所制约或管控。

并购的准备与执行项目，主要为杰出领导者与专业实务团队、并购情报与研析、并购战略与战术、并购模式与交易模式、并购后投资架构与交易架构、并购商业条件、财务会计、税收与法律、并购时程与流程管控、各利害关系人的维持、并购操作系统与数据库，以及经常需要提早安排的并购后整合方案。

上述并购准备与执行项目以并购战略与战术加以说明。并购战略主要是对并购所涉及的资本、人力、组织、产品、技术、研发、制造、供应链、市场客户、物流与资金流、通信系统、固定资产、流动资产、知识产权、法规证照、商业模式、投资架构、交易构架等制定具体明确可行的战略；而并购战术则是对战略项目有关具体事项之查核验证的实施、问题程度的掌握、解决方案的并行、可能性研判的整合、价值价格的判断、并购对价的筹划、协商谈判的进行、法律文件的落实等。这些都需要企业以"并购运营机制"实时管控、协调与整合。

≪≪≪ 并购后的整合方案与执行

并购后的整合方案与执行直接关系着"并购综效"能否成就以及并购项目的成败，企业实难假手外人执行，企业需有专业实务团队持续推进执行，并适时调整战略与战术，才能确保并购项目的落实。毕竟，亮眼的并购签约仪式以及开香槟庆祝后，才是并购的开始，无论是好还是不好，简单还是困难，企业均须自己承担所有并购责任，而其他外部服务者此时又忙着处理其他新的并购方案了。

因此，对于并购后的整合方案，企业需要提早关注并准备。而并购后的整合方案主要项目包括：整合目标、整合组织、整合资源、整合方法、整合时程、整合效益等。这些并购后实际经营之专业整合经理人通常亦全程参与并购案，可以是原并购负责者，也可以是另一组人，或者二者兼之。

全球生物医药投资并购涌动，
中国产业须趁势而起

周延鹏　吴俊英

并购（Mergers and Acquisitions，M&A）在全球生物医药产业中一直扮演重要角色。麦肯锡顾问公司的报告显示，1995 年至 2005 年间，前 20 名的药厂多曾进行超过 100 亿美元的并购案。例如，2008 年罗氏（Roche）以 440 亿美元并购 Genentech、2009 年辉瑞（Pfizer）以 642 亿美元并购惠氏（Wyeth）、2014 年诺华（Novartis）以 145 亿美元收购葛兰素史克（GlaxoSmithKline）的肿瘤用药业务，Pfizer 甚至于 2014 年对 AstraZeneca 发动高达 1000 亿美元的并购要约（Tender Offer）。生物医药公司进行并购目的很多，例如，获取新技术、新产品、新市场，或者为了增加销售、扩大营收，甚至有为降低税费负担者，如医疗器械大厂 Medtronic 并购 Covidien 后成为爱尔兰公司，被认为是利用税负倒置（Tax Inversion）以降低美国税率。

然而，投资并购若事前评估规划不足或事后执行整合不力，往往让并购最终成了"病垢"而为人所"诟病"。尽职核查（Due Diligence）是所有投资并购事前不可忽视的环节，通常包含对目标公司的产品技术、研发制造、知识产权、法规验证、市场客户、资本财务、组织人事等各方面进行盘点核实，核查重点则须因个案需求而调整。在新药与医疗器械领域的投资并购案中，技术与知识产权几乎是投资案价值之所系。因此，针对目标技术与知识产权的尽职核查非常关键，其核查事项包含技术创新程度、知识产权权利归属、知识产权布局状态、产品专利风险、法规验证，这些都需要由具有生物医药技术、国际知识产权及法律实务经验的整合团队来执行，才能确保投资目标不是"病垢"。

前述知名药厂发动的大型并购案虽受瞩目，其实生物医药产业中尚有大量的中小型投资与并购活动，包含收购新创公司及从学研单位取得技术转让或许可，这些规模较小的投资并购许可案件，几乎均为了获取新颖技术、知识产权及研发能量，或者争取破坏式创新的产品。这类型的投资并购许可往往是影响生物医药产业竞争与成长的关键。

新药研发过程从临床前（Pre-Clinical）试验、临床各阶段试验（Phase Ⅰ、Ⅱ、Ⅲ），一直到取得各国主管机关正式许可，都是不易跨越的关卡，而医疗器械产品开发过程，亦有诸多技术、专利、法规验证门槛；再者，新药及医疗器械产品研发至上市，历时数年，投资金额也因此节节攀高。因此，其投资并购也伴随着高度风险。

对此，外国生物医药产业投资并购案，经常约定各种分阶段、附条件、设门槛的对价支付方式。例如，专攻脂基疗法（Lipid-Based Therapy）的 Matinas BioPharma 甫于今年 1 月宣布收购微脂体载药技术的 Aquarius BioTechnologies，收购交易条件包含 Matinas BioPharma 于达成各里程碑时须转让股份给 Aquarius 原股东：①若于临床第三期使用 Aquarius 专门技术对首位病患给药，另让予 150

万股；②若使用 Aquarius 专有技术的产品获得 FDA 新药授权，再让予 150 万股。此种以里程碑分次给付股份的模式，使投资并购双方愿意在高度风险下进行交易，让创新技术目标不至于被埋没，对于产业发展及病患均具意义。

生物医药产业投资并购已跨国界，如何在全球各地寻觅具备特殊优势的投资对象与项目、如何将有潜力之产品技术链接至投资方，对生物医药企业、学研单位、投资机构等均是极大的挑战。但是，生物医药业界寻找值得投资的目标技术或公司，迄今多仍依赖人脉网络串联，远远无法满足业界需求。欲解决此等问题，有赖汇集全球专利与非专利的信息平台，并利用大数据技术，即可精准找出有潜力、有价值的目标，目前已有 www.patentcloud.com 提供此等平台，将有助全球生物医药投资并购交易，假以时日必相当可观。

近年来，在产官学研界积极投入下，中国生物医药产业蓬勃发展有目共睹，特别是在新药开发与高阶医疗器械领域，即有显著进展，已有向外国许可、技术转让的案例，而且吸引许多外国医药、医疗器械业者前来探询合作与投资机会。全球生物医药产业投资并购相当活跃，生物医药产学研界应该摒弃过去国内其他产业被动等待的惯性，而要善用大数据平台，搭配国际知识产权及商业法律专业团队积极主动出击，争取以优质知识产权于各国市场进行投资及各类型交易，以创造更大利益。

最后，国内公司法及资本市场相关法规，尚未能因应国内产业需求并接轨国际市场。例如，在外国生物医药产业的投资并购案例中，常见依里

投资并购若事前评估规划不足或事后执行整合不力，往往让并购最终成了"病垢"而为人所"诟病"，尽职核查是所有投资并购事前不可忽略的环节，技术与知识产权几乎是投资案价值之所系，这些都需要由生物医药技术、国际知识产权及法律实务经验的整合团队来执行。

程碑支付特定比例的股份，若在国内，此种投资条件就可能因法规限制且主管机关保守而难以执行；在董事选举方式与席次分配、技术作价投资、特别股权权利义务限制等方面，亦有诸多不合时宜的法律规范以及行政实务。这些跟不上国际潮流的法律及行政机关保守心态，不仅让国内生物医药产学研能量无法发挥得淋漓尽致，也影响国际投资并购许可意愿，更阻碍生物医药产业借由跨国合作提升市场竞争力。为能加速生物医药产业成长并积极进入国际市场，政府需要借鉴外国的公司、证券、税收法规，尊重公司自治及资本市场运作，全面检讨、改进落伍的法律，摒弃行政保守与过度管制，才能让生物医药产业加速发展为重要的经济根基。

第九章　知识产权与税务规划

企业规划国际税务：知识产权不应缺席

周延鹏　吴俊英　詹勋华

中国电子业有较多跨国化经验，而新兴产业，如新药、医疗器械、新材料、新能源及文化创意产业，则具有更多国际化元素与特性。企业国际化过程在合法履行纳税义务之前提下，若及早规划国际税务构架，当可享有如 Apple 等跨国企业之节税利益。

◀◀◀ 知识产权税务规划不能拿地瓜比苹果

常有企业听闻 Apple 等利用爱尔兰、荷兰、卢森堡等地进行税务规划，不乏随即仿效者。但是，国际税务规划并非单纯选择低税率国家安排投资及交易即可。

企业不应仅依样画葫芦，而应先评估本身各项条件，包括主体、地区、产业特性、有形资产、知识产权、交易流程、商业模式、物流、资金流、财会、税收法律等各项因素，依照本身运营需求选择最适合的投资及交易构架，方能与本身运营目标相辅相成进行国际税务规划，兼享税务效益。

◀◀◀ 知识产权税务规划，商业模式是关键

　　企业受限于对知识产权形态、实施及商业模式之理解，知识产权实施除了诉讼、收取许可费外，对于其他知识产权运用方式及收益往往较为陌生。因而，企业对于知识产权之税务规划，往往仅思考至研发费用抵减等税收优惠、许可费或技术报酬扣缴，以及企业所得税率减免优惠。

　　知识产权税务规划是公司从设立前、运营中，乃至于解散时均应涵盖，而且包括知识产权规划、创造、实施、转移等各个阶段。此外，除了企业例行日常运营作业中之税务外，其他非例行之公司股东入资、知识产权作价、企业并购、投资、合资等运营事项，也涉及知识产权交易，却往往为税务规划所遗漏。

> 媒体常报道 Apple、Google、Microsoft 借国际税务规划获得巨额节税利益，引起许多企业好奇个中诀窍。跨国企业之所以可灵活地进行税务规划，其中关键在于利用知识产权融入国际投资架构，与交易架构发挥承上启下、画龙点睛之效。

　　知识产权税务规划另一个盲点在于知识产权名目数量与税务规划效益成正比，即通过转移知识产权极大数量进行税务作业。企业若未进行知识产权盘点即贸然转移知识产权，不但对税务效益没有帮助，轻则徒耗登记、申请或企业流程改变所需成本费用，重则反而加重税负，适得其反。

　　进行知识产权税务规划，企业须对每项知识产权依其对企业运营之价值合理配置。例如，知识产权登记或实施地点、拥有主体、所属产品技术结构等，不能仅从技术观点判断知识产权价值，还需结合研发、制造、营销、物流、财会、税务各方面专业综合判断。

⋘ 挥别鸵鸟埋沙，税务规划应如大禹治水

随着企业运用开放式创新进行多国研发合作，或与各国当地企业进行试验、临床、制造、营销等合作，企业知识产权所涉及国家越来越多，而对涉及陌生国家之税务规划，企业或因不具有专业作业能力，或因规划千头万绪、成本高昂，往往有心有余而力不足之感。

事实上，税务规划有专业作业规则，企业以知识产权价值及商业地位为后盾，通过商业谈判、商务条件安排、投资及交易架构优化等手段，可有效减少、转嫁、管控在陌生国家的税务负担及风险。切忌因为不了解而选择不处理，如同在企业内遗留不定时炸弹而不得安稳。

企业在不同国家获取的经营利润，若未妥善规划资金及税务调配，可能导致资金在不同国家间频繁流动，不但增加财会作业成本，也提高了跨国间重复纳税的风险。同时，企业进行跨国利润分配，若未事先规划，可能使投资人承受过度的税务负担，特别是跨国合资企业的投资人常由不同地区、性质、利益需求的成员组成，承担的纳税义务并不相同，更须事先谨慎规划。

⋘ 跨国知识产权税务规划要与时与地俱进

各国税收法律、税收实务、国际条约更新快速，包括受控外国公司（CFC）税制，以及作为各国税务机关转移定价政策风向标的经济合作与发展组织转让定价指导原则（OECD Transfer Pricing Guidelines）、税收协议范本也预计于 2015 年修订无形资产（包括知

识产权）之条款，联合国也发布《发展中国家转让定价工作手册》（UN Transfer Pricing Manual）以协助更合理、具体、有效地管理知识产权相关征税行政。同时，各国亦持续更新税收协议，甚至增订更为严格的反避税条款等。

因此，跨国知识产权税务规划亟须熟悉各国税务法律与实务，同时亦需同步各类国际组织协议进展，企业也应依其年度计划及最新税务实务，不断进行调整、优化，确保跨国税务架构与时与地俱进，方能兼顾合法稳当及操作灵活的方案。

善用国际税务规划——
知识产权从"死资产"变成"活资本"

周延鹏　吴俊英

关于知识产权（Intellectual Property, IP）的用途，许多企业主所想到的，是直接用于保护其产品的产销，或者用于诉讼以抗衡或获取交互许可，除此之外便只是列为会计账上的资产，且大多是列为单纯的费用。其实，知识产权对企业而言尚有另一重要用途，且可为公司带来庞大经济利益，亦即将知识产权用于国际税务规划，但这却是中国产学研界所陌生的。

◀◀◀ 国际企业税务规划知识产权已成首要考虑

税务规划（Tax Planning）与逃税（Tax Avoidance）或避税（Tax Evasion）不同，税务规划是在国家法律容许范围内，合法节税的行为，而国际税务规划则是依据各国法律对于企业所得税、增值税、营业税，以及对转移定价（Transfer Pricing，TP）的规范与实务，善用东道国与他国税收协议对于各种预提税（Withholding Tax）的优惠措施，通过投资架构设计与交易架构规划，从而降低对企业整体之有效税率。

知识产权的国际税收规划，则是将知识产权作为目标，经常是以知识产权控股公司（Intellectual Property Holding Company，IPHC）作为拥有并运营知识产权的组织，来与公司内外部的企业进行知识产权许可、买卖或投融资，并利用东道国对于知识产权交易的税负优惠措施（如税收豁免、抵减等），以及税收协议中有关知识产权许可费预提税的优遇，甚至搭配区域经济整合的经济同盟（如欧盟）中的特殊规范，以大幅减少企业整体税负，从而将知识产权的税务价值发挥出来。

◀◀◀ 税务规划活络研发创新与知识产权交易，知识产权由费用变为资本

近来跨国企业运用知识产权进行税务规划已越来越普遍，其中较为著名的例子如谷歌（Google）、脸谱（Facebook）等公司，利用设立于荷兰、爱尔兰等地之转投资公司，作为知识产权许可与收取许可费的组织，借由东道国广泛的税收协议及其税收优惠，将公司整体的有效税率甚至降低到个位数。

企业进行知识产权国际税务规划，除考虑企业所得税、增值税、营业税等外，尚须注意者至少包括：①税收协议中各项法律要件适用与实务认定；②税务机关是否认定 IPHC 为非常设机构（Permanent Establishment，PE）而无实际运营，不适用税收协议；③税务机关是否对企业之海外受控公司未分配盈余课税；④东道国对 IPHC 转移定价之容认范围；⑤可适用税收优惠之知识产权类型（如仅承认专利权、著作权、商标权或亦承认其他类型知识产权）；⑥若母公司享有政府研发奖励，将知识产权转移至 IPHC 是否会丧失研发奖励资格等。此外，尚需考虑市场客户、交易主体、交易目标及其他交易等因素，据此设计较佳的投资构架与交易模式，从而让整体税负降到最低，并让知识产权成为企业的"智慧"资本。

经过专业的税务规划，不仅合乎各国法律，能为公司节省庞大的税务费用，所带来的节税利益也鼓励企业据以积极投入创新研发的效果。此外，因为知识产权交易借由税务规划可享受优惠，使企业更愿意有效运用其知识产权（如许可他人或进行买卖），让有需要者更易于取得，而令知识产权交易市场趋于活络。

≪≪≪ 知识产权全球运营还须优质布局与专业服务

当然，企业若欲以知识产权进行国际税务规划，首要任务还是盘点、评估企业所拥有的知识产权是否为合格的目标，并依据其客户、市场与竞争，进行知识产权布局，尤其是专利，乃运用于国际知识产权税务规划的主要目标，更需要企业借助外部专业服务才能有效经营，才能在后续进行税务规划时起到极大作用。

另外，国际知识产权税务规划中常涉及转移定价项目，故如根据美国 Ocean Tomo LLC 的统计，标准普尔 500 指数（S&P 500）企业的无形资产占其市场价值已由 1975 年的 17% 跃升至 2010 年的 80%，可知无形资产对于企业的重要性已远远超过有形资产；反之，企业若不能善用或继续封存其无形资产，亦形同浪费公司的宝贵资源。因此，如何灵活运用无形资产中的知识产权来创造利润，进而提升公司价值，是企业极为重要的课题。

何认定转移定价的合理性，对于企业或税务机关都是一项重要任务，也是让知识产权税务规划发挥最大效用的杠杆之一。但是，对于税务规划的重要角色——专利，其价值基础在于专利说明书的撰写质量，以及其技术方案在所属产业技术的定位与稀有性，同时涉及法院对专利侵权诉讼所能获得的合理许可费或损害赔偿认定，故不论是税务机关或者协助企业进行税务规划的会计师，事实上都欠缺评估其价值与质量的专业基础。因此，知识产权税务规划除须会计师提供较为实时的税法实务，还须有适任专业的专利律师、税务律师、知识产权运营专家等共同投入进行投资构架与交易构架规划，才能提供完整优质专业的国际知识产权税务规划服务。

◄◄◄ 全球知识产权运营公司设立须评估税务效率、公司法制与专业环境

近年来，部分国家积极吸引跨国企业设立全球知识产权运营中心，作为其管理、许可、买卖知识产权甚至产品技术研发的据点，其中又以欧盟国家最为醒目，如荷兰、卢森堡、比利时、爱尔兰、塞浦路斯等。而有些人误以为该等国家仅以低廉的税率来争取企业设立 IPHC，甚至冠以"知识产权避税天堂"的称号。事实上，荷兰的公司所得税率是 25%，卢森堡为 21%，比利时甚至达到 33%，可见其并非以天堂般免税的公司所得税率来吸引企业。

实则，该等国家投入相当多资源与努力，建立友善便利的公司法规、提供大量创新研发支持、专业效率的税务机关、令人信赖的司法体系，同时有大量合格专业人士提供诸多服务，而且须具有相当的经济实力，得以在国际间获得广泛认同，从而与许多国家签有税收协议。东道国须具备以上种种条件，才有能力让各国企业竞相前往建立知识产权与创新研发运营据点。

例如，卢森堡即由政府推动多项产业群聚计划。例如，2008年的生物医药群聚（BioHealth Cluster），促使研究机构与国内、外的企业进行各种合作与研发联盟，并通过研发创新法律提供所需资金支持，从而提升国家创新能量与经济体质。此外，卢森堡还提供多种类型的知识产权许可费税收优惠，甚至就某些知识产权买卖交易所得亦给予减免税负。同样，上述其他国家除推行产业政策配套以促进创新研发外，搭配税收优惠措施，如给予知识产权营收免税、研发支出抵减税负、补贴研发人员薪资等。

◀◀◀ 国际税务规划虽活化知识产权，亦须政府作为及法律配套

中国企业长久以来已累积相当多的知识产权，如专利的申请量在国际间亦名列前茅，但中国企业并不擅于活用知识产权，企业主对于知识产权国际税务规划甚至不曾耳闻，让大量的专利等知识产权束之高阁，成为资产负债表上的"死资产"而不能变为"活资本"，非常可惜。同时，政府也需要积极拓展经济外交，增加税收协议伙伴，并且优化各项涉及创新研发及知识产权交易的税收法律，便利企业运用国际资源进行开放式创新并活化知识产权全球运筹，给予企业在国际竞争中一股重要推力。

知识产权转移定价：企业国际税务规划的"眉角"

周延鹏　詹勋华

转移定价是许多跨国企业用来进行国际税务规划的重要工具，因此转移定价自然成为各国税务机关关注的项目，除了企业国际化程度所需配套的税务规划比重增加外，转移定价常涉及庞大金额调整。

◀◀◀ 转移定价是资源调配合法手段，不是规避查税的"小媳妇"

跨国企业运营势必执行不同国家法人间的交易，以串联跨国企业整体资源并发挥运营"综效"。转移定价本质并不违法，只要合乎各国税法规范，企业即可通过合法、合理的转移定价，有效调度资源、分配利润，并增进运营效益。

因此，企业面对转移定价，不应仅抱持着规避查税的心态，而应依据企业组织功能、业务的安排，借转移定价提升企业资源运用效率，优化整体效益。

然而，各界对于转移定价又创造了许多税务规划用语。例如，荷兰"三明治"、爱尔兰"三明治"，或设立成百上千的境外公司进行利润输送。因而，企业可能误认为税务规划就是设立境外公司并运用复杂财会技巧进行交易安排。但是，若滥设境外公司或者过度复杂化交易，除了因无法搭配企业运营实况而毫无效益外，更将成为企业难以负荷的管理包袱，甚至提高企业税务风险。

转移定价需与企业运营紧密结合。例如，跨国企业转移定价通常需结合企业各地区、产品线、商业模式的运营特性来规划。若企业先厘清本身需求，借由专业服务组织协同建立一套转移定价准则，使其后续执行作业成为具有逻辑性、合理性，且可管理的工作项目。

◄◄◄ 知识产权成为国际转移定价的核心要素

法律要求转移定价之价格制定及利润分配的合理性，而且合理性往往是一定范围的区间，并非仅限于一个固定的数值。因此，价格制定及分配利润的区间即各国税收法规允许企业合理、合法分配利润的空间。

知识产权转移定价运用的弹性并非凭空而得，往往有赖于企业对知识产权价值的掌握、知识产权运用模式的创意及知识产权相关文件的完整度，才能创造并佐证，进而善用转移定价的弹性。因此，以知识产权进行的转移定价，需要注意：①知识产权的范畴、项目、内容、权利状态等情况及其价值衡量要素；②知识产权的作价投资、许可、技术转让、买卖让与、侵权诉讼、技术服务等交易模式及其所得性质；③各个交易主

2013 年，媒体虽如往年般经常发布各国税务局转移定价查核的战功，但更频繁发布以知识产权为目标的转移定价案件，如 Apple、Google、Microsoft 的转移定价案例，以及 LGE 印度子公司对于 LG 品牌增值的贡献、3M 巴西子公司使用 3M 母公司专利商标的许可费等，均成为转移定价新闻的焦点。

体在知识产权交易中投入及贡献程度；④整合运营、技术、销售、财会、税务等各类专业信息。

≪≪ 知识产权项目商业秘密不应缺席

知识产权除了政府机关登记在案的专利、商标、著作权等之外，也包括不需登记的 Know-how、Show-how 等商业秘密，可以作为企业转移定价规划的工具。在著名的美国转移定价博士伦（BAUSCH & LOMB）案中，法院也肯定高难度制造技术可以作为企业保留较高额利润的合理依据。

因此，企业若无法有效构建 Know-how、Show-how 等商业秘密的所有权及安全机密管理机制，亦难以安排商业秘密的转移定价。

≪≪ 转移定价成效更赖执行力

企业转移定价规划与政策制定后，最重要的是企业彻底遵循转移定价政策的规范并予以落实。以专利为例，专利申请人、申请国家及企业研发单位产出、保存、使用研发成果的方式，甚至地点，若悖离企业转移定价政策，都可能使企业转移定价规划破局，而且事后需要花费更多资源来修补。

在实务上，常见企业制定转移定价政策后即锁在档案柜中，未真正落实于企业日常运营，导致年度结算时劳师动众，调整计价科目及计价方式以符合转移定价政策，甚至影响企业各主体间之资金调度，相当可惜。因此，企业各种转移定价规划都需执行力来实现，而对于知识产权转移定价如此高度专业、协同及整合的运作，执行力更是决定功亏一篑或收获成果的关键。

实现"一头牛剥下多层皮"的全球获利模式后，生物技术新药亟须跨国税务规划

周延鹏　张淑贞　陈冠宏

经过数年蛰伏发展，中国台湾生物技术新药公司屡传捷报，许多发展中的新药陆续完成各国临床第三期试验（Phase III Clinical Trial），并有宝龄富锦及安成药业等新药业者，已向中国台湾或美国 FDA 提出新药上市申请。大致而言，中国台湾生物技术新药公司主要商业与获利模式之一，就是在新药开发进入临床第二期或第三期试验时，即将所研发新药、技术平台、实验数据、临床数据、知识产权等，于不同国家及范畴，许可给具备制造能力、医疗渠道、品牌知名度且熟稔新药营销业务之国际或区域药厂，进行制造、营销与销售，中国台湾生物技术新药公司将可按后续临床试验结果与新药上市与销售等各阶段，获取庞大的签约金及各阶段里程碑许可费，生物技术新药公司"钱"景可期。

2009 年，醣联生技医药将治疗大肠癌抗体新药 GNX8 以 1.96 亿美元许可给日本大冢制药继续进行临床试验，预计于新药上市后，醣联生技医药可再获取按药品销售金额 12% 计算的许可费。之后，日本大冢药厂于 2013 年 8 月还以每股新台币 100 元总计 2.76 亿元金额认购醣联生技医药私募股份，取得该公司 5% 的股权，

双方合作由知识产权许可扩大至投资，亦是著名药厂入股中国台湾药厂的里程碑。

2010 年，太景生技许可 Warner Chilcott 于欧、美进行新一代抗生素新药奈诺沙星（Nemonoxacin）第三期临床试验，太景生技除可获取签约金及临床试验各阶段许可费外，Warner Chilcott 于新药上市后，每年还须按新药销售金额一定比例支付太景生技许可费。2012 年，太景生技与浙江医药签订奈诺沙星许可协议，太景生技据此协议另可获取签约金 800 万美元，后续新药倘顺利取得中国食品药品监督管理总局口服药证及注射剂型药证后，预估太景生技仍有 100 万美元及 100 万到 500 万美元阶段性许可费入袋，之后太景生技还可按奈诺沙星于中国大陆净销售额的 7%~11% 获取许可费。

2011 年，智擎生技与美国 Merrimack Pharmaceuticals（Merrimack）签署许可暨合作合同，智擎生技将 PEP02（Merrimack 将其命名为 MM-398）于欧洲及亚洲（中国台湾地区除外）开发、制造与商品化等权利许可予 Merrimack，智擎生技获得 1000 万美元签约金及 2 亿 1000 万美元阶段性许可费，再依 PEP02 在欧洲及亚洲之净销售额，还有不同百分比许可费收入。

如前述案例，中国台湾生物技术新药产业已跳脱有形产品制造销售思维，借由丰沛的创新研发成果与知识产权等优质无形财产，于全球不同国家或区域，以不同产品组合、技术组合、市场渠道，许可给不同需求或拥有不同资源的合作伙伴，充分彻底地实现"一头牛剥下多层皮"全球获利模式，并带动诸多跨地域投资、合资、许可等交易，此等获利模式则是 ICT 企业有形产品

期许中国台湾有关方面能够加速与各经济体签订税收协议，并于税收协议不足时期，同步检讨修订相关税制，激励各界持续投入创新研发，并赚全球"智慧财产"。

运营模式所望尘莫及的。

　　然而，截至 2013 年 9 月 30 日，依据相关资料，中国台湾地区仅与东南亚、南美洲、非洲、澳洲及中东与欧洲等签订全面性税收协议，意即诸多生物技术新药重要消费大国与市场，中国台湾地区与该等国家间并无税收协议。而且，中国台湾地区于 2007 年实施的"生技新药产业发展条例"，虽提供研究发展投资抵减、人才培训投资抵减、高端专业人员与技术入股投资人之投资及认股权凭证等投资抵减相关税收优惠，但对于生物技术新药公司从外国所获取的许可费或股利收入等给予税收优惠，却付诸阙如。

　　基于前述税收环境，中国台湾生物技术新药公司及其股东倘若于规划跨地域投资、交易时，未实时结合税务规划配套，势将承担支付公司依其设立国税法于支付许可费或股利时需扣缴之预提所得税（Withholding Tax）、公司应纳营业税、所得税及股东个人年度所得税等庞大税务负担，总体有效税率将高达 50%~75%。要言之，中国台湾生物技术新药公司与其股东，纵然依据许可协议可风风光光赢得获取巨额许可费的"面子"，然而因每 100 元许可费收入，真正落袋可能仅剩 30 元而输掉"里子"。

　　因此，需加速与各经济体签订税收协议，并于税收协议不足时期，同步检讨修订相关税制，激励各界持续投入创新研发并赚全球"智慧财产"。同时，生物技术新药公司于规划跨地域投资与交易时，亦应寻求熟悉商业模式、投资架构、交易构架、知识产权与税务规划之专业服务组织协助，才能确保实质获利落袋而非海市蜃楼，进而借由巨额许可费与股利之获利，让"智力优势竞争"运营模式蓬勃发展，成为参与全球创新、研发马拉松竞赛最佳报酬回馈。

第十章 知识产权与流程系统平台

留住人才 vs. 留住技术——
谈可控可管技术经营机制

周延鹏

　　姑且不论对员工各类奖酬工具如何具体落实与实际操作，但只要证诸 2012 年至 2014 年几家知名企业对离职高阶或重要技术员工提起违反商业秘密法诉讼案件，如台积电诉梁孟松、宏达电子诉简志霖等 9 人、大立光诉先进光与 4 名离职工程师、联发科诉袁帝文与 10 名研发人员、友达诉连水池与王宜凡、威盛诉林哲伟等 7 人，即可知纵有优渥奖酬的配套，亦难以留住人才，而且亦显非留住技术的有效机制与措施。

　　然而，"留住人才"与"留住技术"应是两个不同项目，各有考虑因素、各有配套机制、各有执行流程，而又相互影响并相互支持，但彼此又非简单的逻辑因果关系。因此，各界似不宜认为只要有留住人才的机制，就可留住技术并进而可以有效地管控技术，而且也不宜疏忽留住技术

就留住人才方面，或宜从大格局、大战略及竞争资源等角度考虑，调整为向全球主要研产销地区争取优质人才。就留住技术方面，则需有效的商业秘密管理机制，以及跨国的专利资产运营机制。

应有的基础建设及运营机制。

需要坦然面对的是，争取优质人才是全球产学研界的普遍现象，而不是只存在于特定国家之间，也不是只有半导体产业才挖墙脚，更应从对全球争取人才及各产业竞争与优质人才需求来处理人力资源的培育用留。因此，目前留住人才的考虑与策略似乎太局限，而且偏狭了。简言之，就留住人才方面，或宜从大格局、大战略及竞争资源等角度考虑，将局限于防备重金挖墙脚的人才议题调整为向全球主要研产销地区争取优质人才，并同时强化人力的教育、训练及产学研界的经营文化与人才机制。

就留住技术方面，虽然各界都知道建立信息保护机制很重要，但从上述各案例即可清楚看出，产学研界长期以来并无真正有效的商业秘密管理机制，可以每分每秒留住组织人员所产生的技术，同时纳入可管、可控、可稽查的商业秘密，也没有跨国的专利资产运营机制，可以将技术转成优质优势专利并以跨国专利资产方式运营。

商业秘密管理机制长期以来主要依赖职业伦理道德、保密义务与竞业禁止合同及法律责任压力，但仍难以抵挡更大利益诱惑、便利的网络通信，遂导致各界保护商业秘密之效果极其有限。然而，利用当今之云端技术、软件工具及硬设备，可以从组织商业秘密的产生源头就解决信息安全问题，亦即将个人计算机、笔记本电脑、平板及手机各种装置桌面集中管理的"桌面云"及随时将文件加密防护的"机密云"（VimVault）。

"桌面云"机制是指通过"桌面云"软件防止研发过程各阶段所产生的技术秘密从 USB、卡片阅读机、硬盘、光盘等文件携出，而"机密云"机制则指通过"机密云"软件实时就人员产生的技术文档予以加密，而且也通过个人云端加密保险柜防止商业秘密经由网络存取资源（如 Google Drive、iCloud）或 Email 随意传送。此种结合

"桌面云"与"机密云"的低成本、高效益及无干扰之新管理机制与流程，将可实时全程管控并稽查利用组织资源所涉及商业秘密的产生、修改、储存、分享、协作、归档、打印及删除，而且也可实时记录文档历史轨迹、盘点机密文档传送、预警异常行为发生。

有关专利业务，目前产学研界几乎仍停留于专利申请项目，不仅专业有限，而且也少有跨国专利资产运营机制。因此，产学研界需要借助于专业组织服务，即可利用 www.patentcloud.com 及"技术资产营运系统"（Technology Asset Operation System，TAOS），全流程运营跨国专利资产，包括专利风险管控、知识产权布局暨申请及其后续专利的许可、技术转让、侵权诉讼、作价投资、融资担保、技术标准、专利池等各类货币化专利资产运营，进而实质获取研发投资报酬，并有效制止人员离职后的侵权行为。

知识产权运营流程管理：
管理软实力，发展硬底子

周延鹏　杨牧民

长期面对纷至沓来的美国专利侵权诉讼案件，动辄支付数十亿元损害赔偿金或和解金及律师费，甚至产品被禁止销售，产学研各界莫不苦思如何具体因应并解决这个让人头痛的问题，并且陆续采取各种具体措施，如大量申请各国专利并予金钱奖励、巨额购入足以反诉并遏抑诉讼的专利、高价取得第三方庞大专利组合许可、或者被迫加入美国一些知识产权公司的专利池或所谓的"技术合作"或"策略联盟"等。企业该等举措无非是希望借由各种知识产权组合与商业模式来纾解或解放美国专利侵权诉讼所带来的市场威胁及运营不自由。然而，知识产权业务经常被产学研各界领导人和经营者忽略的是，"优质"与"优势"知识产权的创造、保护、管理、运营及营销，涉及极为重要并且可决定知识产权管理和财务绩效的运营基础——知识产权的运营流程管理。

◀◀◀ 运营流程是形成有质量与有价值的知识产权之关键环节

知识产权运营及其各项作业涵盖范围极广，其主要呈现在组织运营层面及知识产权方面。在组织运营层面包括了组织策略、研究开发、生产制造、采购供应、市场销售、物流运筹、信息网络、人力资源、财会税务、商业模式、政府关系、媒体关系、投资人关系等；在知识产权面，包括调研、布局、申请、维护、许可、买卖、侵权诉讼、作价投资、融资担保、技术标准、专利池、产业联盟、研发联盟、开放创新及这些知识产权项目所涉及的外部专业服务组织（如专利商标事务所、律师事务所、顾问公司）、各国政府（如知识产权局、行政机关、司法机关）及其相关的作业及程序等。

就知识产权运营流程目前情况而言，在组织运营层面的流程管理普遍获得多数企业的重视、投入及发展，其各项流程相当成熟，并多数已形成标准化及系统化的机制，而在学研组织所涉及的研发流程，较偏向于与政府往来的流程管理，而实质的研发行为与成果转化流程长期似未获得应有之重视、投入及发展，甚至投入少许资就知识产权运营流程目前情况而言，在组织运营层面的流程管理普遍获得多数企业的重视、投入及发展，其各项流程相当成熟，并多数已形成标准化及系统化的机制，而在学研组织所涉及的研发流程，较偏向于与政府往来的流程管理，而实质的研发行为与成果转化流程长期似未获得应有之重视、投入及发展。

源优化与精进。在知识产权方面的流程管理，产学研各界普遍呈现于"法律"层面上的作业流程，而对于"运营"层面的流程，尤其是与组织运营层面及知识产权转化与增值运营的并行同步之全局流程暨知识产权特有运营流程，则普遍尚未建立与发展。

《《《 知识产权运营流程的建立与发展是基于跨国运营经验与实务基础

　　企业组织运营流程的探讨与实践，无论学术界抑或实务界，不仅相当成熟而且持续发展精进，而知识产权运营流程的探讨与实践，国内外学术界几乎没有触及，实务界也仅有少数跨国企业有所发展并视之为竞争优势所依存的"商业秘密"，并加以严格管理而不对外披露或传授，这也说明了为何大多数的公私部门及其研究机构和公司组织难以突破知识产权经营绩效不彰的困境，尤其是无论投入多少资源大量申请多数国家专利与商标，也无法解决技术不自主与市场不自主的长期问题，而且还一直处于"被告"和"支付"赔偿金及许可费的"弱势地位"，并且也难以提升到用自己所取得的专利当"原告"而"收取"赔偿金及要求支付许可费的"优势地位"。换句话说，大多数技术后进与市场后进的国家及其公私部门，对知识产权的认识及掌握，仍相当表面或者偏狭，尚不得其门而入获知关键的知识产权运营流程"秘籍"，进而可以窥其奥并受其利，导致许多产业迄今仍深陷于他人知识产权的殖民地，做些保护他人知识产权的浅层项目而已。

　　真正有用、有效的知识产权运营流程管理的建立与发展，首先是源自相当高度、广度与深度的组织运营与知识产权运营的跨领域整合，也就难以根据低度、狭隘的单项知识与作业经验去塑造；其次是源自长期丰富的跨国运营经验与实务基础，亦即难以从书本而没有实际复杂运营的历练就可速成；再次是知识产权运营流程需贯穿内外组织、不同业务功能亟须相应适切表单、控制点及查核点配套，亦即难以单纯地从法律项目及其程序处理；最后是将流程系统化及网络化，以获得标准化、组织记忆及全局流程的效率与效益，亦即难以单纯人力及简单的计算机单机作业，并难以应对上述知识产权运营及其各项作业所需涵盖的项目范围。因此，以目前公私部门及其研究机构和公司等，其领导人和经营者可以借助外部跨领域的整合与丰富经验的实务专业服务来协助其建立与发展符合具有国际竞争力的知识产权运营流程与机制，实不宜再继续走弯路，而浪费时间、金钱及其他资源。因为，知识产权运营流程就如同人的神经网络，如果神经网络阻塞不通，知识产权再怎么投入，也是徒具形骸而已。

⫷ 知识产权与组织运营流程整合实例

首先，以知识产权调研与布局为例。长期以来，研究机构和公司组织进行研发时，都援用日本传授进来的传统专利地图（Patent Mapping），利用技术功效矩阵、专利分类（UPC、IPC）及关键词进行前案检索，用以规避专利侵权风险及专利布局申请。然而，几十年来，事实却证明企业并没有规避专利侵权风险，反而经常被告，而且企业所布局申请的专利也告不了竞争者或者产业链上的公司；反之，若新式专利地图是以产业链、价值链、供应链、产品结构、技术结构为基础，同时考虑研发流程、生命周期、研发类型、创新类型及产业动态信息（侵权诉讼、许可、技术转让、投资并购、研发联盟、产业联盟），按照知识产权调研流程步骤（厘清问题、界定范围、善用工具、客观呈现、专业分析），产出各种各阶段产品技术结构的专利分布信息（专利权人、国家、年代、技术脉络、技术方案），再以组织运营实务进行判断分析各类专利信息报表，即可产出技术方案、知识产权方案、法律方案及商业方案，并用以规避专利侵权风险及布局优质优势专利，进而制定策略、步骤及运营各类知识产权商业模式，获取有形与无形财产多元获利模式，而非陷入传统专利地图的窠臼，继续"创造问题、解决价值、不符期望"。

其次，以美国专利侵权诉讼处理为例。多数公司处理专利诉讼大多依赖律师指挥，历经漫长煎熬、巨额金钱支出及许多管理人力投入，才获得不满意或者勉强接受的结果；反之，以美国诉讼程序及其时间为流程，同时以组织运营的需求及流程制定策略、用对方法及管理资源，整合内外专业快速界定系争专利范围、有效与否、侵权与否，以及界定系争产品及其市场与供应链，管控诉讼所涉及的企划、研发、制造、营销、销售、仓储、物流、信息、网络、人资、财会、知识产权、各利害关系人等，即可制定诉讼与商业策略及其战术，再据此指挥诉讼律师执行必要的法律工作，进行一场低成本、短时间、生效益的专利侵权诉讼活动。

最后，以国家科技预算所涉及的研发为例。在欧美国家，研究机构（大学、财团法人）的知识产权能量是许多新兴产业发展的源泉，而在中国，除少数产学研机构有些知识产权成功案例外，普遍缺乏如欧美般的实证经验，其主要原因在于国家预算所支持的研发活动及其产出的知识产权，应将科技政策制定、科技预算配置、科技项目执行、研发成果转化、知识产权经营等各阶段流程串联整合，并抓住当时实际或者未来仿真的产业结构、技术结构、产品结构等制定各项产出指标与绩效要求，再按知识产权各项业务及其流程要求，应可改变长期来国家科技预算绩效表现，从长期的"负"投入与产出比转成显著的"正"投入与产出比。

<<< 知识产权与组织运营流程的整合是优质与优势知识产权与财务绩效到位的枢纽

因此，产学研各界有关组织运营层面及知识产权层面相互并行同步的全局流程及知识产权特有作业流程的建立与发展即关键系着质量与有价值的知识产权能否有效创造、保护、管理、运营及营销，也关系着许多产业与企业能否借由"优质"与"优势"的知识产权获得运营自由、优势竞争及多元获利，甚至产学研各界关注并尽快寻求真正的跨领域实务专业协助，而无须自行慢慢摸索与研究，蹉跎更多时间并花掉白花花的银子做些没有产业发展实益及没有财务绩效实益的研究开发与知识产权项目与工作。

专利战越演越烈，中国知识产权中枢神经在哪里？

周延鹏　徐绍馨

近来专利战火一路由通信产业燃烧至生物技术医疗产业，如FlashPoint 控告宏达电子图像处理专利侵权诉讼、Spansion 控告旺宏电子及其客户记忆体专利侵权诉讼，以及雅博与 ResMed 间专利侵权暨专利无效等案例。中国产业每时每刻均须面对纷至沓来的美国专利侵权诉讼的严峻挑战，导致诸多企业频频支付高额损害赔偿金、和解金及律师费，甚至面临产品被禁止销售，而持续陷于"运营不自由""竞争无优势"与"获利不多元"的困境。

面对永无宁日的专利风险，企业除了个案式被动应对第三人所提侵权诉讼外，各界亟须积极导入正确观念、专业方法与系统平台，再造知识产权运营基础，才能摆脱且战且走的游击战宿命，并打下知识产权运营的稳固根基，方能知己知彼、百战不殆，以彻底解决专利问题。

知识产权基础建设是各界经营知识产权的神经中枢，其运营流程须贯穿内外组织及其业务机能，而且须建立相应流程、表单、控制点及查核点，将流程予以系统化及云端化，用以达到组织记忆及全局流程的效率与效益，并同时须导入专利资产运营、专利布局管理解决方案，方能"知己"。而且，全球所累积的专利已是超过2000万件的巨量数据（亦称大数据，Big Data），每个组织所面临的第三人专利数量至少多达数万件，亟须导入专利风险管理解决方案，才能有效率地处理海量专利信息，方能"知彼"。

◀◀◀ 仰赖传统方法与系统恐误入歧途、深陷泥沼

长期以来，各界所惯用的知识产权作业，仍停留在"随机性个案作业"模式，偏重处理"专利法律项目"及其程序控制，缺乏应有高度、广度与深度的组织运营与知识产权运营的跨领域整合，更缺乏跨国运营经验和实务基础，而且未能充分考虑产业发展与竞争、产品技术生命周期等层面，因而其产出的知识产权无法达到组织运营目的与应有效益。在传统方法下产生的知识产权，不仅没有

"智慧"、也不是"财产"，而且难以为企业趋吉避凶，规避专利风险，进而确保运营自由，更遑论为企业带来竞争优势与多元获利。

中国软件业者根据上述传统方法所开发的知识产权管理系统，其软件功能设计上有相当大的局限，主要表现

当企业遭遇专利战威胁时，为了响应外部挑战，组织内各部门几乎都要动起来。然而，在错误的知识产权运营观念影响下，中国企业为专利运营所构建的信息平台功能常常问题丛生，无法发挥应有的中枢神经功能。

为：①传统知识产权管理系统欠缺经实战且严谨论证的方法论支撑，其开发人员亦缺乏产业及组织运营的专门知识与经验，致使软件功能和用途有限；②不同知识产权管理系统间，如专利检索系统与专利管理系统，无统一规格，彼此难以串联与整合成为组织知识产权运营的神经网络，更难以构建知识产权的经营环境；③传统知识产权管理系统对于组织知识产权的作业流程及纪律，几无规范作用，致使知识产权业务运作松散杂乱，难以成为组织自有的知识产权运营平台，更难以并行同步于各种运营业务；④传统知识产权管理系统脱离产业、产品及技术层面，难以协同组织对产品、技术、市场与知识产权诸多方面的决策与运营，更难以为其组织预警专利风险。

综上所述，各界应协同外部跨领域实务经验的整合专业团队，协助建立与发展具有国际竞争力的知识产权运营平台，实不宜继续援用传统知识产权作业方法与系统，而误入歧途、深陷泥沼，浪费时间、金钱及资源。

◀◀◀ 运用正确观念、专业方法与系统平台，再造知识产权运营流程

组织再造知识产权运营流程，首先要抛开过往"随机性个案作

业"的生产模式，采取"连续性生产与运营"模式，将知识产权的调查、分析、部署、申请、维持、许可、买卖、诉讼、评价、作价投资、技术标准、专利池、融资担保等业务，融入组织策略、研究开发、生产制造、采购供应、市场销售、物流运筹、信息网络、人力资源、财会税务、商业模式、政府关系、媒体关系、投资人关系等运营流程内，并妥善管理外部专业服务组织（如专利商标事务所、律师法律事务所、技术服务公司），各国政府机关（如知识产权局、行政机关、司法机关）往来程序与作业。同时将上述作业流程与表单予以标准化、专业化与系统化，构建组织所需的专业知识产权运营平台，达到并行同步作业的全局流程，自可"有方有序"地从组织整体运营的需求管理知识产权业务，并且"有果有量"地从各类指标评估知识产权运营的财务绩效。

知识产权运营流程的落实，横跨组织、人员、流程、方法、工具及专业系统与作业安全。因此，各界着手再造知识产权运营基础，其项目至少包括：

（1）优化知识产权专业组织与人力。盘点并优化既有知识产权组织、人员、专业知识与技能、流程、方法、工具，制定知识产权部门经营业务职能与管理指标，量身打造知识产权组织构架、岗位职责及人员绩效管理机制。

（2）优化知识产权运营流程。建立适合跨国运营实况的各类知识产权业务流程及其标准作业手册，明确知识产权部门功能与组织策略、研究开发、生产制造、采购供应、市场销售、物流运筹、信息网络、人力资源、财会税务等相关部门间的业务分工，确保知识产权之评估、创造、维护、管理与营销等各阶段的专业质量与运作效率。

（3）制定知识产权管理与作业标准程序。建立知识产权管理规范、各类案件模板及作业标准程序，提升各类知识产权案件业务的管理能力与作业效率，让知识产权所需管理制度得以内化至知识产权部门，并行同步于组织运营流程。

（4）导入专业知识产权运营平台。导入与构建组织专属知识产权运营平台，管控组织运营层面与知识产权运营层面各自与相互的流程关系，才能产出优质与优势的知识产权，并管控知识产权的跨国侵权风险，以保障组织记忆的安全。

◀◀◀ 构建知识产权运营平台，实践组织竞争获利新战略

各界构建知识产权运营平台，其总体构架设计应考虑之项目至少包括：①具备知识管理及组织记忆功能，并能与组织运营机能并行同步作业，维持信息一致性、提升作业质量及时效；②具备 ISO27001 所规范之信息安全管理机制，确保平台之实体、数据、通信、作业及管理项目安全性，才能控制运营法律风险；③整合知识产权、产业及技术文献信息，才能进行全面性的整合分析，作为组织运营决策及运作辅助；④具备知识产权运营流程、表单及纪律配套，并设置流程专业人员负责执行与监督；⑤具备知识产权生产管理、工程管理、质量管理及搜寻暨存储功能，才能有效进行项目管理、结构化技术数据及控制专业质量。

因此，专业的知识产权运营平台以专利业务为例，其所需具备的关键系统，主要有：

（1）产业化专利分析系统：借由 www.patentcloud.com，以产业链、价值链、供应链、产品结构、技术结构为基础，同时考虑研发流程、生命周期、研发类型、创新类型及产业动态信息（侵权

诉讼、许可、技术转让、买卖让与、投资并购、研发联盟、产业联盟），按照知识产权调研流程步骤（厘清问题、界定范围、善用工具、客观呈现、专业分析），产出各种各阶段产品技术结构的专利分布信息（专利权人、国家、年代、技术脉络、技术方案），再以产业运营实务判断分析各类专利信息报表，即可产出技术方案、知识产权方案、法律方案及商业方案，用以规避专利侵权风险及布局优质优势专利，进而制定组织策略、作业步骤，以及运营各类知识产权商业模式，实现多元获利。

（2）专利风险预警系统：借由 www.patentcloud.com，辅助组织持续监控、筛选、分析、更新专属的专利数据库，并提供专业分析流程和表单管理，协同组织内跨部门人员执行各种风险监控与相应措施。同时通过知识管理与组织记忆功能，将作业产出存放于安全的信息环境中，协同组织运用专业方法与安全工具，预警专利风险，获取运营积极效益。

（3）技术资产营运系统（Technology Asset Operation System，TAOS）：能并行同步，辅助组织知识产权创造、管理与价值获取，并与产业、产品、技术和市场链接，支持组织知识产权组合运营及决策；并提供无形资产作业流程管理平台，协助组织改善相应作业流程，链接组织产品企划、研发、制造、销售等各项机能，并与产业、市场等动态信息充分结合，协同内外组织与部门人员作业，管理专利案件、研发单位提案、事件过程、事务所管理、警示期限、费用奖金、报表分析导出、各类增值运用表单与报表等，充分发挥无形资产价值。

各界若具备前述专业知识产权运营平台，将可改变目前许多知识产权业务及作业的谬误与无效果，而且还可发现过去所创造的知识产权其实没有"智慧"，而且不是"财产"，真正拥有"有智慧"

的财产而享有知识经济的优势地位，进而创新知识产权商业模式，获取运营自由、优势竞争、多元获利的效益。

大数据时代，巨量专利数据价值不菲

周延鹏　卓立庭

根据 www.patentcloud.com 专利数据库及系统分析，截至 2015 年 3 月，美、中、日、韩、欧等主要国家和地区累积的专利资料已超过 4700 万件。以 2013 年为例，中国大陆专利申请数（237.7 万件）较 2012 年增长 15.92%，美国专利申请数（60.1 万件）仅较 2012 年增长 4.26%。面对各国专利数据量的快速增长，海量专利数据的分析与运用及非专利数据的整合与分析，援用大数据（Big Data）技术解决专利数据与非专利数据的分析及用途，应势在必行。

海量专利数据的处理显然难以继续沿用仅以专利微观或狭隘用途的传统专利地图的搜集与分析方法，而必须通过大数据技术来结构化海量专利数据与非专利数据的整合与分析。例如，高效且跨数据搜索引擎的开发、整合与分析自动化工具的导入、信息呈现报表的创新设计等，才能高效精准地掌握不同海量资料间的关联性与价值性，并进而排除劣质专利数据，同时挖掘优质专利的价值，而且改变研发绩效仅以专利数量为指标的计量方式。

◀◀◀ 完善跨数据的各国专利分析基础

长期以来，碍于各国官方专利局的数据库各自为政，且不同国家使用语言及操作又各自形成壁垒，即无法于同一平台有效提供跨国数据予用户进行分析与使用。例如，欧洲专利局（EPO）专利数据库虽有多国专利数据，但其数据仍杂乱无章，而且其系统功能简陋、下载限制与版面复杂，导致检索不易，亦阻碍后续各类信息需求的解析，因而使价值不菲的专利数据仍持续深藏于各个数据库里。

因此，欧美许多商业化的专利数据库及系统乃应运而生，然而该等专利数据库仍未整合不同国家专利数据于同一平台同时运作，仍局限于专利数据处理，尚未跨到非专利数据，而将产业、技术、投资、并购、诉讼、许可等资料予以汇整分析。因此，目前各类专利检索系统亟须突破，才能使跨国、才数据的专利与非专利海量数据之整合与分析获得创新性的发展与运用。

◀◀◀ 分析平台的创新专利信息价值的关键

大数据所蕴含的数据相当庞大且凌乱，以致从原始资料（Raw Data）的取得与再制，乃至最终结果呈现，每一步骤及其数据的积累与整合皆会影响信息分析结果的精准度与可靠度。就专利数据处理而言，亟须运用云端管理的分析平台机制，从专利数据检索至专利信息分类、分析；统计与输出等应于同一平台作业，才会产生信息组

> 大数据时代，巨量专利数据价值不菲，如果能够整合不同国家专利数据于同一平台同时运作，且跨入非专利数据处理，将产业、技术、投资、并购、诉讼、许可等资料予以汇整分析，使跨国、跨专利与非专利巨量数据整合，势必将获得创新性的运用及崭新商机。

织记忆效果，而且尚需以创新性的产品技术结构多维分析方法，整合不同权利人在不同国家于不同年代的专利布局信息，才能从海量专利数据获取有价值的关键信息，支持各组织决策与运营信息。例如，产业发展政策、产品技术发展蓝图、专利风险预警与管控、专利布局与申请维持、专利资产运营与货币化（许可、诉讼、作价投资、技术标准），甚至投资并购、人力资源所需的信息。

此外，在专利数据中仍有很多不具技术含量与专利质量的专利，以及用以误导竞争者跟随的"假专利"，如何借由大数据技术发展专利质量与价值分析平台，协助不同用户快速鉴别专利信息的"优或劣""真或假"，甚至支持专利资产运营与专利交易，亟须投入发展。

最后，大数据数据解析亦需创意。例如，对于专利数据的解析须扩及创新链、投资链、产业链、价值链、供应链、产品结构、技术结构等信息，同时考虑组织策略、研究开发、生产制造、采购供应、市场销售、物流运筹、信息网络、人力资源、财会税务等多方面因素，各界才能从海量专利数据提炼出于技术、商业、产业上具有价值的信息。

传统专利地图恐难指路：浅谈产业化专利地图创新

周延鹏　张淑贞　曾志伟　汪忠辉

· ·

随着科技持续创新与发展，产品更趋多功能与高效能，企业亟须具备快速转移至新技术、新产品及新商业模式的能耐，以及整合并融合多样技术的能力，才能永续经营。例如，手机之发展，从1G 时代以仿真信号传送语音的 Motorola 黑金刚，到 2G 时代以数字信号传送语音的 Nokia 6230，至 3G 时代不单传递语音、还可传送多媒体影音的 Apple iPhone。而手机从厚重到轻薄，屏幕从单色到彩色，像素从低分辨率到 HD 高像素，操作方式从按键变成触控，手机不再单纯是通信模块、电池加上外壳，而需高度整合通信、光学、电子控制、软件、人工智能、触控模块、操作接口、算法、新材料等技术，企业才能幸存于市场，而最近 Nokia 的运营困境即道尽产业的兴衰更迭。

随着产业、市场与商业模式的快速变化，技术与产品的高度整合，以及激烈的产业竞争，全球各界更加竞逐优质与优势的专利布局，并企图加速改变专利的运营模式，遂使全球产学研各界专利申请数量更如细胞复制般大量增长。面对全球不断增长的海量专利信息，各界迄今仍援用"传统专利地图"，以辅助研发、产销及知识产权等运营，而未见从此专利信息获得积极效益，也未见对专利地图予以质疑、突破及创新。

"专利趋势管理图"及"专利技术－功效图"是各界习以为常的主要传统专利地图类型，但究竟能否为各界提供如地图般的有效与有益指引，从中找到产业、技术、产品、市场及法律的活路与出口，并辅以商业模式支撑各类决策与运营，颇值各界深思检讨。

◀◀◀ 传统专利地图琳琅满目，极易引入歧途

"专利趋势管理图"及"专利技术－功效图"等传统专利地图分析法，约于 30 年前由财团法人从日本发明协会（JIII）引入，用

于协助学校、研究机构、企业对专利信息的分析与应用。但是，传统专利地图却难以清楚勾勒出产业、产品及技术发展脉络，亦难以辅助各界对产品、技术、市场与知识产权诸多层面的决策与运营，更难以预警专利风险，而使企业得以趋吉避凶，确保国际市场运营自由。

面对全球不断增长的巨量专利信息，各界迄今仍援用"传统专利地图"，而未见从此专利信息获得积极效益，也未见对专利地图予以质疑、突破及创新。除了立论基础问题外，并未将专利信息以外的产业链、价值链、供应链、产业动态等信息加以整合并融合分析，即草率地以"专利信息"来诠释科技、产业与市场的发展过去与未来。

"专利趋势管理图"是指统计并利用公开的专利信息，包括申请总量、历年数量、申请年度、获证年度、申请国家、专利权人及其所属国、发明人及其所属国、引证关系、国际分类号（IPC）、美国分类号（UPC）等项目，进而绘制成"专利趋势分析图组""国别分析图组""专利权人公司分析图组""发明人分析图组""IPC 分析图组""UPC 分析图组"等诸多图表。析言之，"专利趋势管理图"是企图以统计方法阐释全球专利发展趋势，并借由国别、专利权人、发明人等信息，依据不同国家与发明人之专利数量增减变化，推衍出专利技术变化原因。

以"专利趋势管理图"中的"专利趋势分析图组"为例，该图组仅能呈现表面的专利申请"历史"，而无法从产品技术结构层次呈现各层次产品与技术发展脉络，更难以满足组织不同经营层级的运营需求。从研发与专利运营需求来看，无法从不同年代观察不同技术方案的发展脉络及权利项保护范围的差异，对于企划、研发和知识产权业务而言，着实没有实际效益；从管理经营层需求来看，也无法支持与经营有关的技术、产品及商业模式等决策所需的有用信息。

因此，各界常以"专利趋势管理图"预测未来技术发展趋势、产业市场动向，甚至规划产业与科技发展政策，颇令人存疑，因为传统专利地图除了立论基础问题外，并未将专利信息以外的产业链、价值链、供应链、产业动态等信息加以整合并融合分析，即草率地以"专利信息"来诠释科技、产业与市场的发展过去与未来。

"专利技术－功效图"主要是以专利摘要或说明书摘述专利技术可能的功效（事实上，大多为专利地图制作者的个人观点），以分类、归纳与统计技术功效，再结合年代、专利权人、发明人等信息，产出"技术－功效矩阵图""技术演进图""功效演进图"等报表。"技术－功效矩阵图"是在技术纵轴和功效横轴的矩阵图上标示各交点专利数量，并企图据此说明于特定产品或技术领域内可采用哪些技术解决哪些产品或技术发展的问题，而"技术演进图"和"功效演进图"则是分别以技术分类和功效分类为纵轴，以申请年代为横轴，企图借此说明特定产品或技术领域内之不同技术手段及其功效的演变。

◀◀◀ 传统专利地图的重大缺陷

"专利趋势管理图"及"专利技术－功效图"，除了前述问题外，其重大缺陷主要有：①过度依赖国际或美国专利分类、关键词及数量指标，并把系统演算的初步结果当成最后结果；②专利搜索软件系统及产出的各类报表将系统设计者和专利地图制作者自以为是的主观价值判断渗入，致使各类报表无法客观呈现检索结果；③对专利地图报表的进阶解读与分析，几乎仅以"专利技术"信息为限，而未结合研发类型、创新类型及产品技术生命周期等方法分析，致使产生诸多谬误；④以虚拟的"功效"进行专利技术分类；

⑤未区分产品与技术概念即进行专利检索、分类及专利地图制作；

⑥未以专利权利项及其用语、组合，以及其所覆盖的产业、产品与技术范围来处理专利信息。

以无线电力传输专利地图制作来说明，若有产学研组织计划发展手持式装置无线充电产品技术而需对全球专利予以调研，若不陷入传统专利地图的缺陷，则宜以手持式装置的无线充电产品结构为目标，并同时以其技术结构所涉及的各层技术为范围，才能完整地从系统、次系统、模块、组件、软件与算法、唤醒机制等手持式装置无线充电产品与技术的完整架构进行专利信息检索、分类、判读与分析，而不会仅以电磁感应式、磁共振、微波等片断字词，忽略彼此的层次与链接关系，导致产生不同层次混乱的无线电力传输专利信息，而陷入云里雾中，进而影响研发与知识产权等业务规划与执行的精准度与专业度。

◀◀◀ 传统专利地图亟须变革，产业化专利地图成关键

传统专利地图存在立论基础的问题及解读分析的局限，笔者认为宜从产品结构、技术结构的方法及整合产业链、价值链、供应链与产业动态等信息，发展新的"产业化专利地图"，才能发挥地图给人指引的作用。

"产业化专利地图"主要是以产品结构为纵轴，以技术结构为横轴，将全球专利通过软件系统分类于此矩阵架构上，即可视化观察与诠释特定产品技术领域内各专利权人及其专利部署情况，并可了解全球各界产品技术的发展脉络，以支援其组织进行企划、研发、采购、制造、销售、投资、合资、并购、人力资源、商业模

式、知识产权及其布局、许可、技术转让、侵权诉讼、无效主张、专利池、技术标准等业务的规划与执行。因此，"产业化专利地图"不仅能为各界指引迷津，也能成为发现宝藏之"藏宝图"。

第十一章 知识产权与研发创新

没有战略就没有方向，
知识产权环境怎么能不闷？

周延鹏

知识产权的战略、制度、方法与机制，攸关官产学研智慧资源的开发与利用，而且优质与优势知识产权的创造、保护、管理与运用是国家经济发展、文化创意及农业跨域的关键课题，同时也是各产业参与国际竞争的重要核心要素。

≪≪ 中国知识产权问题所在

中国创新研发投入与产业发展特性，以及创新研发成果与知识产权能量，迄今尚不足以支撑经济发展技术自主与市场自主之愿景，也不足以实现产业于全球竞争运营自由、竞争优势与获利多元之目标。这些现状与不足亦反映了知识产权问题所在，从各层面观之，知识产权运营与发展上的问题，主要有：

1. 知识产权文化：知识产权文化尚未成熟且未与运营融合，而且未熟悉与掌握。

2. 知识产权形态：目前知识产权形态较着重于专利与商标的申请及著作权的保护，而对商业秘密与植物新品种权的运营及知识产权形态的多样多元组合与运用极为欠缺。

3. 知识产权质量：各国所拥有的知识产权质量不佳，而优质与优势知识产权的创造及劣质知识产权筛选的方法及配套机制非常不足。

4. 知识产权价值：虽然拥有数量甚多的知识产权，但其价值并未产生与衍生，而且亦欠缺优势知识产权价值的创造、呈现及评估方法与机制。

5. 知识产权信息检索：传统专利地图及其效用存在各方面的疑虑，而且在知识产权检索方法、步骤、信息系统搭配与信息判读分析上亟须变革与创新。

> 战略的制定，首先须掌握问题所在，并界定解决问题的课题，进而制定战略方向并辅以创新方法与机制，才能落实战略目标。否则，即使制订了"国家知识产权战略纲领"，但未掌握知识产权问题所在，以及难以界定相应课题，将难以实现知识产权战略目标，以及得以创新配套的专业方法与机制。

6. 知识产权创造：知识产权的创造与布局尚未以有方、有序、有果、有量之专业方法进行，而是普遍随机随意地提交创新发明提案及不连续申请作业。

7. 知识产权保护：知识产权的保护向来多以"尊重知识产权"概念为基础，亟须厘清对"保护"认知的内涵、优化配套程序，而且跨国知识产权侵权诉讼因应机制亦欠缺。

8. 知识产权评价：知识产权评价向来多援用有形财产评价及相关会计公式进行，并未融入知识产权特性与产业市场事实，而且欠缺可信赖的专业评价机制。

9. 知识产权融资：知识产权融资担保业务不发达，而且相关作业规则颇为欠缺。

10. 知识产权运营机制：知识产权业务较偏重于法律及技术层面作业，而尚未发展出特有的专业运营机制可与组织及其运营与流程并行同步作业。

11. 知识产权商业模式：产业界长期来穷于应付外国企业知识产权的侵权诉讼威胁与许可费追索，产学研界将较多资源投入知识产权申请业务，而关键的知识产权长期获利的商业模式却未予着墨。

12. 知识产权营销：知识产权营销学尚未有学理与实务支撑，而且既有专利交易平台内容及作用贫乏，并面临发展瓶颈。

13. 知识产权交易环境：现有政策与法律对知识产权跨国交易过度管制，显然与知识经济及创新经济的全球竞争时代有违。

14. 知识产权财会税务：现行法律对知识产权会计、财务与税务未有具体可行的规范。

15. 知识产权滥用约制：长期以来，在技术及市场先进国所倡导的"尊重知识产权"下因应权利人主张知识产权，而对于其中所发生的知识产权滥用与逾越行为并未有适时可行的约制规范与救济措施。

16. 知识产权专业服务：知识产权专业服务组织提供优质且完善的专业服务能力与态度尚有不足，因而难以为各界解决问题并创新价值。

17. 知识产权专业人才：知识产权从业人员大多欠缺跨领域知识、技能与跨国运营经验，亦不具备运营的深度、广度与高度，难以提供匹配的专业服务。

18. 商业秘密保护管理：在商业秘密保护有关的司法实务上，尚需解决诉讼程序上的问题。产学研各界商业秘密的专业管理机制亦相当不足。

◀◀◀ 知识产权战略方向

从知识产权战略所需解决问题出发，知识产权战略的发展方向主要有：

1. 知识产权文化：知识产权的运营文化应积极塑造与发展，并据此丰富与支撑知识产权战略所应具有的知识产权内涵，而且应避免走向形式主义。

2. 知识产权形态：知识产权应以多样多元方式进行布局与运营，同时应避免商业秘密的流失及过度专利化。

3. 知识产权质量：创新研发成果转化知识产权过程，应借由知识产权质量作业的要求与机制，确保产出优质与优势的知识产权。既有知识产权应借由知识产权质量分析方法，论证并评估该等知识产权是否须继续维持与经营。

4. 知识产权价值：知识产权的价值，应反映在市场暨技术的商业价值上，并体现知识产权"资产"的财务价值，同时亦可呈现于科技地位与市场声誉的价值。知识产权的价值评估应具体评估项目及因素，以及呈现评估结果之意义。

5. 知识产权信息检索：知识产权信息检索，应解决传统专利地图的瓶颈及发展产业化专利信息地图，应涵盖知识产权信息以外的产业、产品、技术等信息，而且检索结果必须能进一步进行专业的统计分析，据以辅助组织决策及运营。知识产权信息网络必须跨系统与跨平台整合，成为支持组织运营所需的智慧资源神经网络，并提供组织业务运营所需切实可行并有用的信息。

6. 知识产权创造：知识产权的创造与布局须运用知识产权信息，并结合知识产权以外的产业与技术信息，并且需以有计划、有方法、有流程与有纪律的方式进行，产出优质与优势的知识产权。

7. 知识产权保护：知识产权保护的目的、社会非难性及相应适当的法律救济，有必要重新厘清。产业界所面临的跨国知识产权侵权诉讼，应强化并构建跨国知识产权侵权诉讼的因应与处理机制。

8. 知识产权评价：知识产权评价应于评价前确认评价目的与目标，同时应构建专业的知识产权评价方法与机制，并充分考虑各种评价因子，建立可信赖的评价环境。

9. 知识产权融资：金融机构、司法机关与拍卖市场应熟悉并发展知识产权作为融资担保的目标及配套机制。为促使借款人披露融资担保所需知识产权相关信息，金融机构应发展知识产权融资担保相关作业规则。

10. 知识产权运营机制：官产学研界需有专业知识产权组织与专业人才配套，以发展其知识产权组织及运营，并与其组织运营流程同步并相互渗透。

11. 知识产权商业模式：知识产权商业模式的发展能为产业界产品或服务营收带来较高毛利与较高市场占有率，也能为产学研界知识产权带来有关的许可费、技术报酬金、损害赔偿金、和解金、价金、资本利得等多元获利，甚至也能使产业界借由优质与优势知识产权主导产业链，控制价值链，并分配供应链。

12. 知识产权营销：知识产权营销理论与实务的发展，应考虑知识产权营销的属性特征，以满足知识产权的交换与实施得以有效落实并有序发展。知识产权营销的触媒与平台，应考虑平台定位、营销机制与跨国运营，用以辅助知识产权的交换与实施的便利进行与持续发展。

13. 知识产权交易环境：对外投资暨许可技术转让与引进技术有关的知识产权管制法规与行政措施，应融入知识产权全球化经营思维，以构建自由化的环境。

14. 知识产权财会税务：会计上有关知识产权入账、摊销与重估价之相关规范，应予检讨与调整。财务上有关知识产权作价投资之相关公司财税规范，应建立完善规则与机制。官产学研界知识产权信息披露之相关规范，应全盘检讨，须向各利害关系人正确反映知识产权信息与组织整体价值。知识产权国内税收法律与国际税收协议，应朝向构建友善税收环境目标制定及适用。

15. 知识产权滥用约制：知识产权诸多滥用与逾越行为已影响公平竞争及产业发展，主管机关应予以规范并约制。对受到知识产权滥用影响的相对人与产业界进行救济，主管机关应建立有关救济的程序与措施。

16. 知识产权专业服务：知识产权服务业应积极优化服务质量与服务设施，提供有价值的专业服务给需求者，同时官产学研界需建立外部优质知识产权专业服务的网络关系。为参与国际事实标准与专利池活动，各界应协同筹组相关国际事实标准与专利池常设服务组织，提供实时专业服务。

17. 知识产权人才训练：知识产权专业人才养成，应增加跨领域知识与技能及跨国运营经验，官产学研界亟须网罗专业资源积极训练之。

18. 商业秘密保护管理：在商业秘密保护层面，行政与司法机关实务运作应避免对当事人间商业秘密造成二次损害。在商业秘密管理层面，应强化职业伦理关系，而且应从组织内外运营流程系统，以低成本、高效率方式建立组织与人员间相关商业秘密管理机制及措施。

"发明专利产业化"的不足与不满——探究其原因与对策

周延鹏

学研界专利产业化及产学落差的问题，各界都知道涉及诸多层面与原因，除亟须先放下"绑架"预算业障外，亦须就科技产业政策制定、研发项目筛选、预算资源分配、研发纪律执行、成果转化专利、专业运营专利及专利的商品化、产业化与货币化等长期存在的症结，予以有效处理。不然，这些导致"发明专利产业化"的不足与不满的问题之背后原因，恐将如往昔依旧存在，并日复一日继续恶化。

专利的商品化、产业化与货币化，其对策虽涉及各方面的深度、广度与高度，但就学研界现状而言，政府宜尽快设置知识产权总体与个体组织及其相应机制，至少包括：①总体知识产权组织负责国家知识产权战略、目标及其共通性的方法、工具、绩效指标的制定与考核；②个体知识产权组织负责其所担负研发项目的知识产权具体目标、战术及其特有属性的方法、工具、具体绩效指标的制定与考核；③总体与个体知识产权组织宜配置相应合格且具有相当广度与高度并有实战与实务经验的专业人士；④总体与个体知识产权组织宜建立外部的国内外合格专业服务组织和专业人士及其网络关系与管理机制；⑤总体与个体知识产权组织与业务宜并行同步于法人与学界，并以全流程系统平台运作专利的调查、分析、布局、组合、申请、维持、许可、让与、技术转移、作价投资、创业、合资、技术标准、专利池、侵权诉讼及其相关的策略、商业模式及营销。

前述专业知识产权组织及其运营机制若能落实到位，将产生诸多效益，例如：①优化科技研发项目及其研发活动的流程效率暨效益；②优化研发成果转化成优质与优势的专利及其组合；③优化学研界研发成果暨专利由产业界予以商品化及产业化、或者自行创业；④支持产业界于全球竞争所需的优质与优势的专利；⑤优化学研界专利的货币化及其多元获利模式；⑥优化政府科技预算投入与产出的投资报酬率及财务绩效。

专利商品化、产业化与货币化之运营绩效更涉及跨领域、跨国家与多元多样专业运营设施、能力及条件的具备完善度与市场运营落实度。这些专利运营设施、能力及条件，主要有：①管理机制，含运营专利之组织、人力、流程、表单、系统、平台、数据库、会计、财务、税务及其相应的研发管理、绩效管理、知识产权管理配套；②部署机制，含技术及专利调查与分析、专利布局、专利的质量价值与价格管理、专利的维持评估与管理、产业发展暨政策与专利布局、新技术新产品的专利与技术监视；③保护机制，含专利诉讼规划与执行、跨国专利诉讼运营、许可费追索规划执行暨应对、专利回避分析与设计、专利无效分析与主张、专利边境保护措施、商业秘密管理措施；④营销机制，含专

政府可考虑学研界专利所有权与经营权分离之经营模式，尤其学研界专利的货币化，亦即学研界将其专利业务委外经营，由具有跨领域、跨国家与多元多样专业运营设施、能力及条件的合格专业服务组织予以专业运营，并极大化专利财务绩效。

利营销与商业模式、事实标准与专利池、品牌经营与管理策略、专利营销平台的构建与运营暨营销网络的参与；⑤交易机制，含许可、技术转让、买卖、作价投资、融资担保、并购与投资相关知识产权评估与组合、专利国际税务配套、创业及其投资与交易架构暨并购与股票上市。

上述专利运营设施、能力及条件，政府除设置基本的知识产权总体与个体组织及其相应的配套机制外，政府还可考虑学研界专利所有权与经营权分离之经营模式，尤其学研界专利的货币化（Monetization），即学研界将其专利业务委外经营（Outsourcing），由具有跨领域、跨国家与多元多样专业运营设施、能力及条件的合格专业服务组织，予以专业运营并极大化专利财务绩效，将使官学研界回收研发投资并回馈较优经济报酬给发明人及学研组织，并使学研组织渐渐财务自主而无须处处依赖政府预算。专利所有权与经营权分离的经营模式运行后，学研界的跨国专利才有机会进入美国、欧洲、日本等专利大市场。

创新、创业、知识产权下一步怎么走？

周延鹏

通过近30年通信即消费性电子产业、学研机构和专业服务各界直接或参与规划并执行无数的创新、创业、投资、并购、知识产权、商业模式等项目与作业。笔者认为，"创新、创业与知识产权"项目，下一步尚需积极作为并寻求外界合格专业协同，至少包括掌握问题、界定议题、创新方法、执行到位等，官产学研各界才能转型拼经济，并可以真正解决产业发展问题，同时给予下一代根基扎实的发展舞台。

⫷ 掌握问题才能解决问题

掌握问题才能解决问题，否则易陷于就非病痛处问诊开方，而徒耗时间并虚掷各项资源。创新、创业与知识产权当前主要问题，现分别叙述如下：

1. 创新创业：创新与创业所面临的问题，主要有早期阶段投资不足、运营机制流程不备、事业冒险精神欠缺、承担责任态度犹豫、失败配套措施未置、创新类型未予细化区分、风险投资财会税收法律环境落后、跟风充斥盛行等。

2. 知识产权：知识产权领域所面临的问题，从不同层面观之，主要有知识产权的文化、形态、质量、价值、检索、创造、保护、评价、融资、运营机制、商业模式、营销活动、交易环境、财会税务、滥用制约、专业服务、专业人才、商业秘密管理等，而这些问题导致产业技术不自主、市场不自主及企业运营不自由、竞争不优势、获利不多元。

⫷ 界定议题才能掌握轻重缓急

界定议题才能按轻重缓急配置资源，有效运作，否则，就是毫无章法并误置资源于不会产生正向效果的项目。对于创新、创业与知识产权等当前主要议题，现分别叙述如下：

1. 创新：创新领域应侧重于破坏性创新及产品领导区的产品创新与平台创新，而其中所涉及的研发应侧重于基础研究、应用研究及部分的产品与工程发展、新设计等。

2. 创业：新产业项目及其新创事业、新创事业商业模式设计及其人才汇聚与凝聚、企业定位、企业策略、产品技术、策略联盟、投资构架、交易构架、资讯流、物流、资金流、流程系统、税务规划、优质与优势知识产权组合等配套。

3. 知识产权：从不同层面观之，知识产权议题主要有知识产权文化的塑造、知识产权形态的布局、知识产权质量的机制、知识产权价值的呈现、知识产权检索的跨领域整合、知识产权系统的构建、知识产权创造的流程、知识产权保护的落实、知识产权评价的方法、知识产权融资的配套、知识产权运营机制的发展、知识产权商业模式的多元化、知识产权跨国营销的平台、知识产权交易环境的活络、知识产权财会税收的完善、知识产权滥用制约的法制、知识产权专业服务的创新、知识产权人才的专业化、商业秘密管理的导入等。

⫷⫷⫷ 创新方法才能转型突破

创新、创业与知识产权对官产学研界而言不是新鲜事，而且各产业、各行业一直以来均有佼佼者因方法创新而成效卓著，但他（她）们只是少数中的少数，而不是能普遍演进成为多数，并成为共通行为法则，将其视为经营上理所当然的事物。人们通常援用惯例或者以人云亦云的方式进行工作，而较少就习以为常的概念加以思辨而有所突破、变革或创新，在全球竞争较少的年代或还可以工

"创新、创业与知识产权"项目，下一步尚需积极作为并寻求外界合格专业协同，至少包括掌握问题、界定议题、创新方法、执行到位等，官产学研各界才能转型拼经济，并可以真正解决产业发展问题，同时给予下一代根基扎实的发展舞台。

作或经营事业致富，但在21世纪的全球竞争，恐难以继续囿于一成不变的既有模式及方法。

创新、创业与知识产权当前需要创新的观念、方法与工具，分别叙述如下：

（1）创新创业：除了进行举世无双的创新与创业外，还可以归纳与整合跨国企业研发项目、主要国际论文研究、外国风投的投资目标企业、跨国企业为获技术所做的投资并购，以及其中相应的欧美日专利申请信息，掌握各领域投入发展趋势及其创新技术脉络，应快速且低成本地找到创新与创业领域及其具体可投入之发展项目，此方法可以少走弯路，但却需比前者更有智慧、更有方法；设计并运营比前人更具有差异性且为市场接受的商业模式，并就其相应的投资架构、交易构架、流程与策略予以配套；创新与创业，除了组织内部行为外，更需依赖外部网络关系及合作模式，至少包括开放式创新模式及其网络建立、网络运营、价值获取、网络维运与其相应的组织和机制，投资并购全球具有人才与技术暨知识产权的公司，并加以整合发展。

（2）知识产权：迫切需要彻悟30多年来相沿成习的观念、方法与工具之局限、谬误或者积非成是的论述，才能在前述知识产权重要议题上，大幅创新知识产权经营上所需专业的方法、工具与流程，各界才能借由知识产权整体价值运作流程创造及运营优质与优势的知识产权，而学研界也能同时提供优质创新研发即知识产权能量，并创新产学合作模式及活用开放创新，以及落实创新研发商品化、产业化与事业化，产业与企业才能达到技术自主、市场自主、运营自由、竞争优势与多元获利等目标。

◄◄◄ 执行到位才有成果绩效

创新、创业与知识产权学理学说，已汗牛充栋，并持续被探讨，不再赘述。而创新、创业与知识产权应更需要依赖"实战、实务与执行"，才能使远景落实，美梦成真。反之，此等议题恐将年复一年地继续停留在书本、会议与庙堂上，而难以为产业转型与经济发展带来效益。

因此，唯有勇敢真实面对历史遗留问题，并掌握具体问题所在，才能精准界定创新、创业与知识产权重要议题，舍弃不能产生效果且习以为常的观念与方法，大开大合勇于创新观念、方法、工具与流程，打破自我束缚的条条框框甚至没有道理的规定，将产官学研宝贵且不算多的资源用于对的项目上，付诸有序有纪律的执行，并愿为执行到位与否负责，那么产出成果绩效应是顺理成章的道理。

国家要脱胎换骨，产业转型脚步得加快

周延鹏

要使产业结构转型，推进新兴产业发展，以谋求经济发展新突破，并适应全球经济竞争。回顾中国科技产业几十年来的发展，无论是在技术上抑或市场上，其过程大多是"便利的"经营模式，亦即从各方募集资金成立公司，从技术先进国家转移技术、购买设备、购买原料、许可专利，随即在中国及东南亚等地大规模生产，而维持一定程度上的营收获利成长，但却没有从事自主创新与自主知识产权的专业投入、扎根经营，甚至几乎也没有摆脱外国专利技术限制的强烈企图。企业随着国际市场的开拓及竞争，旋即被外国公司、研究机构和专利"地痞"在他国法院、海关与国际贸易委员会追诉专利侵权，最后大多和解并支付相当高的赔偿金，或者转成许可形式支付许可费了事；之后，公司又继续经营，纵使营收仍可继续增长，但毛利却逐年减少到"毛三到四"，或者更低，甚至被迫退出市场。

简言之，中国科技产业长期发展的结果，通常是"技术不自主"与"市场不自主"，而其中主要因素：一则没有足够的"优质"与"优势"知识产权；二则没有专业知识产权经营机制而又不知所措，甚至经常等待不会发生"被告"的奇迹。各界也知道该等问题，但却经常祭出各种华丽空洞而没有执行力的策略与方案，而其中几个与产业结构转型及新兴产业发展有关的知识产权项目，笔者认为有必要进一步剖析，才有助既有产业结构转型及新兴产业推进发展，也可以让产业及其经营模式真实地脱胎换骨。

◄◄◄ 国家知识产权战略纲领需要"有感"

国家知识产权战略纲领的出台，固有其必要性，但首先要能解决知识产权诸多问题，并能创新经济与产业价值，并且掌握官产学研的知识产权主要问题症结所在，对症下药；再者，必须具备目标配套，而不能让过多琐事掺杂其中；三是，必须改变技术先进国权利人长期对技术后进国要求的保护层次思维；四是，不应将诸多不属于知识产权战略层次的项目混淆其中；最后，必须有创新方法足以解决中国诸多产业在全球竞争所面临的知识产权创造、运营、保护及营销等问题。

国家知识产权战略纲领的推进，笔者建议可从五个方面着手：第一，应具有相当国家高度并贴近产业全球竞争问题与产业全球发展所需；第二，应引导各界产出产业全球竞争所需的"优质"与"优势"知识产权；第三，应驱使各界建立知识产权的专业运营机制，含组织、人才、流程、方法、系统、工具等；第四，应树立部分产业具有技术自主与市场自主的国家目标，以及企业在全球主要国家得以运营自由、优势竞争、多元获利的运营目标；第五，应创新产业结构化、信息网络化、智慧资本化及协作联盟化的智慧资源经营方法（Intellectual Resources Planning，IRP），用以变革并解决知识产权长期运营的关键瓶颈；第六，应注入知识产权营销与商业模式的运营概念，同时需摆脱保护知识产权的初阶层次。

◀◀◀ 科技预算成果及知识产权绩效指标需要"脱胎换骨"

根据科技预算所执行的研发成果及其知识产权之绩效评价，现行措施主要是以 SCI、SSCI 论文及专利数量为指标（KPI），对学研机构进行"技术创新"的评价。同时也将"经济发展"及"社会发展"等列为指标，前者主要是指促进民间投入研发与投资产业之金额，后者则指因技术转让产

官产学研各界有关知识产权的业务及其运营与发展，其所需要的专业人士或者专业服务组织应是具有跨领域整合度与跨国运营经验的"博识"实务人员，才足以提供具有高度、广度与深度的整合服务，而其组织也才能适时适切地建立知识产权组织、部署知识产权人才、构建知识产权系统及制定知识产权策略，并运营有效益的知识产权业务。

业形成投资所造就之就业机会。事实上，研发预算投入与知识产权运营产出的比率是极微的。例如，中国台湾地区每年约投入新台币900亿元科技预算，却仅产出约新台币45亿元许可费。因此，各界关注目前各类评鉴指标太过形式性、便利性，并且导致忽视其间的不足性、牵强性及不可执行性，甚至也导致使用科技预算者诸多研发成果报告的抽象、夸大、牵强等现象。

优质具体绩效指标的设计及其机制将正向积极影响研发项目的计划、执行、产出、成果等效率与效益。据此，科技预算所执行研发成果及其知识产权的绩效评价指标，笔者建议可从六个方面着手：第一，除了研发成果评估外，宜增列研究流程管理机制项目，借此流程项目指标引导各学研单位重视并建立研发流程的管理及研发纪律的落实；第二，评估技术创新，除了专利项目外，宜增列其他知识产权项目，如专有技术（Know-how、Show-how）、著作权及商标权，以避免其他非专利的知识产权流失或者忽视知识产权组合的价值，同时也可避免过度专利化现象；第三，除了专利之质与量形式外，尤应侧重专利技术的价值（Value），如专利技术所处的产业及其技术产品结构是否为关键位置（Positioning），专利所载的技术方案属于何种研发类型及创新类型，其生命周期为何，以及专利所载的技术方案在相同产业结构之位阶，其技术方案不可或缺、不可替代、不可回避的程度为何；第四，有关专利质量（Quality）宜侧重专利是否具备主要国家专利法规定的新颖性、创造性、公开性等要件，以及其文字的产业涵盖性、逻辑性、精确性等；第五，评估经济发展，除了技术转让许可费与技术服务费多寡外，宜增列作价投资（含创业、合资、少数股权）、技术标准、专利池、交叉许可、侵权诉讼等活动参与度，同时也宜增列因专利而使产业获得运营自由及优势竞争的程度（亦即相关产业的技术自主获益程度如何），而且有关促进民间投入研发与投资产业之金额评估项目宜删除，因为该指标不仅太过牵强、不易执行，而且易导致夸大；第六，评估社会发展，目前主要是以因技术转让产业形成投资所造就的就业机会为项目，宜删除，因为该指标不仅太过牵强、不易执行，而且易导致夸大，或者将社会发展评估项目改为产业发展，或较实际。

◀◀◀ 知识产权法律虽重要，但其跨领域整合度与跨国运营经验更是关键

官产学研各界发展知识产权，几乎大多依赖法律界人士参与，主要是大学教授或者律师，因许多知识产权业务是从侵权诉讼法律开始，因此造成以法律为起始点，甚至以法律及专利工程为知识产权发展的归宿，固有其历史背景。

然而，知识产权除了本身业务范围广泛，以及需要跨国运营外（包括调研、布局、申请、许可、技术转让、侵权诉讼、无效主张、回避设计、技术标准、专利池、作价投资、税务规划、融资担保、质量价值评估、营销与商业模式），将涉及更多产业、技术、市场及组织运营实务。例如，组织的策略、企划、研发、制造、市场、销售、财会、税务、人力、系统平台、商业模式、信息网络、公共关系等。知识产权业务之所以如此广泛复杂及国际化，一则是知识产权跨领域性质使然，二则是跨国运营之需求。

因此，官产学研各界有关知识产权的业务及其运营与发展，其所需要的专业人士或者专业服务组织应是具有跨领域整合度与跨国运营经验的"博识"实务人员，才足以提供具有高度、广度与深度的整合服务，而其组织也才能适时建立知识产权组织、部署知识产

权人才、构建知识产权系统及制定知识产权策略，并运营有效益的知识产权业务；反之，则徒有知识产权的形式而已。

知识产权虽是"软实力"，但扎根却是"硬功夫"

商品及服务的研发与产销，若适时注入"优质"与"优势"知识产权元素，则商品及服务可更具有较高毛利与市场占有率的优势竞争力，而且还可从知识产权获取股票、转让费、许可费、赔偿金、避税利益、融资担保、科技地位、品牌声誉等多元利益。因而，商品及服务若要获得知识产权软实力的注入，则专业知识产权经营机制的建设与发展亟须硬功夫配套。专业硬功夫要有序、有方、有果与有量地落实到位，则需赖各级领导和经营者的关注、投入、扎根及变革传统知识产权经营机制，知识产权经营及其效益才会脱胎换骨。

知识产权自主鸿沟难跨越
科技预算要有新思维

周延鹏　徐嘉男

有关部门制订产业政策及编列科技预算，除了逐年编列巨额科技预算外，也均会提到知识产权的重要性和宣示发展自主的知识产权，期望能引导新兴产业并提升产业的竞争力；但是，如同笔者

2006 年就在"一堂课2000亿：知识产权的战略与战术"一书所指出的残酷知识产权事实，迄今大部分中国产业还是没有拥有相当具有质量与产业价值的知识产权可据以达到知识产权自主的程度，而减免企业经营上的成本和风险。纵然各界每年在美国等海外申请专利件数名列前茅，然而，仅以中国台湾论，高新产业和传统企业每年仍然须支付约新台币1500亿元的许可费给美欧日韩等国企业，借以取得进入市场的"通行权"或"入门券"，再加上知识产权申请、维持、诉讼、赔偿金及律师费等，合计即约新台币2000亿元以上；而科技预算资助的公民营机构的研发成果，似乎也未能明显起到可以改变知识产权自主性不足的积极作用，导致目前大部分产业与企业距离技术、市场，知识产权的自主显然尚有巨大的鸿沟。产业政策制订与科技预算的配置与执行所涉及的知识产权相关研究、论证及其方法论与执行力，很显然出了问题，因而难有绩效。

◀◀◀ "创新强国""知识产权维新"不再是口号？从抓对问题做起

对照过去科技预算的实际绩效，未来是否能够适当地配置预算，引导与扶持产业及新兴产业的发展，有效管控学研机构的研发项目执行，支持学研机构与产业界产出优质的创新研发成果并转化为优质的知识产权，并促进产学研间的合作，提升整体的创新研发力，达成以知识产权作为产业竞争利器的目标，值得关注。

中国台湾有关方面过去科技预算的编列、执行与绩效问题，从台湾监察主管部门在2010年5月19日及30日陆续提出两项纠正案，即可见一隅。台湾监察主管部门先是针对科技主管部门自1998年起陆续规划推动多项科技计划，截至2008年年底，累计投入至少达新台币 841 亿元以上，却因"计划未尽完善，专利申请数及转移产业数偏低，导致投入巨额研发资源未能有效产出，难辞违失之责"；未及二周，台湾监察主管机关又针对台湾行政主管机关也通过纠正案，指出：近五年来科技预算每年均编列近 1000 亿元，但各部门每年缴交科发基金之科技研发成果仅为 7 亿元，每年汇出知识产权许可费高达 1000 亿元，而汇入仅约七八十亿元，两者不成比例。而认为：相关部门就知识产权投入巨额资源却未能有效产出，绩效不彰，难辞违失之责。

台湾监察主管机关的论证，严格而言并不算十分严谨。例如，中国台湾有关方面科技预算也包括使用于气象、水文、风灾、地震等领域的研究，并不全然编列使用在会产出知识产权的领域，但未见加以扣除；此外，仅以"许可费"科目计算民间汇出金额，也明显有所低估，忽略了企业规划以其他科目名义所支付、但性质上等同于"许可费"用以取得免于被告权利的代价。然而，台湾监察主管机关的纠正案还是点出了残酷的现实与问题，亦即长年以来，有关科技预算从政策制订到预算编列、执行的过程中，确实存在结构上的重大问题，如果不能从根本着手，"抓对问题"，自然也就难以"用力变革"，当然就更谈不上"自主创新"，那么台湾监察主管机关的纠正案、笔者多年前所指出的这些事实与问题，还是一样会存在，"创新强国""知识产权维新""拼黄金产业十年"等，也将依然停留在口号而已。

科技预算执行绩效不彰，难以支持、引导与协助相关产业追求技术、市场的自主，其问题与影响因素很多，甚至涉及立法论的问题，但并非不能有系统、有方法地加以解决，总的归纳起来，眼前的问题在于：科技政策制订问题、科技预算配置问题、科技项目执行问题、研发成果转化问题及知识产权运营问题。

◀◀◀ 科技政策制订应植基于产业信息专业分析，并据以配置科技预算切合产业发展需求

在科技政策制定的问题上，如果产业与科技政策制订时并没有深入研究分析相应产业的产业链、价值链、供应链、技术结构、产品结构等产业信息及主要国家的知识产权之形态、集群、组合、区域等内容，并掌握包括投资、合资、并购、许可、技术转移、侵权诉讼等相关动态信息，导致政策制订上欠缺客观依据，当然就难以期待能够切合产业发展，遑论做出前瞻的规划；这些关于产业政策制订所需产业信息的智库情报，又大多欠缺不足或经不起论证，没有一套智慧资源规划与整合的方法论，对于既有或即将成长的产业，其产品技术结构如何，可能的技术蓝图或仿真的技术蓝图如何，自然也就难以清楚地掌握。就如同中国台湾有关方面日前也宣示希望能推动云计算产业，但是如果对于这个产业的产品及技术结构等上述的各种产业信息都不能从客观信息加以掌握并分析，其结果当然是难以定位究竟能扮演何等角色，从而科技预算也难以衔接、配置与执行，创新研发能力自然不足，而企业也就难以从代工转型或不继续被告。

在科技预算配置的问题上，除考虑新兴产业外，首先可从研究发展类型、成果绩效指标、产品生命周期等三个方面来加以思考。科技预算应较大部分比例注重于基础研究（Basic Research）与应用研究（Applied Research）类型，部分在产品发展（Development），但不适合投入工程发展（Engineering）尤其设计（Design）的部分。其次，目前似乎看不到有关方面对预算配置的规则，也不善于在提供预算资源时开出合适的要求与规格，所以也就没办法制定成果绩

知识产权的营销涉及高度的专业人才培养与训练，并非主管部门的专长，故应考虑寻求外部专业服务组织的协助，创新知识产权运营的商业模式，才能使有质量、有价值的知识产权真正创造出价值。

效指标，从而也无法对成果进行验证，所产生的知识产权自然也就无法有产业上的地位并涵盖价值链的较大范围。另外，科技预算配置也要考虑产业的生命周期，包括萌芽期（Early Stage）或成长期（Grow Stage），但不宜在成熟期（Mature Stage）或衰退期（Decline Stage）。简言之，科技预算的配置应着重于要达到何等效果，以及如何制定指标与事后验证，目前所制定的计划成果指标欠缺事先的准备，并且未提出具体规格要求，委聘审查委员仅有数千元的审查费，甚至可能有利益冲突，自然难以对预算配置可以有指导性与约束性的作用。

≪≪ 管控科技研发项目执行，转化优质知识产权运营营销

科技研发项目执行的问题，主要在于欠缺基本研发管理的技能与纪律，此部分应强化并着重表单、流程、系统的设计，制定具体的作业要求及相应的查核与控制机制，才能确保其执行有较大机会达到预先设定的目的，尤其涉及与产业有关的应用研究与产品发展，更应注重基本的研发管理技能与应有的基本纪律。其实，有关方面以科技预算提供研发项目的执行，应该有条件参酌既有的研发管理实务，针对自主研发、委托研发、共同研发等各种研发类型，设计并提供一个共享的流程，要求各单位或企业在使用科技预算资源进行研发时，所应该遵守的作业规矩及配套，通过程序的要求来管控、提升研发成果的质量，才具备将研发的成果再转化为高质量的知识产权的前提。

关于研发成果转化问题，各产学研机构不是没有好的人才与研发成果，而是不知道如何转化成有价值的知识产权。转化的意义，套句古语就是在不同国家的技术良田"圈地"，如果圈到的都是不毛之地，自然没有太大的价值。换言之，有了好的研发成果，还要依照其性质与产业的特性，从专业的角度做出正确的决定并加以部署，这涉及权利化过程、商业化、产业化及所部署知识产权的形态、组合、集群、区域等；如果欠缺转化为优质知识产权的方法，在转化的过程中又欠缺好的专业与代理机构，则再好的研发成果也会受到糟蹋，目前各学研单位普遍欠缺将研发成果转化为优质知识产权的知识与经验，更没有适当的准则与机制，遑论相关的谋略与战略。这部分涉及长期人才的培养与训练，为解决此问题，初期应可考虑将优质的研发成果寻求外部专业服务组织的协助，以做出优化的知识产权保护与部署。

关于知识产权运营的问题，有了优质的知识产权，还需要搭配知识产权营销，包括商品化、产业化，以及通过规模性与计划性的侵权诉讼为后盾，进行交换与换价，其形态则涵盖买卖让与、许可、技术转让、作价投资、融资担保、技术标准与专利池等，才能使有质量、有价值的知识产权真正显现出价值，目前对此部分问题，各产学研单位普遍未能正确理解与掌握知识产权营销的本质与特征，也欠缺在国际上从事知识产权与技术的交易所须具备的丰富知识产权与商业法律之专业与经验，包括投资、合资、风投等，从而难以和资本市场作链接，并获得丰厚的报酬，绩效自然有限。知识产权的营销涉及高度的专业人才培养与训练，并非主管部门的专长，故应考虑寻求外部专业服务组织的协助，创新知识产权运营的商业模式，才能使有质量、有价值的知识产权能够真正创造出价值。

◀◀◀ 抓对问题、用力变革、自主创新

中国 2011 年开始执行的"十二五"规划建言中强调：建设创新体系，建立以企业为主体、以市场为导向、产学研相结合的技术创新体系，并加强知识产权创造、运用、保护、管理等，且将特别着重新一代信息技术、节能环保、新能源、生物技术、高端装备制造、新材料、新能源汽车等新兴产业的发展。值此时局，如果能"抓对问题"，从根本做起，并"用力变革"，专业地掌握相关产业信息并以有系统的方法加以深入研究分析，落实到科技预算的配置、研发项目的执行、研发成果的转化、知识产权的运营营销，才能提升产业的研发能力与竞争力，逐步迈向真正的"自主创新"。

千亿科技预算怎么用最够力
研发管理与知识产权配套是关键

曾志伟

中国台湾地区每年近千亿元的科技预算投入，鲜有为产学研界带来全球化的竞争优势。因此，应反思既有执行方式是否有效，并积极做出变革。尤其是产学研合作与新创事业，应可借鉴外国成功

经验，运用技术成熟度（Technology Readiness Level，TRL）高的研发流程管理并结合知识产权协同作业机制。

前述作业机制应能支撑研发项目选择、资源分配、资源整合、研发成果转化为优质优势知识产权，再到企业承接来自学研单位的研发成果与知识产权，并据以商品化、产业化与创造多元获利。

◄◄◄ 善用 TRL 研发流程管理构建完整研发配套

TRL 系由美国国防部（DoD）、美国国家航空太空局（NASA）所发展的一种研发流程管理体系。主要应用于跨技术领域系统开发或基础研究（Basic Research）与应用研究（Applied Research）的商品化开发。并根据不同的 TRL 阶段，建立评估指标与管理配套，以整合跨单位研发资源、管控研发风险、提升研发速度。

TRL 不同阶段对应不同的研发类型、与终端产品相似度、测试环境、权责单位等，根据不同的 TRL 阶段，产学研单位可依据其自身能力与组织特性，进行分工与研发成果的衔接。其中，学校可进行 TRL 1 至 TRL 2 阶段的基础研究与应用研究；研究法人如"工研院"等，可衔接学校之研究进行 TRL 3 至 TRL 5 阶段的技术发展；产业界则可承接研究法人的成果，进行 TRL 6 至 TRL 9 的产品开发与量产，并将市场需求反馈予研究法人与学校，创造源源不断的正向循环。

◄◄◄ TRL 结合知识产权协同作业机制，构建打造多元获利基础

除了研发成果的商品化获利外，TRL 研发流程管理如结合知

中国台湾地区近日规划的 2016 年度科技预算，仍维持在新台币近 1000 亿元。其中，科技主管部门约 400 亿元、经济主管部门约 200 亿元、"中研院"近 100 亿元、"工研院"近 80 亿元。并为了促进产业发展与产业转型，投入大量资源推动学研单位的创新研发成果成为具有竞争力与高价值的商业应用、商品化与产业化，并积极推动产学研合作与新创事业。

识产权协同作业机制，更可以创造竞争优势，并打造未来多元获利的坚实基础。

在 TRL 1 与 TRL 2 阶段，其研发类型为基础研究或应用研究，宜侧重于产业技术调研与专利技术调研，尤其是全球企业研发项目调研、主要论文期刊调研、专利信息调研。其目的在于掌握特定技术项目：①主要产学研单位；②主要发明团队；③相应技术研发现况、配套技术研发现况与其应用；④专利布局现况与公开范围。并依据前述调研结果规划研发方向、研发项目、资源分配、共同开发、委托开发等，避免将宝贵资源投入既有技术。

在 TRL 2 阶段后，其研发类型为技术发展及产品发展，宜侧重于知识产权布局与组合，将各阶段研发成果转换为适切的知识产权形态。质言之，即从过去较为随机的点状布局，改变为同时考虑产品结构、技术结构、产业结构、竞争者技术方案及时间变化的面状动态布局。举例来说：针对适合以专利进行布局者，在 TRL 2 或 TRL 3 阶段时，因其技术方案与最终产品相似度尚低，应可善用具有速度、弹性的美国专利临时申请案（Provisional Application）。并于 TRL 4 阶段后，随研发进度同时监控、预测并仿真潜在侵权对象及其产品与专利发展，可进一步通过连续案（Continuation Application）、部分连续案（Continuation-in-Part Application）与分割案（Divisional Application）进行"先射箭再画靶"的相关布局，以提高知识产权货币化率。

在 TRL 5 阶段后，因测试环境为仿真环境，并与最终产品相似度较高，应进行专利风险管控（Patent Clearance Search/ Freedom to Operate Search），预先辨识专利风险，并及早备妥应对方案。最后，在 TRL 8 到 TRL 9 阶段，应可进行知识产权营销管理，包含专利许可、专利侵权诉讼、专利转让、投资、合资等。

前述知识产权协同作业应于项目执行初期，依据技术项目所处的 TRL 阶段结合具有"实作、实务、实战"经验的外部专业服务组织，协同管控资源规划并将创新研发成果转化为优质优势知识产权，才有助于产学研各界竞逐全球市场。

产学合作成功 4 要件——
产业需求、知识产权能量、合作模式、人员专业

周延鹏　徐嘉男

◀◀◀ 产学合作的成效来自于产业方需求的优质与优势知识产权被满足

多年来包括台湾科技、经济、教育、农业等相关主管部门，长期推动产学合作，除了各主管部门对于各种产学合作研发计划、专利申请、技术转移等进行补助或奖励外。1996 年以来亦已在台湾中小企业主管部门辅导下设立 131 所以上的中小企业创新育成中心（孵化器）、57 个以上台湾科技主管部门核备的技术转移专责单位，

以及台湾教育主管部门设立的 6 所区域产学合作中心、12 所联合技术发展中心、40 所以上的技研中心。以上各种补助、奖励，以及各种育成、技术转让、产学合作、技研中心等的设立，目的无非是使学研单位的研发成果暨其知识产权可以为产业界所用，促使产业升级转型及增强企业全球竞争力。

每年投入上述资源与预算，且在"科学技术基本法"下放知识产权可以归属于研发单位或通过约定来归属后，一般都认为台湾地区的产学合作应大有可为。但是，产学合作毋宁是手段，产学合作本身并不是目的，目前产学合作是否真的有起到让产业界可以通过学研单位研发成果暨其知识产权借力使力的效果？亦即学研单位决定研发项目时，是否考虑到产业发展需求的"优质"与"优势"知识产权，才是影响产学合作成效的关键，应正视其问题与瓶颈所在。

目前台湾地区有关方面推动产学合作，固然已有如上包括补助、奖励、技术转让金额及各中心的设立等种种措施，在"量的指标"方面俨然有所成，然而进行产学合作的企业，究竟是为了引入学研单位研发成果暨其"优质"与"优势"知识产权，还是为了获得补助、奖励的实质经济利益成分居多？而企业是否确实能通过产学合作，顺利达到其引入学研成果暨其"优质"与"优势"知识产权的预期目的？故推动产学合作究竟成效如何？应不能仅从数量上来看，而应看产业需求的"优质"与"优势"知识产权是否有机会通过产学合作而被满足。因此，可以分别从产学合作的客体也就是研发成果暨其"优质"与"优势"知识产权的产出是否符合产业需求与发展？又是通过何等产学合作的行为及合作的模式来呈现与递交给产业？以及这些过程的执行主体，即学研单位及其人员的素质、经验与伦理性是否符合产业要求？只有深入思考目前的现况与如何提升，投入的巨额科技预算才能发挥出更大的效果。

<<< 研发成果需易于取得符合产业发展与需求

学研单位的既有研发成果固然有网站可以查询，但过去采取的是学科式的分类（如物理、化学等），而不是产业界所熟知阶层化的产业产品技术结构分类，因而查询不易；且又分散在研究资讯系统（GRB）、博硕士论文等各个网站，无法让企业一站取得所需信息而需往返查询，也不便于查询该研发成果的所属学研单位、人员，以接洽产学合作，常遭人诟病。

自2009年以来，在台湾科技主管部门和"工业技术研究院"共同努力下，已经搭建了研发成果信息整合平台，以笔者所建议之改采产业产品技术结构的方式，重新分类整理各主要学研成果网站，包括32项产业的专利、论文等研发成果信息，企业只要选择产业类别，即可轻易地查询其产品技术结构下各节点、各学研单位的各项研发成果及专利矩阵信息，亦可查询到学研单位投入该项研发成果的教授与成员，而有助于产业借此查询、取得各学研单位的既有研发成果与人员信息，提高产学合作的机会。

然而，即使既有研发成果已经可以开始通过上述平台的构建与持续扩充，使产业界易于取得，但未来的研发成果符合产业发展与需求，在产业与学研界之间相互影响且互为力量，至少仍有以下事项可以努力：

1.政策制定：科技预算于配置时应事先调研、掌握产业发展需求、全球新兴产业技术发展脉络及市场竞争局势、主要权利人的知识产权部署，形成有优势的科技研发政策。

2. 预算配置：依据上述科技研发政策，通过科技预算的配置来引导学研单位，投入有利于产业发展、符合产业需求的研发领域与目标技术。

3. 指标订定：预算配置后，仍应就特定研发项目在提供补助或奖励时，事先设定好其指标。例如，研发成果需涵盖的技术节点范围与内容、"优质"与"优势"知识产权部署及其许可、技术转让、创业等具体目标，并可作为学研单位或研究人员的绩效评核及后续是否续给予补助支持的参考，有助于研发成果质量的控制。

◄◄◄ 产学合作模式类型化及流程化，明确各方关系，提升成果价值

为推动产学合作，中国台湾有关方面也提供了产学合作的合同模板供下载使用。然而，产学合作的合作模式事实上并非单一而是多样化的，其流程亦各有别。例如，从研发层面看，有委托研发、共同研发、研发联盟的不同；从知识产权层面看，不同形态的知识产权搭配许可、技术转让亦均有别；从人力资源层面看，亦涉及可能对人员的顾问委任、人员雇用、建教合作等差异。凡此种种，均非简单一纸合同可以通案适用，以及执行各种类型合作模式的全流程，包括从研发项目的界定、资源的投入、研发过程对设备仪器与人员流动的管控、诚信保密与竞业禁止、研发成果权利归属，许可与技术转让的目标、范围、内容与方式等，亦均影响产学合作最终成败与效果，亟须加以深化与提升。

区分产学间各种合作模式的各方权利义务、流程上的差异而予以类型化，并辅导产学各方使用、累积实际操作经验持续增值，除可以减少产学间的认知误差，通过类型化与流程化处理，亦可妥善设定研发项目与成果指针，发挥研发成果的价值，并体现价格。

如何辨别以上各种合作模式的各方权利义务、流程上的差异而加以类型化，并辅导产学研各方使用、累积实际操作经验持续增值，除可以减少产学间的认知误差，化解不必要争议外，通过类型化与流程化处理，亦可妥善设定研发项目与成果指标，通过研发成果权利归属及未来知识产权营销运用的各项约定，发挥研发成果的价值并体现价格，而此亦是目前较为不足而应努力的项目。

⫷ 提升产学合作相关人员专业、经验与伦理，符合产业要求水平

事在人为，除了学研成果的产出以外，产学合作机会的发掘、促成及执行合作的过程，其中相关的创新育成中心（孵化器）、技术转让中心、产学合作中心、技研中心等人员，不仅参与产学合作项目的讨论与界定，亦实际规划与管理合作模式及执行，而决定了产学合作的成果，对产学合作的成效当居于最关键的地位。

上述相关人员在专业上有无一定的评核机制？如何持续精进与提升其专业，而服务于产业与学研单位，包括：引导产学间沟通讨论其相互需求与专长、协助迅速且正确界定合作项目与模式、厘清相互间权利义务关系并落实于相关商业法律文件等。此外，相关人员是否具备或能持续增进相关产业基础知识与经验，直接关系与影响到产学合作的促成、执行与管理的实际作为。最重要的无非是对相关人员的伦理性要求。因产学合作所涉及的研发项目，其构想、技术与规格等，往往关乎该寻求产学合作企业的高度商业秘密与商业利益，然而相关人员对于利益冲突的避免、诚信保密与竞业禁止的认知，以及主管机关暨学研单位所制定的相关规定，是否均能符合产业要求的最低水平。目前在相关规定与实务面的操作，仍未受

到应有重视，如再考虑学研单位人员的流动性、不确定性及管控机制的欠缺，自然难以排除产业界的疑虑而造成停步不前的结果，亦丞须主管机关与学研单位正视，尽快导入、提升与调整相关规定与执行面的欠缺与不足，才不致阻碍与影响到进行产学合作的机会。

产学研合作的专利权争夺：不在共有，而在运营

周延鹏

产学、产研、学研或产业相互间，无论长期在通信及光电产业，抑或目前在生物技术及医疗器械产业上就任何技术或产品的合作研发，经常为"专利所有权归属"而争夺得你死我活，而最后通常是各方达成"共有专利权"协议，或者是彼此僵持不下而回到未合作原点。

"共有专利权"究竟是专利权处置的妥适方式，或者只是未经思索的便宜措施而忽略了最佳解决方案的探求。尤其产学研界均处在全球"开放式创新"的盛行时代，若各界持续以"共有专利权"简单方式或法律规范来解决合作研发所涉及的专利价值链，则恐将持续恶化专利运营绩效不彰的问题。

在实务上，各界习惯以"共有专利权"方式安排研发合作产出的权利归属，表面上看来是合作各方最简单或最方便的解决方式，但无论从法律规范及实际作业上，还是从专利价值链运营及财务绩

效上观察，"共有专利权"方式最终恐将使各方"空有"专利权之应有部分，但却难以从"共有专利权"中获得多元经济报酬。

法律为平衡"共有人"的权利，专利法即需规范共有人间的对等权利，进而规范共有人间共同的行为，而且不得不规范使一方共有人联合他方共有人才能行使权利。例如：①专利申请权为共有者，应由全体共有人提出申请；②二人以上共同为专利申请，撤回或抛弃申请案、申请分割、改请应联署；③专利申请权为共有时，非经共有人全体之同意，不得让与或抛弃；④专利申请权共有人非经其他共有人之同意，不得以其应有部分让与他人；⑤专利权为共有时，除共有人自己实施外，非经共有人全体之同意，不得让与、信托、许可他人实施、设定质权或抛弃；⑥专利权共有人非经其他共有人之同意，不得以其应有部分让与、信托他人或设定质权。

而法律上对"共有专利权"的规定，除非有丰富专业且实务经验者可以使该等规范缓和或化解外，实际上，大多是"法匠式"地援用法条规定而使各方于签约后即陷于作业程序烦琐或权利行使困难，或者使各方权益陷于僵局，甚至亦成为一方牵制他方的法宝。简言之，合作研发各方并未真

> 合作研发各方应可以协议一方拥有专利权并承担运营专利价值链义务，而未拥有专利权之他方则享有共同权益与监督权利，如此方可解决僵硬的法律规范、简化权利的取得与行使、避免无谓的作业与牵制，同时亦可发展有用、有益的专利价值链运营机制，进而有机会货币化专利资产并分配利益。

正触及共有专利权配套机制的缜密设计，更未进一步深入处理研发成果如何管控专利侵权风险、如何布局优质优势专利、如何货币化专利资产，最后将使"共有"沦为"空有"。

长期以来，产学研各界实际上比较关心合作研发之"权利归属"，而鲜有关注如何运营研发合作及其成果转化为权利并据以货币化，最后导致合作研发中关键的"专利价值链运营机制"未被思

索探寻，更未被实践发展。因此，仅依法律规定的共有专利权措施难以期待产生专利财务绩效。如何从共有专利权的"共有牵制"方式变更为"权益共享"机制，同时使合作研发成果的"专利所有权单一化"或者降低对专利所有权共有的依赖成为问题的关键。

据此，合作研发各方应可以协议一方拥有专利权并承担运营专利价值链义务，而未拥有专利权之他方则享有共同权益与监督权利，如此方可解决僵硬的法律规范、简化权利的取得与行使、避免无谓的作业与牵制，同时亦可发展出有用、有益的专利价值链运营机制，进而有机会货币化专利资产并分配利益。而前述专利价值链运营机制，主要项目包括：①研发管理系统，如 Stage-gate 或 Technology Readiness Level（TRL）的导入；②专利技术暨产业调研；③发明技术披露；④专利风险管控；⑤专利布局与组合；⑥专利申请与维持；⑦专利资产运营，如商品化、许可、技术转让、侵权诉讼、技术标准、作价投资；⑧专利跨国营销与商业模式设计；⑨跨国财会税务；⑩全流程的技术资产营运系统（Technology Asset Operation System，TAOS）的配套支持。

最后，承担运营专利价值链义务一方若其组织内无上述各项目专业资源可以支持合作研发项目所涉及的专利业务，则未拥有专利权的他方应要求运营专利价值链之一方寻求国际专业服务组织为合作研发专利项目提供全套专业服务，才能确保"权益共享"的实现。

Part Ⅱ

―产业实务―

第十二章 生物技术与医疗器械产业

生物技术的运营自由与知识产权布局

周延鹏

中国生物医药技术产品的知识产权业务，除海外归来有经验的资深研究人员在研发各阶段较会运用国际专业服务就其研发进行运营自由（Freedom to Operate）管控，以及将研发成果转化为优质知识产权并搭配商业模式外，大部分学研机构及公司，无论在疫苗、单株抗体药物、基因工程药物、药物传输、药物基因检测或其相关的免疫治疗、标靶治疗、基因治疗，或者在经济动物育苗、检测及其他农业生物技术，抑或在医疗电子器材，对投资者、被许可人、合作伙伴及国际市场，几乎难以有凭有据地说明其产品运营自由是否得以确保？其知识产权布局是否有专业支持？

而中国生物医药技术产品所需的运营自由管控与知识产权布局之不足或欠缺，显然严重影响技术产品于研发产销不同阶段的价值与价格的呈现与主张，亟待正视并运用专业解决，并避免长期以来各界知识产权的不专业作业，而重蹈其他产业覆辙。

因此，产学研各界亟须视生物医药技术产品属性及法规要求，于探索期（Discovery）、临床前测试期（Preclinical）、研发中的新药审查（IND）、临床一期（Phase Ⅰ）、临床二期（Phase Ⅱ）、临床三期（Phase Ⅲ）、新药上市申请（NDA）、上市后监督期（Post Market Surveillance）等不同阶段，运用国际专业方法、工具、系统、平台、数据库，并寻求第三方专业协助，方可有效处理生物医药技术产品所需的国际运营自由与知识产权布局业务，进而于跨国投资、合资、许可、技术转让、产品上市甚至侵权诉讼，都可以向交易对象证明其产品运营自由可确保、知识产权布局是优质优势的。

据此，分别扼要介绍生物医药技术产品的运营自由与知识产权布局的关键要素及运作配套如下。

"运营自由"机制，可以发挥"花小钱扫雷"的风险预防效果，更可以避免"花大钱战争"的巨大负面代价。其关键因素主要有：①对知识产权商业模式的充分认知；②专利各项目及其作业的专业度；③对跨领域专业实务人员参与及有用、有效益的方法与工具使用；④须突破传统专利检索暨专利地图的不足与局限；⑤专利信息须客观按产品技术及功效结构呈现；⑥专利信息须与主要国家同业或同行的研发、投资、并购、许可、技术转让、技术平台、侵权诉讼等产业动态信息整合；⑦专利信息须扩及竞争者的知识产权与其商业模式之关系；⑧专利信息报表判读分析须由专业知识、技能及经验丰富的专业人士来执行；⑨运营自由机制应涵盖组织、流程、表单、系统、作业、指标、考核等项目，并需考虑主要国家法律严格保护的要求及信息安全。

运营自由机制的运作配套措施，主要有：①运用 www. patentcloud.com，按产品技术结构方式持续建立与本组织运营有关的主要国家专利数据库；②再依据前述专利数据库及产业动态信息，筛选出对本组织具有关联度及风险度的特定专利及其同族专利；③对于具有关联度及风险度的特定专利，界定其专利权利范围，进而进行专利侵权比对、或者分析其是否具有无效性或不可执行性；④若特定专利可以主张无效或不可执行而产品技术又被涵盖者，则应善用各国专利行政程序进行主张；⑤若特定专利无须主张无效或不可执行而可回避者，即可在专业人士协助下进行回避设计；⑥若

中国产学研各界亟须视生物医药技术产品属性及法规要求，于探索期、临床前测试期、研发中的新药审查、临床一期、临床二期、临床三期、新药上市申请、上市后监督期等不同阶段，运用国际专业方法、工具、系统、平台、数据库，并寻求第三方专业协助，才可有效处理生物医药技术产品所需的国际运营自由与知识产权布局业务。

特定专利不易主张无效或不可执行，也不易进行回避设计，而又须实施该特定专利者，则可考虑以各种途径购买该专利或者取得许可；⑦若未有预算进行购买该专利或者取得许可者，则可调整产销地、供应链或运营模式，以解决特定专利风险。

最后，"知识产权布局"需优质与优势，才会有国际价值与价格，其关键因素及运作配套措施，主要有：①研发阶段属性；②创新程度；③生命周期；④产业结构；⑤技术结构；⑥产品结构；⑦功效结构，尤指医药、软件；⑧技术方案的不可或缺性、不可替代性、不可回避性；⑨技术平台；⑩知识产权形态与集群；⑪同族专利，含不同国家专利、连续案（CA、CIP）、分割案（DIV）；⑫产业链、价值链与供应链；⑬创新链、投资链与并购链；⑭投资架构；⑮交易架构；⑯知识产权商业模式，含实施、交换；⑰知识产权营销与交易；⑱诉讼环境与配套资源；⑲财会税收环境，含国际税收协议；⑳经费预算，含研发与专利预算。

而优质与优势知识产权布局作业，则又赖训练有素的跨领域专业人士、跨国运营实务及专业系统与平台支持，后续可以支撑生物医药技术产品的国际价值与价格，进而进军全球市场。

生物医药产业商业机会接踵而至，但忌"夜盲"

周延鹏　张淑贞

时入秋冬，国际生物技术新药投资仍如盛夏热浪，颇值关注。此波投资热潮，从投资者所属地域看，主要来自美国、欧洲、日本、韩国与新加坡；从投资者所属产业看，有来自电子科技与通信产业，有来自生物技术医药同行同业，有来自重量级金融、银行、证券、保险业者，还有龙头级知名生物技术产业风投及各国政府基金。据报道，2013 年第 4 季度到 2014 年第 1 季度间，已增资完成或计划增资的生物技术风投与基金，至少包括钻石生技基金、上智风投、中国台湾工银波士顿基金、华威创投、大和创投、益鼎创投、上杰洋创投、玉晟创投与和通创投等，总募集资金额高达新台币 180 亿元，手笔庞大。

除投资人迫不及待投入生物技术与新药公司怀抱，国际知名生物技术公司与药厂裹挟优势产品组合、技术组合、技术平台、研发成果、实验数据、临床数据、优质人才、数据库、系统平台、制造资源、强势品牌、渠道客户、巨额资金及强大的网络关系，积极地穿梭于生物技术与新药公司间，主动提出投资、合资、并购、重组、分割、许可、技术转让、共同研发、委托研发、技术服务、制造代工、营销业务等各方面合作，让生物技术与新药公司目不暇接，值此良机，倘若生物技术与新药公司能掌握良机进行跨国资源整合与运用，当能发挥庞大杠杆效应。

然而观察生物技术或新药公司，面临前述跨国资金与各类合作商机时，潜在投资人或合作伙伴，论到己身技术或产品优势、实验临床数据丰富及制造技术潜力，总能朗朗上口，信心十足，但进行到投资与合作磋商时，多在欠缺所需创新链、投资链、并购链、产业链、价值链与供应链信息下即盲目决策，也常无法掌握潜在投资人与合作伙伴于投资、合资、并购、重组策略计划、产品技术组合与发展、各类策略联盟合纵连横之状况，更对潜在投资人或合作伙伴之团队人员背景、经历、信用评价、网络关系、利害冲突及其真正动机、目的一无所知，很少能创新与创造出获利最大化的商业模式，鲜有以有利筹码争取最佳商业条件，而且对于处理此等跨国合作所需之各类跨国商业法律、知识产权、财务会计、税务规划等专业与人才付之阙如，从表面上看，中国生物技术与新药公司满手"好牌"，但最后却不一定能赢得牌局，甚至因误判敌友关系，导致最后商业秘密全部泄露且赔了夫人又折兵。

以中国台湾新药公司为例，归纳其商业模式与获利途径，至少包括：①有形产品制造销售，产品形态涵盖原料、药物半成品、药物成品等，销售对象与渠道除包括拥有跨国医疗机构、诊所或药局之知名药厂、学名药厂或医疗渠道厂商以外，还通过与其他企业合资或自行设立子公司进行销售，获取产品销售之营收；②无形财产许可转让，无形财产形态涵盖专有技术、实验临床数据、新药申请数据、数据库、专利、商标等，专利许可与技术转让对象主要为拥有资金、人才、制造、渠道、客户、品牌、营销、业务与丰沛网络关系之跨国药厂或其他合作伙伴，据以获取初始签约金、年度许可费、里程碑许可费、授权金、技术报酬金等；③无

> 新药企业面对绝佳投资与合作机会时，不能成"夜盲"或如"瞎子摸象"，其经营团队须整合内外具备创造商业模式之创意与能力，并融入丰富产业、市场与生意经验，还须整合外部具备跨国投资等各项作业专业知识，再搭配全球创新链、投资链、并购链及知识产权资源整合的实战经验。

形资产作价投资，系指以前述无形资产，针对各国不同伙伴需求，形成多元无形资产组合，以作价投资方式广泛地与各国伙伴开展投资与合资，获取被投资公司或合资公司之股份、股利与资本利得；④技术服务提供，服务类型包含共同研发、委托研发及各类技术服务等，服务对象涵盖需求新药物、新技术且采取开放式创新与研发模式之新药厂商；⑤企业并购分割重组，借由与第三人进行合并、分割、重组与营业、资产、业务、人员让与等各种模式，让创始股东、技术团队、经营团队获取钞票与股票。

新药企业无论采取何等商业模式与获利模式，面对前述绝佳投资与合作机会时，不能成为"夜盲"或如"瞎子摸象"，其经营团队须整合内外具备创造商业模式之创意与能力，并融入丰富产业、市场与生意经验，还须整合外部具备跨国投资、合资、并购、分割、重组、投资构架、资本形成、股东结构、交易构架、交易模式、商业条件、跨国财会税务、员工激励机制等各项作业实战经验与专业知识，再搭配全球创新链、投资链、并购链、产业链、价值链、供应链之调研分析，以及产品技术知识产权调研分析、跨国知识产权风险管控、跨国知识产权布局、知识产权组合与价值主张、知识产权营销模式、知识产权质量价值评估与评价、商业秘密保护与管理机制等各类专业、知识、技能、方法、工具与平台，中国生物技术与新药公司才有能力辨明接踵而至各个商业机会的虚虚实实，进而能主控、主导棋盘全局，并于全球复制获利模式。

主控知识产权，新药公司稳健续航

周延鹏　张淑贞　简安均

··

古籍《广雅》所载："创，始也"。"创新"一词，顾名思义，指创造新事物，开拓新局面。在西方社会，"创新"具双重涵义：更新既有事物状态、创造原来所无新事物。哈佛大学商学院 Clayton Christensen 教授，依据创新情境与结果不同，将创新区分两类型："维持性创新"（Sustaining Innovation）与"破坏性创新"（Disruptive Innovation）。

全球医药公司于药物专利期或市场独占期届满前，常通过药物剂型改良等方式，确保市场、营收、获利延续，即属"维持性创新"。此类医药公司或是借由投药途径更简便，抑或通过药物释放技术减少用药次数与副作用等，欲让药物持续占领市场一席之地，同时降低药物开发风险，缩短开发时程。然而，采"维持性创新"之医药公司还需搭配外部专业知识产权规划，让药物与知识产权同等先进且并驾齐驱，才能提升商业利益实现机会。

以医药史上颇为畅销的抗癌药物紫杉醇活性物质为例，Abraxis BioScience 公司将 3 件剂型改良之美国专利（U.S.Pat.5，439，686、8，034，375 及 7，820，788），借由分割案（Division）、连续案

（Continuation）与部分连续案（Continuation in Part，简称CIP）等，逐步形成覆盖度更大、更广的专利权利范围与同族专利，其中至少7件专利列于FDA橘皮书（Orange Book），筑起竞争者进入市场之高度障碍；除把专利当成获利护城河外，Abraxis BioScience公司对于紫杉醇与纳米颗粒白蛋白结合（Nanoparticle Albumin-Bound Paclitaxel）等关键制程技术，基于技术本质不易从药物成品还原，该公司即以商业秘密保护之，让竞争者无法窥知个中玄妙，推迟竞争者进入市场时程，拉大与竞争者差距，让同行望其项背。据此，"维持性创新"医药公司须能将研发成果妥善区分，并分别以"专利"与"商业秘密"甚至其他知识产权形态保护，有助竞争优势延续。

近年蓬勃发展的"个人化医疗"（Personalized Medicine），又称"精准医学"（Precision Medicine）或"标靶治疗"（Targeted Therapy），随着人类全基因组测序技术（Whole Genome Sequencing）与大数据（Big Data）技术提升，显著加快个人化医疗发展，人类疾病检测、诊断与治疗，进入量身制作之新世纪，除有助于提升用药精准度，舒缓医疗支出沉疴，更能预防疾病与降低服药副作用，此类创新属"破坏性创新"，具该等创新性质之医药公司若能洞烛机先，掌握适切时机进行专业知识产权布局，即有机会"看得到""吃得到"预期商业利益，又能"吃得久"。

以美国Myriad公司创新发展乳癌基因序列与其相应检测技术为例，该技术之于创新当时其他技术，即属"破坏式创新"。Myriad公司搭配其创新早于20世纪90年代初期即就乳癌基因序列与其相应检测技术进行专利布局，广为人知即是2件与BRCA1与

BRCA2 基因序列有关之美国专利第 5，747，282 号及第 5，837，492 号。时至今日，Myriad 公司于全球申请超过 20 件以上专利，总计专利权项超过 500 项，其同族专利形成铜墙铁壁，防备竞争对手，如 Ambry Genetics、Gene by Gene、GeneDx、Quest Diagnostics 及 Invitae 等公司进入瓜分市场，Myriad 公司借专利的优质优势布局，让公司徜徉于营收获利蓝海而非昙花一现。

除专业知识产权布局规划外，不论医药公司其创新类型属于"维持性创新"，还是"破坏性创新"，建议于新药临床试验申请（IND）前即完整侦探目标市场有无威胁性的专利地雷，并应事先借由各国无效程序设法将专利连根拔起或有效回避，医药公司做好专利风险管控"基础功"，才能避免他人专利成为营收获利之减项。前述专利风险管控宜由具跨国知识产权经营与诉讼实战经验的专业服务者协同，搭配其专业、知识、技能、方法与系统工具，始克其功，目前新药公司常因预算等各种原因忽略，是发展隐忧，不能不慎。

新药公司百家争鸣，无论是既有霸主或是后起之秀，且不论创新类型属于"维持性创新"，还是"破坏性创新"，新药公司需有长期投资知识产权的决心，宜搭配事业发展与市场需求，委托国际专业服务者执行专利技术调查、专利风险管控、知识产权布局、商业秘密保护管理等各项关键业务。新药公司倘能主控知识产权棋盘将帅，将更能赢得市场棋局。

新药知识产权布局，用"智慧"避免"窒慧"

周延鹏　张淑贞　吴丰江

. . . .

　　新药公司提出跨国专利侵权诉讼，经年战火频仍，烟硝不歇。2014 年 1 月 23 日，Eli Lilly And Company（Eli Lilly）在美国印第安纳州南区地方法院诉 Glenmark Generics（Glenmark），主张 Glenmark 对于 Eli Lilly 癌症用药"ALIMTA"提出 Abbreviated New Drug Application（ANDA）学名药申请，侵害 Eli Lilly 之美国专利第 7 号，772 号，209 号，该专利为"Antifolate combination therapies"，系有关 Pemetrexed disodium（即 ALIMTA 中有效成分）和叶酸及维他命 B12 之组合疗法。同一日，Eli Lilly 亦诉 Par Pharmaceutical Companies，Inc.（Par），主张 Par 针对 Eli Lilly 的心脏病用药"EFFIENT"所提出 ANDA 侵害 Eli Lilly 之美国专利第 8 号，404 号，703 号和第 8 号，569 号，325 号等 2 件专利，该专利分别为"Medicinal compositions containing aspirin"与"Method of treatment with coadministration of aspirin and prasugrel"，均系涉及以含有 Prasugrel 和阿司匹林医药组合物用于预防血栓形成之方法。国际医药公司提出专利侵权诉讼，均将专利布局与专利诉讼融入市场谋略计划内，对于国际医药公司而言，绝非单纯法律或知识产权业务，而是品牌计划（Brand Plan）与业务拓展（Business Development）的重要环节。

在美国与医药相关已公开专利，于 2002 年间就累积数量约 20 万件，而至 2012 年间，数量激增至 32.5 万件，增幅至少 60%。此外，依据 2013 年度统计，与生物技术及医药有关的美国专利诉讼案件量，从 1995 年排名第四，如今跃升至第二，判决赔偿金数额亦排名第二，仅次于通信产业。因此，在全球医药竞争赛局中，专利成为备战之必需军火，而且知识产权跨国圈地布局，倘若稍有闪失，企业商业利益可能全盘皆失。

基于新药研发时间冗长，临床不确定性高，加上各国专利法基于健康、公益与伦理等因素考虑，针对特定医药产业发明，不给予专利保护，致使医药产业之创新研发成果转换为专利时，速度较慢，可专利之目标受限，专利数量相较其他产业自然较少。另外，就医药产品上市审核法规来看，医药产品所受限制程度也高于其他产业，且医药产品上市审核法规多与各国专利机制链接，以新化学分子药物（New Chemical Entity，NCE）为例，从研究开发 NCE 到 NCE 被核准上市，平均耗时十年以上。专利之目标，限于化学分子之各种化学结构（包含异构物、晶型与盐类）、用途（指适应症）、萃取与合成方法、医药组合物、剂型等；依 1984 年美国 Hatch-Waxman 法案规定得列于橘皮书（Orange Book）之专利目标，仅包含原料药（Drug Substance）与药物制剂（Drug Product）。因此，医药产业的知识产权布局，其方向、时机、方法、效力及所应考虑方向与所涉专业知识，即与其他产业迥异。新药公司若欠缺专业方法与工具处理各类知识产权业务，则劣质与劣势"知识产权

新药全球市场逐年增长，新药公司为巩固营收获利、建立竞争壁垒，无不竭尽所能运用法律规范、知识产权、商业模式等手段，阻止竞争者进入市场，确保合法垄断新药市场。其中知识产权部分，新药公司通过专利布局于全球攻城略地，以保护创新研发产品组合与技术平台。对于侵害者，新药公司立即祭出跨国专利侵权诉讼，阻止竞争者瓜分每年高达数十亿美元的市场。

布局"可能导致"自裁"与"怖局"。

新药研发成果的专利布局起始于新药研发（Drug Discovery）阶段，并应于研发过程不断检讨与持续优化。因此，新药公司处理知识产权布局，尚需市场、技术与法律三大信息辅助：①市场信息，涵盖需求预估、市场预估、疾病信息（如病患信息、患病比率、保健制度等）、产业结构、原料药供应、竞争厂商等；②技术信息，涵盖现存技术分析、替代技术分析、技术发展脉络、特定技术领域主要产学研发展、运营自由分析（Freedom-to-Operate）等；③法律信息，涵盖各国上市审核法规、市场独占优惠机制、专利法律规范及诉讼、许可、投资、并购等动态信息。

据此，新药公司跨国知识产权布局与经营，需有熟悉商业模式、创新链、投资链、产业链、价值链、供应链、许可、技术转让、专利诉讼、各国医药法律规范等项目之专业服务组织协同提供服务，并需善用专业方法、工具及系统处理各类知识产权调查分析、知识产权风险管控、知识产权布局申请、知识产权营销经营等业务，新药公司才有机会如同前述国际药厂模式，立马披袍上阵且快速赢得市场。

新药专利组合布局专业起跑，精彩完赛

周延鹏　张淑贞　简安均

新药产业，包含科学、技术、法规、商业模式、知识产权等跨领域与跨国的专业整合，亟须通过专业人士的知识与技能及专业的方法、工具与系统平台，于专利布局长跑赛起跑点上，以专业态势跨出稳健步伐，才能以傲人成绩精彩完赛。

然而，中国产学研界的新药专利业务诸多环节，在跨领域与跨国的专业整合上尚有诸多不足。例如：①未将专利组合布局与商业模式结合；②未能以地域、时间、技术层面规划与执行专利组合；③未能形成完善的可专利目标组合，让专利权利范围铺天盖地涵盖产业链最大范围之产品技术；④未能于专利权利项适切组合同义词或上下位字词据以覆盖新药研发的过去、现在与未来；⑤未能结合全球主要专利权人或竞争者专利布局现况暨投资、合资、并购、许可、诉讼等信息；⑥进行外国专利申请时，仍直接将中文专利说明书硬生生转译成英文，其转化过程未遵循甚至悖离各国专利规范与实务。

新药专利之跨国专业实务，产学研界规划专利组合布局时，应充分考虑地域、时间与技术三个层面。以地域而言，依据新药研发成果涉及多元适应症、不同病患及市场与产销据点，新药研发成果可同时于多个不同国家或区域进行专利布局；以时间而言，随着新药研发成果持续发展与衍生，可继续于单一国家开枝散叶申请各类分割案、连续案、部分连续案等形成同族专利；以技术而言，新药研发成果进行专利申请时，应专业严谨地规划可专利目标之组合、权项字词组合及各技术特征要件链接组合等。同时，执行跨国专利组合布局时，尚需具备该国家或区域专利有关规范专业知识及丰富实务，甚至诉讼经验，而且亦须依各国或各区域不同专利规范及其行政实务，才有机会确保并升华新药专利价值。

例如，首先小分子新药于美国可专利目标组合，可涵盖目标与范围甚多，至少包括化学结构（Chemical Structure）与药学上可接受载体（Pharmaceutically Acceptable Carrier）之组合物（Composition）、治疗方法（Treatment Method）及其对应适应症（Indication）、来源（Sources）与步骤（Steps）、纯化方法（Purification Method）、剂型（Formulation）、与其他药物合并疗法（Combination with Other Agents）、异构物（Enantiomer/Racemic Forms）、盐类（Salts）、结晶体（Crystalline Form）及特殊投药医疗器械（Unique Devices for Administrating the Compound）等；其中，治疗方法又可分为投药途径（Route of Administration）、剂量（Dosage Amounts）及投药时间（Administration Time）等。因此，规划与执行可专利目标时，应全面而非点状，才能形成高价值的可专利目标。

其次，界定小分子新药可专利目标组合时，发明人或专利权人必须提出相应的实验资料，如临床前试验数据（Preclinical Data），包括该化学结构的指纹图谱（Characteristic Fingerprint of Components）、符合药物审查条件批量产品规格（Product Specifications for Approval of Any Given Batch）、稳定性之差异（Differences in Stability）、赋型剂种类（Types of Excipients）、微粒大小（Particle Size）、物理性质（Physical Characteristics）等，此类资料常涉及商业秘密。虽然规划完善可专利目标固然重要，但执行过程却不能僵化操作，而必须搭配商业模式，谨慎拿捏专利与商业秘密分界与分流，才能避免将商业秘密披露于专利说明书中而对竞争者"免费公开"。

最后，小分子新药可专利目标之组合，亦需同步掌握美国食品药品管理局（Food and Drug Administration，简称FDA）橘皮书（Orange Book）机制。目前可登录于橘皮书之专利目标，仅限药品成分专利（Drug Substance or Active Ingredient Patent）、药品剂型专利（Drug Product or Formulation and Composition Patent）、及药品

使用专利（Method of Use Patent），而不得登录橘皮书专利，包括制程专利（Process or Manufacturing Patent）、药品包装专利（Drug Packaging Patent）、药品代谢物专利（Drug Metabolite Patent）及药品中间体专利（Drug Intermediate Patent）等。因此，须善用此等机制相关配套，才能避免学名药厂瓜分市场。

产学研界规划专利组合布局时，应充分考虑地域、时间与技术三个层面。执行跨国专利组合布局时，尚需具备各主要国家或区域专利有关规范专业知识及丰富实务，甚至诉讼经验，而且亦须依各国或各区域不同专利规范及其行政实务，才有机会确保并升华新药专利价值。

生物相似药"迎战"原药厂专利"赢战"诀窍

周延鹏　张淑贞　朱家臻　简安均

随着生物医药科技发展，传统小分子化学药物逐步退居其次，取而代之的是生物制剂黄金期。以 2013 年为例，全球十大畅销药物当中，生物制剂盘据其中七名，其中独占鳌头、甚为知名的即 AbbVie 所开发的单株抗体药物 Humira，2013 年全球销售额即高达 110 亿美元。据专利云（www.patentcloud.com）专利数据以及 Wispro Bio Patent 报告，近九成的生物制剂原厂药专利将于 2020 年前相继到期，预计将持续释出高达 860 亿美元市场，生物相似药庞大商机已吸引全球诸多知名或新创企业竞相投入，预估年复合成长率高达 37%。

依据美国总统奥巴马于 2010 年 3 月 23 日签署通过 Patient Protection and Affordable Care Act（又称 Obamacare）法案后，旋于 2010 年间，美国国会即通过 Biologics Price Competition and Innovation Act of 2009（BPCIA 法案），其立法目的与 Drug Price Competition and Patent Term Restoration Act of 1984（即 Hatch-Waxman 法案）近似，规范生物相似药（biosimilar）监管措施与上市程序，以期达到降低药价并促进市场竞争之目的。

有别于规范小分子化学药物 Hatch-Waxman 法案，BPCIA 法案并无要求生物制剂原药厂公开相关专利，也无须将相关专利登录于 FDA 发行的 Purple Book，BPCIA 法案所采取措施为要求原药厂与生物相似药厂进行专利信息交换（通称 Patent Dance）。简而言之，对上述信息交换程序，生物相似药厂须提供原药厂申请药证文件与药品制程等细节，原药厂须提供相关专利清单，列出对该生物相似药所能主张与许可之专利，针对原药厂提出专利清单，生物相似性药厂可主张专利无效或不侵权，亦可提出于专利过期后才上市等声明。若双方需针对特定专利争议进行诉讼，由双方协商讨论进入诉讼专利范围，双方即依据共识提告，BPCIA 法案尚有诸多细节，在此不赘述。

首先，生物相似药厂能高效、低成本"迎战"原药厂专利，且有很大机会"赢战"。再者，生物相似药厂可进一步盘点原药厂畅销药物所对应之全球专利布局，善用各国专利无效主张程序启动攻击。最后，生物相似药厂尚须同步就其创新研发与制程布局优质与优势专利，据以与全球伙伴开展投资、合资、并购等资本合作，抑或是进行共同开发、委托开发、许可、技术转让等交易合作。

截至目前，美国 FDA 已于 2015 年 3 月 7 日发出第一张依据 BPCIA 法案授予生物相似药之许可证，该药为 Sandoz 公司的 Zarxio（Filgrastim-sndz），其参考的原厂药为 Amgen 的 Neupogen（Filgrastim）。至于生物相似药厂与原药厂或专利所有权人间的专利诉讼，依据 Wispro Bio Insight 报告，迄今至少有 5 件，以 Sandoz v.Amgen 案件为例，Amgen 所销售蛋白质药物 Enbrel，于 1998 年取得 FDA 授予生物制剂药证许可，2013 年该药物在全球十大畅销药物排行榜中居第二，总销售金额高达 90 亿美元，商机很大。Sandoz 则自 2004 年开始研发前述药物之生物相似药，Sandoz 预计其生物相似药上市势将面临与 Amgen 之专利诉讼，Sandoz 遂于 2013 年 6 月向美国北加州联邦法院对 Amgen 及 Hoffman-La Roche 等提告，要求法院判定其生物相似药不侵犯被告相关专利并主张被告专利无效等，北加州联邦法院则于 2013 年 11 月驳回原告 Sandoz 诉讼，判决理由主要为未能证明其受到实质、立即或未来损害等威胁，且原告 Sandoz 并未于诉讼前依据 BPCIA 法案进行信息交换程序，原告 Sandoz 不服第一审判决续提上诉，美国联邦上诉法院旋于 2014 年 12 月宣判维持第一审判决。

另有韩国 Celltrion Healthcare Co. 及美国 Hospira Inc. 分别对被告 Kennedy Trust for Rheumatology Research 及 Janssen Biotech Inc 等于美国法院提出确认专利无效等诉讼，两案亦于 2014 年 12 月遭第一审法院驳回；两案判决均表示，生物相似药厂需遵循与践行 BPCIA 法案规范程序，否则诉讼即遭驳回。是故，生物相似药商机庞大，预计后续专利诉讼势增不减，殊值中国发展生物相似药厂商熟悉 BPCIA 法案并持续关注案例发展。

中国生物制剂研发与制造技术能量蓄积多年，将享全球庞大商机，但须面对原药厂绵密的专利布局，亦即生物相似药厂只要能运用合格专业所提供的跨国专利风险排查分析、专利侵权诉讼因应机制、专利有效性分析与无效主张等实战经验，于药物开发前临床阶段，以专业方法、流程、表单、工具并搭配 www.patentcloud.com 系统平台，对原药厂专利组合进行全面盘点与严谨分析，即能预先掌握专利风险，并提出法律、技术、商业具体应对措施。

笔者认为，首先中国生物相似药厂是能高效、低成本"迎战"原药厂专利，且有很大机会"赢战"。再者，生物相似药厂可进一步盘点原药厂畅销药物所对应之全球专利布局，善用各国专利无效主张程序启动攻击。例如，向美国专利商标局（USPTO）提出单方再审查（Ex Parte Reexamination）、多方复审（Inter Partes Review）或核准后复审（Post-Grant Review），或向中国知识产权局提出无效宣告请求或公众意见等，扩大打击面，并消耗原药厂资源，即有机会以此为筹码争取特定市场运营自由。最后，生物相似药厂尚须同步就其创新研发与制程布局优质与优势专利，据以与全球伙伴开展投资、合资、并购等资本合作，抑或是进行共同开发、委托开发、许可、技术转让等交易合作，期许中国生物相似药发展能加速跻身国际市场，并永续参与生物制剂黄金年代。

新药许可交易深藏微妙，专业协同即能成功打底

周延鹏　张淑贞

近年中国新药研发公司和海内外学研机构、医疗机构、新药公司、CRO 与 CMO 等，于新药发现、研究、转译、开发、临床、制造等不同阶段与方向，有着密切合作，也因此频繁衍生各类交易，诸如 Material Transfer Agreement、Material License

Agreement、Option Agreement、License Agreement、Technology Transfer Agreement、IP Sales and Assignment Agreement、Collaboration Agreement、Service Agreement 等，不胜枚举。众人对该等交易虽"耳熟"，却对个中专业、机会、问题或风险不见得"能详"。

前述各类型交易与全球新药开发过程各利害关系人间的合纵连横密切相关，而且牵引着市场竞争板块位移与变迁，也常成为资本市场热门信息。各类交易以许可为大宗且广为人知，笔者拟先就其实务若干方面予以剖析。

基于资源有限、加速新药开发时程及降低新药开发风险，目前中国新药公司拥有之新药组合（Pipeline），多源自国内外学研机构或新药研发型公司。当新药公司拟就特定新药之特定或不限制适应症，向许可人取得全球或特定国家区域专属或非专属许可时，中国新药公司执行尽职核查（Due Diligence）或进入交易协商时，常见如下情况：

1. 新药公司拟向许可人取得许可之新药，不论该新药处于前期研究阶段，或进入开发甚至临床阶段，其既有与持续衍生研发成果、新药组合、技术平台、实验临床报告数据与档案、关键原物料、细胞库、数据库、制程技术及知识产权等各类目标所有权之取得、丧失、变更，往往复杂交织于研发团队或个人、学研机构、医疗机构、新药公司甚至 CRO 等主体，前述不同目标所有权依约或依法应归属哪个主体单独所有或多方共有，经常"难分难舍"或"藕断丝连"，各方权利义务如同迷雾森林，令被许可人难以判断。倘在新药开发过程中，又有投资、合资、并购、新创、第三人加入共同开发或破产等情况，则让许可方评估更加复杂，被许可人若未能厘清各主体就不同目标所有权之"楚河汉界"，嗣后若遇第三人主张权利，即会进退维谷或需破财消灾。

2. 前述不同主体于新药开发过程，经常已经单独或共同以不同范围新药组合、技术平台、适应症、国家或区域、实验临床报告数据及知识产权等，与各国伙伴展开各类许可、技术转让、共同（委托）研发等合作，此等交易内容涉及研发成果归属、知识产权归属、实施国家或区域、研发成果与知识产权使用收益与处分、新适应症各方研发分工、多国多中心临床分工、实验临床报告数据与档案取得分享与使用、目标市场新药许可申请权分配、许可费或技术报酬金按各方贡献度分配公式或比例、合作终止要件与退场机制等复杂约定。中国新药公司于此等背景下为许可评估，许可人常以保密为由拒绝披露与他方既有合同细节，许可人单以承诺担保之制式约款，向新药公司表达各方合作不冲突、无竞争，新药公司无法掌握新药开发"前世今生"，进而无法知悉各类冲突或风险。

> 新药公司于核查、评估与决策许可与否过程，只要整合科学、技术、市场、临床、知识产权、法律与税务等专业，结合具有丰富经验之专业服务团队，即能为交易成功打底。

3. 许可交易协商过程，交易各方因对各类交易或投资的类型、模式、定义、专业用语及主要或附随商业条件不熟稔，常见将买卖、许可、技术转让、共同开发等交易，及投资与出资完全混淆，亦时见各方进行交易主体不明、交易客体空泛、交易模式错乱之沟通协商，不仅影响协商效率，而且徒增困扰。

4. 新药开发是一连串由不同各利害关系人于不同阶段轮番执行价值链各项活动之总体过程，新药许可人会与各国不同伙伴于同一时空存在复数许可。通常，许可人或其各国被许可人于完成许可协议签署后，仍会继续单独或共同进行其他适应症新药研发，该等研发可能会和中国新药公司所取得新药许可具有互补或竞争关系，倘中国新药公司未掌握许可人新药开发动态，并预先约定退场或优先议约机制，很可能让新药上市美梦落空。

新药许可交易深藏诸多微妙细节。中国新药公司只要于核查、评估与决策许可与否过程，整合科学、技术、市场、临床、知识产权、法律与税务等专业，结合具丰沛经验之专业服务团队，即能为交易成功打底。跨国许可交易尚存有其他重要议题值得剖析，期待中国新药公司能回避许可交易暗礁，顺利抵达高营收及获利新大陆。

动物疫苗市场需求跃进，
中国大陆投资交易游刃有余

周延鹏　张淑贞

. . . .

动物疫苗（Animal Vaccine）涵盖家畜、家禽、皮毛与宠物用等疫苗。以猪为例，依据联合国粮农组织（Food and Agriculture Organization，FAO）及中国农业部统计，2012 年全球猪肉品消费总量 10937 万吨，中国大陆消费近 5168 万吨，占全球消费总量的47.3%；全球生猪年产量预估 9.6 亿头，中国大陆有 4.6 亿头，占全球生猪总量的 60%，居全球之冠。

2006 年至 2010 年，中国大陆爆发严重猪传染疫病，导致大量生猪、仔猪和母猪死亡。2006 年，高致病性猪蓝耳病，即造成生猪死亡率达 90%，酿成极大损失。其传染病主要为猪流感（H1N1）、高致病性蓝耳病（高热病）、猪瘟（CSF）、口蹄疫（FMD）、猪 O 型口蹄疫（OFMD）等。

为抑制及防范猪传染性疫病，中国大陆于 2012 年发布"国家动物疫病强制免疫计划"，对猪蓝耳病、口蹄疫、猪瘟等高致病性动物疫病进行强制免疫。此外，中国大陆亦宣示"接种疫苗预防为主、疫区扑杀为辅"政策，并提供资金予产学研机构推动动物疫苗研发、制造与销售。猪传染疫情、防疫需求及政策推波助澜，带动猪用疫苗市场持续增温，吸引海内外产学研投入。依动物保健协会统计，截至 2012 年，中国大陆动物疫苗年销售额近人民币（下同）120 亿元，猪用疫苗占 49.5%，即近 60 亿元。

依据世博之全球猪用疫苗报告（Wispro Research），目前中国大陆生产疫苗的企业，口蹄疫疫苗主要为中牧集团、金宇集团、天康生物、中农威特、申联生物、必威安泰等；高致病性猪蓝耳病疫苗主要为中牧、武汉中博、广东大华农、金宇扬州优邦、齐鲁动物保健品、广东永顺生物等；猪瘟疫苗则为中牧、天康生物、益康生物、瑞普生物、齐鲁动物保健品、广东大华农等，其中中牧集团为国有企业，占中国大陆招标疫苗市场份额最高。此外，中国大陆近年戮力发展猪用疫苗学研机构，如中国兽医药品监察所、中国农科院兰州兽医所、新疆畜牧科学院兽医所、中国农科院哈尔滨兽医所等，亦积极与企业开展各项技术、临床与检测合作。

中国台湾地区产学研近年于猪用疫苗领域发展亦异军突起，成绩斐然。从 2004 年中兴大学兽医病理学研究所与高生制药共同研发猪萎缩性鼻炎疫苗顺利上市，至 2005 年中国台湾动物科技研究部门研发之猪肺炎霉浆菌不活化疫苗技术转让予大丰疫苗科技，而且上述两案例最后均许可德国拜耳进行全球产销。加上屏东科技大学开发多价疫苗平台技术，以及联亚、瑞宝等企业于口蹄疫合成肽疫苗与猪蓝耳病次单位疫苗成功上市，突显动物疫苗研发、临床、制造等技术能量丰沛，结合全球猪用疫苗需求持续成长，殊值两岸产学研利用市场趋势乘浪而行。

耕耘中国大陆市场，除优质优势产品技术能量外，还须借由内外部专业团队协同，预先掌握经营所需信息并创新经营机制，至少包括：①中国大陆兽药从研发、临床、制造、销售、进出口等各项相关法规、公告与指南（如兽药管理条例、兽药注册办法等），熟悉其要件、限制及中央至地方就不同事项不同审批单位与流程，并预估可能窒碍难行环节；②掌握中国大陆企业发展动物疫苗企业主体、股东结构、经营团队、产品组合、核心技术、市场渠道、许可资格等；③掌握国际动物保健大厂，如 Pfizer、Merck、Merial、Boehringer、Novartis、Elanco、Virbac、Ceva 等近年于中国大陆投资、合资、技术转让与许可等各项交易之现况，以及竞争对手产品开发、审批及上市进度等，并搜集开发动物疫苗成功与失败关键因素；④活用中国大陆就境外、海外投资企业及公司法等相关规定及援用国际投资实务，据以规划西进商业模

> 动物疫苗市场发展仍将持续火热，产学研界单独或与伙伴携手迈进市场时，亟须通过专业服务掌握政策、法规、市场、竞争、知识产权，并据以规划商业模式与运营机制，即能知己知彼、进退有据。

式、经营主体、股东结构、股东协议、出资形式、投资构架、交易构架、交易模式、董事会权责、董事会运作、经营权分工、员工激励机制、知识产权规划、跨国税务筹划及退场机制等；⑤掌握全球产学研机构在中国大陆布局专利情况，依据市场与渠道发展必要，预先进行专利风险管控（FTO）；⑥于各项审批申请及企

业运营阶段，针对菌种、细胞等材料与诸多研发、临床、生产等机密资料（讯），预先规划成本低、效益高且不干扰运营的商业秘密保护管理机制。

动物疫苗市场发展仍将持续火热，中国台湾产学研界单独或与伙伴携手耕耘中国大陆市场时，亟须通过专业服务掌握政策、法规、市场、竞争、知识产权，并据以规划商业模式与运营机制，即能知己知彼、进退有据。

运用各国医药法，
规获取最大利润及市场占有率

周延鹏　张淑贞　简安均

据统计分析显示，新药市场独占期一旦结束，若原药厂无任何应对措施，至少八成市场将迅速被蜂拥而上的学名药厂蚕食瓜分。因此，原药厂多竭尽脑汁运用各国法规设法让新药提前上市，并延长新药市场独占期。

以小分子新药为例，美国法规缩短临床审查过程，可让原药厂比其他竞争者提前进入市场，目前美国食品药物管理局（Food and Drug Administration，FDA）提供小分子新药四种加速审查机制（Expedited Programs），包括快速通道（Fast Track）、突破性疗法（Breakthrough Therapy）、加速核准（Accelerated Approval）及优先

审查（Priority Review）。

以 2012 年 7 月通过并施行"突破性疗法"加速审查机制为例，其规范源自 Federal Food, Drug, and Cosmetic Act 506（a）章节，欲符合此资格新药，必须是针对重症疾病（Serious Condition）治疗，且需针对至少一个临床试验终点（Clinically Significant Endpoint）提供初步临床数据，以证明其与现有疗法相比，能在治疗上带来显著改善，该机制的申请日最早可同时与临床试验审查申请（Investigational New Drug）一并递交 FDA，至迟不得晚于 FDA 设定临床二期结束会议（End-of-Phase 2 Meeting），且于新药公司申请送件 60 天内，FDA 对符合资格新药即会发出通知信函（Designation Letter），并在新药开发流程提供所需协助。

前述加速审查可替新药公司带来诸多利益与优势，如原药厂能借此和 FDA 频繁互动，讨论临床试验设计（Study Design）、所需安全性数据（Extent of Safety Data Required to Support Approval）、剂量反应相关问题（Dose-Response Concerns）、生物标记使用（Use of Biomarkers）等，原药厂将获得 FDA 更完整与实时的反馈，进而能够弹性且灵活调整临床试验，以符合取得新药许可之要求。再者，在"突破性疗法"审查过程中，多由 FDA 资深人员参与讨论，该等资深人员多可提供诸多建设性意见，有效协助原药厂加速取得药品查验登记（New Drug Application, NDA）。

美国施行"突破性疗法"加速审查机制 1 年内，即有两项新药获得"突破性疗法"资格，快速取得药证，较知名案例即强生（Johnson&Johnson）与 Pharmacyclics 共同开发用于治疗被

产研界投入新药开发渐成风气，而一种新药各阶段法规审核即牵动资本市场狂热并带动股价飙涨。大致而言，新药从研发到上市，平均耗费十亿美元与近十五年时间。因此，为确保获利与市场占有率，新药开发公司除需精心策划市场营销、客户渠道与多元商业模式外，还需善用各国医药法规加速新药审查，以抢下市场独占期。

套细胞淋巴瘤（Mantle Cell Lymphoma）小分子新药"Imbruvica"，该新药于 2013 年 6 月向 FDA 提出 NDA 申请，同年 11 月即取得药证，大幅缩短取得药证时程，并节省庞大支出。

新药厂商除通过前述加速审查机制，提前进入，抢攻市场，亦可双轨并进，争取法规给予的市场独占期。同样以美国小分子新药为例，针对不同药品与适应症，法规给予四种不同市场独占期：五年的小分子新药独占期（New Chemical Entity Exclusivity）、三年的新临床试验独占期（New Clinical Study Exclusivity）、七年的孤儿药独占期（Orphan Drug Exclusivity）及半年的小儿用药独占期（Pediatric Exclusivity）。其中，五年的小分子新药独占期，几乎可阻挡所有含有相同小分子 505（b）（2）类新药与学名药的送件；三年的新临床试验独占期与半年的小儿用药独占期，可防堵所有含有相同小分子的 505（b）（2）类新药与学名药的核准；七年的孤儿药独占期，则可阻碍所有相同新药搭配相同适应症的 505（b）（1）新药、505（b）（2）类新药与学名药的核准。

而且，充分掌握法规还带来诸多附加利益。例如，罕见疾病的孤儿药许可，除了七年的市场独家销售专属权，尚可依据法规取得政府研发补助、享受研发抵减税收优惠及上市规费豁免等。

本文虽以美国小分子新药市场为例，但无论在任何国家，新药开发多为庞大资源与金钱消耗战，各种无法确定与不可控制因素更是层出不穷，通过对法规专业且彻底的掌握及其配套策略，进而灵活搭配、娴熟应用，必能替新药开发与上市打造最佳获利模式，有效缩短审查过程，提前抢下市场并享受市场独占期，让企业获利走得更远、更长。

落实医药卫生合作协议，创造两岸医药产业双赢

周延鹏　张淑贞　陈冠宏

....

于 2010 年 12 月 21 日签署的"海峡两岸医药卫生合作协议"（以下简称"协议"），将传染病防治、医药品安全管理及研发、中医药研究与交流及中药材安全管理及紧急救治等项目，列为重点交流项目，而其中医药品安全管理及研发，尤受医药业关注。

协议所称医药品，包括药品、医疗器械、健康食品（保健食品）及化妆品四大类别。两岸将就此四大类产品非临床检测、临床试验、上市前审查、生产管理、上市后管理等制度规范及技术标准、检验技术与其他相关事项进行交流，并同意在医药品安全管理公认标准（如 ICH、GHTF 等）原则下，推动双方技术标准及规范的协调与协和，而且亦对医药品检验、查验登记（审批）、临床试验制度、执行机构及执行团队管理、临床试验计划及试验结果审核机制等，建立合作机制，以减少重复试验为目标，逐步采用对方执行结果之共识，令两岸医药业见到一道曙光并跃跃欲试。

协议自 2011 年 6 月 26 日生效后，两岸双方一度互动频繁，中国台湾"食品药物管理署（TFDA）"与中国食品药品监督管理总局（CFDA）组成"医药品安全管理及研发工作组"，推动与落实协议中事项，并于 2011 年 8 月 1 日招开第一次工作组会议，商定每年

召开 2 次工作组会议，并就医药品安全快速通报初步交换意见，但仍须注意如下项目后续进展。

首先，协议实行 ICH 及 GHTF 标准，而 ICH 标准与美国 FDA 法规约有 90% 相似，中国台湾多家新药公司有美国 FDA 申请经验，衔接不难；然而 GHTF 标准较偏向欧盟法规，与美国 FDA 的认证标准迥异，未来在协议架构下通过 GHTF 认证的医疗器械，能否顺利获得美国 FDA 认证，或缩短在美国 FDA 审查的时间，尚难以预测，因为协议多为抽象性方向与原则，仍有诸多法规协和及执行细节需要更明确规范。

其次，TFDA 与 SFDA 于 2012 年 4 月 24 日在北京召开之药品工作分组会议，建立中国台湾财团法人药品查验中心及中国大陆药品评审中心之审查技术人员交流运作机制，并同意依 "两岸药品研发合作项目计划" 构架，在满足两岸华人市场需求，共同解决两岸医药卫生议题（如小区型肺炎、肝炎、乳癌、疫苗等）前提下，由双方各自甄选适合项目，优先由临床试验合作开始推动两岸共同开发新药；TFDA 据此于 2012 年 5 月 8 日公告 "两岸药品研发合作项目试办计划" 甄选办法，医药业者如基亚、健亚、怀特、太景等，皆通过第一波核准申请，利多消息迅速反映于各家公司股价。第一次试办计划一年余，TFDA 于 2013 年 7 月 15 日第二度公告甄选办法，但有关两岸加速推动临床试验整合等项目，却进度缓慢，仍未见实质进展与成果。

> 医药品要进入医疗市场，除完成临床试验及取得药证许可外，如何进入医药品招标采购目录，避免延宕产品推进市场时程，亦须同步克服，才能落实医药卫生合作协议，实现两岸医药产业双赢。

再次，两岸以临床试验为优先推动合作项目，目前中国大陆有 319 间医院经 SFDA 认定可执行药物临床试验，而中国台湾地区通过 TFDA 认可者也有 85 间。然而，临床试验机构执行试验质量，亟须优先解决，盖两岸若未能先行整合一间或数间特定机构优先试点，并依据国际标准 GCP 准则，分享既有临床经验，如临床试验计划、数据、数据库、执行方法、查验（审批）申请等项目，则欲加速两岸临床试验整合或建立两岸临床试验交流平台，恐将遥遥无期。

最后，两岸在新药临床试验及上市审查部分，法规差异颇大，尤其中国大陆须经地方及中央等不同层级机构审查，审查期间较长，手续繁杂，而且对于外资企业生产或进口医药品之审查程序亦较严格。此外，中国大陆公立医院之医药品依现行法规及实务，采取统一采购制度，而且在 2011 年 3 月推行"十二五"政策后，更进一步扩大了医疗保险涵盖范围。因此，医药品要进入中国大陆医疗市场，除完成临床试验及取得药证许可外，还要进入医药品招标采购目录，避免延宕产品市场推进，才能落实医药卫生合作协议，实现两岸医药产业双赢。

农业生物技术发展刍议：创模式、造条件、走出去

周延鹏

近十几年来，中国台湾地区农业生物技术的发展分三阶段推进：1998—2008 年，着重应用型研发的"农业生物技术科技计划"；2009—2013 年，注重商品产业化的"农业生物技术产业发展方案"；

2014—2017 年，赋予雄才大略的"农业科技产业全球运筹计划"。这些农业生物技术发展的政策无非期望用长期积累的技术能量，加强创新，推进全球竞争，并带动农业转型升级。

2003 年 2 月 25 日，中国台湾地区亦成立"屏东农业生物技术园区"，发展植物种苗及其产品、种畜禽与非特定病源动物及其产品、水产种苗及养殖产品、功能性食品、生物性农药、生物性肥料、动物用疫苗、动植物病虫害检定试剂等产业，并逐渐形成天然物健美产业、水产养殖生物技术产业、生物性农业资料产业、禽畜生物技术产业、生物技术检测及代工服务产业、节能环控农业设施产业等六大产业聚落，迄今已孕育出多家农业生物技术明星企业。

2014 年 1 月 1 日，有关部门再成立"财团法人农业科技研究院"，设置动物科技研究所、植物科技研究所、水产科技研究所及产业发展中心，初期锁定动物疫苗、生物农药、生物肥料、检测试剂、观赏鱼及宠物外围产品进行研发，而且还吸引多家企业进驻其育成中心（孵化器），共同促进中国台湾地区农业产业转型升级，并迈向国际化。

前述中国台湾地区农业生物技术的发展，正蓄势待发，殊值期待。但从农业主管机关所属研究机构于 2009—2013 年的专利申请 322 件（获证 165 件）、商业秘密 211 件及技术转让 277 件、技术转让金约新台币 2 亿元观之，负责中国台湾地区农业生物技术主要研发的部门，其研发活动、研发成果及其知识产权转化、运营与货币化（Monetization），还有优化、进步与成长的空间。而且，再从大多数农业生物技术企业经营观之，不仅其组织运营微型或者纳米型，而且亦欠缺诸多新模式、造条件及走出去的资源，遂使许多农业生物技术企业的发展仍停留于附加价值不高的食品（或健康食品）领域，或者难以走出去"开疆辟土"，施展雄才大略。

因此，就中国台湾地区农业生物技术产业的发展现状与各项不足，依笔者多年参与农业生物技术研发、产销、投资及交易经验，官产学研界或可从"创模式、造条件、走出去"及"从低价值链走向高价值链"等方面来加速发展产业。

首先，就创新农业生物技术发展模式而言，主要有：①研发运营模式的创新，尤其有关部门研发的选题、执行、流程、系统及其运营管理的机制；②研发成果转化知识产权模式的创新，尤其以国际知识产权运营专业机制将具有国际化之研发成果转成相关国家的优质与优势专利，以及转成可以许可或技术转让的专门技术（含 Know-how、Show-how 及数据库、技术平台）；③产学研合作模式的创新，尤其共同或委托研发机制、知识产权归属及其运营机制、许可技术转让方式；④投资并购模式的创新，尤其海外投资架构、出资方式、并购或被并购；⑤交易模式的创新，尤其海外渠道、品牌的经营及知识产权的交易模式。

其次，就创造农业生物技术发展条件而言，主要为：①技术实力条件，尤其优质与优势海外专利的布局与组合、专门技术的布局与组合，商标的配套及其转成品牌的塑造，以及农业生物技术次系统、系统的设备与工程；②交易实力条件，尤其原物料、半成品与成品的海外交易与营销，以及海外知识产权交易与营销机制；③人才实力条件，尤其海外经营人才、法规人才、知识产权营销与交易人才、整厂输出交易人才；④商业条件的创新，尤其海外投资、合资、并购、交易等商业条件。

从农业主管机关所属研究机构的专利申请、商业秘密、技术转移、技术转让金额观之，其研发活动、研发成果及其知识产权转化、运营与货币化还有优化、进步与成长的空间。再从大多数农业生物技术企业经营观之，不仅其组织运营微型或者纳米型，而且亦欠缺诸多新模式、造条件及走出去的资源，遂使发展仍停留于附加价值不高的食品（或健康食品）领域，难以走出去"开疆辟土"，施展雄才大略。

再次，就是农业生物技术产业走出去的格局，包括走出去商品化、产业化及知识产权货币化，才能满足农业生物技术巨额研发投资所需的经济报酬与市场规模。而走出去则为：①松绑知识产权对外许可与技术转让的管制，尤其松绑对两岸间的管制；②豁免海外许可费与技术报酬金收入的所得税；③海外圈地、圈海，尤其为农业生物技术的商品化与产业化，例如，在中国大陆与东南亚育种，或者经营大规模农场、渔场；④鼓励投资海外农业企业；⑤激励农渔民成为农业技术经理人。

最后，农业生物技术发展要从低价值链走向高价值链，例如：①使牛樟芝、黑木耳、虫草等菇菌类从农产食品、健康食品走向原料药、生物药；②使植物工厂可以整厂输出到中东、中亚地区；③使动物疫苗技术可以扩大在中国大陆与欧洲许可等。而"创模式、造条件、走出去"及"从低价值链走向高价值链"则又依赖各界改变经营观念与创新经商模式，才能形成资金与人才投入的正向循环。

农业与工业的交会——
谈"植物工厂"发展与政策配套

周延鹏　黄佩君

因全球气候变化剧烈、健康农作物确保及良田良地渐趋短少，甚至部分高经济作物的追求，各界莫不迫切面临农业发展的问题，并积极寻求农业发展的永续性与经营模式之变革与创新，而且各界也开始关注"植物工厂"的发展并跃跃欲试，而前瞻者却早已嗅到机会并投入经营，其中许多成果收获极为可观，甚至远远超越昔日各界所醉心的半导体、通信及光电科技产业。而"植物工厂"，传统分类与理解上虽是农业，但它却又全面与工业交会，应非昔日农业与工业区分界线可解，颇值各界协同予以整合，并发展成为耀眼的新兴产业。同时，有关方面也亟须松绑过往意识形态的消极法律管制，并积极制订相关具前瞻发展性的有益农业政策与具体配套措施，并可以兼具带动工业产业资源转移到农业产业发展，而使工业产业从"红海"局限挣脱到"蓝海"境域，驰骋世界。

◀◀◀ "植物工厂"与发展契机

"植物工厂"系指环境可以控制，并可依照计划允许全年以稳定量产的设施系统进行工厂作物栽种与生产，即利用计算机监控系统对植物生长的温度、湿度、光照、二氧化碳浓度及营养液等环境条件进行自动控制，使设施内植物不受气候影响，具备定期限、定质量、定产量生产农作物的特点，颇似工业界的量产工厂。

"植物工厂"依使用光源的不同可分成太阳光利用型、太阳光与人工光源并用型及完全人工光控制型三种类型，且其设施统系可采用制造业生产的光源、空调、检测、控制、节电、隔热及通信等相关技术，具有"工业"诸多特征与资源利用。

受惠两岸工业长期发展基础，如空调、无尘室、隔热材料、节能灯具、控制系统、机电设备、再生能源等相关设备厂商，均具有相关的关键机器设备与技术，进而整合材料、系统等厂商，发展成为植物工厂硬件的产业链与供应链，同时结合学研界长期累积的农业技术、成果与经验，使两岸发展植物工厂极具产业优势，更是中国台湾地区于两岸发展植物工厂产业的契机。

◀◀◀ 植物工厂产品技术极其广泛丰富

植物工厂构架主要涵盖工厂农作物与生产设施系统。其中，工厂农作物包括叶菜类、花卉类、水果类、粮食类、中草药类、食用菌类、香料作物类、植物组织培养类等；而生产设施系统主要为栽培系统、监控系统、检测系统、能源系统、输送系统、灭菌与洁净系统及生物系统等。

而植物工厂生产设施系统，包括生物、材料、监控、电子感测、软件、通信网络、光电、机械、建筑、能源等不同技术。例如：①生物所涉及的品种、育种及组织培养技术；②材料所涉及培养基及添加物技术；③监控所涉及的通信接口及驱动程序技术；④电子感测所涉及的光照、湿度、温度、空气、水与培养基等控制技术；⑤软件所涉及的数据勘探、数据搜集与参数计算、异常侦测与容错、人机接口设计技术；⑥通信网络所涉及的无线感测监控技术；⑦光电所涉及的光源布置、光照与光质技术；⑧机械所涉及的生长箱、台架结构设计与灯具技术；⑨建筑所涉及的建筑结构、空间配置、排水与空气流通技术；⑩能源所涉及的太阳能、风力设备与热泵技术。

◀◀◀ 植物工厂吸须知识产权暨商业模式配套

植物工厂产业发展方兴未艾，而且植物工厂的投资与发展应追求运营自由、竞争优势、获利多元等效益，而不应重蹈过往通信产业在技术与市场上不自主的覆辙。然而，各界目前尚未有专业的知识产权及其运营机制配套。因此，植物工厂的投资与发展宜充分考虑并融入知识产权要素与商业模式创新，主要有：①调研全球主要植物工厂的专利布局与技术发展脉络，并排查植物工厂发展可能潜在的专利风险；②进行优质与优势的知识产

受惠中国工业长期发展基础，设备厂商均具有相关的关键机器设备与技术，进而整合材料、系统等厂商，发展为植物工厂硬件的产业链与供应链，同时结合学研界长期累积的农业技术、成果与经验，使中国发展植物工厂极具产业优势，而且更是中国台湾地区于两岸发展植物工厂产业的契机。

权布局，包括植物新品种权、专利权、商标权、著作权、专门技术、商业秘密等形态、组合、群集与区域；③对于生物系统之植物新品种，可依各地专利法所规定之专利适切目标，采用实用专利、植物专利或新品种权保护等进行权利布局；④农业研发成果，除商品化和产业化经营外，可兼营知识产权的许可、买卖、技术转让、作价投资及整厂输出等业务及收益；⑤创新植物工厂的商业模式，包括跨地域投资模式、交易模式、营销模式、物流模式、信息模式、人力模式、异业整合模式等。

◀◀◀ 植物工厂亟须松绑法律管制，并积极发展有益政策配套

植物工厂的后续发展，跨地域投资经营与既有农业政策的调整是无法回避的议题。因此，姑且不论现阶段整体农业政策应如何变革，而至少与植物工厂有关的农业政策应快速松绑自我束缚限制的法律，并积极进取发展相应的具体政策与配套措施。例如：①农业法人化，吸引各界投资农业产业，以企业组织经营；②农业跨地域化，开疆辟土，全球屯地；③农民经理人化，将个体户农民转化

成专业经理人，同时安排兼具技术股东，并吸引各领域人才投入农业产业；④农业技术权利化，将农业技术转为"有法力"的无形资产，农业技术才有机会经由"知识产权"来增值与换价；⑤农业产品品牌化，建立跨地域营销渠道；⑥农业资源全球弹性调度，并优化农作物跨地域供应链；⑦促使工业产业资源转移到农业产业发展，并协调整合；⑧农业金融与资本市场的积极支持。

医疗器械产业专利布局有秘诀——
从流程各阶段创造多元获利

周延鹏　林家圣

　　随着人口结构改变、医疗健康需求及技术进步，医疗器械产业已普遍被全球官产学研各界视为这一波新经济的成长动能。医疗器械主要系指可对各类使用者提供检测、感测、监测、诊断、治疗、弥补、复健、辅助等包括至少一种或一种以上功能的具体装置或设备，其相较于消费性电子产品，医疗器械普遍进入门槛较高、产品生命周期较长，而且售价、毛利与利润也较好。然而，中国医疗器械企业除了单以商品化获利模式外，更可在产品技术研发流程融入知识产权协同作业机制来创造多元获利模式的扎实基础。

　　医疗器械商品化之产品技术研发流程及其管理机制，不论采用阶段－关卡（Stage-Gate）或技术成熟度（Technology Readiness

Level，TRL）系统，在各阶段则需分别跨运营机能协同作业，如经营管理、产品企划、研究开发、采购管理、生产制造、临床试验、安规检测、市场营销、销售管理、知识产权、法律事务、财会税务、费用管理（Reimbursement），其中，在各阶段研发流程所涉及的知识产权协同作业重点及其与多元获利模式创造的关系，笔者总结经验说明如下。

⫷⫷⫷ 从流程各阶段的不同方面创造多元获利空间

首先，在 TRL 1~TRL 4 阶段，主要涵盖市场需求分析、产品概念界定、技术规格制定、临床前试验等范围，此阶段知识产权协同作业重点主要为专利调研分析，如通过 www.patentcloud.com，其目的为预先调查研究特定医疗器械产品技术领域在主要国家产学研界的相关专利布局，并据此支持经营管理、产品企划的竞争策略拟定及产品技术规格制定等，还可进一步辅助研究开发、医疗法规、利害关系人、外包制造给医疗器械制造服务业者（Medical Device Manufacturing Service，MDMS）等资源分配决策，例如，避免重复投资于早已存在的现有技术。

其次，在 TRL 4~TRL 8 阶段，主要涵盖产品设计、工程 / 设计 / 量产验证、临床试验、安规检测等范围，此阶段知识产权协同作业重点主要包括：①专利风险管理（Freedom to Operate，FTO），目的在于预先识别专利侵权风险，并提前备妥风险因应方案，如支持研究开发人员从技术层面进行回避设计、支持经营管理 / 产品企划从商业层面进行产销区域调整，或支持知识产权从法律层面提起专利无效等风险因应方案等，以避免医疗器械产品于上市销售时，即面临专利权人发起专利侵权诉讼而造成客户订单与市场的流失及庞大法律费用支出的"人、财"两失窘境，此外，还可作为研究开发、生产制造的参考借鉴，亦即善用无专利风险的专利来加速产品技术研发并节约研发费用；②知识产权布局与组织者（IP Deployment and Portfolios），目的在于将研发成果（含临床试验、安规检测、客户要求等缘由所造成的设计变更）转换为合适的知识产权形态，若适合以专利进行布局，则需进一步对后续权利主张时的产业链不同阶段之潜在侵权对象与行为进行权利仿真，以形成优质与优势知识产权组合，据此建立后续知识产权运营，并可创造多元获利模式的权利基础，同时避免浪费资源于过度专利化，而减损竞争优势。

> 相较于消费性电子产品，医疗器械普遍进入门槛较高、产品生命周期较长，而且售价、毛利与利润也较好。中国医疗器械企业除了单以商品化获利模式外，更可在产品技术研发流程融入知识产权协同作业机制来创造多元获利模式的扎实基础。

最后，在 TRL 9 阶段，主要涵盖产品上市与持续改进等范围，此阶段知识产权协同作业重点主要为知识产权运营（IP Operation and Monetization），目的在于将既有知识产权组合，以灵活多样的模式进行货币化并实现多元获利，例如，利用先前布局和积累的知识产权组合，针对产业链的潜在对象进行诉讼或许可规划，并据此收取和解金、损害赔偿、授权金、许可费等，或以卖断专利的方式获取买卖价金，甚至作为作价投资或融资担保目标以换取资本利得或运营资金等。

◀◀◀ 打造多元获利方程式，合格专业服务机制是关键

综上所述，为了实现医疗器械的多元获利模式，笔者建议从

阶段－关卡（Stage-Gate）或 TRL 产品技术研发流程在各阶段整合知识产权相关作业机制并搭配所需的专业服务着手，而其中的关键要素在于构建具备国际专业水平之人力或寻求外部合格专业服务组织，以专业方法、流程表单、系统平台、专属数据库与跨运营机能，整合跨领域专业人员协同研发作业。

研发成果须专业转化成知识产权才利于进军全球

周延鹏　黄佩君

．．

依 Business Monitor International 2013 年统计，2012 年全球医疗器械市场规模已达 3046 亿美元，2017 年预估将达 4297 亿美元。医疗器械亦是中国学研界与产业界投入创新应用产品与技术开发的热门产业之一。

中国台湾地区为促进医疗器械产业的发展，投入大量资源并推动各类型项目，包括台湾行政主管部门公布的"台湾生技起飞钻石行动方案"、经济主管部门成立的"生医产业技术发展项目计划"及"生物技术研发成果产业化技术推广计划"，以及科技主管部门的"研发成果萌芽个案计划"等。这些计划目标皆极力推进学研机构中具备创新的学研成果能成为具有竞争力与高价值之商业应用、商品化，同时亦促进新创企业（Start-up）的创立。

中国台湾地区研究信息系统（GRB）显示，从 2005 年至今，倍受学研机构瞩目并结合医学及临床实验研究项目之一为"诊断与监测用器材"，其中较知名的是以临床诊断或高端医疗影像扫描诊断的应用研究。例如：光学同调显微术（Optical Coherence Tomography）、光学分子影像显微术（Optical Molecular Imaging）、光学透明技术（Optical Clearing Technology）、倍频式光学虚拟活体切片术（Harmonics-based in vivo optical virtual biopsy）、非线性光学影像（Nonlinear Optical Imaging）的临床医学应用、以倍频光学显微镜（Harmonics Optical Microscopy）观测纳米缩氨酸支架构建之三度空间心房颤动细胞模式、射式共轭焦光学成像术（Reflection Confocal Optical Imaging）的临床医学应用——以非侵入方式获得立体影像于皮肤疾病诊断等。

该等研究或将取代以侵入式病理切片诊断检测方式的临床应用，同时亦结合医学工程的病理信息，使其成为可被应用于临床疾病诊断（如肿瘤、皮肤病、心房细胞外间质排列乱度与心房颤动之相关）或活体观测的高端医疗影像扫描诊断仪器的创新医疗器械。

这些应用于临床诊断或活体观测的高端医疗影像扫描诊断仪器的创新医疗器械，其产品大致涉及光源系统、扫描显微系统、侦测系统、数据处理系统与量测系统；其技术包括光学设计、电子电路设计、软件设计、机构设计、材料技术与检测技术；其应用则涵盖非临床应用、临床前研究与临床应用。

上述可用于临床诊断的高端医疗影像扫描诊断仪器的产品技术，系专业整合光学、电子、影像、软件、机构、生物、材料等技术领域汇流而成。因此，学研机构若能于研究项目执行初始，借由外部专业服务及 www.patentcloud.com 运用，结合产品、技术与应用结构，参酌产品技术生命周期，据以界定各项目专有技术、学研与产业界共同开发、委托研发或外购等产品技术项目，进而厘清其所研究的主要技术范畴及其所属产业、产品与技术结构的定位，按研究发展类型，将创新研发成果转化为优质与优势知识产权，才有机会运营无形资产，进而全球货币化。

学研机构之研发成果转化为优质与优势知识产权布局、组合暨申请的方法，具体措施为：①界定研发成果于产品、技术与应用结构的定位与范畴；②以产品、技术与应用结构为主，评估研发成果所属产业结构可涵盖价值链较大范围的产品定位；③规划适切的知识产权形态，可以一种或一种以上的知识产权组合成知识产权的集群，包括专利权、商标权、著作权、专门技术、商业秘密等；④规划适切的知识产权组合、区域与家族，其中研发成果系以专利形态保护者，须有专业技术说明书配套，向发明人进行完整且充分的技术披露，并对该产品技术调研专利新颖性与先进性之前案分析（Prior Art），再依据产品、技术与应用结构进行规划专利权利范围及其权项，进而将专利申请目标及其保护客体，覆盖至产业结构之最大范围；⑤对于专利申请，

> 学研机构瞩目并结合医学及临床实验研究项目之一为"诊断与监测用器材"，其中较知名的是以临床诊断或高端医疗影像扫描诊断的应用研究，可借由专业服务及 www.patentcloud.com，将创新研发成果转化为优质与优势知识产权，进而全球货币化。

则应以美国专利法规、审查规范与各类实务为主，再以该产品技术未来主要的产销市场作为布局全球专利考虑的基础，从而避免纯粹用中文申请专利，再进行其他语言的转换与翻译。

亦即学研机构如能于研究发展阶段即有方法并行同步优质与优势知识产权布局与组合，才能进而搭配知识产权营销与商业模式，包括商品化、产业化，进行实施与交换，包括作价投资、许可转让、买卖让与、侵权诉讼、融资担保等，实现全球多元获利，赚取白花花的银子。

从生物医药产业合纵连横
谈委托研发模式及风险管理

周延鹏　张淑贞　吴俊英　陈冠宏

··

⧏⧏⧏ 学研机构暨产业链各有所长，委托研发模式很寻常

生物医药产业属于知识、技术及资金密集型产业，以生物技术药物开发为例，从最前期潜在目标探索（Discovery）、临床前（Preclinical）试验，到临床（Clinical）试验、新药申请（New Drug Application，NDA），以至于最后通过美国食品和药物管理局（Food and Drug Administration，FDA）核准上市，除须经层层关卡审查检视并符合相关药物食品法规外，其研发各阶段核心知识及技术差异甚大，产品开发期长，研发资金投入高，各方面皆非小型单一企业及学研机构所能负担，而且所开发的产品能成功走到上市比例甚低，研发投资风险极高。

首先，小型单一生物医药企业在面对资源有限且产品所涉及技术复杂的情况下，若进行产业价值链上的垂直整合或技术层面的水平整合，即有资源不足、发展不易及弹性受限的问题；其次，中国台湾地区生物医药企业多属于中小型企业，同一期间所研发

产品常只有 2~3 种，资源、核心能力及经济规模均受限。因此，生物医药企业若引进全球行之有效的委托研发（Contract Research Organization，CRO）合作商业模式，利用受托方协同特定产品或技术进行研发，而将自身资源投注于其核心领域，反而可减少资本投入、降低研发风险、管控运营成本。

⫷⫷⫷ 获利模式多元，各方共享利益

生物医药产业进行研发，其商业模式一般亦借由委托研发及许可或技术转让等方式进行，由具有特定技术优势之受托方提供研发服务、许可或技术转让，不但委托方享受缩短研发时程，加速产品上市的好处，受托方也因收取委托研发服务费甚至许可费，而且双方借由产品研发分阶段付款模式（Milestone Payment），共同分享产品开发利益（Shared Value）；此外，大型生物医药企业除委托研发外，通常亦借由投资入股或并购等方式，将委托研发模式转换成与受托方形成股权策略联盟，共享各阶段利益，而且双方亦借由交互许可模式，进而降低研发成本，提升产品竞争力及扩大产品获利率。

受托方若具有产品研发的关键核心技术，一旦接受外部研发资金注入，更可专注产品技术研发，深入发展研发平台，提升设备、仪器、人员、流程及数据库等标准，并借由每一次受托研发机会，成为更受市场信赖的专业研发者。另外，生物医药产业价值链垂直整合不易，而且价值链上下间维持唇齿相依的紧密关系，应更避免恶意挖角的道德危险。生物医药产业虽可通过委托研发进行研发链上的分工，但此等商业模式若非搭配妥善研发管理机制及流程安全配套，其所要达到的降低运营成本、实现多元获利，并加速产品上市等愿望，就难以实现。

◀◀◀ 光影共生共存，管控合作风险

委托研发虽是生物医药产业常用商业模式，希望借此降低研发成本并快速获得成果，但常见的盲点是双方就合作架构、交易模式、商业条件及运营流程未预先规划妥当。简而言之，即规划的委托研发运营无法转换成执行流程与细节，导致研发过程多曲折，甚至寸步难行，研发成果产出不如预期，不但无法达到委托研发的目的，而且徒增双方费用，更可能衍生违约或侵权诉讼及巨额律师费支出等风险。

生物医药产业进行委托研发，首先会遇到的问题是研发目标、范围及产出成果不易界定。委托研发目的原是要借重受托方的专业技术及资源而快速获得较佳成果，然而生物医药研发项目常涉及相当复杂且不确定的技术，合作双方一开始若不能清楚界定委托研发目标、范围、成果等，后续相应的研发时程及验收即为空谈，更遑论达成预期目标。

其次，界定并管控研发时程的重要性常被忽略。所谓时程是指在特定期间产出特定成果的动态过程，委托研发项目若无中间检查点、控制点及有效验收方式，委托方很可能在项目执行接近尾声时，才发现受托方的成果产出不如预期，委托方此时或仅能选择与受托方反复沟通并修正研发方向和时程、或选择终止该项目、或寻求其他受托方重新研发，无论采用上述何种方式，不但无法达到原本利用第三方研发专业及降低运营成本的预期，甚至可能延误预定运营业务开展。

再次，研发成果知识产权归属及各项权利界定不明也是委托研发常见的问题。委托方除取得研发成果，更重要的是取得相关专

利、商业秘密及数据、文件、电子文件等，对于该知识产权归属及各项权利配套若未充分、完整并正确地约定，委托研发效益及权益将大打折扣。

然后，研发过程及成果的保密及受托方竞业禁止更是不能忽视的风险。原因在于委托研发项目是由受托方的人员执行，委托方若无管理措施配套，即不易管控技术、商业等机密泄露；而且，受托方若将项目产生的相关技术用于第三人委托之项目，则可能与委托方产生不公平竞争。

最后，生物医药产业利用委托研发合作的商业模式，也可能借由受托方后续技术转移，以取得研发成果并内化为自有技术，但如何确保技术完全转移即需考虑规范；此外，委托方可能缺乏执行该技术商品化的实务经验、专业人员及方法工具，如何借由受托方的技术转移或现场咨询建立自有技术能力，达到将来可自行改良或创新，亦需事前妥为规划并具体落实于合同条款内。

各类生物医药产品随着医药、治疗、保健及健康生活与永续环境需求而快速发展。在长期研究发展扎实基础，以及近年来中国生物医药产业政策激励下，更多资金及人才将被吸引投入，生物医药产业后续快速成长并逐渐扩大市场规模，当可期待成为新兴产业。然而，生物医药产业的产品研发时间极长，资本投入庞大，且面临相当多的风险，因此委托研发模式在此领域相当盛行。

≪≪ 妥善规划、积极管理，才能实现预期效益

生物医药产业若欲利用委托研发模式，亦应明白风险不可避免，因此亟须积极管理委托研发全程，但又不能妨碍受托方研发。例如，生物医药产业研发成果所涉及的技术复杂且不确定，虽不易明确化成文字和数据而加以描述，但仍可以合同作框架性的规范并辅以详细附件，确保执行方向及产出不致偏离。再者，视实际研发情形可将研发工作区分阶段，制定合理时程、确保执行，并管控阶

段性验收，而关于各阶段验收标准，双方亦应进行磋商，尤其是双方认知落差较大的部分，有赖于更清楚的细部约定，避免后续纠纷或诉讼。若受托方无法按时程履约，委托方可及时寻求替代方案或终止合同，不至于研发时程结束才得到非预期或无法使用的研发成果。

委托研发通常由受托方聘请研发人员进行，研发知识产权成果若无特别约定，依知识产权相关法律规定，可能归属于创作人或受雇人（即受托方），因此委托方通过合同与受托方就研发成果知识产权进行约定，明确受托方转移研发成果知识产权的义务，至于委托方及各项权利是否须单独取得研发成果知识产权，或者以共有权利的方式约定，应根据该成果知识产权的再利用来考虑。此外，对受托方聘雇执行项目的研发人员，应寻求配套方式进行管控，确保研发成果之秘密性，并借由保密及竞业禁止等约定，确保受托方被定位为服务提供商，不致成为竞争者或利益冲突者，更不能为他人作嫁，培养受托方成为同类市场技术输出者。至于技术转移或许可不论是为取得委托研发成果，还是锁定创新高价值的技术，宜以合同约定分阶段转移，并课以技术方或许可方一定义务，确保委托方完整重现技术成果，并借此发展自有技术能力，避免将来运营与发展受制于受托方。

生物医药产业利用委托研发合作模式虽涉及诸多经营及法律风险，但若能清楚界定各项问题，明确界定委托研发或技术转移或许可项目的目标、范围及成果，并管控时程及验收程序与标准，发展方法工具进行积极管理，确保研发成果之知识产权性或转移技术之完整性，确保将来持续发展自有技术，如此，委托研发确是生物医药产业可加以善用并发展的商业模式，也是开放式创新模式学理的具体实践。

医疗器械产业巨人林立　专利丛林生存法则

周延鹏　吴俊逸　林家圣

....

　　面对全球呼吸治疗器龙头 Resmed 公司 2013 年在美国提起 7 件专利侵权诉讼与 337 调查程序，雅博（Apex）公司先以合意令（Consent Order）终止 ITC 的 337 调查程序，再向美国专利局提出 6 件多方复审（IPR），请求宣告涉讼专利无效，并向联邦地方法院声请中止专利诉讼程序，随后即向 ITC 提起咨询意见（Advisory Opinion Proceeding），证明雅博涉讼产品与系争专利无关，引起资本市场关注，股价劲扬。

　　值此中国生物技术资本市场火热之际，医疗器械业者极力整合学研界研发成果与医疗专业资源，积极发展第二、第三类高端医疗器械项目，寄望于自创品牌进军全球主要医疗器械市场，或者仍延续中国企业最擅长的代工模式，为国外企业生产医疗器械产品。

　　然而，医疗器械产业有别于通信产业，医疗器械产品技术不仅生命周期长，而且其价值主张与目标客户多涉及医疗专业、医师处方及保险机制，产品研发与制造又须持续投入资源至临床试验与安规验证。同时，对各国或各地区法律变化的精准掌握及对医疗器械渠道的长期耕耘，皆形成医疗器械产品无法一蹴而就的特性。

中国医疗器械企业拓展全球市场虽雄心万丈，但要获得市场运营自由（Freedom to Operate），却是相当可能要为尔后专利侵权诉讼付出数百万到千万美元法律费用与许可费的巨额代价，以及更须调度各类资源快速因应产品回避设计、生产变更、客户安抚、市场说明，甚至与竞争者漫长的协商谈判。因此，企图拓展国际医疗器械市场的中国企业，是否已掌握所属医疗器械产业的投资并购及专利布局版图变动信息？或者已意识到将面对铺天盖地之专利风险的国际医疗器械市场？

面对跨国医疗器械企业并购及数千件跨国专利布局，竞逐全球市场极其不易，中国医疗器械企业应未雨绸缪，花些小钱进行特定范围的专利风险排查或运营自由保证，才能避免后续进入国际市场而须花大钱处理专利权人所提起的专利侵权诉讼或专利许可要挟。

据 2012 年统计资料，前 20 大医疗器械公司占超过五成的全球市场份额，约 1830 亿美元。因此，跨国医疗器械企业用其品牌综效与丰富资源，积极进行跨国投资、合资、并购以及布局各类专利组合，建立诸多优势竞争条件。例如，内视镜（Endoscopy）市场，其产品包括内视镜装置、取像与成像之可视化系统、电子与机构仪器、内视镜配件等，其应用领域则涵盖腹腔镜、关节镜、肠胃镜、膀胱镜等范围，其前三大企业依次为 Ethicon 公司（隶属 Johnson & Johnson）、Olympus 公司与 Covidien Plc 公司。

为快速进入先进产品应用及扩大市场占有率，Covidien Plc 公司于 2012 年分别以 0.4 亿美元与 3.5 亿美元收购腹腔镜内视技术之 PolyTech 公司与肺部内视镜技术之 superDimension 公司，继于 2014 年以 8.6 亿美元收购胶囊内视镜技术之 Given Imaging 公司，其胶囊内视镜衍生自以色列国防部的导弹技术。

2014 年 6 月，Medtronic 公司旋以 429 亿美元并购 Covidien Plc

公司，成为近年医疗器械公司的最大并购案。合并后的 Medtronic 公司以每年近 300 亿美元营收逼近 Johnson & Johnson 公司。

值得注意的是，不论是 Medtronic 公司，还是 Covidien Plc 公司，皆以专利诉讼或专利许可作为市场手段与市场法宝，用以巩固销售价格、强化品牌营销、创造谈判优势、压缩竞争对手市场占有率与毛利。例如，在技术较成熟的骨科（Orthopedic）市场，Medtronic 公司即于 2013 年转让超过 500 件专利予非运营实体（Non-practicing Entity）的 Orthophoenix 公司，再由该公司以专利侵权诉讼狙击八家骨科医疗器械公司，其中较小者如 Globus Medical 与 Soteira 公司皆已和解，而身处龙头的 Stryker 公司则持续缠斗中。

面对跨国或跨地区医疗器械企业并购及数千件跨国或跨地区专利布局，后进医疗器械企业势必处于他人之专利丛林，极易受阻，竞逐全球市场极其不易。因此，中国医疗器械企业应未雨绸缪，花些小钱进行特定范围的专利风险排查或运营自由保证，才可避免后续进入国际市场而须花大钱处理专利权人所提起的专利侵权诉讼或专利许可要挟。

而专利风险排查或运营自由保证，主要包括：①掌握专利权人的投资、并购或专利转让信息；②界定关联技术与产品；③确认产品产销国家或区域；④厘清专利状态及其年代区间；⑤调研专利侵权诉讼、专利无效或专利许可信息。

若中国医疗器械企业预先用国际专业处理专利风险排查或运营自由保证，不仅可以充分掌握专利权人的专利组合及其与自身产品技术关联度与风险关系，而且还可以预先明了潜在专利侵权风险，并稳妥应对专利风险的技术、法律与商业等因应方案，最后才能避免一进入国际市场即被逼退场或者割地赔款。

跨国专利侵权诉讼威胁医疗器械产业发展
——下一个又会是谁？

周延鹏　吴俊英

近年来中国官产学研各界对生物医药产业投入庞大的资源，积极推动生物医药产业发展。其中，医疗器械所需的影像显示、电子通信、应用软件、精密机械、模具、检验感测、生物材料等均具有雄厚技术基础，而且其产业链及供应链亦逐渐形成，颇具发展条件，将使医疗器械企业在国际市场扮演重要角色。

中国台湾地区医疗器械产业产值于 2012 年约新台币 760 亿元，其厂商多为中小企业，主要供应欧美品牌商零件或模块，或者以 OEM 或 ODM 模式代工品牌产品。但是，近年欧美地区遭遇财政与经济问题而调整医疗保险给付，性价比高的中国台湾地区医疗器械产品因此受惠，企业亦因此顺势成长，加上新兴市场之医疗器械需求逐渐上扬，对医疗器械产业更是绝佳的市场机会。在中小型的中国台湾地区医疗器械企业中，也有不少积极开发产品并经营品牌的企业。例如，在睡眠呼吸治疗器（Obstructive Sleep Apnea，OSA）、血糖仪与血糖试纸、携带式心电图装置（Electrocardiography，ECG）等产品领域，均有企业以自有品牌拓展全球市场，致力于改变中国台湾地区企业纯以代工赚取微薄利润的模式，实值吾人致以敬意，而且更应获得有关方面重视与支持。

⫷⫷⫷ 面对专利侵权诉讼风险，医疗器械企业须提高警觉，及早应对

然而，在迈向全球市场的同时，中国医疗器械产业亦面临各种专利风险及专利侵权诉讼的威胁，其对公司之影响，小则放弃特定产品、失去部分客户，大则退出市场甚至被迫关门。尤其在一些医疗器械产品领域，除全球知名企业占据大半市场份额外，其在技术产品上部署密密麻麻的各国专利组合，每每遇有新进企业崭露头角之际，便端出美国专利侵权诉讼威胁，让这些刚上场的竞争者耗费资源，疲于应付，即使其新产品极具竞争力，在庞大耗费与诉讼压力下，最后被迫选择退出市场，在全球市场便铩羽而归。

根据 PWC 于 2012 年对美国专利侵权诉讼的统计，在 1995—2011 年期间，生物医药产业在所有产业类别中是诉讼案件量最多的，单就医疗器械产业的专利侵权诉讼数量，也在各产业中排名前四，甚至高于计算机、电子产业；此外，就专利权人胜诉率来看，则以医疗器械产业最高；再者，以损害赔偿金额而言，医疗器械产业一件美国专利侵权诉讼案的损赔金额约 1500 万美元，高居所有产业第三位，该金额也较计算机、电子、软件产业的均值高。因此，中国医疗器械企业不论是作为他国公司供应链的一环，或者是独立开创自有品牌，须审慎预防因专利侵权诉讼风险。

此外，美国专利侵权诉讼不论是在联邦地方法院进行，或者是国际贸易委员会（International Trade Commission，ITC）的 337 条款调查，所耗律师费动辄数百万美元，这样的数目对于规模通常不大的中国医疗器械企业，恐怕多半难以支应。

◀◀◀ 因应专利诉讼威胁亟须专业的信息力、决策力与执行力

一旦遭遇跨国专利侵权诉讼，企业需要在案件发生后极短的时间内，即取得诉讼案系属法院、系争专利、系争产品、专利权人、委任律师等信息，掌握系争产品的研发、制造、销售等所有数据，更需要调研系争专利诉讼历史、诉讼动态、各国或各地区同族专利、影响系争专利有效性前案等信息。企业要在如此有限的时间里调研分析上述信息，需要非常强的信息力，而信息力则是来自于训练有素的法律、专利、技术、运营等专业人士，并搭配专业高效的 www.patentcloud.com，才能搜集完整有用信息，并提供决策所需分析，但目前中国医疗器械企业与学研界内部多半均不具此等条件，面临跨国专利侵权诉讼时，恐难以实时决定合理适宜有用的具体因应方案。

在决策所需信息与分析齐备之后，企业经营团队须在整体商业策略下，以最快速度制定诉讼因应方案，同时决定产品技术、商业层面的应对方式。诉讼因应方案有多种可能，从积极应诉、全力主张不侵权与专利无效，到消极不应诉致缺席判决，中间有各种不同组合的方案，视最终的商业利益与目的为何，并据此制定诉讼处理方式。至于产品技术方面，涉及是否进行产品设计变更的决定，需由具备跨国、专业、中立的法律与专利团队带领，由兼具灵活创

近年来中国官产学研各界对生物医药产业投入庞大的资源，积极推动生物医药产业发展。其中，医疗器械所需的影像显示、电子通信、应用软件、精密机械、模具、检验感测、生物材料等均已具备相当技术基础，而且其产业链及供应链亦逐渐形成，颇具发展条件，将使医疗器械企业在国际市场扮演重要角色。但医疗器械产业在国际市场逐渐崛起之际，也应提防跨国专利侵权诉讼的威胁。

意及严谨执行的研发制造团队支持，搭配营销与销售团队对客户市场的敏锐掌握，才能确保产品变更设计既可满足市场又不涉及其他专利风险。其他如供应链调整与产销布局调整等商业层面的处理，亦与前述应对方案环环相扣。从展开信息搜集分析到定下诉讼、产品技术及商业因应方案，整个过程只容短短几周的时间，否则于欠缺策略主轴情形下，企业只能被动响应诉讼程序，而且被诉讼律师主导全局，处理方式不仅不符企业商业目的，而且产生高额耗费，内部人员更将陷于慌乱而严重影响企业正常运营。

跨国专利侵权诉讼其实是商业竞争的有效手段之一，而企业是否能妥善应对此种商业上的较量，另一个关键则在于执行力，从搜集信息、形成决策到落实各项应对方案，须动员内外法务、知识产权及企业研发、产销、人资、财务、信息等各部门，从一开始即清楚明确分工，规划团队负责项目与时程，且严格按所设定的时程执行。执行力须由专业诉讼管理团队贯穿于企业所有部门人员，才能把诉讼、产品、技术、商业的应对方案执行到位，从而确保企业商业目的，并达成策略目标。

◀◀◀ 因应诉讼风险，公权部门支持问题亟待解决

一方面，解决医疗器械产业面临的跨国专利侵权诉讼威胁，最好的方法是能"预先警示与应对"，亦即在产品开发前即完整掌握各国相关专利信息，对专利权人及诉讼动态时刻监控，若发现存在潜在高风险又难以回避的专利，可依各国专利制度在申请审查阶段提出公众意见，或在核发领证后提出举发或复审程序，如在美国专利法修正后新实施的领证后复审程序（Post-Grant Review），可对获证专利提出单方再审或多方复审，借此拆除他人所布的专利地

雷；甚至在专利侵权诉讼发生后，仍有机会以各国相应的举发或再审、复审等制度，举张系争专利无效，使专利权人为之气短。因此，企图全球运营或建立自有品牌的医疗器械企业，应该积极进行前述工作，否则一旦遭遇跨国专利侵权诉讼，代价将远高于预防应对的费用。

另一方面，国际企业在医疗器械产业所布局密密麻麻的专利，几近天罗地网。此外尚有非运营实体（Non-Practicing Entities，NPEs）手握医疗器械产品相关专利暗中埋伏伺机而动，要预防应对此等专利风险，对于医疗器械产业多数中小规模公司而言，不论是在资源或专业上均有相当困难。即使单一企业有能力投入建立部分专利数据库或拆除专利地雷的工作，其他同业因此受惠却又无须耗用资源，在相当程度上将降低中小企业投入前述作业的意愿。

对医疗器械产业攸关的各国专利建立数据库，以系统结构化的方法监控专利与诉讼动态，并对特定威胁性高的专利地雷进行拆除，中国所有医疗器械企业均可同享其惠，因此专利数据建库、专利动态监控或专利地雷清除即具有经济学概念上的公共财产（Public Goods）的性质，而公共财产的不可排他性（Non-excludability）、无敌对性（Non-rivalry），容易产生所谓搭便车（Free-riding）的行为，因此造成公共财政短缺的现象。但是，若欠缺 www.patentcloud.com 用以专利数据建库、动态监控、地雷清除等预防措施及专利风险管理，中国医疗器械产业往国际市场发展将暴露于高度的专利风险之中，往往尚未在市场上大展身手，便招惹专利威胁而失去市场。

解决公共财政不足的问题，并非必然要完全由政府负责，业者亦有可能自行通过合作来进行。须知前述专利数据建库、动态监控、扫除地雷等工作，均涉及法律、专利、科技、知识产权运营等

智富密码：知识产权运赢及货币化
Monetizing Intellectual Properties

426

整合性的高度专业，目前中国医疗器械企业尚欠缺跨国专业能力进行，且医疗器械中小企业数量众多，整合谈何容易。特别是生物医药及医疗器械产业迈向国际市场，须脱离过去产业常见的代工模式，走向高附加价值产品、经营国际品牌的道路，避免重蹈电子业毛利"毛三到四""保一保二"的惨况。

因此，笔者认为公权部门应该主动出面解决此问题，至少可先针对目前国内已有企业投入经营国际品牌医疗器械产品的状况，协助其妥善处理专利风险或应对诉讼威胁。可能方案包含①政府部门组织具备跨国或跨地区法律、专利、科技、知识产权运营的专业服务业者，进行前述专利数据建库、动态监控等，再以合理价格提供服务予国内医疗器械企业；②或由政府协助医疗器械企业成立巨量数据联盟或基金，由该专业服务业者负责运营并进行前述建库、监控与扫雷等。无论如何，公权部门与医疗器械产业需要积极处理跨国专利侵权诉讼威胁，若只是"静观其变"，那么恐怕终将"坐以待毙"。

透视隐形眼镜产业的"隐形"专利风险

周延鹏　张淑贞　黄佩君

全球眼科医疗器械，以临床应用及其功能区分，可分为辅助与弥补用医疗器械、手术用医疗器械、诊断与监测用医疗器械等。

其中，辅助与弥补用医疗器械市场规模即占全球眼科医疗器械的90%，产品主要有隐形眼镜、光学镜片及人工水晶体，而其中又以隐形眼镜市场规模最大。

依据 Contact Lens Spectrum 2013 Annual Report，2013 年全球隐形眼镜市场总产值近 76 亿美元，Johnson & Johnson、CIBA Vision、Cooper Vision 及 Bausch & Lomb 4 家厂商的全球市场占有率超过90%。目前隐形眼镜市场以抛弃式隐形眼镜镜片为主，其中硅水凝胶材质软性隐形眼镜就占 66%，为市场主流产品。全球隐形眼镜产品技术仍持续创新，并朝向长效保湿性、舒适性长戴型的硅水凝胶镜片发展。

全球隐形眼镜市场巨大，而且随着全球配戴传统眼镜消费族群快速转移至隐形眼镜趋势，后续市场商机增长可期。然而，依据 Wispro Patent Insight 显示，近 15 年来，隐形眼镜厂商为巩固市场、营收、获利等市场目的而提出专利侵权诉讼的烽火不曾停歇。例如，1999—2001 年，CIBA Vision 即分别在美国北乔治亚州联邦地方法院及特拉华州地方联邦法院对 Bausch & Lomb 提出专利侵权诉讼；于 2000—2011 年之 11 年内，Johnson & Johnson、CIBA Vision 与 Rembrandt Vision Technologies 等分别于美国不同联邦地方法院对彼此相互提告之专利侵权诉讼至少 7 件以上，这些专利侵权诉讼涉及软式、长戴式隐形眼镜之材料技术与制造方法等。因此，外国厂商布局的绵密专利显对于市场新进者蛰伏诸多"隐形"专利风险，亟须新进厂商突围，才能走进国际市场自由运营。

隐形眼镜产业的巨大商机及丰厚获利吸引诸多厂商竞相投入甚至跨领域、跨行业投资，包括精华光学、金可、优你康、视阳、明基材、昕琦、星欧、晶硕、精能、加美、昱嘉、视茂等公司，其中，视阳与明基材为友达集团转投资，晶硕光学为和硕与景硕转投资，星欧光学为大立光转投资，精能光学为应华能率转投资。其中表现较突出的，是精华光学于全球市场占有率已达 2%，跻身全球第五大隐形眼镜厂商。

中国隐形眼镜厂商的商业模式，目前虽然主要是替海外客户 ODM 代工，同时于东南亚等局部市场或渠道兼采自有品牌模式。但是，当隐形眼镜厂商或其下游客户拓展至日本、欧洲、美国等市场，即与外国厂商竞逐争食市场，外国厂商势必主张专利与诉讼，制造"腥风血雨"恐将无法避免。厂商若欲于国际市场占有一席之地或为确保下游客户及自身商业利益，亟须寻求合格的专业服务机构协助于研发或上市前排查专利风险（Freedom to Operate，FTO），并导入各项专利风险管控因应措施，才能摆脱外国专利诉讼威胁与羁绊。

专利风险管理机制，具体措施主要有：①借助 www.patentcloud.com，依产品、技术、功效结构，按产品设计的弧度、屈光度、光学设计及镜片材料与其制造方法、产品功能等建立主要产销地之专利数据库；②依据前述专利数据库，筛选具有关联度与风险度的专利及其家族；③对于具关联度及风险度的专利，由合格专业人士在 www.patentcloud.com 进行专利权利范围界定（Claim Construction）及专利侵权比对（Claim Chart）；④若产品技术落入特定专利权利范围，即能快速检索先前技术文献（Prior Arts），据以分析风险专利之有效性（Validity）；⑤善用各国专利无效主张程序启动攻击行动，如向美国专利商标局（USPTO）提出单方复审（Ex Parte Reexamination）、多方复审（Inter Partes Review）或核准后复审（Post-

隐形眼镜产业的巨大商机及丰厚获利，吸引诸多厂商竞相投入甚至跨领域、跨行业投资。若欲于国际市场占有一席之地或确保下游客户及自身商业利益，亟须寻求合格的专业服务机构，协助企业于研发或上市前排查专利风险，并导入各项专利风险管控与应对措施。

Grant Review）；或者向中国国家知识产权局提出无效宣告请求或公众意见，或者向中国台湾知识产权主管部门提出专利异议等，均有极大机会于事前化解专利风险。

再者，隐形眼镜厂商要逐鹿全球市场，除需尽早揭开蛰伏的"隐形"专利风险确保运营自由外，亦亟须借鉴国际厂商的跨国专利布局与运营经验，并行同步于产品企划、研发制造及市场营销全流程，实时将自己所创新的产品技术于主要国家布局优质与优势的专利组合，才能有效积累有牙齿的"知识产权"，参与国际市场竞争并获取多元获利。

MDMS 医疗器械产业最佳方程式——
医疗器械制造服务商运营模式的导入与发展

周延鹏　张淑贞

医疗器械快速朝向电子化、数字化及光学化发展。在全球医疗器械产业市场，中国企业亦随此机会投入各领域医疗器械产品、技术、服务或商业模式的创新，其中几家企业已开始崭露头角，而且有机会如同黑马般蹿出甚至还能疾速奔驰，令欧美日企不断前来查探虚实与强弱，品牌大厂亦主动示好甚至"求亲"，积极寻求投资、合资、并购、许可、技术转让等模式，进行合纵连横，此情势将加速中国医疗电子产业在全球发展，或者再陷入激烈竞争。

"医疗器械"在药事法规范的范畴及类型多样，但以医疗器械的热门投资项目，又以医疗器械的电子化、数字化、光学化等医疗电子率先引领突出。因为中国有诸多跨领域技术及整合的资源与环境，涵盖了机构、电机、电子、电路、半导体、光学、电源、软件、韧体、控制、传输、监控、显示、成像、材料、真空、信息、通信、网络、云端、大数据及制造服务。

假以时日，中国医疗电子产品及技术的创新应用，将有许多明日之星有机会胜过品牌大厂，又能瓜迭绵延繁衍新产品、新功效、新应用，不仅产品技术生命周期长，而且将不同于电子业低毛利的营收结构。

投入医疗电子的企业，若是由电子业者转投资，或是电子企业转型医疗电子产品者，该等医疗电子企业虽具备原有研发、制造、采购、仓储、物流、税务、关务之专业知识及经验优势，但却又极端缺乏医疗专有知识经验，甚至医疗产业应有的时间耐心，而使此项新事业难以顺利发展。若由医疗业者投资，则诸多医疗以外跨领域技术及运营有关的知识、经验及资源亦显不足，而且学习曲线时间长、风险高，恐使医疗电子产品进入市场、占有市场、扩大市场龟速缓行。

目前医疗电子企业创始团队，有具备医事相关执照与执业经验人士，有来自医疗或学研机构、跨国医疗器械集团研究或临床人员，有来自任职过跨国医药或医疗器械企业多年并掌握医疗专科渠道之销售市场人员，有长期从事医疗器械跨国贸易经销商或经营连锁渠道人士。这类型创业的强

既有电子制造服务厂商（EMS），为产业转型与升级需要，可发展医疗器械制造服务商（Medical Device Manufacturing Services，MDMS），不仅可使医疗器械企业如虎添翼，而且亦使电子代工业者突破 ICT 产业薄利宿命，双方将借此模式形成新的异业结盟，联手打天下，大赚世界钱。

项，主要为：①掌握医疗机构及医护人员需求能力；②具有创新研发与技术整合能力，能够开出满足市场需求之产品规格；③拥有医疗机构、医事人员及该领域医学权威人士网络关系；④熟悉各国主管机关审查、查验登记与取得上市法规与临床试验条件；⑤熟悉各国不同等级或不同权属医疗机构预算编制与采购流程；⑥熟悉关键零组件、原物料抑或是材料重要供应链；⑦掌握竞争者产品、功效、质量、成本与服务虚弱环节，并知悉市场区分与竞争方式。然而，在产品生产上市过程中，此等企业于跨国研发、制造、采购、仓储、物流、税务、关务等运营机制，此时需要能提供专业制造服务之盟友，才能加速产品上市获利时程。

同时，既有中国电子制造服务厂商（Electronic Manufacturing Services，EMS），为产业转型与升级需要，亦有机会发展医疗器械制造服务商（Medical Device Manufacturing Services，MDMS）。MDMS 运营模式的优势主要有①运营据点：MDMS 拥有跨国制造、服务基地与全球交货能力，可满足跨国经营需求；②产品技术：MDMS 具备系统、次系统、模块、零组件之机构、电子、电路、通信、光学、电源、软件、韧体设计开发能力，可提供全部或部分设计、开发服务；③制造管理：MDMS 擅长制造质量、效率、成本管控，具备自动化或智能化生产，或模具、工具、设备自制能力；④采购机制：MDMS 有完善供货商评选、认证、议价、交易、管理等机制与平台；⑤其他优势：MDMS 在制造厂区建立、扩充到管理，具备制造设备采购、维护与管理，产能、产量弹性配置调度，制造人力招聘任用管理，品管检验包装标准与流程，物料库存管理系统平台，跨国物流关务税务处理等资源，且 MDMS 亦延聘专业团队掌握并落实与医疗器械安全、效用、质量、临床、制造有关国家规范，并具备 ISO 9001 或 ISO 13485 或 ISO 14971 认证"入场券"。

MDMS 运营模式之服务能量充沛，医疗电子企业不必重复投资，也无须事必躬亲。中国医疗电子企业若与 MDMS 业者结盟，将使其更专注于创新医疗产品技术与商业模式，耕耘品牌市场渠道，布局与货币化知识产权。据此，MDMS 运营模式，不仅可以使医疗器械企业如虎添翼，而且亦使电子代工业者突破 ICT 产业薄利宿命，双方将借此模式形成新的异业结盟，联手打天下，大赚世界钱。

第十三章 云网软件产业

产业转型与产品价值提升：
软件技术与知识产权是关键

周延鹏　林家圣

　　"软件技术"对于众多产品或服务创新的重要程度与日俱增，特别是云计算（Cloud Computing）、物联网（Internet of Things，IOT）、机器到机器（Machine to Machine，M2M）、互联网、移动通信等产业。该等产业发展除带动各产业链庞大商机外，也同时驱动着以"软件技术"为核心的有关产品、技术、服务、商业模式与知识产权的突破、变革与创新。

　　例如，云计算产业中的 IaaS（Infrastructure as a Service）、PaaS（Platform as a Service）与 SaaS（Software as a Service），系通过软件技术调用硬件运算资源、储存资源，经远程运算处理后由网络提供给用户；物联网产业中的感知层、传输层、处理层等系由不同设备组合成为多种应用，而软件技术扮演主导感测信号的传输、储存、运算、控制、应用等专家系统与数据仓储重要角色；移动通信产业中亦系将操作系统、用户接口、移动装置应用程序与智能手机或平板电脑进行软硬件整合，以提升用户体验与产品价值。因此，"软件技术"成为连接用户与硬件产品及硬件产品相互间的桥梁，不仅具有开发、运用和升级的高度需求，而且亦使硬件产品发挥效能，更是云计算、物联网、机器对机器、互联网、移动通信等产业竞争力与成长力所在。

⟨⟨⟨ 信息通信产业转型陷瓶颈，产品价值待提升，软件技术可助力

新兴产业发展将带动现有成熟产业的转型，但既有企业是否能够真正随着新产业兴起而创新其商业模式，提高其营收与获利，却非必然。如同云计算产业中包含通信产业、软件产业及服务运营产业，在新市场和新应用发展大好机会前，表面看似所有企业"雨露均沾"，但事实上，通信产业链下游的多数硬件终端产品（服务器、联网终端装置等）企业，纵然产品营收持续成长，仍将面临毛利与获利逐年减少之困境与瓶颈。

由于软件技术在云计算、物联网、机器到机器、互联网、移动通信等产业扮演着关键角色，面对企业转型及产品价值低迷不振等瓶颈，硬件终端产品企业应可调整现有"重硬轻软"的经营思维、产业定位、产品组合、商业模式与知识产权，才有机会在新

> 如同云计算产业中包含通信产业、软件产业及服务运营产业，在新市场和新应用发展大好机会前，表面看似所有企业雨露均沾。但事实上，通信产业链下游的多数硬件终端产品企业，纵然产品营收持续成长，仍将面临毛利与获利逐年减少困境与瓶颈。

兴产业中带动另一波营收成长、高毛利与获利，而相关企业或可从软硬件技术整合走出"硬中带软"的商业模式，也可发展软件技术及其知识产权，蜕变为"从硬转软"及"兼具服务"的商业模式。

为应对产业转型与产品价值提升课题，中国企业宜重视并耕

耘软件技术、商业模式及其优质与优势的知识产权，倘能将软件技术、商业模式与知识产权作为企业参与产业全球竞争与开放式创新重要运营环节及商业工具，将有助于企业获得运营自由、竞争优势，并可创造多元获利。

≪≪ 软件技术知识产权存诸多迷思，需要大破才有机会大立

长期以来，软件技术涉及是否为专利保护客体及开放原始码的"自由免费"等争议，而且与硬件技术相比之下，软件技术知识产权相关专业作业较为复杂，同时存在诸多迷思，需各界早日厘清似是而非的观念，详述如下：

1. 软件技术"不能"申请专利？只要熟悉并掌握各国专利法、实施细则、审查指南中对技术方案的定义与要件，以及不授予专利权的相关规定，就可知悉"软件技术方案"至少目前在美国以及中国均可满足专利保护客体要件。

2. 软件技术"不必"或"不该"申请专利？企业在软件技术研发投资所产出的各项研发成果，理应善用知识产权形态、集群、组合、区域等部署方法，并持续积累优质与优势知识产权。具体而言，软件技术在需求分析、规格设计、架构设计、软件设计、软件编程、测试验证、上市 / 上线与软件维护等研发阶段所产出的研发成果中，软件技术方案可以专利保护，其对应的各版本规格书、构架图、流程图、原始码或机器码可以著作权或商业秘密保护之。倘因企业文化或发明人存在不愿公开软件技术方案的迷思，并认为仅使用著作权或商业秘密保护即可，而"不必"或"不该"申请专利保护软件技术研发成果，不仅各形态知识产权部署的灵活度受到限

制，软件技术研发成果也易因表达形式不同即可回避著作权，或因缺乏秘密性、价值性、保护措施任一要件而丧失商业秘密。

3. 使用开放原始码没有知识产权侵权风险？承上所述，软件技术的知识产权保护形态可以是专利、著作权或商业秘密，其中，开放原始码的许可条款主要规定著作权相关使用、复制、修改、散布等权利义务，因此，基本上著作权侵权风险与争议发生于企业未遵守所述许可条款的规定；但是，开放原始码中若包含不受所述许可条款约束的第三方专利所保护的技术方案，企业反而因使用、散布该开放原始码而面临专利侵权风险，并承担专利侵权责任。例如，Microsoft 对使用 Google 开放原始码的诸多企业主张侵害其软件专利或者要求许可其专利。

4. 基于开放原始码所开发的软件技术不能申请专利？事实上，此情境下所开发的软件技术可以申请专利。但需注意该开放原始码许可条款（如 GPL、LGPL、BSD、Apache、MPL 等）中的权利义务与限制条款，并根据企业如何利用该开放原始码而定。例如，仅作为静态或动态调用工具而开发的软件技术、修改后选择开放、修改后选择不开放等。

纵然软件技术知识产权存在诸多迷思，中国企业经营者仍应具备决心和魄力，才有机会"大破大立"，并利用软件技术知识产权，参与全球竞争，甚至驾驭供应链。

◀◀◀ 掌握软件技术知识产权部署诀窍才有助于创造多元获利

在过去通信产业普遍"重硬轻软"的经营思维和软件技术知识产权诸多迷思下，软件技术与硬件技术相比，各界对知识产权布局方法存在许多似是而非的观念，就算各界想妥善布局软件技术知识产权也不知如何规划、评估与执行，甚至也难获得外界专业服务，导致难以取得具有优质与优势软件技术知识产权，更遑论得以软件技术知识产权对竞争者和供应链相关企业主张专利权利，以取得产品服务营收以外的许可费、技术报酬或损害赔偿等多元获利。

综上所述，随着云计算、物联网、机器到机器、互联网、移动通信等产业持续发展，为使软件技术知识产权成为产业转型及产品价值提升的多元获利功臣，优质与优势知识产权的专业作业，至少包括：①厘清软件技术知识产权相关迷思；②调整现有"重硬轻软"的经营思维、产业定位、产品组合、商业模式与知识产权；③发展软件技术知识产权布局流程及其各阶段各步骤所需方法、表单、操作指南、控制点与检查清单（Check List），并严格执行，以管控其质量及价值；④评估软件技术研发成果合适的知识产权形态；⑤规划软件技术知识产权组合、集群、区域等；⑥处理软件技术专利权项组合，尤其需要符合各国专利法规暨侵权诉讼实务的专业要求。

由于软件技术和硬件技术存在本质上的差异，也存在彼此相互搭配的关系，相关知识产权各项作业，除需根据产业结构、产品结构、功能结构、技术结构、产品技术生命周期等因素进行论证与规划外，在软件技术专利权项组合时，还需以便利主张专利权作为指导原则。也就是说，根据企业本身、竞争者、产业链下游客户会如何制造、销售、许诺销售、使用或进口软件技术方案或应用该软件技术方案的硬件产品，处理专利权项组合保护客体类型及其对应的侵权行为、侵权类型的关系，并据以部署兼具"坚如磐石"质量与可支持"多元获利"价值的软件技术专利，进而确保企业获得运营自由与竞争优势。

新兴产业发展需知识产权与商业模式创新配套
——从物联网应用谈起

周延鹏　林家圣　徐历农

◀◀◀ 物联网产业发展若与知识产权与商业模式脱节，高额毛利与利润将难实现

对企业而言，研发与营销投资的报酬直接反映在产品或服务销售的营收获利，而可能创造的高额毛利与利润，从两种观点来说明：其一，企业在将研发成果商品化、产业化过程中，因为技术或商业模式创新造成的高市场占有率，以及通过专利排他权的优势地位而获取高于业界的毛利；其二，通过商品化、产业化以外的知识产权价值获取与交换及知识产权营销模式，进一步获取有形产品营收以外的高额许可费、技术报酬、资本利得、税收减免、损害赔偿、买卖价金等。

不论是产品或服务带来的营收获利，或者是知识产权营销所获得的各类经济报酬，都是以研发创新并转换成优质知识产权为基础，再搭配商业模式与市场差异性而来的。其中，研发成果转化优质与优势知识产权是以知识产权价值获取与交换的实现为前提的，也就是说，研发与营销投资不仅可带来产品或服务销售的直接营收

获利，还能够利用知识产权带来额外收入的"一鱼多吃"效益，更加证明新兴产业发展还需要知识产权与商业模式创新配套的重要性和必要性。

物联网被喻为在计算机、互联网之后的第三次科技革命，对全球经济发展和人类生活有着重大影响。在物联网产业萌芽初期，如何利用知识产权与商业模式的创新配套，抓住产业发展机遇并获取高额毛利与利润，将是发展物联网不可忽视的机遇。

◄◄◄ 抓住际遇、面对挑战、打好群架

物联网的定义，从架构层面来看，是利用感测设备，按约定的通信协议，将需要联网的物品与网络连接起来，进行信息交换和通信，以实现识别、定位、追踪、监控和管理的一种网络；从功能层面来看，是通过感知、传输、处理三类技术组成各个领域的丰富应用。

物联网的产业结构，可根据功能上的共性抽象为感知层、传输层及处理层的水平层次，在每一层次有着相应的硬设备与软件系统，根据特定应用领域，利用感知层、传输层与处理层的相应产品和技术组成垂直应用的物联网。例如，物流管理、交易支付、智能城市、智能交通、远程医疗、智能电网、环境监测、工业生产、在地服务等。

物联网应用领域和产业范围涵盖非常广泛，并且有庞大的潜在市场规模和强劲成长力。因此，美国、欧盟、日本、韩国、中国等在2008—2009年各自提出了相关产业发展政策给予支持。在产业萌芽期，虽然存在其技术不成熟、未标准化、成本高、市场仍在观望等问题，但也带来大好机遇。为了抢先在市场和技术领域占有一

席之地，当企业决定进入物联网产业，将面对自身的产业定位是否占据了价值链上高毛利的位置、研发投资的产品技术是否会成为产业进入成长期时技术标准以外的过时技术等艰巨挑战。

从物联网产业发展现状看，中国企业与其选择单打独斗的商业模式，似乎更应选择组成各种类型联盟的打群架模式。具体而言，不同形态和定位的产业联盟在政策资源支持下，在 2010—2011 年间如雨后春笋般陆续成立，包括由大同公司和台北市计算机公会主导的台湾物联网应用联盟（TIOTA）、GS1 Taiwan 主导的物联网联盟，在无锡、北京、天津、成都、上海、杭州、宁波、南京、武汉、河南、陕西等地分别成立了产业联盟，其中在感知层，还有江苏感知器件技术联盟、传感网感知技术及产业创新联盟，传输层有WAPI 产业联盟，应用层则有江苏省智能交通产业创新战略联盟、佛山市物联网和无线城市产业联盟、深圳市智能电网产业创新联盟、南京智能电网产业联盟、中关村智能电网产业技术创新战略联盟、智能电网软件产业战略发展联盟等。

〈〈〈 市场与技术的博弈，加入联盟是最佳途径

产业联盟可根据运营功能区分为：研发联盟、产销联盟、专利池等形态。其中，研发联盟主要目的是整合成员研发能力，共同解决商品化、产业化的技术问题；产销联盟是以组成特定应用领域或特定区域的供应链架构与体系为导向；专利池则是分享联盟成员所拥有的有效专利，并由单一组织向第三方主张权利、许可谈判以获取许可费的运作模式。

此外，还有制定事术标准的执行组织这种联盟形态。该组织与上述所列三种联盟形态显有不同，技术标准执行组织可以同时

运作专利池，以评估纳入符合事术标准的相关专利，并且向非联盟成员主张权利；专利池却未必直接等于事术标准执行组织，差别就在于专利池未必拥有制定事术标准的技术实力、产业影响力与良好的利益关系，以及有无拥有被纳入事术标准的核心专利

物联网被喻为在计算机、互联网之后的第三次科技革命，对全球经济发展和人类生活有着重大影响。在物联网产业萌芽初期，如何利用知识产权与商业模式的创新配套，抓住产业发展机遇并获取高额毛利与利润，将是发展物联网商机不可忽视的关键。

（Essential Patent）。值得注意的是，前述已成立运作的各个产业联盟非属此类事术标准执行组织。

为了促使物联网商品化、产业化顺利发展，并享有规模经济、范畴经济的市场规模和成本效益，建立事术标准并推动标准化是必经之路。因此，2010年2月2日由中国通信标准化协会（CCSA）成立了"泛在网技术工作委员会（TC10）"，2010年6月8日成立了"物联网标准联合工作组"进行相关标准化的工作。在建立事术标准过程中，执行组织除需要审慎评估制定的事术标准有关的专利技术是否在产品结构、技术结构中具备不可或缺、不可回避、不可替代的要件和特性外，同时还会受到执行组织成员或其他联盟成员的产业链主导能力、供应链分配问题、从区域到全球的技术适用性等多方因素影响。

在这场刚开始的市场与技术博弈赛局中，在致力于发展物联网的企业都想胜出的前提下，选择组成或加入联盟时，应当事先厘清自身与联盟成员在产业链上的定位、联盟类型、加入目的和预期效果，并详细规划加入后的商业模式及知识产权配套措施，避免还未获得利用联盟资源得到的杠杆效益，却因为不慎的信息分享导致商业秘密泄露，造成丧失专利新颖性要件或其他联盟成员抢先申请专利等损害自己利益的情况。

◀◀◀ 研发投资报酬最大化，商业模式创新有方法

除了前述的各种联盟形态的运作模式之外，为了最大化研发投资的经济报酬，可以根据商业模式的创新并执行有计划性的知识产权部署。其中知识产权商业模式与相应营收可分为两大类：第一，知识产权实施，包括商品化、产业化所获取的营收获利；第二，知识产权交换，包括许可、技术标准、专利池所获取的许可费，侵权诉讼得到的损害赔偿，技术转让获取的技术报酬，买卖让与的买卖价金，作价投资、融资担保获得的资本利得和运营资金，灵活运用各国政策所取得的税收减免与优惠等。

对权利人而言，在进行知识产权部署时，需同步考虑相应的实施和交换等商业模式，通过灵活运用搭配组合，除了产品或服务的营收获利，更有机会获取研发投资的高额毛利与利润；对权利人的相对方而言，若研发投资时，没有或不注重知识产权部署及其商业模式，不仅放弃借由知识产权兑现的技术报酬、买卖价金、资本利得与税收优惠，还必须承担被竞争者主张权利时的许可费、损害赔偿支出作为营收获利减项的风险。

再从提出智慧地球构想的 IBM 近年并购信息观察，也反映了物联网产业的技术侧重点为处理层，对产业链上定位相同或相近的厂商颇值得借鉴。IBM 从 2007—2010 年持续并购储存管理系统厂商（Softtek、Data Mirror、Princeton Softtech、Novus CG、XIV、Solid I.T.、Diligent、FileX、Guardium、Initiate Systems、Datacap、Storwize），从 2008—2010 年并购资料分析厂商（COGNOS、AptSoft、Infodyne、Exeros、SPSS、NISC、Core Metrics、Unica），2010 年并购服务管理（Cast iron systems、BIGFIX）、运营平台系

统 厂 商（Sterling Commerce）， 其 中 COGNOS、SPSS、Sterling Commerce 的并购金额均超过 10 亿美元，IBM 在这些并购同时也取得了以上各被并购公司所拥有的知识产权。

从整体来看，物联网产业仍处于萌芽期，由于事术标准尚未定案，并且每个垂直领域的应用服务也需要各自相应感知、传输、处理等技术，料定在不久的将来进入成长期时，产品与技术将根据逐渐成熟的事术标准在市场上汰弱留强，产业结构将发生大规模的整合与洗牌。

为了应对物联网产业发展，企业的研发投资实有必要并行同步进行新兴产业的"优质"与"优势"知识产权部署与商业模式创新，不仅是为了技术自主、市场自主的运营自由、优势竞争与多元获利，也同时可预先规划可获利的退场机制或者不同的商业模式。例如：将公司融入优质优势的知识产权再包装成为市场抢购的优质并购目标，或者将知识产权通过许可或买卖让与途径获取高额价值。

新兴网络应用无国界，软件专利风险扩散至全世界

周延鹏　　徐历农

随着互联网、移动通信技术不断发展，云计算、物联网、移动互联网产业，甚至硬件中的嵌入式软件蓬勃兴起，软件即扮演着串接服务与硬件装置以及机器相互间沟通的关键角色。其主要呈现方式，例如，软件即服务（Software-as-a-Service，SaaS）、云端操作

系统（Cloud OS）、海量数据分析、移动装置应用程序（Apps）、各种物联网应用服务，以及硬件中的嵌入式软件等。

软件，是一系列可为计算器处理形式的指令集合，将一系列方法步骤编程为原始码，最终由计算器执行。软件可用不同形态的知识产权加以保护。其中，软件的原始码由著作权保护。而软件所执行的一系列方法步骤，在符合各国专利法规与审查基准下，即可以专利保护。此外，前述原始码或方法步骤，若不以著作权或专利保护，而符合各国商业秘密保护要件者，亦可以商业秘密加以保护。简单来说，企业若能将软件技术转化并形成优质与优势知识产权的组合，不仅符合当今产业竞争所需，而且亦有助于企业运营自由与优势竞争所需的无形元素，并进而获取多元利益。

◀◀◀ 软件专利风险不断攀升，软件侵权行为几乎无法遁形

近年来，通信产业中与软件相关的知识产权争议与诉讼不断，尤其在云计算、移动通信业较发达的美国市场，网络和科技企业，如谷歌（Google）、脸谱（Facebook）、微软（Microsoft）、苹果（Apple）、摩托罗拉（Motorola）与三星（Samsung）等公司之间知识产权侵权诉讼此起彼落，媒体报道与各界评论亦沸沸扬扬。其中主要案例有：Google 公司 Android 系统与甲骨文（Oracle）公司 Java 技术间有关著作权与专利侵权诉讼；Apple 公司与 Samsung、Motorola、宏达电子（HTC）等公司间于多点触控、移动通信技术、移动操作系统的专利侵权诉讼；Microsoft 公司对采用 Android 移动装置操作系统的公司提起专利侵权诉讼或者要求专利许可；雅虎（Yahoo!）公司对 Facebook 提起专利侵权诉讼，主张 Facebook 侵害其网络广

告、用户信息分享、网页客制化、社群服务与实时通信等软件专利技术。这些诉讼大多是因软件专利而起。

专利侵权诉讼主要发生在美国，除因美国为全球主要市场外，也与美国司法制度有完整配套有关。其中，如专家证人、软件侦测工具、损害赔偿金额、证据发现程序（Discovery）。通信产业长期来已积累了相当丰富的专利侵权诉讼经验。而随着云计算、移动互联网、物联网产业的蓬勃发展，许多企业除具有能征善战的律师外，有关软件专利侵权诉讼的运营机制、专家证人、搜证方法、搜证工具亦相当成熟，均使各产业、各企业软件专利侵权风险不断攀升。具体而言，在美国软件专利侵权诉讼中，原告非常容易通过各种搜证程序与工具取得被告系争软件产品的原始码、开发文件等证据，并委请经验丰富的软件专家证人以专门的软件工具解析系争软件产品原始码，还原系争软件产品的系统架构及演算方法步骤，比对分析系争软件产品与系争专利之侵权关系，确认被告侵权责任。例如，2003 年 Uniloc 诉微软专利侵权案（Uniloc USA, Inc. vs. Microsoft Corp.），微软所使用的 MD5 加密算法是否为一种求和算法（Summation Algorithm），法院即结合证据及专家证人意见，作出对 Uniloc 公司有利的认定，判决微软产品侵害 Uniloc 公司软件专利。

软件专利侵权诉讼，除前述专家证人参与外，软件侵权侦测工具也广泛被运用。例如，软件剽窃侦测工具（Software Plagiarism Detection Tools），即可通过分析软件的原始码及机器码计算软件关

> 在美国软件专利侵权诉讼中，原告非常容易通过各种搜证程序与工具取得被告系争软件产品的原始码、开发文件等证据，并委请经验丰富的软件专家证人以专门的软件工具解析系争软件产品原始码，还原系争软件产品的系统架构及演算方法、步骤，并据以比对分析系争软件产品与系争专利之侵权关系，确认被告侵权责任。

联度（Software Correlation），并借此侦测软件专利侵权行为。同时，软件剽窃侦测工具也发展出相关的分析功能，如将软件原始码的参照关系、特定字符可视化，或辅助计算分析软件架构，以及将不同程序语言编程的原始码翻译成文字与符号逻辑表示等。目前，许多企业专业人员利用软件侵权侦测工具，辅助软件侵权分析与判断，而不论各种程序语言的差异性，在成千上万行软件原始码中，还原上位（High Level）功能架构、流程步骤，轻易分析与判断软件侵权与否。随着专家人员与软件侵权侦测工具的进步，软件侵权行为不仅无法遁形，而且软件专利侵权风险不断攀升，殊值投入云计算、移动通信和物联网产业的企业予以关注，以应对"软世界"的专利风险。

◀◀◀ 网络打破国界藩篱，软件专利风险随之扩散至全球

随着云计算与移动通信产业的发展，用户体验、网络服务于云端及移动通信的普遍运用，相关产品、服务通过互联网打破国界藩篱流通，软件专利侵权风险即随之扩散至全球。例如，2003 年 NTP 诉 RIM（Research In Motion）黑莓机产品（Blackberry）软件专利侵权案，其判决即显示网络服务并未因网络部分功能模块于美国境外服务器执行，而幸免于美国软件专利侵权诉讼的威胁。

软件与应用程序生态系统（Ecosystem）逐渐成形，而 Google 开放原始码的 Android 生态系统吸引许多厂商纷纷投入，亦发生许多软件专利侵权诉讼争议。从这些软件专利侵权诉讼案例来看，原始码、开发文件等有利原告主张的事证，因开放原始码而唾手可得，十分便利原告进行专利侵权诉讼。即使不属于开放软件原

始码部分，企业为经营软件生态系统中的开发者与其他成员关系，亦互为流通相关产品、技术文件等，亦使专利权人非常容易发现软件专利侵权行为。随着用户界面、网络应用服务及商业模式相关技术的开发，一些软件技术的侵权行为更加容易侦测，举证难度极低。

◀◀◀ 善用方法工具管控软件专利侵权风险

云计算、物联网、移动互联网产业的发展势必提升软件专利侵权之全球风险，但投入云计算、物联网、移动互联网产业的企业，却鲜有软件产品技术规划及开发过程，进行成本极低的软件专利风险排查与预警作业，而是等到软件专利权人兴讼后，再花费巨额诉讼费用消灾，但却难以了事。纵使一些企业开始斥资"收购专利军火"用以处理逐渐攀升的软件专利风险，但若未有专业方法依据产业链、价值链、供应链及产品技术结构，进行"收购专利军火"的专业核查作业，以此判断专利的质量与价值及产业的覆盖面与威胁度，最后仅是花巨资购入劣质资产，但却未解决软件专利风险之根源，而其所收购的专利将束之高阁，无人问津。

云计算、物联网、移动互联网产业相关软件专利风险可以通过产业化专利分析方法与工具来管控。软件专利风险排查与预警作业，包括：①界定软件产品与技术范围，厘清各功能模块与其涉及的技术方案；②以产业结构化方法检索分析主要国家专利信息及诉讼许可信息，并进行关联度与风险度分析；③根据调研结果，采取各类技术、法律、商业与知识产权具体应对措施；④同时，根据软件专利调研分析结果，部署优质与优势的知识产权，借以确保运营自由、竞争优势，进而获取多元获利；⑤此外，企业除以产业化专利分析方法与工具管控软件专利风险外，亦可善用诸多已过期、失效的专利技术，加速研发与产品上市，并可减少研发预算资源的投入。

从知识产权现况与发展看云计算产业

周延鹏　林家圣　徐历农

新兴产业的成形与蓬勃发展，系以创新产品与服务的产品结构与技术结构为目标、以商业模式与知识产权作为配套，再由不同业者对所述目标所投入的产销资源，决定每个业者在产业链上、中、下游的定位，进而形成分工缜密的产业结构；一个产业在萌芽期的关键时间点，企业如何提前利用优质与优势的知识产权管理、部署、保护、营销、交易机制与方法，方可在产业进入成长期、成熟期时，取得运营自由、竞争优势、多元获利等丰硕成果及效益，一直都是被关注的焦点。

◀◀◀ 云兴霞蔚，云计算产品结构

云计算的定义有多种说法，本文以 IBM 所提出的定义作为基础：云计算是一种运算模式与架构，把 IT 资源、数据和应用作为服务，通过网络提供给用户，亦即使用者利用具有联网能力的终端设备，通过有线或无线网络的通信模块，获取云端的各种服务；所谓"云计算"，虽然没有列出可联网的终"端"设备，却不可因此忽略终端设备（PC、NB、平板电脑、手机、行业用工业计算机、传感器节点等）在云计算产业中的重要性。

前述定义虽将云计算定义为提供使用者的服务，仍可以理解所述服务是由实体的硬件资源和软件相互搭配后，进一步将运算资源、储存资源、应用程序封装成服务后，利用网络资源提供给用户。云计算产品结构涵盖范围甚广，利用逻辑上的依存和组成关系进行归纳可化繁为简，按照顺序区分为硬件解决方案、软件解决方案及服务解决方案三大类，以下进一步描述产品结构所包含的目标和组成关系。

硬件解决方案包括：①上游的资源设备：运算设备、储存设备、网络设备；上游的接口设备：电源设备、散热设备、机构设备；②中游的服务器设备、联网终端设备；③下游的数据中心。

软件解决方案包括①上游的基础架构软件：操作系统、中间件、数据中心管理系统；②中游的平台软件：虚拟化软件、应用服务开发系统、平台管理系统；③下游的应用软件：商业应用系统、应用程序等。

服务解决方案，包括①上游的 IaaS（基础架构即服务）：服务器服务、储存服务、网络服务；②中游的 PaaS（平台即服务）：开发平台服务、软件运行平台服务、运营管理平台服务；③下游的 SaaS（软件即服务）：行业应用服务、消费者应用服务等。

≪≪≪ 云集景从，产业链位移与成形

根据前述产品结构可以清楚发现一个新兴产业的产业链成形

过程，伴随着现有产业的位移，举例来说：硬件解决方案可抽象化成为一个维度上、中、下游的相对供应关系，其中包括产品从零组件、模块、系统的逻辑层次关系即是已在产业成熟期的通信产业、手机产业的平行位移，其主要代表厂商，如运算设备的 Intel、AMD、Nvidia，储存设备的 EMC，网络设备的 Cisco，数据中心的 IBM、HP 等。

软件解决方案的上、中、下游所包括的产品也是现有的软件、信息服务、系统整合、互联网相关产业位移到云计算产业，其主要代表厂商，如操作系统的 Microsoft、Novell、Google，虚拟化软件的 VMware、Citrix、IBM，应用服务开发系统的 Microsoft、Google 等。

服务解决方案在云计算产业中相对于硬件、软件解决方案，则是位于技术生命周期中成长期的新产业链，随着硬件资源设备的成本降低、网络带宽越来越充裕、软件的虚拟化技术成熟，使得构建公有云、私有云或混合云具有可行性和规模经济效益，IaaS、PaaS、SaaS 服务也随之大量开展，代表厂商如 IaaS 的 Amazon，PaaS 的 Google、Oracle，SaaS 的 Salesforce、IBM 等。

近年来，云计算产业的蓬勃发展与庞大商机，在全球已获得了官产学研各界的高度重视。因此，本文以智慧资源规划方法论（Intellectual Resources Planning, IRP），探讨云计算产业与知识产权的现况与发展关系，裨利各界以不同角度的观点，评估产业发展现况的机会与挑战，进而大步迈向云端之路。

云计算产业的供应链除了硬件、软件与服务各自一个维度的上、中、下游的供应关系，从另一个维度来看，云计算服务是利用软件产品与技术，将硬件资源虚拟化并包装成为服务来提供给终端使用者，亦即从此维度来看，上游为硬件解决方案、该产业链中的云端服务提供商，可以通过自行采购并构建包括硬件、软件与服务的公有云、私有云或混合云为终端使用者提供服务，或者是向 IaaS 或 PaaS 服务提供商租用云端服务取得运算、储存与网络资源后，开发应用程序为终端用户提供 SaaS 服务，当然，亦可租用 IaaS 服务来提供 PaaS 服务。

≪≪ 云起龙骧，知识产权优质优势布局

位移到云计算产业的现有成熟产业中，例如，通信产业、软件产业、互联网产业已在云计算产品结构中的上游、中游的零组件、模块，甚至到系统都已有不少数量的专利部署，在此前提之下，为了达到运营自由、市场自主、技术自主的目标，产业、产品、技术与市场发展需要并行同步的知识产权专业配套服务；例如，产业化的知识产权调查与分析、新产品技术的知识产权监视等，用以支持企业深入了解云计算产业的机会与挑战，更可进一步规划、执行产品研发相应知识产权部署策略、知识产权的质量与价值管理，以及产业政策与知识产权的部署，在全球竞争中赢得市场与营收。

具体来说，对于产品结构中不同类别的产品与服务，在产业生命周期、技术生命周期的萌芽期、成长期与成熟期，在产品、技术或商业上的研发创新，应同时考虑产品结构与技术结构，产业链、价值链的定位与涵盖范围，技术方案的显性、隐性关系，以及在不同国家或区域的商业模式进行知识产权的优质优势布局。

例如，提供硬件解决方案的企业，商业模式主要是 B2B。由于产销的目标为较容易搜集侵权证据的实体产品，而硬件解决方案的销售往往会搭配相应的技术服务，例如，数据中心的构建，产品与服务所适用的知识产权形态就可以分别部署专利和商业秘密（Know-How 与 Show-How）。

提供软件或服务解决方案的企业，商业模式可以是 B2B、B2C 或 B2B2C，需考虑软件、服务解决方案的产品所实际被执行或实施的区域进行相应知识产权部署，由于云端服务跨越了地理框界，在数据中心所需要的虚拟化、数据处理、信息安全、数据存储、分布式计算、资源动态调度等相关技术的实施区域是需要优先部署的区域，而非远程访问云端服务的使用者所在地。

此外，云计算服务解决方案，本质上包括了从云端到终端之间的信息流，以及数据处理的演算逻辑，应当注意申请专利范围要以能够找到直接侵权的业者与目标为基本原则，对方法与系统的申请专利范围独立项与附属项进行架构，而避免难以主张间接侵权的困境，导致自有的知识产权无法发挥排除竞争者的效力与效益。

第十四章 绿色能源产业

进入"氢"能源时代
知识产权布局"轻"忽不得

周延鹏　黄佩君　吴俊逸

2010年2月24日，美国Bloom Energy公司发布"Bloom box"电力服务器，邀请加州前州长阿诺（Arnold Schwarzenegger）、美国前国务卿鲍威尔（Colin Powell）、Google创办人Larry Page，以及eBay、Wal-Mart、FedEx等企业高层人士与会，令人印象深刻。"Bloom box"电力服务器产品发布，除展示该公司燃料电池产品技术创新与应用外，也预告了"氢能源"将与人类生活产生更紧密的联系。

从石化能源演变至替代能源，或者从涡轮动力、内燃机动力演变至电能直接转化动力，其间历经百余年演变更迭，不论是能源取得方式，还是动力产生方式，既有石化能源产业之产品及技术，迄今仍深植遍布于人类生活方方面面。此时，各国催促绿色政策及其产业的发展，也驱使甚多企业和研究机构争相投入氢能源科技研发，同时积极于主要国家部署关键的专利技术。例如，从1991年至2011年间的PCT专利申请案，与燃料电池有关的公告及公开专利约有 10142 件，而且 2000 年后的近十年专利申请数量为前十年申请数量的九倍。这些公告及公开专利中，申请超过 100 件专利的有 Toyota、Nissan、Daimler 等主要汽车公司，其中 Toyota 于 20 年内申请近 1000 件燃料电池 PCT 专利。迄今主要汽车公司仍持续投入研发关键技术并部署密密麻麻的专利！

虽然，目前新兴氢能源产业仅有部分技术应用领域开始商品化，但随着新能源新产业新地盘的开拓，已有公司迫不及待对同业提起专利侵权诉讼来宣示自己的未来价值。例如，2011 年 7 月，美国 Idatech 公司在美国奥瑞冈州联邦地方法院，对美国 Element One 公司及其执行长 David Edlund 主张侵害其美国第 5，861，137 号，第 5，997，594 号及第 6，221，117 号专利所涉及的产氢与净氢技术。上述据以诉讼的 3 件美国专利于全球共有 119 件同族专利，其主要部署区域为美、欧、日、澳等地。可据此推估，全球主要燃料电池公司，仿佛大家熟悉的 ICT 及生物医药产业般，将借由专利侵权诉讼树立产业地位与竞争优势，燃料电池产业战国时代悄然揭幕。

> 目前，新兴氢能源产业仅有部分技术应用领域开始商品化。但随着新能源新产业新地盘的开拓，已有公司迫不及待对同业提起专利侵权诉讼来宣示自己的未来价值。或可据此估算，全球主要燃料电池公司，仿佛大家熟悉的 ICT 及生物医药产业般，将借由专利侵权诉讼竖立产业地位与优势竞争，燃料电池产业战国时代悄然揭幕。

≪ 氢 + 氧 = 水 + 电？氢能源产业发展不止一条方程式

氢能源产业发展渊源很久，虽其科学概念简单，但其技术涉及复杂。燃料电池原理早于 19 世纪初期问世，20 年代中期由美国太空总署（NASA）率先投入资源开展各项燃料电池研究计划。燃料电池系一种发电装置，需要添加燃料以产生并维持其电力，其所需燃料为"氢"。从产业结构而言，其产业上游主要包括产氢设备、储氢设备与各项相应基础设施，如运氢设施等；其产业中游主要包括燃料电池零组件、各种模块乃至终端系统，而再依其关键材料不同，又分为碱性燃料电池（AFC）、质子交换膜燃料电池（PEMFC）、磷酸型燃料电池（PAFC）、溶融碳酸盐燃料电池（MCFC）、固态氧化物燃料电池（SOFC）等；其产业下游主要是以上述系统作为电源甚至提供动力，进而扩展至各应用领域，包括消费性移动电子产品电源、物料搬运机电源、通信设备备用电力、家庭或小区供电系统、新能源汽车电力来源、企业所需大型电源等。简言之，氢能源产业系架构在产氢、储氢、运氢、用氢等各不同层次，而且逐步渗透至各式各样需要能源与动力之产业与应用。

以一般燃料电池系统为例，其产品结构主要由燃料处理系统、氧化剂系统、燃料电池模块、热管理系统、通风系统、水处理系统、电力调节系统、自动控制系统、内部储能系统等构成；再以其中燃料电池模块为例，其零组件主要由薄膜电极组、双极板、催化剂、电极、隔离膜等构成。

一般燃料电池系统各层次产品与零组件涉及技术广泛，包括材料、电化学、机械、电子电机等技术领域；再以其技术结构观之，涉及的技术更为广泛，例如，产业上游之产氢所涉及的电解产氢、重组产氢、化学产氢、生质产氢等技术，以及生质产氢所涉及的微生物技术，储氢技术所涉及的高压储氢、晶格储氢、纳米碳管储氢等不同技术。

燃料电池系统从1990年发展迄今，其产品及技术结构的各主要关键技术在专利领域，莫不被有远见有谋略的企业和研究机构竞逐圈地，用以构筑未来之技术与市场优势。例如，约占燃料电池四成成本的质子交换膜燃料电池组中之质子膜，其技术复杂，且需兼顾化学与机械稳定性、降低燃料穿透度、提高一氧化碳耐受度，美国 Du Pont 公司所发展的 Nafion 技术已于美、中、日、韩、欧部署专利，美国 PolyFuel 公司所发展的碳氢聚合物（Hydrocarbon-based Polymer）技术也于美、中、日、欧部署专利，中国山东东岳化工集团发展的全氟磺酸技术则于中国部署专利。因此，可以预见燃料电池系统某些美国和日本企业未来将借由其优质与优势的知识产权，使全球其他竞逐者运营不自由或者处于竞争劣势，而且也将借由优质与优势知识产权的各种商业模式创造多元获利。

◄◄◄ 绿色之路后发先至，运用知识产权先发制人

随着绿色能源时代的机遇，中国企业和研究机构发展燃料电池技术、产品及其产业链，为避免过往信息、通信、光电产业运营处处受制于美欧日企业优质与优势的知识产权，可以援用"智慧资源规划方法"（Intellectual Resources Planning，IRP），参酌上述燃料电池产品及技术的层层解析，按全球燃料电池产业的产品结构、技术结构、产业链、供应链及价值链的现状与仿真，使用 www.patentcloud.com 调查研究该产业领域内主要国家公告与公开的专利，发现并仿真其产业结构，并从各专利权人的所有专利还原燃料电池产业的技术发展脉络及其技术方案，再据此制定所要发展的产品及技术发展路径（Roadmap），用以缩短研发时程、降低研发预算、控制专利风险及使用各类资源，进而优化专利质量与价值的创造与运营。例如，分析既有热电共生主要国家公告及公开的专利技术，利用燃料电池技术发展家庭供电系统，即可结合热电共生大幅提高整体能源利用效率。中国企业和研究机构可借由燃料电池产业的产

业结构、产品结构及技术结构方法，善用既有专利部署缺失或不足，甚至参考既有专利中所公开的有关制程、设备等技术产品，加速技术商品化、产业化或者提升运营作业效率。

中国企业于机械、电子及电机领域技术与产品长期打下的扎实基础，包括产品成本、效率、效能、寿命及组织运营皆具有核心能力和规模经济，或可考虑借由既有技术基础位移或衍生燃料电池产业的发展。例如，可借由上述"智慧资源规划方法"，检视燃料电池产业于该等技术领域之技术发展脉络，从散热领域、电能转换领域等技术切入氢能源领域技术及产品的研发，并将其研发成果转化成优质与优势的知识产权组合与部署，让知识产权能为企业带来真正的运营自由、优势竞争与多元获利等效益。

驾驭磷酸锂铁电池专利侵权诉讼，摆脱既有专利牵制

周延鹏　黄佩君　吴俊逸

自磷酸锂铁电池问世以来，欧美企业和加拿大政府，为了取得可能改变电池、汽车和所有动力相关产业生态的磷酸锂铁（ $LiFePO_4$ ）正极材料的专利主导权，从 2006 开始至今，早已在国际上为此大打跨国专利侵权诉讼战，使得磷酸锂铁电池成为全球动力电池市场的追逐焦点。

2005 年 7 月，Valence 公司向欧洲专利局主张美国得州大学有关磷酸锂金属的欧洲第 0904607 号专利无效，并于 2008 年 12 月 9 日发布新闻，表示欧洲专利局判定该等专利缺乏新颖性，并撤销该等专利。

2006 年 2 月，美国得州大学与加拿大国家公共事业 Hydro-Quebec，在美国得州西区地方法院，主张美国 Valence 公司侵害其磷酸锂铁（LiFePO4）电池正极材料技术之美国第 5，910，382 号及第 6，514，640 号专利。

2006 年 9 月，美国得州大学与加拿大国家公共事业 Hydro-Quebec，在美国得州东区地方法院，主张美国 Black & Decker（B&D）公司和 A123 公司侵害其磷酸锂铁（LiFePO$_4$）电池正极材料技术之美国第 5，910，382 号及第 6，514，640 号专利。

2007 年 1 月，Valence 公司在加拿大法院，主张 Phostech 公司侵害其碳热还原技术之加拿大第 2，395，115 号专利，并于 2011 年 2 月 17 日，Valence 发布新闻，表示 Johanne Gauthier 法官裁判 Valence 胜诉，判定 Phostech 侵害其碳热还原技术。

2010 年 12 月 A123 公司在美国马萨诸塞州地方法院，对加拿大国家公共事业 Hydro-Quebec 提出反诉，主张美国第 5，910，382 号及第 6，514，640 号专利无效，且其并无侵害该专利。美国法院于 2011 年 3 月公布，修正美国第 5，910，382 号及第 6，514，640 号专利的权利范围。

2011 年 6 月加拿大国家公共事业 Hydro-Quebec，在美国得州东区地方法院，再度主张 A123 公司、Valence 公司侵害其橄榄石结构磷酸锂铁（LiFePO$_4$）电池正极材料技术之美国第 7，955，733 号，第 7，960，058 号，第 7，964，308 号及第 7，972，728 号专利。

从上述跨国专利侵权诉讼及其尔后的诉讼发展，中国企业在磷酸锂铁电池产品技术、产业及其运用的发展，恐将面临跨国专利侵权诉讼的威胁与牵制。因此，中国企业必须了解有效管理跨国专利侵权诉讼的关键要素，其中包括：①全方位诉讼管理团队；②一套完整管理诉讼的工具及方法；③完善的企业内部制度，有系统地充分掌握跨国专利侵权诉讼全貌，并在专业服务组织协同下做出和执行有效的商业应对决策。

欧美日企业天罗地网的专利圈地

随着磷酸锂铁电池的发展，从材料、电池芯、电池管理系统、电池组到电动车或电动工具等应用层面上，屡见欧美企业与加拿大政府以专利侵权诉讼遂其市场目的，而现阶段诉讼所涉及的专利技术主要为磷酸锂铁（LiFePO$_4$）电池正极材料。

> 欧、美、日企业多已在技术良田以专利圈地占有，其积极部署专利之行为，对中国企业无论是在磷酸锂铁电池产品或是电动车的应用上，存在巨大的威胁。此外，中国企业在专利部署上相较于美、欧、日企业显有不足，专利部署也未能涵盖磷酸锂铁电池产业结构，且专利质量也不佳。

利用 www.patentcloud.com 调研全球磷酸锂铁电池专利数量，截至 2011 年 3 月，美、欧、日、中等区域之专利数量为 12084 件，其中材料技术即占 5059 件。再从各区域专利分布观察，美国专利数量为 4880 件，材料技术有 2035 件；欧洲专利数量为 1424 件，材料技术有 562 件；日本专利数量为 1706 件，材料技术有 829 件；中国大陆专利数量为 2620 件，材料技术有 973 件；中国台湾专利数量为 1454 件，材料技术有 660 件。磷酸锂铁电池专利主要权利人有 Sony、Sanyo、Valence、A123、Phostech、比亚迪等。但是，美、日企业在电池的正极材料、电池芯、负极材料等皆有完整专利部署。

观诸两岸企业于磷酸锂铁电池的专利公告及公开，中国大陆企业专利多以中国大陆为主要部署区域，比亚迪在中国大陆专利部署数量为 86 件，欧洲专利仅 9 件，美国专利仅 17 件；比克电池在中国大陆专利部署数量为 43 件，欧洲专利仅 4 件；天津力神在中国大陆专利部署数量 37 件；北大先行在中国大陆专利部署数量 14 件。另外，长园科技在美欧日中专利部署数量仅 19 件；立凯电能在美日中专利部署数量为 25 件。两岸企业之专利部署，多以电池材料的制造方法为主，仅少数专利涵盖电池产品。

据此可知，欧、美、日企业多已在技术良田以专利圈地占有，其积极部署专利之行为，对两岸企业无论是在磷酸锂铁电池产品或是在电动车的应用上，存在巨大的威胁。此外，两岸企业在专利部署上相较于美、欧、日企业显有不足，专利部署也未能涵盖磷酸锂铁电池产业结构，且专利质量也不佳。例如，知识产权形态错置，权利范围组合不足，本土以外的知识产权部署、其语言转换或逻辑结构不当，区域部署不当等诸多问题。

◀◀◀ 用对方法，从专利独占中挣脱并创造优势竞争

中国磷酸锂铁电池企业面对欧美日企业绵密的专利布局或是用以兴讼的专利，尤以美国第 5，910，382 号及第 6，514，640 号专利最具代表性，但企业可以用专业人才、方法及工具来破解与挣脱这些专利牵制，并可控制产品研发和产销的法律风险，而无须草木皆兵。

具体措施可归纳为：①调研所属产业和产品结构既有知识产权部署和专利侵权诉讼或许可活动情况，以及其在技术结构的分布和空间，此项工作须有专业方法和工具配套执行；②研究有关知识

产权申请和诉讼卷宗资料、技术文献及知识产权主张行为活动之情报，研究分析竞争者据以主张知识产权的有效性、执行性与权利范围；③若前述知识产权无效、不可执行且权利范围限缩不可得，则须进一步执行回避设计的探索，从技术上找出替代解决方案，或从供应链解决；④专业分析竞争者主张的知识产权与系争产品及其产销区域之关系。

因此，中国企业若能运用上述措施，用对方法，并利用"产业结构化的专利数据库"，对于欧、美、日权利人既有的专利，抑或是可能产生风险的专利，是可预警与控制的，甚至创造更佳的技术与产品，同时也可同步建立自主的知识产权，提升竞争力，成为市场优势竞争者。

◄◄◄ 部署优质与优势知识产权，使竞争者运营不自由

中国企业应以产业链、价值链、供应链、产品结构、技术结构、产品组合与全球竞争等观念及方法，呈规模性地部署"有智慧"的优质与优势知识产权，而不是一件一件个别地在不同国家申请，并以独立不相干的个案组成"专利组合"。

具体而言，部署优质知识产权必须仰赖 www.patentcloud.com 产业结构化的专利数据库与产业数据库，于研究开发阶段并行调研先前技术研究、市场结构及产业结构研究，从产业链、价值链、供应链扣紧研发成果转换知识产权的过程。同时须再配套真正跨国专业知识产权人员部署和组合知识产权，才可产生优质与优势知识产权，使竞争者运营不自由，才能确保运营自由。

中国企业于磷酸锂铁电池可以采取的具体经营步骤和措施为：

①了解知识产权的目标客体，无论是发明创作或电路布局，或是各类著作，或是商标使用之文字、图形、记号或其联合式，应予定义和界定范围；②就定义和界定的知识产权目标客体，根据产业结构、技术结构、产品结构和营收结构，找出相应合适的知识产权形态，可以一种或一种以上的知识产权来组合成知识产权的集群；③就组成的知识产权集群，依据不同知识产权的各项权能，以及各种知识产权侵权行为样态，排配知识产权及其权项（Claim）的组合（Portfolios）和家族（Families）；④再根据全球产业结构和聚落分布区域，同步在不同国家申请及管理各类知识产权。

总之，唯有优质与优势知识产权，才能与市场竞争相辅相成，也才能借由法律赋予的排他权增加市场占有率、订单份额及较高毛利，甚至适时适地以知识产权侵权诉讼遏阻市场跟随者，或以知识产权收取许可费而增加竞争者成本，多元获利。

LED 照明产业何去何从？
——商业模式、合并整合、知识产权为 3 大关键

周延鹏　　吴俊逸

全球 LED 照明对整体照明市场的渗透率，2012 年虽仅约 10%～15%，而各界仍认为 LED 照明将成为主流趋势，并预估于 2020 年 LED 照明系统将有新台币 2 兆元的市场规模，约为整体照

明市场新台币 4 兆元的一半。然而，LED 照明市场才迈进几年，两岸 LED 照明产业竞争却激烈异常，杀戮战场历历在目，许多厂商关门倒闭从 2008 年以来屡屡传闻，有以"蛋挞"现象形容 LED 照明产业的发展问题，但各界又不得不面对产业发展问题所在。因此，笔者尝试从商业模式、合并整合与知识产权方面提出对策方案。

◀◀◀ 产业思维须变革，商业模式须创新

依 LED 产品技术性质观之，LED 照明产业应是"多元""多样""多变"的美丽光世界，但两岸各界普遍在面对新产业时，仍援用传统模式思维，不仅以为 LED 照明产业只是"灯泡换灯泡""灯管换灯管"及"灯具换灯具"，而且也以为只要在政策支持下花钱买机器、盖厂房、进行规模性投资，在 LED 产业链上的磊晶、芯片、封装、引擎模块、照明系统等上中下游布局，就可以涵盖 LED 产业链各区块主要产值与营收获利，就可以化整为零地大部分统包 LED 产业链各段生意，并且用以规避买家成本核查与杀价，就可以创造"LED 集团"的整体产业链经营模式。但是，若产业政策不变革，经商思维不透澈，商业模式不创新，企业经营最后结果仍将是：优者"毛三到四"，差者"经常亏损"，坏者则"关闭退出"。这应不是各界发展节能与绿色能源新兴产业的初衷与期盼。

两岸向以极简单模式发展与经营 LED 照明产品与产业，就注定该产业竞争力与成长力会产生极大瓶颈或困境。因此，发展 LED 照明新兴产业的思维与商业模式，建议可以参酌 Alexander Osterwarder 和 Yves Pigneur 所提的目标客户（CS）、价值主张（VP）、

市场渠道（CH）、客户关系（CR）、营收来源（RS）、关键资源（KR）、关键活动（KA）、关键伙伴（KP）、成本结构（CS）9个构造模块（Building Blocks）来设计所属组织的商业模式架构，而非盲目跟从投资和经商。

而且，笔者于提供商业模式设计专业服务时，更将商业模式设计与企业运营的关系予以整合，包括：①商业模式与企业定位；②商业模式与企业策略；③商业模式与产品技术；④商业模式与知识产权；⑤商业模式与策略联盟；⑥商业模式与投资架构；⑦商业模式与交易架构；⑧商业模式与资讯流、物流、金流；⑨商业模式与流程系统；⑩商业模式与税务规划，并同时处理其间执行所需的配套机制，更加确保企业可于逆势中竞争与成长，可以于顺势中加速扩大营收获利。

◀◀◀ 合并整合是顺势，单打独斗是逆势

企业于产业发展各阶段，无论在初期、成长期、成熟期或衰退期，均会基于不同目的与需求进行不同程度的合并及合资，借以整合自己组织所缺的产品、技术、客户、品牌、渠道及人才各类资源，以求更强的竞争力、更大的经济规模、更广的经济范畴、更畅的市场渠道、更佳的风险分担者。

在LED产业的合并，如晶元光电公司，从2003年至2012年，陆续合并上游磊晶及晶粒段的晶茂达、国联光电、元砷光电与连勇科技等公司，据以发展为具有全球产业竞争优势的LED上游厂商。此外，为了确保产品出海口，或者是进入新市场领域等商业目的，企业相互间也陆续成立合资公司，如晶元光电公司于：①2009年与联电公司合资成立山东冠铨光电公司；②2010年与亿光和冠捷

公司合资成立亿冠晶（福建）光电公司，与丰田合成公司合资成立丰晶光电公司；③ 2011 年与深圳长城开发科技、亿冠晶光电、Country Lighting 等公司合资成立开发晶照明（厦门）公司，与光宝、康佳公司成立常州晶品光电公司，与台达电、创维公司合资成立广州晶鑫光电公司。

然而，目前 LED 产业的合并仍以上游企业为主，中下游的封装、模块及系统企业间合并尚不多见，而基于 LED 产业全球发展之需求，以及竞争条件之必然，LED 中下游企业间的合并亟须被考虑，如中游段的封装业之间的合并，或是中游段的封装业合并下游灯具业，下游段的灯具业整合，较有机会形成新的规模经济、范畴经济，甚至发展出优势的照明产业平台。当然，企业主首先须面对"宁为鸡首，不为牛后"的面子问题，毕竟能存续发展才是"真里子"。

而企业间的合并与合资，从投资银行、财务专家、资产评价师、会计师和律师而言，"说来"与"做来"均是相当成熟的服务，道理与工作相对简单许多。但是，对于合并与合资当事人而言，却是涉及极为复杂的方法、业务与流程，而且企业还须承担最后的风险。因此，基于近 30 年经验，笔者建议须有更专业的整合与合资战略与战术及其执行配套专业服务，才能与企业全局协同服务，进而确保企业得以合并与合资模式因应产业发展及竞争所需。

◀◀◀ 专利风险须控制，专利布局须优质与优势

LED 产业发展至今，专利布局侧重点也在转移。例如，从上游磊晶、晶粒、荧光粉等技术，逐步位移至下游光引擎、照明系统等技术。全球企业不仅自行发展或者借由并购整合，而使其产品、

技术、专利及渠道逐步发展到位，而且也陆续借由专利许可与专利诉讼方式，优化其企业在全球 LED 照明产业的竞争地位与优势。

例如，Philips 集团于 2007 年并购 TIR 公司与 Color Kinetics 公司后，于 2008 年旋即发布 LED 照明专利许可方案，并与 OSRAM 公司交互许可，解决家里后院长期以来的争执。该 LED 照明专利许可方案共 989 件照明相关的专利，许可光源类型可分为单色照明、白光调变照明、色彩变换照明、灯泡样式翻新，并且依据不同类型收取不同比例的许可费，但若厂商直接购买 Philips 或 OSRAM LED 组件，且照明系统内所有组件皆使用 Philips 和 OSRAM LED 公司所认证之组件，则不需支付许可费。

前述专利许可方案所涉及的专利，如：①美国专利第 6，16，38 号同族专利共 259 件，涵盖各种多色发光控制回路；②美国专利第 6，250，774 号则涵盖灯具设计与路灯应用，Philips 于 2008 年据以控告 Lighting Science Group 公司、2010 年控告 Pixelrange 公司、2012 年控告 Nexxus Lighting 公司专利侵权。该等诉讼结果，Philips 与 Lighting Science Group 公司于 2009 年达成和解，由后者支付许可费取得前者专利许可，同时由前者对后者进行投资。

面对全球企业之计划性、规模性的专利布局、专利许可方案与潜在的侵权诉讼，两岸 LED 企业宜进行专利风险管理，主要措施为：①针对自身产品研发，结合专利与非专利信息，设定检索条件；②调研目标公司专利技术脉络，用以分析各家各派不同技术方案；③找出高关联、高风险专利，检视其全球同族专利部署，并针对产销地分析相应专利的权利范围，确认风险程度；④根据前述作业结果，作为后续产销调整、回避设计、供应链管控；⑤持续监控各专利权人的专利许可、侵权诉讼等动态信息，关注高风险性专利的法律状态，进行风险管控。

专利风险管理，以前述美国专利第 6，250，774 号为例，其相应中国大陆专利经无效宣告请求后，权利请求范围已受限制。若企业能掌握前述事实，则于中国大陆市场将有更大空间进行法律层面、商业层面与产品层面对策的调整，进而赢得市场与营收。

除了专利风险管理外，各界宜用合格专业服务者，将其研发成果转化为优质与优势的知识产权，并进一步与商业模式整合，创造多元获利与竞争优势。

基于 LED 产业全球发展的需求，以及竞争条件之必然，LED 企业间的合并亟须被考虑，较有机会形成新的规模经济、范畴经济，甚至发展出优势的照明产业平台。

第十五章 通信产业

智慧资本 vs. 知识产权　看三星整合与布局

周延鹏　曾志伟　林清伟

近来曲面显示技术应用再度成为产业关注焦点，从穿戴式装置到曲面 OLED 电视，再到 2014 年德国柏林消费性电子展（IFA）上三星公司发表的曲面侧边屏幕手机 Galaxy Note Edge，以此观察三星集团在软性显示器投资暨智慧资本的整合与布局。

全盘考虑智慧资本，使投资运营更优势

智慧资本主要包含人力资本、关系资本及知识产权。其中，人力资本是指以知识为基础的劳动力；关系资本是指企业的客户关系、供应关系、政府关系、专业服务组织关系，以及所属产业上下游间的各类关系网络；知识产权主要有专利权、商标权、著作权、商业秘密等。

前述知识产权和智慧资本主要的差别在于，知识产权运营必须与企业运营紧密结合，才能进化到智慧资本与知识产权商业模式，进而真正具体实践知识经济，并借此影响全球产业。

外国大型企业常动用各种资源，举凡自主研发、共同研发、专利交易、投资合资、合并、收购等行为，构建智慧资本布局，形成一道不易跨越之竞争障碍，阻绝后续市场进入者。面对产业全面布局的竞争者，中国企业应积极提升商业决策层次，善用专业方法与工具进行商业模式规划、智慧资本布局、投资决策，以及执行产业暨知识产权具体方案与措施，深化智慧资本竞争力并转化为全球商业利益。

知识产权商业模式系指"知识产权权利人直接或间接实施知识产权，或借由执行知识产权各种换价形态，获取持续性或一次性的经济报酬"。具体表现可分为实施与交换类型。其中，实施系指知识产权之商品化与产业化；交换系指知识产权用于作价投资、许可、侵权诉讼、买卖让与、技术转移、融资担保、参与标准联盟。

知识产权的商品化系指以较有限的技术方案研发单一产品并推出市场，所涉及的产业结构仅限于特定产业上、中或下游的其中一小部分，所涉及的设备与材料供应链较成熟。

知识产权的产业化所涉及的产业结构常常同时涵盖产业的上、中、下游，以及其产业结构需重新调整或须从无到有建立，且所涉及的研发资源需要及整合颇为庞大。

因此，若企业投资项目属于产业化类型，则其运营优势较高，更应全盘考虑所有智慧资本项目，才能从产业化的过程中，于产业链上、中、下游的不同区块获取知识产权各类实施与交换之商业利益。

◀◀◀ 布局智慧资本，构建竞争优势

企业在投资产品技术项目时，应拟出相应产品与技术结构，分析相应产业信息与专利信息，并依据企业自有技术项目，仿真商品化所需的各种互补性技术，并据以规划企业研发资源的配置与优先级、产业链的上中下游定位、材料与设备供应链、商业合作对象、共同研发对象、委托开发对象、目标客户、产品产销区域等。同时

据此界定不同的主体、客体与行为进行相应之智慧资本规划，其中包含：人才的选择、培育和管理；产业链、供应链和价值链的建立和维持；知识产权的布局、管理与运营。

国际大型企业常动用各种资源，举凡自主研发、共同研发、专利交易、投资合资、合并、收购等行为，构建智慧资本布局，形成一道不易跨越之竞争障碍，阻绝后续市场进入者。

以软性显示器为例，韩国三星集团于 2008 年合并 Clairvoyante 公司，取得 PenTile 技术；2011 年与日本宇部兴产公司共同研发软性显示器基板材料，并合资成立韩国 SUMaterials 公司；2011 年购买 Battelle Memorial Institute（VITEX System）之多层薄膜封装（Encapsulation）专利；2013 年收购德国 OLED 发光材料制造商 Novaled AG 公司；2014 年合并三星集团旗下第一毛织，并与康宁合资成立新公司，进行软性玻璃基板合作；且三星集团更大举投资韩国 OLED 设备企业，包含 SNU Precision、SFA、AP System、SEMES、WONIK、TERA 等公司，并取得 UDC 公司与 Dupont 公司于 OLED 材料的专利许可。

就知识产权中的专利布局部分，三星集团在阻气封装技术专利布局时间，原先落后于其竞争对手日本半导体能源研究所（Semiconductor Energy Laboratory）、日本富士公司（Fujifilm）等。然而。借由购买 Battelle Memorial Institute（VITEX System）之多层薄膜封装专利，使其专利部署时间由 2003 年提早至 1998 年，超越竞争对手的专利布局时间。

⋘ 以智慧资本为核心规划商业模式与投资决策

韩国三星整合集团现有资源，布建软性显示器产业智慧资本，并快速建立产品量产能力，包含：①通过各类关系网络，构建完整软性显示器上中下游的产业链与供应链；②构建各区块相应的合资或独资公司及其管理团队；③掌控软性显示器知识产权，包含上游关键零组件专利、特定设备专有技术、建厂技术、设计参数、制程参数等。

面对产业全面布局的竞争者，中国企业应积极提升商业决策层次，善用专业方法与工具进行商业模式规划、智慧资本布局、投资决策及执行产业暨知识产权具体方案与措施，深化智慧资本竞争力，并转化为全球商业利益。

从三星 AMOLED 专利网看平面显示技术专利布局策略

周延鹏　张淑贞　曾志伟　汪忠辉

自 20 世纪 80 年代平面显示器商品化后，平面显示技术从早期的扭转向列型液晶显示器（TN-LCD）、超扭转向列型液晶显示器（STN-LCD）及电浆发光显示器（PDP），演进到薄膜晶体管液晶显示器（TFT-LCD），进而再从 TFT-LCD 跨入到主动式有机发光显示器（AMOLED）、场发射显示器（FED）等次世代显示技术。平面显示技术发展到 AMOLED 与 FED 领域，其所涉及的产业结构、产品结构及技术结构即有显著差异，其所面临的竞争是全面的，不仅是个别产品的商品化，而且涉及显示器产业链板块的消失、转移与更替。因此，中国企业与政府于规划与决策显示器产业与技术时不可不慎，不能没有专业方法与工具。

然而，综观中国显示器产业，企业与政府虽投入大量的研发资源并产出相当数量的知识产权，姑且不论历年累积的巨额亏损，却仍无法取得"市场自主"与"技术自主"的地位，因此，亟须反思现有"见招拆招""非结构性""非持续性"与"非论证性"产业政策与知识产权的困境与局限，并参酌产业化专利地图分析方法与工具（www.patentcloud.com），而调整并有专业、有规划、有组织、有层次地进行产业结构性的布局、投入、发展，以及相应的知识产权分析、布局、申请与运营，才能获得显示器产业运营自由与竞争优势，进而多元获利。

◄◄◄ 产业分析暨知识产权专业方法与工具才是关键要素

中国企业与政府投入无数资源于显示器及其技术相关研发项目与知识产权业务。迄今，企业与研究机构甚至个人，并没有因为申请与取得相关知识产权，使中国从"知识产权输入地"转变为"知识产权输出地"，也没有因为取得相当数量的知识产权而使其企业于产销产品中获得更高的营业利益与竞争力，而是屡遭被告并持续支付巨额许可费及赔偿费。其根本问题在于产业暨知识产权分析与布局方法工具的谬误及专业度不足，也可以说不具有专业的方法与工具，而且也没有产业暨知识产权运营模式的创新。简言之，专业与严谨的产业暨知识产权方法与工具，是支持产业发展暨优质与优势知识产权布局与运营模式的关键要素。

而产业化专利分析方法与工具（www.patentcloud.com），是依据产业结构及产品技术结构，结构化地予以定义、分析与呈现专利信息，并同时结合产业链、价值链、供应链、动态信息等非专利信息，进行整合分析专利与非专利信息，进而产出技术、知识产权及商业解决方案。但是，传统专利检索与专利地图不仅方法存在严重谬误，而且极易误导组织决策与运营，显然不能支持分析、规划与执行显示器产业发展所需的结构化专利与非专利信息。

显示器产业因不同世代产品的差异及不同类别显示技术的差异，其间产品技术结构及其技术方案即有共通性、差异性、互补性、互斥性等属性。由于不同世代显示产品技术快速更替，所有技术并非皆理所当然地可被沿用至现有产品。例如，TFT-LCD 的广视角技术包含 MVA（Multi-domain Vertical Alignment）、IPS（In Plane Switching）、OCB（Optically Compensated Birefringence） 等，而这些技术及相应专利并不会同时出现于单一产品上，因此各技术方案及其专利组合间即存在互斥性。此外，不同技术亦持续发展。例如，IPS 技术持续演进为 FFS（Fringe Field Switching）、AFFS+（Advanced FFS+）、HFFS（High Aperture FFS）等各种技术方案及相应专利权利范围与专利组合。

据此，在分析某产业专利信息时，尚需结合非专利信息并区分产品结构与技术结构不同层次与概念，才能作为辅助企业商业决策、政府科技暨产业政策，以及研发资源分配、学研单位研发项目规划与执行之参考依据。因此，产业化专利分析作业应包括：①分析产业链上中下游不同区块专利权人在产品技术结构于不同年度的专利部署；②结合产业动态信息，分析特定专利权人于产业结构上的布局；③分析不同专利权人与发明人信息在产品技术结构中于不同年度部署；④分析特定技术的技术发展脉络（Technology Roadmap），比对自有技术方案，并持续建立完整技术方案及专利数据库；⑤依据自行技术方案，在产业关键位置持续部署不可替代与不可回避的专利及其组合。

以 AMOLED 产业规划与发展而言，三星集团即在 AMOLED 产业链上中下游及专利组合进行较完善的布局。例如：①于 OLED 上游发光材料的布局，包括其关系企业第一毛织投入研发制造 OLED 发光材料、投资 Sun Fine Chem 公司与 Novaled 公司、取得 Universal Display 公司磷光材料专利许可、取得 Kodak 公司专利许可；②于中游 AMOLED 面板制造段的布局，包括并购 Clairvoyante 公司、取得 Novaled 公司专利许可、取得 Battelle Memorial Institute 及 Vitex Systems 公司相关薄膜制程与 OLED 封装专利；③于 AMOLED 制程设备段的布局，包括投资 AP System 公司、SFA 公司、SNU Precision 公司、Wonik IPS 公司等。从前述信息分析，三星集团有规划地结合其集团内外部资源于 AMOLED 产业链上布局，涵盖产品层面、技术层面、设备层面、知识产权层面，并积极构建产品的互补性配套方案及其知识产权组合。面对产业全面布局的竞争者，中国企业、学研单位与政府则更应有方法与工具进行分析、规划及执行有效的 AMOLED 产业暨知识产权具体方案与措施。

◀◀◀ 专利组合需结合技术方案布局"咬人的"专利

产业化专利地图与布局是整合整体产业产品技术、研发及其结果、技术发展脉络及全球相关专利信息，进而转化为具体的知识产权布局与各类配套行动方案。其具体步骤包括：①依据技术方案各种属性，分析技术发展脉络中各种技术方案及配套措施，规划研发资源分配、研发项目、研发产出及知识产权营销对象与各种行为，包括专利购买、取得许可、技术转让、共同研发、委托研发、侵权专利已经成为科技产业竞争的决胜关键，但要在专利战中胜出，仅靠大量申请专利是不够的，必须辅以有系统的组织架构，让一个个独立的专利形成一套绵密的专利组合，才能让竞争对手无从回避，进而在谈判桌上取得有利的筹码，最终走向技术自主。导入智慧资源规划架构与 www.patentcloud.com，是构建有效专利组合的关键。

诉讼等；②依据专业技术说明之工具与方法，进行完整技术披露，再根据创新类型与生命周期及研发结果对应于产品技术结构属性所配置的知识产权性质与形态；③依据前述专业作业，比对研发结果及技术方案的新颖性与先进性，规划技术发展脉络的各技术方案之专利申请范围所涵盖的产业结构区块；④依据前述作业及知识产权营销与商业模式，转化一系列研发结果为优质与优势专利及其组合，并"圈到"该产业发展所需的"关键专利"（Essential Patent）。

从 AuthenTec 的专利布局看赚取 "智慧财产" 关键要素

周延鹏　曾志伟　陈柏伟

. . . .

≪≪ 用对方法赚 "智慧财产"，商品化并非唯一目标

中国企业常只追求有形产品上的研发、生产、营销，却从未考虑用产业链、价值链、创新链及并购链，创造优质与优势产业知识产权组合，以取得产业关键位置，并创新商业模式；反之，

Authentec 公司却善用专利侵权诉讼为手段，达到多重商业目的，包含各类合并、收购，并借此补足其在产品、技术与知识产权上的关键空缺，进而获取高额回报。

笔者以产业化专利分析方法分析 Authentec 公司专利资产，自 2008 年起，该公司即不断从 Atmel、Verdicom、Atrua、Safenet、UPEK 等公司让受取得超过 110 件专利及专利申请案。

再以 www.patentcloud.com 分析该公司电容式指纹辨识专利组合，即知该公司：①电容式传感器专利布局涵盖垂直场与侧场两种主要结构，并涉及交流调制信号发送、电容极板架构与积分电路设计技术；②在电容式指纹传感器专利，原始取得的专利仅有两篇，分别在 1996 年与 2008 年申请，其余电容式相关专利，均为受让取得；③以专利受让取得的方式填补了电容式指纹感测技术专利组合上的关键空缺，进而形成绵密的专利布局，也因此使其专利资产的价值体现出来。

◀◀◀ 善用侵权诉讼利刃，创造优势市场地位

2006 年，Atmel 以 2 件受让自 Thomson-csf 之指纹拼接专利对 Authentec 公司提起专利侵权诉讼，2008 年即和解，Atmel 将上述两件专利与其他 4 件封装、结构专利一并转让给 Authentec 公司。此专利转让行为，即使 Authentec 公司握有侵权诉讼利刃。

2008 年，Authentec 公司对 Atrua 公司提起专利侵权诉讼。2009 年，Authentec 公司旋以 490 万美元收购 Atrua 公司指纹辨识相关硬件技术与专利，终止了专利诉讼。虽 Authentec 公司取得 30 件 Atrua 公司指纹辨识专利，但同年 Atrua 公司主要研发团队成员却转投效 UPEK 公司，Authentec 公司即向 UPEK 公司提起商业秘密

侵害诉讼。2010 年，UPEK 公司以 1 件封装技术专利对 Authentec 公司提起专利侵权诉讼，随即 Authentec 公司以 3 件原始取得与 2 件受让取得专利进行反诉。双方于同年 9 月和解，Authentec 公司以 3240 万美元合并 UPEK 公司。2011 年 9 月，超过 40 件专利自 UPEK 公司转移至 Authentec 公司，其中不乏 UPEK 公司受让自 STM 公司原有的电容式指纹辨识技术、封装技术、ESD 防护、算法或手指动向追踪等专利。

综上所述，Authentec 公司善于运用专利侵权诉讼为手段，达到多重商业目的。例如，除了有形的产品、设备外，尚包括无形的专利资产及研发团队掌握的商业秘密。

≪≪≪ 创造知识产权组合，主导产业链、控制价值链、分配供应链

企业可运用智慧资源规划方法，结合有形产品及优质优势知识产权组合，取得产业链关键专利位置，据以主导产业链、控制价值链、分配供应链。而知识产权组合包括专利权、商业秘密（Know-how、Show-how）、著作权、商标权等各种样态，组合作业主要有：①知识产权形态、集群、组合、区域与其竞争者知识产权之共通性、差异性、权利范围、技术脉络、技术方案与竞争分析；②知识产权是否位于所属产业、产品及技术结构的关键位置分析；③知识产权进一步商品化与产业化的商业因素分析；④知识产权有关的研发团队与人员分析；⑤知识产

许多国际知名企业深谙创造竞争优势与多元获利的商业模式，赚取"智慧财产"，更以专利侵权诉讼为手段，达到多重商业目的。例如，合并、收购资产、受让专利、取得技术、收编研发团队等。这些公司中，尤以 2012 年被 Apple 公司用 3.56 亿美元合并的 Authentec 公司最值得借鉴。

权之取得方式、商业条件、商业模式分析。

最后，完成上述知识产权组合后，尚需搭配商品化、产业化、专利侵权诉讼、专利许可、技术转让、技术服务、买卖让与、作价投资、技术标准与专利池等模式运营，才能赚取多元"智慧财产"，极大化投资报酬比。